Maßgaben für die Inhaltskontrolle Allgemeiner Geschäftsbedingungen im Handelsverkehr

Europäische Hochschulschriften
Publications Universitaires Européennes
European University Studies

Reihe II
Rechtswissenschaft

Série II Series II
Droit
Law

Bd./Vol. 4126

PETER LANG
Frankfurt am Main · Berlin · Bern · Bruxelles · New York · Oxford · Wien

Florian Pres

Maßgaben für die Inhaltskontrolle Allgemeiner Geschäftsbedingungen im Handelsverkehr

PETER LANG
Europäischer Verlag der Wissenschaften

Bibliografische Information Der Deutschen Bibliothek
Die Deutsche Bibliothek verzeichnet diese Publikation in der Deutschen Nationalbibliografie; detaillierte bibliografische Daten sind im Internet über <http://dnb.ddb.de> abrufbar.

Zugl.: München, Univ., Diss., 2004

D 19
ISSN 0531-7312
ISBN 3-631-53102-8

www.peterlang.de

Inhaltsverzeichnis

Literaturverzeichnis

Adomeit, Klaus, Die gestörte Vertragsparität – ein Trugbild, in: NJW 1994, S. 2467 – 2469.

Alisch, Herbert, Zur Kontrolle von allgemeinen Geschäftsbedingungen bei Verwendung im rein kaufmännischen Geschäftsverkehr, in: JZ 1982, S. 706 – 709.

Bartholomeyczik, Horst, Äquivalenzprinzip, Waffengleichheit und Gegengewichtsprinzip in der modernen Rechtsentwicklung, in: AcP 166 (1966), S. 30 – 75.

Bastian, Günther/Böhm, Klaus R., Schutz der Kaufleute vor Allgemeinen Geschäftsbedingungen, in: BB 1974, S. 110 – 113.

Baudenbacher, Carl, Zur Bedeutung der Klauselkataloge des AGB-Gesetzes für den kaufmännischen Verkehr, in: JA 1987, S. 217 – 225.

Baumbach, Adolf/Hopt, Klaus J., Handelsgesetzbuch mit GmbH & Co., Handelsklauseln, Bank- und Börsenrecht, Transportrecht (ohne Seerecht), 31. Auflage, München 2003.

Baumbach, Adolf/Lauterbach, Wolfgang/Albers, Jan/Hartmann/Peters, Zivilprozessordnung mit Gerichtsverfassungsgesetz und Nebengesetzen, 62. Auflage, München 2004.

Becker, Michael, Vertragsfreiheit, Vertragsgerechtigkeit und Inhaltskontrolle, in: WM 1999, S. 709 – 718.

ders., Der unfaire Vertrag, Tübingen 2003.

Berger, Klaus Peter, Aushandeln von Vertragsbedingungen im kaufmännischen Geschäftsverkehr – Stellen, Handeln, Behandeln, Verhandeln, Aushandeln...?, in: NJW 2001, S. 2152 – 2154.

Borges, Georg, Die Inhaltskontrolle von Verbraucherverträgen, Berlin 2000.

Brandner, Hans Erich, Die Umstände des einzelnen Falles bei der Auslegung und Beurteilung von allgemeinen Geschäftsbedingungen, in: AcP 162 (1963), S. 237 – 264.

ders., Wege und Zielvorstellungen auf dem Gebiet der Allgemeinen Geschäftsbedingungen, in: JZ 1973, S. 613 – 618.

Brauer, Helmuth, Der Eigenschaftsirrtum (Eigenschaftsirrtum und Fehlspekulation) – Ein Beitrag zur Auslegung und Kritik des § 119 Abs. 2 BGB, Hamburg 1941.

Bunte, Hermann-Josef, Erfahrungen mit dem AGB-Gesetz – Eine Zwischenbilanz nach 4 Jahren, in: AcP 181 (1981), S. 31 – 67.

ders., Inhaltskontrolle notariell beurkundeter Verträge, in: ZIP 1984, S. 1313 – 1318.

ders., AGB-Kommentar, von Peter Ulmer, Hans Erich Brandner, Horst-Dieter Hensen, 4. Aufl., Köln 1982, Besprechung, in: ZIP 1984, S. 1419 – 1420.

ders., Zehn Jahre AGB-Gesetz – Rückblick und Ausblick, in: NJW 1987, S. 921 – 928.

Bydlinski, Franz, Privatautonomie und objektive Grundlagen des verpflichtenden Rechtsgeschäftes, Wien 1967.

ders., Zur Einordnung der allgemeinen Geschäftsbedingungen im Vertragsrecht, in: Wirtschaftspraxis und Rechtswissenschaft, Festschrift für Walther Kastner zum 70. Geburtstag (Hrsg. Edwin Loebenstein, Johann Mayer, Gerhard Frotz, Peter Doralt), Wien 1972, S. 45 – 68.

ders., Erklärungsbewußtsein und Rechtsgeschäft, in: JZ 1975, S. 1 – 6.

ders., Juristische Methodenlehre und Rechtsbegriff, 2. Auflage, Wien 1991.

Canaris, Claus-Wilhelm, Die Vertrauenshaftung im deutschen Privatrecht, München 1971.

ders., Zivilrechtliche Probleme des Warenhausdiebstahls, in: NJW 1974, S. 521 – 528.

ders., Schranken der Privatautonomie zum Schutze des Kreditnehmers, in: ZIP 1980, S. 709 – 722.

ders., Die Bedeutung der iustitia distributiva im deutschen Vertragsrecht – aktualisierte und stark erweiterte Fassung des Vortrags vom 2. Juli 1993, München 1997.

ders., Handelsrecht, 23. Auflage, München 2000.

ders., Die AGB-rechtliche Leitbildfunktion des neuen Leistungsstörungsrechts, in: Festschrift für Peter Ulmer zum 70. Geburtstag am 2 Januar 2003 (hrsg. von Matthias Habersack, Peter Hommelhoff, Uwe Hüffer, Karsten Schmidt), Berlin 2003, S. 1073 – 1108.

Coester, Michael, Vorrangprinzip des Tarifvertrages, Heidelberg 1974.

ders., AGB-rechtliche Inhaltskontrolle im Lichte des europäischen Gemeinschaftsrechts, in: Recht im Spannungsfeld von Theorie und Praxis, Festschrift für Helmut Heinrichs zum 70. Geburtstag (Hrsg. Andreas Heldrich, Peter Schlechtriem, Eike Schmidt), München 1998, S. 99 – 114.

Coester-Waltjen, Dagmar, Die Inhaltskontrolle von Verträgen außerhalb des AGBG, in: AcP 190 (1990), S. 1 – 33.

dies., Die AGB-Problematik, in: Jura 1991, S. 474 – 477.

Dauner-Lieb, Barbara, Verbraucherschutz durch Ausbildung eines Sonderprivatrechts, Berlin 1983.

Deubner Karl G., Kündigungsdrohung als Zwang zur Abgabe einer Willenserklärung – BAG, NJW 1970, 775, in: JuS 1971, S. 71 – 74.

Drexl, Josef, Die wirtschaftliche Selbstbestimmung des Verbrauchers – eine Studie zum Privat- und Wirtschaftsrecht unter Berücksichtigung gemeinschaftsrechtlicher Bezüge, Tübingen 1998.

Eberstein, Hans Hermann, Die zweckmäßige Ausgestaltung von Allgemeinen Geschäftsbedingungen im kaufmännischen Geschäftsverkehr – Anleitung mit Klauselvorschlägen für Allgemeine Lieferbedingungen, 4. Auflage, Heidelberg 1997.

Ehmann, Horst/Sutschet, Holger, Modernisiertes Schuldrecht – Lehrbuch der Grundsätze des neuen Rechts und seiner Besonderheiten, München 2002.

Eith, Wolfgang, Zum Schutzbedürfnis gegenüber Allgemeinen Geschäftsbedingungen, in: NJW 1974, S. 16 – 20.

Enneccerus, Ludwig/Nipperdey, Hans Carl, Allgemeiner Teil des Bürgerlichen Rechts – Ein Lehrbuch, Zweiter Halbband, 15. Auflage, Tübingen 1960.

Esser, Josef, Vorverständnis und Methodenwahl in der Rechtsfindung, Frankfurt a.M. 1970.

Fastrich, Lorenz, Richterliche Inhaltskontrolle im Privatrecht, München 1992.

Fikentscher, Wolfgang, Vertrag und wirtschaftliche Macht, in: Neue Entwicklungen im Wettbewerbs- und Warenzeichenrecht, Festschrift für Wolfgang Hefermehl zum 65. Geburtstag am 18. September 1971 (Hrsg. Philipp Möhring, Peter Ulmer, Günther Wilde), Heidelberg 1971, S. 41 – 57.

Fischer, Robert, Die allgemeinen Geschäfts- und Lieferbedingungen, in: BB 1957, S. 481 – 487.

Flume, Werner, Eigenschaftsirrtum und Kauf, Münster 1948.

ders., Rechtsgeschäft und Privatautonomie, in: Hundert Jahre Rechtsleben – Festschrift zum hundertjährigen Bestehen des Deutschen Juristentages 1860 – 1960 (im Auftrage der ständigen Deputation des Deutschen Juristentages hrsg. von Ernst von Caemmerer, Ernst Friesenhahn, Richard Lange), Karlsruhe 1960, S. 135 – 238.

ders., Allgemeiner Teil des Bürgerlichen Rechts, Zweiter Band, Das Rechtsgeschäft, 4. Auflage, Berlin 1992.

Funkel, Thorsten, Schutz der Persönlichkeit durch Ersatz immaterieller Schäden in Geld – Eine rechtsvergleichende Untersuchung des zivilrechtlichen Persönlichkeitsschutzes unter besonderer Berücksichtigung des Geldersatzes für Nichtvermögensschäden in Deutschland und England, München 2001.

Grigoleit, Hans Christoph, Vorvertragliche Informationshaftung – Vorsatzdogma, Rechtsfolgen, Schranken, München 1997.

Großmann-Doerth, Hans, Selbstgeschaffenes Recht der Wirtschaft und staatliches Recht – Antrittsvorlesung, Freiburg i.Br. 1933.

Grunsky, Wolfgang, Neuere Literatur und Rechtsprechung zum Recht der Allgemeinen Geschäftsbedingungen, in: JurA 1969, S. 87 – 90.

Hartwig, Henning, Verfassungsrechtliche Anforderungen an die Fallgruppenbildung nach § 1 UWG, in: NJW 2002, S. 38 – 39.

Hassemer, Michael, Kaufverträge nach der Schuldrechtsreform – Vertragsgestaltung gegenüber Verbrauchern und im Handelsgeschäft, in: ZGS 2002, S. 95 – 102.

Hegel, Georg Wilhelm Friedrich, Grundlinien der Philosophie des Rechts (hrsg. von Hoffmeister, Johannes), 5. Auflage, Hamburg 1995.

Heinrichs, Helmut, Die EG-Richtlinie über mißbräuchliche Klauseln in Verbraucherverträgen, in: NJW 1993, S. 1817 – 1822.

Helm, Johann Georg, Grundlagen einer normativen Theorie allgemeiner Geschäftsbedingungen, in: Festschrift für Ludwig Schnorr von Carolsfeld zum 70. Geburtstag 26. Januar 1973 (Hrsg. Heinrich Hubmann, Heinz Hübner), Köln, Berlin 1972, S. 125 – 146.

ders., Zur Inhaltskontrolle von Allgemeinen Geschäftsbedingungen bei Verwendung gegenüber Kaufleuten, in: BB 1977, S. 1109 – 1112.

Henrich, Dieter, Die unbewußte Irreführung, in: AcP 162 (1963), S. 88 – 104.

Hensen, Horst-Diether, Die Auswirkungen des AGB-Gesetzes auf den kaufmännischen Verkehr, in: NJW 1987, S. 1986 – 1988.

Heymann, Ernst/Emmerich, Volker, Handelsgesetzbuch (ohne Seerecht), Kommentar, Berlin, New York 1989 ff.

Hintzen, Sigrid, Ohlendorf-von Hertel, Bernd: Kontrolle von Allgemeinen Geschäftsbedingungen im kaufmännischen Geschäftsverkehr gemäß § 24 AGB-Gesetz, Besprechung, in: WuW 1990, S. 248.

Hoeren, Thomas, Gestaltungsvorschläge für Musterverträge und Einkaufsbedingungen nach In-Kraft-Treten des Schuldrechtsmodernisierungsgesetzes – Teil 1, in: ZGS 2002, S. 10 – 17, Teil 2 S. 68 – 72.

Hönn, Günther, Kompensation gestörter Vertragsparität – ein Beitrag zum inneren System des Vertragsrechts, München 1982.

Honsell, Heinrich, Bürgschaft und Mithaftung einkommens- und vermögensloser Familienmitglieder, in: NJW 1994, S. 565 – 566.

Immenga, Ulrich/Mestmäcker, Ernst Joachim, Gesetz gegen Wettbewerbsbeschränkungen – Kommentar zum Kartellgesetz, 3. Auflage, München 2001.

Jauernig, Othmar, Zivilprozessrecht: Ein Studienbuch, 28. Auflage, München 2003.

Junge, Werner, Diskussionsbeitrag, Verhandlungen des Fünfzigsten Deutschen Juristentages in Hamburg 1974 (Hrsg. Ständige Deputation des Deutschen Juristentages), Band II, Sitzungsberichte, München 1974, H 80 – H 82.

Juvenal, Satiren, Sammlung Tusculum (Übersetzer: Joachim Adamietz), München 1993.

Karatzenis, Fotios, Zur Anwendung der Generalklausel des § 9 AGB-Gesetz im Handelsverkehr, Pfaffenweiler 1989.

Kegel, Gerhard, Rezension: Werner Flume, Eigenschaftsirrtum und Kauf, in: AcP 150 (1949), S. 356 – 362.

Kirchhof, Paul, Der Vertrag als Ausdruck grundrechtlicher Freiheit, in: Festschrift für Peter Ulmer zum 70. Geburtstag am 2 Januar 2003 (hrsg. von Matthias Habersack, Peter Hommelhoff, Uwe Hüffer, Karsten Schmidt), Berlin 2003, S. 1211 – 1230.

Kliege, Rechtsprobleme der Allgemeinen Geschäftsbedingungen in wirtschaftswissenschaftlicher Analyse unter besonderer Berücksichtigung der Freizeichnungsklausel, Göttingen 1966.

Koch, Robert, Auswirkungen der Schuldrechtsreform auf die Gestaltung Allgemeiner Geschäftsbedingungen, in: WM 2002, S. 2173 – 2183, S. 2217 – 2228 (Fortsetzung).

Köhler, Helmut/Piper, Henning, Gesetz gegen den unlauteren Wettbewerb mit Preisangabenverordnung, Kommentar, 3. Auflage, München 2002.

Kötz, Hein, Welche gesetzgeberischen Maßnahmen empfehlen sich zum Schutze des Endverbrauchers gegenüber Allgemeinen Geschäftsbedingungen und Formularverträgen? - Dargestellt an Beispielen aus dem Kauf- und Werkvertrags- sowie dem Maklerrecht, in: Verhandlungen des Fünfzigsten Deutschen Juristentages in Hamburg 1974 (Hrsg. Ständige Deputation des Deutschen Juristentages), Band I, Gutachten, München 1974, A 1 – A 100.

ders., Der Schutzzweck der AGB-Kontrolle – Eine rechtsökonomische Skizze, in: JuS 2003, S. 209 – 214.

Larenz, Karl, Vertrag und Unrecht, Band 1, Hamburg 1936/37.

ders., Methodenlehre der Rechtswissenschaft, 6. Auflage, Berlin 1991.

ders., Allgemeiner Teil des deutschen Bürgerlichen Rechts – Ein Lehrbuch, 7. Auflage, München 1989.

Larenz, Karl/Canaris, Claus-Wilhelm, Methodenlehre der Rechtswissenschaft, 3. Auflage, Berlin 1995.

Larenz, Karl/Wolf, Manfred, Allgemeiner Teil des Bürgerlichen Rechts, 8. Auflage, München 1997.

Lieb, Manfred, Sonderprivatrecht für Ungleichgewichtslagen? Überlegungen zum Anwendungsbereich der sogenannten Inhaltskontrolle privatrechtlicher Verträge, in: AcP 178 (1978), S. 196 – 226.

Lindacher, Walter F., Richterliche Inhaltskontrolle Allgemeiner Geschäftsbedingungen und Schutzbedürftigkeit des Kunden, in: BB 1972, S. 296 – 299.

Locher, Horst, Zur Anfechtung wegen Irrtums über die Einbeziehungsvoraussetzungen und über den Inhalt einzelner Klauseln in AGB, in: BB 1981, S. 818 – 822.

Loewenheim, Ulrich, Irrtumsanfechtung bei Allgemeinen Geschäftsbedingungen, in: AcP 180 (1980), S. 433 – 461.

Lorenz, Stephan, Der Schutz vor dem unerwünschten Vertrag – eine Untersuchung von Möglichkeiten und Grenzen der Abschlußkontrolle im geltenden Recht, München 1997.

Löwe, Walter, Einschränkungen von Gerichtsstandsvereinbarungen, in: ZRP 1970, S. 97 – 100.

ders., Das Gesetz zur Regelung des Rechts der Allgemeinen Geschäftsbedingungen (AGB-Gesetz), in: JuS 1977, S. 421 – 429.

ders., Bürgen in Sippenhaft dürfen aufatmen, in: ZIP 1993, S. 1759.

Lutz, Reinhard, AGB-Kontrolle im Handelsverkehr unter Berücksichtigung der Klauselverbote, München 1991.

Medicus, Dieter, Allgemeiner Teil des BGB – Ein Lehrbuch, 8. Auflage, Heidelberg 2002.

ders., Abschied von der Privatautonomie, in: Einheit und Vielfalt der Rechtsordnung, Festschrift zum 30jährigen Bestehen der Münchener Juristischen Gesellschaft (Hrsg. Vorstand der Münchener Juristischen Gesellschaft e.V.), München 1996, S. 9 – 25.

Müller-Graff, Peter-Christian, Rechtliche Auswirkungen einer laufenden Geschäftsverbindung im amerikanischen und deutschen Recht, Karlsruhe 1974.

Münchener Kommentar zum Bürgerlichen Gesetzbuch (Hrsg. *Kurt Rebmann, Franz Jürgen Säcker, Roland Rixecker*), 4. Auflage, München 2001 ff.

Münchener Kommentar zum Handelsgesetzbuch (Hrsg. *Karsten Schmidt*), München 1996 ff.

Munz, Martin, Allgemeine Geschäftsbedingungen in den USA und Deutschland im Handelsverkehr, Heidelberg 1992.

Nickel, Egbert, Zur Problematik von Gewährleistungs- und Garantiekostenregelungen durch AGB im Verhältnis zwischen Hersteller und Händler, in: NJW 1981, S. 1490 – 1494.

Nicklisch, Fritz, Zum Anwendungsbereich der Inhaltskontrolle Allgemeiner Geschäftsbedingungen, in: BB 1974, S. 941 – 949.

Oechsler, Jürgen, Gerechtigkeit im modernen Austauschvertrag – Die theoretischen Grundlagen der Vertragsgerechtigkeit und ihr praktischer Einfluß auf Auslegung, Ergänzung und Inhaltskontrolle des Vertrages, Tübingen 1997.

Ohlendorf-von Hertel, Bernd, Kontrolle von Allgemeinen Geschäftsbedingungen im kaufmännischen Geschäftsverkehr gemäß § 24 AGB-Gesetz, Heidelberg 1988.

Palandt, Otto, Bürgerliches Gesetzbuch, 63. Auflage, München 2004.

Pauly, Hans-Joachim, Anwendung des AGB-Gesetzes auch auf Kaufleute?, in: BB 1976, S. 534 – 536.

Pfeiffer, Thomas, Vom kaufmännischen Verkehr zum Unternehmensverkehr – Die Änderungen des AGB-Gesetzes durch das Handelsrechtsreformgesetz, in: NJW 1999, S. 169 – 174.

Pflug, Hans-Joachim, Kontrakt und Status im Recht der allgemeinen Geschäftsbedingungen, München 1986.

Rabe, Dieter, Die Auswirkungen des AGB-Gesetzes auf den kaufmännischen Verkehr, in: NJW 1987, S. 1978 – 1985.

Raiser, Ludwig, Vertragsfreiheit heute, in: JZ 1958, S. 1 – 8.

ders., Vertragsfunktion und Vertragsfreiheit, in: Hundert Jahre Rechtsleben – Festschrift zum hundertjährigen Bestehen des Deutschen Juristentages 1860 – 1960 (im Auftrage der ständigen Deputation des Deutschen Juristentages hrsg. von Ernst von Caemmerer, Ernst Friesenhahn, Richard Lange), Karlsruhe 1960, S. 101 – 134.

ders., Das Recht der Allgemeinen Geschäftsbedingungen, Hamburg 1935, Neuauflage Bad Homburg 1961.

Reh, Harald Jürgen, Einbeziehung und Inhaltskontrolle Allgemeiner Geschäftsbedingungen im kaufmännischen Verkehr, Erlangen 1990.

Reich, Norbert, Zivilrechtstheorie, Sozialwissenschaften und Verbraucherschutz, in: ZRP 1974, S. 187 – 194.

ders., Diskussionsbeitrag, Verhandlungen des Fünfzigsten Deutschen Juristentages in Hamburg 1974 (Hrsg. Ständige Deputation des Deutschen Juristentages), Band II, Sitzungsberichte, München 1974, H 86 – H 88.

Rittner, Fritz, Über das Verhältnis von Vertrag und Wettbewerb, in: AcP 188 (1988), S. 101 – 139.

ders., Die gestörte Vertragsparität und das Bundesverfassungsgericht, in: NJW 1994, S. 3330 – 3331.

Roscher, Falk, Vertragsfreiheit als Verfassungsproblem - Dargestellt am Beispiel der Allgemeinen Geschäftsbedingungen, Berlin 1974.

Roth, Wulf-Henning, Europäischer Verbraucherschutz und BGB, in: JZ 2001, S. 475 – 490.

Rüffert, Dirk, Einbeziehung von AGB im kaufmännischen Verkehr, in: MDR 1992, S. 922 – 923.

Rüthers, Bernd, Zur Beseitigung von Arbeitsverträgen durch Aussperrung, in: DB 1969, S. 967 – 972.

Schlechtriem, Peter, Der Kaufmann im Gesetz zur Regelung des Rechts der Allgemeinen Geschäftsbedingungen, in: Festschrift für Konrad Duden zum 70. Geburtstag (Hrsg. H.-M. Pawlowski, Günther Wiese, Günther Wüst), München 1977, S. 571 – 582.

Schlosser, Peter, Entwicklungstendenzen im Recht der Allgemeinen Geschäftsbedingungen, in: ZIP 1985, S. 449 – 462.

Schmidt, Karsten, Handelsrecht, 5. Auflage, Köln, München 1999.

Schmidt, Reimer, Die Obliegenheiten – Studien auf dem Gebiet des Rechtszwanges im Zivilrecht unter besonderer Berücksichtigung des Privatversicherungsrechts, Karlsruhe 1953.

Schmidt-Rimpler, Walter, Grundfragen einer Erneuerung des Vertragsrechts, AcP 147 (1941), S. 130 – 197.

ders., Zum Problem der Geschäftsgrundlage, in: Festschrift für Hans Carl Nipperdey zum 60. Geburtstag 21. Januar 1955 (hrsg. von Rolf Dietz, Alfred Hueck, Rudolf Reinhardt), München und Berlin 1955, S. 1 – 30.

ders., Eigenschaftsirrtum und Erklärungsirrtum, in: Das deutsche Privatrecht in der Mitte des 20. Jahrhunderts - Festschrift für Heinrich Lehmann zum 80. Geburtstag (hrsg. von Hans Carl Nipperdey), I. Band, 1956, Neuauflage Berlin 1965, S. 213 – 233.

ders., Zum Vertragsproblem, in: Funktionswandel der Privatrechtsinstitutionen – Festschrift für Ludwig Raiser zum 70. Geburstag (hrsg. von Fritz Baur, Josef Esser, Friedrich Kübler, Ernst Steindorff), Tübingen 1974, S. 3 – 26.

Schmidt-Salzer, Joachim, Rechtspolitische Grenzen der zivilrechtlichen Vertragsfreiheit, in: NJW 1971, S. 173 – 176.

ders., Das Gesetz zur Regelung des Rechts der Allgemeinen Geschäftsbedingungen, in: NJW 1977, S. 129 – 141.

Schmitt, Ralph, Die Rechtsstellung der Kleingewerbetreibenden nach dem Handelsrechtsreformgesetz, München 2003.

Schubel, Christian, Schuldrechtsreform: Perspektivenwechsel im Bürgerlichen Recht und AGB-Kontrolle für den Handelskauf, in: JZ 2001, S. 1113 – 1120.

Schwark, Eberhard, Auswirkungen einer Verletzung der Rügeobliegenheiten des § 377 HGB auf deliktische Ansprüche – Nachbetrachtung zu BGHZ 101, 337, in: JZ 1990, S. 374 – 380.

Siegel, Julius, Die privatrechtlichen Funktionen der Urkunde – Eine Studie zur Lehre von den Willenserklärungen nach dem Recht des Bürgerlichen Gesetzbuchs unter Berücksichtigung der Zivilprozeßordnung, in: AcP 111 (1914), S. 1 – 133.

Singer, Reinhard, Selbstbestimmung und Verkehrsschutz im Recht der Willenserklärungen, München 1995.

ders., Vertragsfreiheit, Grundrechte und der Schutz des Menschen vor sich selbst, in: JZ 1995, S. 1133 – 1141.

Staudinger, Julius von, Kommentar zum Bürgerlichen Gesetzbuch mit Einführungsgesetz und Nebengesetzen, Dreizehnte Bearbeitung, Berlin 1993 ff.

Stoffels, Markus, Schranken der Inhaltskontrolle, in: JZ 2001, S. 843 – 849.

Thiele, Wolfgang, Die Zustimmungen in der Lehre vom Rechtsgeschäft, Köln 1966.

ders., Zu einem Allgemeinen Teil des Deutschen Bürgerlichen Rechts, in: JZ 1969, S. 405 – 407.

Thomas, Heinz/Putzo, Hans, Zivilprozessordnung mit Gerichtsverfassungsgesetz, den Einführungsgesetzen und europarechtlichen Vorschriften – Kommentar, 25. Auflage, München 2003.

Thüsing, Gregor, Gedanken zur Vertragsautonomie im Arbeitsrecht, in: Festschrift für Herbert Wiedemann zum 70. Geburtstag (hrsg. von Rolf Wank, Heribert Hirte, Kaspar Frey, Holger Fleischer, Gregor Thüsing), München 2002, S. 559 – 585.

Treber, Jürgen, Der Kaufmann als Rechtsbegriff im Handels- und Verbraucherrecht – Überlegungen zum Handelsrechtsreformgesetz, in: AcP 199 (1999), S. 525 – 590.

Trinkner, Reinhold, Vorschlag einer Generalklausel zu den Allgemeinen Geschäftsbedingungen (Inhaltskontrolle), in: BB 1973, S. 1501 – 1502.

Tröndle, Herbert/Fischer, Thomas, Strafgesetzbuch und Nebengesetze – Kommentar, 51. Auflage, München 2003.

Ulmer, Peter, Referat, Verhandlungen des Fünfzigsten Deutschen Juristentages in Hamburg 1974 (Hrsg. Ständige Deputation des Deutschen Juristentages), Band II, Sitzungsberichte, München 1974, H 8 – H 37.

ders., Das AGB-Gesetz: ein eigenständiges Kodifikationswerk, in: JZ 2001, S. 491 – 497.

Ulmer, Peter/Brandner, Hans Erich/Hensen, Horst-Diether, AGB-Gesetz – Kommentar zum Gesetz zur Regelung des Rechts der Allgemeinen Geschäftsbedingungen, 9. Auflage, Köln 2001.

von Hippel, Eicke, Der Schutz des Schwächeren, Tübingen 1982.

von Tuhr, Andreas, Der Allgemeine Teil des Bürgerlichen Rechts, Zweiter Band, Zweite Hälfte, Berlin 1957.

von Westphalen, Friedrich Graf, Garantie- und Gewährleistungsvergütungen im Verhältnis zwischen Hersteller - Handel – Endkunde, in: NJW 1980, S. 2227 – 2234.

ders., AGB-Recht ins BGB – Eine erste „Bestandsaufnahme“, in: NJW 2002, 12 – 25.

Vorderobermeier, Bernd-Stefan, Die Einbeziehung Allgemeiner Geschäftsbedingungen im kaufmännischen Geschäftsverkehr unter besonderer Berücksichtigung der überraschenden Klauseln (§ 3 AGBG), München 1992.

Wackerbart, Ulrich, Unternehmer, Verbraucher und die Rechtfertigung der Inhaltskontrolle vorformulierter Verträge, in: AcP 200 (2000), S. 45 – 90.

Weitnauer, Hermann, Der Schutz des Schwächeren im Zivilrecht, Karlsruhe 1975.

Wellenhofer-Klein, Marina, Strukturell ungleiche Verhandlungsmacht und Inhaltskontrolle von Verträgen, in: ZIP 1997, S. 774 – 781.

Wiedemann, Herbert, Anmerkung zu BVerfG, Beschluss vom 7.2.1990 – 1 BvR 26/84, in: JZ 1990, S. 695 – 697.

ders., Anmerkung zu BVerfG Beschluß vom 19.10.1993, in: JZ 1994, S. 411 – 413.

Wieser, Eberhard, Zurechenbarkeit des Erklärungsinhalts?, in: AcP 184 (1984), S. 40 – 44.

Wolf, Manfred, Rechtsgeschäftliche Entscheidungsfreiheit und vertraglicher Interessenausgleich, Tübingen 1970.

ders., Vorschläge für eine gesetzliche Regelung der Allgemeinen Geschäftsbedingungen, in: JZ 1974, S. 41 – 46.

ders., Falk Roscher: Vertragsfreiheit als Verfassungsproblem. Dargestellt am Beispiel der Allgemeinen Geschäftsbedingungen, Besprechung, in: AcP 175 (1975), S. 516 – 520.

ders., Preisanpassungsklauseln in Allgemeinen Geschäftsbedingungen unter Kaufleuten, in: ZIP 1987, S. 341 – 353.

ders., Die Vorformulierung als Voraussetzung der Inhaltskontrolle, in: Festschrift für Hans Erich Brandner zum 70. Geburtstag (Hrsg. Gerd Pfeiffer, Joachim Kummer, Silke Scheuch), Köln 1996, S. 299 – 309.

ders., Vertragsfreiheit und Vertragsrecht im Lichte der AGB-Rechtsprechung des Bundesgerichtshofs, in: 50 Jahre Bundesgerichtshof – Festgabe aus der Wissenschaft, Band I. Bürgerliches Recht (Hrsg. Claus-Wilhelm Canaris, Andreas Heldrich), München 2000, S. 111 – 127.

Wolf, Manfred/Horn, Norbert/Lindacher, Walter F., AGB-Gesetz – Gesetz zur Regelung des Rechts der Allgemeinen Geschäftsbedingungen – Kommentar, 4. Auflage, München 1999.

Zeiss, Walter, Zivilprozessrecht, 10. Auflage, Tübingen 2003.

Zöller, Richard/Geimer, Reinhold, Zivilprozessordnung mit Gerichtsverfassungsgesetz und den Einführungsgesetzen, mit internationalem Zivilprozessrecht, EG-Verordnungen, Kostenanmerkungen – Kommentar, 24. Auflage, Köln 2004.

1. Kapitel: Feststellung und Abgrenzung des Problems, Gang der Untersuchung, Ausgangslage

I. Problemstellung und Ausgangsthesen

Versuche, der durch die Verwendung Allgemeiner Geschäftsbedingungen entstehenden Probleme Herr zu werden, sind so alt wie das Phänomen der Allgemeinen Geschäftsbedingungen selbst. Vor allem in der Literatur, jedoch auch in der Rechtsprechung finden sich vielfältige, je nach rechtspolitischem Hintergrund vor allem in der Begründung mehr oder weniger stark voneinander abweichende Lösungsansätze, vor deren Hintergrund die heute vorhandene Regelung in §§ 305 ff. BGB zu sehen ist.

Einigkeit besteht heute zu Recht darüber, dass die Verwendung von Allgemeinen Geschäftsbedingungen empirisch gesehen ein Problem darstellt: Unter Verwendung Allgemeiner Geschäftsbedingungen zustande gekommene Verträge führen im Ergebnis häufiger als Individualverträge zu einer dem Verwender einseitig günstigen Regelung hinsichtlich der in den Allgemeinen Geschäftsbedingungen geregelten Fragen.[1]

Ebenso einheitlich werden bestimmte praktische Umstände für diesen Missstand verantwortlich gemacht: Allgemeine Geschäftsbedingungen sind häufig „außerordentlich umfangreich, kompliziert und unübersichtlich“[2]. Sie werden von dem Kunden häufig nicht in gleichem Maße wie ausgehandelte Regelungen wahrgenommen[3] und in der Regel nicht mit besonderer Aufmerksamkeit bedacht, weil ihre Lektüre ebenso wie der Versuch einer abweichenden Vereinbarung Mühe bereitet, die Chancen auf Abänderbarkeit von vornherein als gering eingeschätzt werden[4], das Geschriebene den Anschein der Richtigkeit oder „Scheinautorität“[5] in Anspruch nimmt, oder weil der Kunde mit dem Lesen und Verstehen intellektuell überfordert ist[6] und daher aus den Geschäftsbedingungen folgende Nachtei-

---

[1] *Nicklisch,* BB 1974, 941; sinngemäß auch die Begründung des Regierungsentwurfs zum AGB-Gesetz, BT-Drucks. 7/3919, S. 1; *Munz,* Allgemeine Geschäftsbedingungen, S. 153 ff., spricht insbesondere von einer „den AGB immanenten Gefahr ungerechter Verträge“ (S. 155). Weiterführend unten 2. Kapitel: I. 1.

[2] *Bastian/Böhm,* BB 1974, 110.

[3] *Wackerbarth,* AcP 200, 45, 77: „Gefahr der Nichtberücksichtigung“; noch weitergehend *Kliege,* Wirtschaftswissenschaftliche Analyse, S. 27: „... so gut wie nicht beachtet“ (m.w.N.).

[4] *Schmidt-Salzer,* NJW 1977, 129, 130.

[5] Staudinger/*Coester* § 9 AGBG Rz. 2; ähnlich *Lindacher,* BB 1972, 296, 297 und *ders.,* Wolf/Horn/Lindacher § 3 Rz. 1: „Seriositätsschein“; ebenso *Wellenhofer-Klein,* ZIP 1997, 774, 777.

[6] *Nicklisch,* BB 1974, 941, 944, spricht von einer „psychologisch-intellektuellen Schwächelage“, die aus „Unwissenheit, Ungewandtheit, Gleichgültigkeit und Mutlosigkeit“ resultiere.

le und Risiken unterschätzt.[7] Diese Erhöhung der Gefahr von Fehleinschätzungen ist auch als „Verheimlichungseffekt" bezeichnet worden.[8] Zudem steht der Kunde häufig unter dem (zeitlichen oder psychologischen) Druck der Abschlusssituation[9], der die Zustimmung zu vorhandenen Bedingungen faktisch näher legt und damit einseitig dem Verwender zugute kommt, der die Bedingungen im Voraus entwerfen konnte.[10] Schließlich eignen sich Allgemeine Geschäftsbedingungen in besonderer Weise dazu, den Vertragsschluss von der Annahme unangemessener Bedingungen abhängig zu machen, und so aus einer Angewiesenheit des Kunden auf die Vertragsleistung Nutzen zu ziehen.

Die Schaffung des Gesetzes zur Regelung des Rechts der Allgemeinen Geschäftsbedingungen[11] konnte zwar eine bedeutende Abmilderung dieser Problematik vor allem in ihren Auswirkungen herbeiführen, hat aber gleichzeitig neue Fragen aufgeworfen, deren Beantwortung Literatur und Rechtsprechung nicht minder in Anspruch nimmt. Dazu zählen die Modalitäten der vom Gesetz in § 310 I BGB eingeschränkten Anwendung der Kontrollregeln im Unternehmerbereich, insbesondere im Handelsverkehr. Hinsichtlich der Inhaltskontrolle ist dort die allein einschlägige Generalklausel des § 307 BGB gemäß dem durch die weite Formulierung des § 310 I BGB (ex § 24 Nr. 1 AGBG) gewährten Spielraum den Bedürfnissen des Handelsverkehrs entsprechend auszufüllen.

Die Bestimmung eines klaren und nachvollziehbaren Maßstabs für die Inhaltskontrolle im Handelsverkehr ist bis heute in Literatur und Rechtsprechung nicht zufrieden stellend gelungen, weshalb die Modalitäten der Inhaltskontrolle im kaufmännischen Bereich zu den umstrittensten und dogmatisch am wenigsten erschlossenen Problemen der AGB-Regeln zählen.[12] Dies hängt, wie zu zeigen sein wird, weitgehend damit zusammen, dass den theoretischen Grundlagen der Inhaltskontrolle nicht die notwendige Aufmerksamkeit gewidmet wird und das Ziehen verlässlich gesicherter Schlüsse daher unmöglich ist. In Ermangelung der Erkenntnis tragfähiger dogmatischer Grundlagen für eine Inhaltskontrolle im

---

[7] *Bydlinski*, FS Kastner 1972, S. 45, 47; *M. Wolf*, Rechtsgeschäftliche Entscheidungsfreiheit, S. 15; *Hönn*, Vertragsparität, S. 149 ff.; *Singer*, Selbstbestimmung, S. 15; *Drexl*, Wirtschaftliche Selbstbestimmung, S. 339, 341; *Kliege*, Wirtschaftswissenschaftliche Analyse, S. 88.

[8] Diesen Begriff verwendet *M. Wolf*, Rechtsgeschäftliche Entscheidungsfreiheit, S. 6; *Kliege*, Wirtschaftswissenschaftliche Analyse, S. 19; *Wolf*/Horn/Lindacher § 11 Nr. 15 Rz. 26, dort allerdings in Verbindung mit der unangemessenen Benachteiligung bei der Inhaltskontrolle. Die tatsächliche Problematik ist insoweit doppelt relevant (vgl. auch unten 2. Kapitel: III. 3. f) aa).

[9] So Staudinger/*Coester* § 9 AGBG Rz. 2.

[10] Zusammenfassender Überblick bei Staudinger/*Coester* § 9 AGBG Rz. 2; *Schmidt-Salzer*, NJW 1977, 129, 130; *Wolf*/Horn/Lindacher Einl. Rz. 3; MüKo/*Basedow* Vor § 305 Rz. 5.

[11] In Kraft getreten am 1.4.1977 (BGBl I, 3317); im Zuge des Gesetzes zur Modernisierung des Schuldrechts vom 26.11.2001 (BGBl. I, S. 3138) zum 1.1.2002 unter geringfügigen Änderungen übernommen in §§ 305 ff. BGB.

[12] Zum Stand der Debatte sogleich 1. Kapitel: III. 2.

Unternehmerverkehr findet fast durchweg eine Anlehnung an die für den Verbraucherbereich konzipierten Klauselverbote der §§ 308, 309 BGB statt, was im Ergebnis zu einer Unberechenbarkeit der Rechtsprechung geführt hat, da die Gründe für die Übertragung der entsprechenden Gerechtigkeitswertungen auf den kaufmännischen Bereich häufig in erster Linie dem Einzelfall zu entspringen scheinen.

In dogmatischer Hinsicht darf in diesem Zusammenhang nicht übersehen werden, dass es im Grundsatz einer Rechtfertigung bedarf, wenn materielle Sachgerechtigkeitsüberlegungen den Inhalt des Vertrages bestimmen sollen, der grundsätzlich Ausdruck des Willens der Parteien ist. Es ist daher in besonderer Weise darauf zu achten, inwieweit den AGB-Regeln diese Rechtfertigung auch für den kaufmännischen Bereich zu entnehmen ist.

Zusätzlich ist die Problematik dadurch verschärft worden, dass nach dem Handelsrechts-Reformgesetz von 1998[13], durch welches die bislang nur für Kaufleute geltende Ausnahme von einzelnen Vorschriften der Einbeziehungs- und Inhaltskontrolle durch § 24 AGBG (heute § 310 I BGB) allgemein auf Unternehmer ausgedehnt wurde. Der nunmehr in § 310 I BGB genannte Adressatentypus des Unternehmers umfasst sowohl den Kaufmann als auch den nichtkaufmännischen Unternehmer, ohne dass die Regelung der Tatsache Rechnung trüge, dass das geltende Recht kaufmännische und nichtkaufmännische Unternehmer durchaus unterschiedlich behandelt, so dass eine Differenzierung auch im Bereich der AGB-Kontrolle zumindest nicht von vornherein ausgeschlossen werden kann.[14]

Die vorliegende Untersuchung beschränkt sich deswegen auf solche Geschäfte, an denen auf beiden Seiten Kaufleute im Betrieb ihres Handelsgewerbes beteiligt sind. Zwar ist in der Praxis auch die Konstellation bedeutsam, dass nur der Kunde Kaufmann, der Verwender jedoch Unternehmer ist.[15] Welche rechtliche Behandlung diese Situationen erfordern, ist indes zumindest in Einzelfragen lebhaft umstritten, während für den Typus des Handelsgeschäfts klare Regelungen vor allem in den §§ 343 ff. HGB vorhanden sind, die als rechtliche Bezugsgröße dienen können. Um die ohnehin komplexe Materie nicht mit zusätzlichen Abgrenzungs- und Anwendungsfragen zu überfrachten, soll ihr Gegenstand das

---

[13] BGBl. I, S. 1474.

[14] Stimmen, die wesentliche Sonderregeln für Kaufleute auf den nichtkaufmännischen Unternehmer ausdehnen wollen, soll hier nicht widersprochen werden (vgl. dazu die umfassende Darstellung von *Schmitt*, Die Rechtsstellung der Kleingewerbetreibenden nach dem Handelsrechtsreformgesetz, S. 179 ff.). Sofern zwischen diesen Gruppen in der Weise Gemeinsamkeiten bestehen, dass die für Kaufleute geschaffenen Sondernormen übertragbar sind, gelten die hier gewonnenen Erkenntnisse auch für die Vergleichsgruppe. Entscheidend ist die Sonderstellung im Recht, die zumindest nach der ursprünglichen Konzeption des Gesetzes Kaufleuten zugedacht ist.

[15] Die denklogisch mögliche Situation, dass der kaufmännische Kunde mit Allgemeinen Geschäftsbedingungen des Verbrauchers konfrontiert ist, ist praktisch zu vernachlässigen.

genuine Handelsgeschäft sein, ohne dass damit für die Verwendung allgemeiner Geschäftsbedingungen durch einen Unternehmer gegenüber dem Kaufmann eine abschließende Aussage in die ein oder andere Richtung getroffen sein soll.

Dieser status quo lässt, obwohl hier zunächst nur einführend umrissen, einigen Klärungsbedarf erkennen. Vor allen Einzelfragen steht dabei eine grundlegende, deren Beantwortung geeignet und auch erforderlich ist, den Schüssel zur Klärung der beschriebenen Probleme der Inhaltskontrolle kaufmännischer Allgemeiner Geschäftsbedingungen zu liefern. Es ist die Frage nach der ratio legis der die Inhaltskontrolle Allgemeiner Geschäftsbedingungen im Handelsverkehr statuierenden Regeln und deren Maßgabe für die nach § 310 I BGB vorzunehmende Differenzierung. Als Ausgangsthese mag es gelten, dass eine Überprüfung und gegebenenfalls auch eine Korrektur des bestehenden Verständnisses der Inhaltskontrolle im kaufmännischen Bereich sinnvollerweise in Auseinandersetzung mit ihrer ratio legis zu erfolgen hat und die in deren Analyse gewonnenen Erkenntnisse zur Entwicklung eines verlässlichen, nachvollziehbaren und überprüfbaren Maßstabs für die Inhaltskontrolle im kaufmännischen Verkehr nutzbar gemacht werden können. Diese Annahme soll in der vorliegenden Untersuchung überprüft und konkretisiert und die dabei gefundenen Ergebnisse der praktischen Anwendung zugänglich gemacht werden.

II. Gang der Untersuchung

Notwendig hierfür ist es zunächst, den allgemeinen Sinn und Zweck der Inhaltskontrollregeln herauszuarbeiten. Dabei soll einerseits noch keine Verengung der Betrachtung auf einen bestimmten Adressatenkreis erfolgen, andererseits jedoch auch nicht vorschnell ausgeschlossen werden, dass für unterschiedliche Adressatenkreise unterschiedliche Rechtsgedanken gelten. Der Bestimmung der möglichen Regelungsziele der §§ 307 ff. BGB muss sodann die Überprüfung folgen, inwieweit und gegebenenfalls mit welcher Maßgabe diese auch für den kaufmännischen Verkehr Geltung beanspruchen können und welche Besonderheiten für die Inhaltskontrolle in diesem Bereich sich hieraus ergeben.

Die Untersuchung folgt deswegen einem gestaffelten Aufbau:

Bestimmte Rahmenbedingungen der Untersuchung sind zwangsläufig durch die gesetzliche Regelung vorgegeben, die daher vorab dahingehend zu würdigen ist. Insbesondere erscheint es auch zweckmäßig, den derzeitigen Stand der Bemühungen in Literatur und Rechtsprechung um eine Ausgestaltung der Inhaltskontrolle im Handelsverkehr und das darin zum Ausdruck kommende Verständnis der ratio legis der AGB-Regeln für diesen Bereich festzuhalten, um eine Referenz für die nachfolgend gefundenen Ergebnisse zu gewinnen und gegebenenfalls bestehenden Änderungsbedarf aufzeigen zu können. Diese Ermittlung der Ausgangslage der Untersuchung erfolgt nachstehend unter III.

Um den Regelungszweck der Inhaltskontrolle im Gesamtsystem der AGB-Regeln erfassen zu können, ist es zudem erforderlich, das funktionale Verhältnis zur Einbeziehungskontrolle zu begreifen. Der Erfüllung dieser Voraussetzung ist nachfolgend IV. gewidmet.

Nach der Klärung der Rahmenbedingungen kann die Analyse der ratio der die Inhaltskontrolle Allgemeiner Geschäftsbedingungen anordnenden Regeln vor dem Hintergrund relevanter dogmatischer und rechtstheoretischer Grundgedanken des Bürgerlichen Gesetzbuchs erfolgen. Zu diesem Zweck ist vorab die allgemeine Frage, mit welchem generellen Vorverständnis der Ermittlung des Willens des Gesetzes zu begegnen ist, ebenso zu klären wie die besondere, welche Vorgaben der Begründung des Gesetzentwurfes zum AGB-Gesetz hinsichtlich der ratio der AGB-Regeln zu entnehmen sind (2. Kapitel).

Im Anschluss an die Ermittlung der ratio der §§ 307 ff. BGB kann überprüft werden, ob und inwieweit die gefundene Begründung auch für den kaufmännischen Bereich gelten kann und inwiefern unter Berücksichtigung der Stellung des Kaufmannes im Recht Differenzierungen zulässig oder sogar erforderlich sind (3. Kapitel). Dies macht zunächst die Betrachtung der dem Kaufmann im Gesetz zugedachten und von der Rechtsordnung gebilligten Rolle, also der rechtlichen Besonderheiten und praktischen Bedürfnisse und Möglichkeiten des Handelsverkehrs, notwendig.

Das Ergebnis der Untersuchung kann dann durch den Abgleich dieser Erkenntnisse mit den Ergebnissen des 2. Kapitels erzielt werden, indem die konkreten Maßgaben der rechtlichen und tatsächlichen Besonderheiten für die Inhaltskontrolle vor dem Hintergrund der mit ihr verfolgten Zwecke aufgezeigt werden. Dabei sollen etwa bestehende Irrtümer oder Fehlentwicklungen im bisherigen Verständnis der Inhaltskontrolle von Allgemeinen Geschäftsbedingungen im Handelsverkehr sowie mögliche Auswege exemplarisch aufgezeigt werden.

III. Ausgangslage: Die Inhaltskontrolle Allgemeiner Geschäftsbedingungen im Handelsverkehr

1. Die gesetzliche Regelung

Bis zur Schaffung des AGB-Gesetzes hatte es in der richterlichen Inhaltskontrolle keine erkennbare grundsätzliche Rolle gespielt, ob die kontrollierten Allgemeinen Geschäftsbedingungen gegenüber einem Kaufmann, Unternehmer oder Verbraucher verwendet wurden.[16] Die entsprechenden Entscheidungen des Bundesgerichtshofs betrafen zwar überwiegend den unternehmerischen Verkehr, beschränkten die Inhaltskontrolle Allgemeiner Geschäftsbedingungen aber nicht auf diesen.[17]

Mit dem Erlass des AGB-Gesetzes, das am 1.4.1977 in Kraft trat[18], ist auf dem Weg zur Lösung der durch die Verwendung Allgemeiner Geschäftsbedingungen entstehenden Probleme eine Verengung und Konkretisierung der relevanten Fragestellungen eingetreten.

a) Die grundsätzliche Einbeziehung der Kaufleute

Die zuvor vor allem im Vorfeld des 50. Deutschen Juristentages[19], auf diesem selbst[20] sowie noch während des fortgeschrittenen Gesetzgebungsverfahrens[21] engagiert geführte Debatte, ob eine Kontrolle Allgemeiner Geschäftsbedingungen auf Fälle der Verwendung gegenüber Verbrauchern zu beschränken oder umfassend zu gestalten sei, ist durch die gesetzliche Regelung beendet worden. Nachdem ein AGB-Gesetz zunächst nur als Verbraucherschutzgesetz geschaffen werden sollte[22], sind in dessen endgültiger Fassung gemäß § 24 Nr. 1 AGBG

---

[16] Besonders deutlich kurz vor Erlass des AGB-Gesetzes BGH NJW 1976, 2345, 2346; im Übrigen etwa *Pauly,* BB 1976, 534, 535, mit zahlreichen weiteren Entscheidungsfundstellen, der ergänzend anmerkt, der Bundesgerichtshof habe immerhin in den älteren Entscheidungen BGH NJW 1957, 17 und NJW 1958, 419, eine differenzierende Beurteilung von Allgemeinen Geschäftsbedingungen in Bezug auf die Person des Vertragspartners für möglich gehalten; *Alisch,* JZ 1982, 706, 709, hält es für möglich, dass Gerichte, auch soweit ihren Entscheidungen ein Sachverhalt aus dem Handelsverkehr zugrunde lag, bei den zu prüfenden Bestimmungen zugleich den privaten Abnehmer im Auge hatten.

[17] Vgl. die empirische Erfassung bei *Eith,* NJW 1974, 16, 17.

[18] BGBl. I, S. 3317.

[19] Vgl. etwa *Bastian/Böhm,* BB 1974, 110 ff.; *Eith,* NJW 1974, 16 ff. m.w.N.; *Brandner,* JZ 1973, 613, 614; *Nicklisch,* BB 1974, 941 ff., *Wolf,* JZ 1974, 41, 43; auch bereits *Lindacher,* BB 1972, 296 ff. m.w.N.

[20] Vgl. vor allem das Referat von *Ulmer*, 50. DJT, H 8 ff. und die daran anschließende kontroverse Diskussion auch zum persönlichen Anwendungsbereich, insbesondere die Beiträge H 80 ff.

[21] In kritischer Auseinandersetzung mit dem Gesetzentwurf etwa *Pauly,* BB 1976, 534 ff. m.w.N.

[22] Noch der Referentenentwurf wollte Vollkaufleute vom Schutz des AGB-Gesetzes ausnehmen,

Kaufleute, nach dem heutigen § 310 I BGB allgemein Unternehmer, als Adressaten Allgemeiner Geschäftsbedingungen lediglich von der Anwendung einzelner Vorschriften ausgenommen und unterliegen im Bereich der Inhaltskontrolle insbesondere auch der Generalklausel des § 307 I BGB, die gemäß § 310 I BGB allerdings unter angemessener Berücksichtigung der „im Handelsverkehr geltenden Gewohnheiten und Gebräuche“ anzuwenden ist. Diese Ausgestaltung stellt zwar einerseits eine Reaktion auf Einwände gegen die ursprüngliche ausschließlich auf den Verbraucherschutz ausgerichtete Konzeption des Gesetzgebungsverfahrens dar[23], die unter anderem mit dem Argument geführt wurden, dass die bisherige Rechtsprechung auch den Bereich des Handelsverkehr erfasst habe.[24] Die vielfach als Kompromiss verstandene[25] Regelung entfernt sich aber andererseits zugleich von dieser Rechtsprechung, indem sie eine Differenzierung in der Anwendung fordert, die der Rechtsprechung in dieser grundlegenden Form noch nicht zu Eigen war.[26]

Die prinzipielle Einbeziehungs- und Inhaltskontrolle auch gegenüber Kaufleuten verwendeter Allgemeiner Geschäftsbedingungen ist heute als Grundentscheidung des Gesetzgebers zu respektieren.

b) § 310 I BGB als dogmatischer Anknüpfungspunkt

Da somit die Erstreckung der Kontrolle auf den kaufmännischen Bereich durch § 310 I BGB vorgegeben ist, muss diese Norm Ausgangspunkt jeder Untersuchung der Anwendung der AGB-Regeln im Handelsverkehr sein.

aa) Die Vorgaben durch den Wortlaut der Regelung des § 310 I BGB

Die Vorschrift des § 310 I BGB, die sich seit dem Handelsrechts-Reformgesetz von 1998 neben juristischen Personen des öffentlichen Rechts und öffentlich-rechtlichen Sondervermögen auch auf alle Unternehmer bezieht, enthält insoweit verschiedene Vorgaben.

Durch den diesbezüglich klaren Wortlaut des § 310 I BGB zwingend vorgeschrieben und von der Rechtsprechung sowie allgemein in der Literatur nun-

---

vgl. dazu und zur weiteren Entwicklung die Darstellung in Staudinger/*Schlosser* § 24 AGBG Rz. 2.

[23] Dazu unten 2. Kapitel: III. 1. b) cc).

[24] Vgl. statt aller *Bastian/Böhm,* BB 1974, 110 ff. m.w.N.

[25] So *Alisch,* JZ 1982, 706; auch MüKo/*Basedow* § 310 Rz. 3 ("Mittellösung"); Bericht des Rechtsausschusses, BT-Drucks. 7/5422, S. 4 („Mittelweg“).

[26] Hierauf weist zutreffend MüKo/*Basedow* § 310 Rz. 3 hin; vgl. aber die Rechtsprechungsnachweise bei *Pauly,* Fn. 16.

mehr[27] richtigerweise weitgehend akzeptiert ist für den Bereich der Inhaltskontrolle der Ausschluss jedweder, also auch der entsprechenden Anwendbarkeit der §§ 308 und 309 BGB. Forderungen nach einer Anwendung dieser Vorschriften im Bereich des § 310 I BGB sind contra legem und verbieten sich schon deswegen.[28] Insoweit ist nach der gesetzlichen Regelung ein Vollzug der Inhaltskontrolle im Handelsverkehr nur anhand der Generalklausel vorgesehen, wobei allerdings über die in § 307 I und II BGB getroffenen Aussagen hinausgehende konkrete gesetzliche Anweisungen zu deren Ausfüllung fehlen. Umstritten ist allerdings nach wie vor die Frage, inwieweit bei der Anwendung der Generalklausel im Handelsverkehr Wertungen der Klauselverbote zu berücksichtigen sind.[29]

bb) Der Kaufmann als eigenständiger Adressatentypus der Generalklausel

Als Ergebnis des vorstehend beschriebenen gesetzgeberischen Kompromisses enthält § 310 I 2. HS BGB immerhin die generelle Vorgabe, bei der Inhaltskontrolle im Handelsverkehr geltende Sitten und Gebräuche zu berücksichtigen. Diese Anordnung ist nicht konkret genug, um als Einschränkung in die eine oder andere Richtung verstanden zu werden, so dass sie die Berücksichtigung sonstiger Besonderheiten des Handelsverkehrs nicht hindert. Die Regelung kann daher ohne weiteres so verstanden werden, dass jegliche Bedürfnisse und Besonderheiten des Handelsverkehrs in die Anwendung der Generalklausel Eingang finden sollen.[30] Dies ergäbe sich überdies auch ohne diese Vorschrift schon aus der Generalklausel selbst[31], die eine umfassende Abwägung der beiderseitigen Interessen erfordert[32], wodurch eine gruppentypische Differenzierung geboten ist.[33] Daraus ergibt sich insbesondere, dass dem Kaufmann als Adressat allgemeiner

---

[27] Zu früher in Rechtsprechung und Literatur vertretenen abweichenden Sichtweisen *Lutz*, AGB-Kontrolle im Handelsverkehr, S. 17, 18.

[28] Etwas anderes kann insbesondere auch nicht dem § 310 I 1 BGB (ex § 24 S. 2 AGBG) entnommen werden. Durch die Aufnahme dieser Regelung sollte lediglich verhindert werden, dass die §§ 308, 309 BGB (ex §§ 10, 11 AGBG) im Wege eines Umkehrschlusses als Erlaubnisnormen für den Bereich des § 310 I BGB (ex § 24 AGBG) gedeutet werden (vgl. die Begründung zum Regierungsentwurf, BT-Drucks. 7/3919 zu § 12, S. 43). Dies hat freilich die Debatte um eine „mittelbare Wirkung" der Klauselverbote im Handelsverkehr kaum zu bremsen vermocht.

[29] Vgl. zum Stand der Debatte unten 1. Kapitel: III. 2. a) aa) (1).

[30] *Munz,* Allgemeine Geschäftsbedingungen, S. 167 ff.; ähnlich BGH NJW 1988, 1785, 1788; BGH NJW 1985, 2693, 2695.

[31] Dies erkennt zutreffend *Karatzenis,* § 9 AGBG im Handelsverkehr, S. 18.

[32] Staudinger/*Coester* § 9 AGBG Rz. 74; *Wolf*/Horn/Lindacher § 9 Rz. 100 ff.; *Lutz*, AGB-Kontrolle im Handelsverkehr, S. 11 f.

[33] Staudinger/*Coester* § 9 AGBG Rz. 82 mit Hinweis auf BGH NJW 1990, 1601 und weiteren Nachweisen aus der Rechtsprechung; ähnlich auch MüKo/*Basedow* § 305 Rz. 4 (Differenzierung nach typischerweise beteiligten Verkehrskreisen).

Geschäftsbedingungen auch gegenüber dem schlichten nichtkaufmännischen Unternehmer eine Sonderstellung zukommen kann.[34]

Bezüglich der vor allem aus der Literatur[35] mitunter vernommenen Forderung nach einer grundsätzlichen Einheitlichkeit der Inhaltskontrolle im kaufmännischen wie im Verbraucherbereich mit lediglich wertungsmäßigen Unterschieden in Bezug auf den zulässigen Klauselinhalt[36] ist festzustellen, dass diese weder im Gesetz eine Stütze findet noch angesichts ihres apriorischen Charakters in einen sinnvollen Einklang mit der sachgerecht verstandenen Anwendung der Generalklausel gebracht werden kann.[37] Die Stichhaltigkeit einer Forderung nach Einheitlichkeit der Inhaltskontrolle zumindest in ihren Grundsätzen soll sich im Wege dieser Untersuchung erst erweisen. Aus dem Wortlaut des Gesetzes selbst ergibt sich eine solche Einschränkung jedenfalls nicht.[38] Für die vorliegende Untersuchung hat die Forderung nach einer grundsätzlich einheitlichen Inhaltskontrolle daher zunächst unbeachtlich zu bleiben. Soweit die ratio legis der §§ 307 ff. BGB die differenzierende Behandlung eines Adressatentypus fordert, ist dieser durch die §§ 305 ff. BGB jedenfalls kein Riegel vorgeschoben.

Insbesondere sollte deswegen für die Ausfüllung der Generalklausel nicht vorschnell eine Orientierung an denjenigen Regeln erfolgen, die bei Verwendung von Allgemeinen Geschäftsbedingungen gegenüber Verbrauchern gelten. Die dahingehende Versuchung ist zwar groß, da in diesem Bereich mit den Klauselverboten ein recht ausdifferenziertes System zur Verfügung steht.[39] Die gesetzliche Vorgabe der Anwendung der Generalklausel im kaufmännischen Verkehr muss jedoch gerade nicht zwangsläufig bedeuten, dass die dort durchzuführende Inhaltskontrolle ebenfalls einer apriorischen Konkretisierung durch die Typisierung unzulässiger Klauselinhalte zugänglich ist. Dies setzte nämlich bereits voraus, dass die Generalklausel für den kaufmännischen Kunden mit grundsätzlich

---

[34] Staudinger/*Coester* § 9 AGBG Rz. 82; *Wolf*/Horn/Lindacher § 9 Rz. 126.

[35] Etwa *Lutz*, AGB-Kontrolle im Handelsverkehr, S. 25: Es dürfe kein „Sonderkontrollrecht für Kaufleute" geben; ähnlich Staudinger/*Schlosser* § 24 AGBG Rz. 12, der diese Annahme als „anerkannt" bezeichnet, und *Reh*, Einbeziehung und Inhaltskontrolle, S. 259: „Ein zweites AGBG für den kaufmännischen Verkehr existiert nicht".

[36] Soweit eine solche Annahme auf eine im Ergebnis vollständig vereinheitlichte AGB-Kontrolle ohne jeden Unterschied gerichtet wäre, würde sie schon dem Wortlaut der Abs. 2, 3 und 4 des § 310 BGB widersprechen, die seit der Schuldrechtsreform neben dem Unternehmer und dem Verbraucher auch den Arbeitnehmer als Adressatentypus ausdrücklich nennen und eine differenzierende Behandlung dieser Typen anordnen.

[37] Dazu sogleich noch näher 1. Kapitel: III. 2. a) aa) (1).

[38] Auch die für eine Einheitlichkeit argumentierenden Ansichten können diesbezüglich nichts anderes behaupten, sondern berufen sich zumeist eher vage auf eine entsprechende Entscheidung des Gesetzgebers, dazu sogleich 1. Kapitel: III. 2. a).

[39] Mit dem daraus folgenden Vorteil der Vereinfachung der AGB-Kontrolle argumentiert *Lutz*, AGB-Kontrolle im Handelsverkehr, S. 23 zugunsten einer „Übertragung der Klauselverbote auf den Handelsverkehr".

gleicher Maßgabe wie für den Verbraucherkunden anzuwenden ist.[40] Es soll daher versucht werden, ohne apriorische Verengung des Blickfeldes eine sachgerechte Ausfüllung der Generalklausel für den Handelsverkehr zu vollziehen.

cc) Der Kaufmann als Verwender allgemeiner Geschäftsbedingungen

Obwohl für den Kaufmann eine ausdrückliche gesetzliche Regelung fehlt, folgt aus der vorstehend beschriebenen Typenbildung innerhalb der Generalklausel auch die Möglichkeit, nach der Person des Verwenders zu differenzieren. Diese ist für den Verbrauchervertrag, also die Konstellation, dass der Kunde Verbraucher, der Verwender jedoch Unternehmer ist, in § 310 III BGB bestätigt.

Dies ist für die vorliegende Untersuchung deswegen von Bedeutung, da, wie bereits gesagt, die rechtlichen Besonderheiten des Handelsverkehrs zugrunde gelegt werden sollen, die, um vollumfänglich zur Geltung zu kommen, die Kaufmannseigenschaft auch des Verwenders verlangen (vgl. nur § 377 HGB). Deren Berücksichtigung ist durch die Formulierung, des § 310 I BGB, der lediglich auf die Person des Kunden abstellt, somit nicht gehindert.

dd) Fazit: Ausfüllungsbedarf und -möglichkeiten der Generalklausel des § 307 I, II BGB

Positiv betrachtet bietet die gesetzliche Regelung daher jeden erdenklichen Spielraum, negativ betrachtet so gut wie keine konkreten Anhaltspunkte für die Ausfüllung der Generalklausel. Hinsichtlich der Beurteilung, was im kaufmännischen Verkehr als „unangemessene Benachteiligung entgegen den Geboten von Treu und Glauben" verstanden werden soll, stehen sich daher Ausfüllungsbedarf und Ausfüllungsmöglichkeiten gleichwertig gegenüber.

Die Generalklausel selbst ist dabei in ihrer Allgemeinheit vergleichsweise blutleer und für die Entwicklung eines konkreten Anwendungsmaßstabs für sich allein genommen kaum zu gebrauchen.[41] Eine Ausfüllung und Konkretisierung durch Klauselverbote war für den kaufmännischen Verkehr bereits im AGB-Gesetz nicht vorgesehen und ist durch den Gesetzgeber trotz der Einbeziehung der AGB-Regeln in die Schuldrechtsreform[42] nicht vorgenommen worden. Darin

---

[40] *Karatzenis*, § 9 AGBG im Handelsverkehr, S. 35, weist zutreffend darauf hin, dass der Schutzumfang dem Schutzgrund zu entsprechen hat; ähnlich *Eith*, NJW 1974, 16, 18.

[41] Ähnlich *Drexl*, Wirtschaftliche Selbstbestimmung, S. 491; Staudinger/*Coester* § 9 AGBG Rz. 74 weist zutreffend darauf hin, entsprechend der Natur der Generalklausel als solcher ergäbe sich insbesondere die Bedeutung des Tatbestandsmerkmals der Unangemessenheit erst „aus den Prinzipien und Kriterien, die sich als Quintessenz langjähriger Kasuistik und wissenschaftlicher Systematisierung und Dogmatik herausschälen lassen".

[42] Im Zuge des zum 1.1.2002 in Kraft getretenen Gesetzes zur Modernisierung des Schuldrechts wurden neben der umstrittenen Verortung der AGB-Regeln in den §§ 305 ff. BGB (dazu kritisch

sollte jedoch nicht ohne weiteres ein Anlass zur Kritik gesehen werden. In der Allgemeinheit der gesetzlichen Regelung liegt zugleich die Chance, sie einer vernünftigen und flexiblen Anwendung zuzuführen. Die Aufgabe besteht darin, einen praktikablen Maßstab zu finden, nach dem bestimmt werden kann, wann Allgemeine Geschäftsbedingungen im Handelsverkehr den Kunden unangemessen benachteiligen.

2. Derzeit herrschendes Verständnis in Rechtsprechung und Literatur

Rechtsprechung und Literatur sind in Bezug auf die Inhaltskontrolle Allgemeiner Geschäftsbedingungen im kaufmännischen Bereich alles andere als einheitlich. Es wäre von keinem Gewinn für diese Untersuchung, einen Überblick über die vielfältigen Nuancierungen der im Einzelnen vertretenen Ansichten zu bieten. Solche Darstellungen waren und sind Gegenstand der Kommentarliteratur[43] sowie erschöpfender Untersuchungen[44], die insoweit keiner Ergänzung bedürfen. An dieser Stelle geht es vielmehr darum, das Grundverständnis der herrschenden Literatur und Rechtspraxis von der Inhaltskontrolle im Handelsverkehr mit Blick auf die ratio legis der AGB-Regeln zu untersuchen. Im Rahmen dieser Untersuchung ist es daher zweckmäßiger, mit Augenmaß den Versuch zu unternehmen, durchgängig vorhandene Linien festzustellen und einen so gefundenen gemeinsamen Ausgangspunkt einer grundsätzlichen Überprüfung zu unterziehen.

Ulmer, JZ 2001, 491 ff.) lediglich kleinere Änderungen und Anpassungen an das neue Schuldrecht vorgenommen. Vgl. zu den Änderungen im Überblick etwa *von Westphalen,* NJW 2002, 12 ff.; zu einzelnen Klauseln *Hoeren,* ZGS 2002, 10 ff. mit Gestaltungsvorschlägen. Änderungen werden in erster Linie mittelbar durch die Änderung des Leitbilds der schuldrechtlichen Vorschriften spürbar sein. Probleme möglicher Auswirkungen der Leitbildänderungen auf Allgemeine Geschäftsbedingungen im Handelsgeschäft erkennt *Hassemer,* ZGS 2002, 95 ff.

[43] Vgl. statt aller zunächst die umfangreiche Kommentierung von Wolf/*Horn*/Lindacher § 24 Rz. 13, 16 ff.

[44] Ein umfassender Überblick über die verschiedenen möglichen Differenzierungen findet sich etwa bei *Lutz,* AGB-Kontrolle im Handelsverkehr, S. 3 ff., 17 ff.; vgl. insbesondere für die Rechtsprechung bis Mitte der 80er Jahre ausführlichst *Ohlendorf-von Hertel,* Allgemeine Geschäftsbedingungen, 2. Kapitel.

a) Überblick: Die Behandlung der Inhaltskontrolle Allgemeiner Geschäftsbedingungen im Handelsverkehr in Literatur und Rechtsprechung

aa) Literatur

Der vor dem Erlass des AGB-Gesetzes um die Frage der Einbeziehung der Kaufleute in den Anwendungsbereich des Gesetzes geführte Diskurs[45] wurde mit der Findung dessen endgültiger Fassung gegenstandslos.

Gleichwohl hat die Fülle von Veröffentlichungen zum Problem insbesondere der Inhaltskontrolle im kaufmännischen Bereich in der Folgezeit nicht abgenommen. Ausgangspunkt war dabei stets die vorstehend beschriebene Notwendigkeit, die im kaufmännischen Verkehr als Instrument der Inhaltskontrolle vorgesehene Generalklausel des § 307 I und II BGB (ex § 9 AGBG) nach der Maßgabe des § 310 I BGB (ex § 24 AGBG) mit Inhalt zu füllen. Durch den vagen Regelungsgehalt der Gesetz gewordenen Fassung des § 24 AGBG war allen erdenklichen Arten der Interpretation Tür und Tor geöffnet. Vor diesem Hintergrund vermag es nicht zu erstaunen, dass sich eine einheitliche Sichtweise in der Literatur bis heute nicht durchsetzen konnte.

Obgleich die unternommenen Lösungsansätze vielfältig sind, ähneln sie sich zumeist im Wesentlichen. Fast durchgängig wird versucht, unter Aufrechterhaltung der für das gesetzliche Regelverhältnis des Unternehmer/Verwenders zum Verbraucher/Kunden normierten Inhaltskontrolltechnik lediglich Unterschiede in Bezug auf die zulässigen Klauselinhalte zu gestatten. Dies geht so weit, dass mitunter ohne nähere Begründung gefordert wird, es dürfe kein „Sonderkontrollrecht für Kaufleute“ geben.[46] Vor diesem Hintergrund ist ganz überwiegend[47] die Herangehensweise populär geworden, aus den für den Verbraucherbereich bestehenden Klauselverboten Rückschlüsse für den Unternehmer- bzw. den

---

[45] Dazu oben 1. Kapitel: III. 1. a).

[46] So etwa *Lutz*, AGB-Kontrolle im Handelsverkehr, S. 25; Staudinger/*Schlosser* § 24 AGBG Rz. 12, der diese Annahme als „anerkannt“ bezeichnet; ähnlich *Reh*, Fn. 35.

[47] Darüber hinaus wird in erster Linie die Bedeutung des Handelsbrauchs als die Kontrollfähigkeit einer abweichenden Klausel begründendes Leitbild oder als Rechtfertigung einer ansonsten als unangemessen zu beurteilenden Klausel erörtert (vgl. etwa die Darstellungen bei *Lutz*, AGB-Kontrolle im Handelsverkehr, S. 14 ff. m.w.N. und *Karatzenis*, § 9 AGBG im Handelsverkehr, S. 28 ff.; auch MüKo/*Basedow* § 310 Rz. 9 ff.; Wolf/*Horn*/Lindacher § 24 Rz. 18 ff.). Die dabei gewonnenen Erkenntnisse sind auch im Einzelfall hilfreich, für die Erkennung oder Entwicklung eines durchgängigen Maßstabs wegen ihrer Einzelfallbezogenheit jedoch nicht dienlich. Letztendlich handelt es sich hierbei aber im Ergebnis lediglich um das Bestreben, der Selbstverständlichkeit Geltung zu verschaffen, dass mittels der Inhaltskontrolle, von Ausnahmefällen abgesehen, nicht dasjenige vereitelt werden soll, was sich im Verkehr bewährt und etabliert hat. Für die vorliegende Untersuchung sind Erkenntnisse hieraus daher zunächst nicht zu erwarten. In den genannten Themen der Wirkung der Klauselverbote und der Rolle des Handelsbrauchs erschöpft sich regelmäßig die wissenschaftliche Diskussion, vgl. exemplarisch die einführenden Bemerkungen von *Alisch*, JZ 1982, 706.

kaufmännischen Verkehr zu ziehen.[48] Die Debatte über die Wirkungen der Klauselverbote eignet sich daher wie keine andere als Ausgangspunkt der Darstellung des Stands der Literatur und Rechtsprechung.

(1) Das Verständnis der herrschenden Meinung am Beispiel des Postulats der mittelbaren Wirkung der Klauselverbote

Eine starke Stellung kam dabei schon frühzeitig solchen Ansichten zu, die den Klauselverboten eine gewisse Ausstrahlungs- oder sogar Regelungswirkung der ein oder anderen Art für den kaufmännischen Verkehr zusprachen. Kennzeichnend ist die Ansicht von *Bunte,* der anführt, es handele sich vor allem bei den Regelungen des § 10 AGBG (nunmehr § 308 BGB) „ausnahmslos um konkrete Anwendungsfälle des § 9 ABGB, so dass diese auch im kaufmännischen Verkehr gelten können", während „die in § 11 aufgeführten Verbote (...) für die Rechtsprechung sicherlich künftig Leitbilder für die Interpretation der Generalklausel sein" würden.[49] Andere bezeichneten die Klauselverbote als „beispielhaft ausgestaltete Anwendungsfälle" oder „Konkretisierungen"[50] der Generalklausel, die auch im Rahmen der zwischen Kaufleuten stattfindenden Inhaltskontrolle Gültigkeit beanspruchen könnten, zumindest sofern dort nicht explizit eine abweichende Interessenlage festzustellen sei, und begründen damit im Ergebnis sogar eine Vermutung zugunsten der Unwirksamkeit einer Klausel mit einem Klauselverbot entsprechendem Inhalt auch im kaufmännischen Verkehr.[51] In diesem Zusammenhang wird häufig auch von einer „Indizwirkung" der Klauselverbote gesprochen.[52] Wieder andere wollen zumindest die „Wertungen" aller oder einzelner Klauselverbote in den kaufmännischen Bereich übertragen.[53] *Von Westphalen* schließlich hält es „allemal (für) vertretbar und erforderlich, aus den Verbotstatbeständen der §§ 10 und 11 AGB-Gesetz für den kaufmännischen Verkehr wichtige Anhaltspunkte dafür abzuleiten, dass derartige Klauseln auch im kaufmännischen Verkehr gem. § 9 AGB-Gesetz unwirksam

---

[48] Bereits unmittelbar nach dem Inkrafttreten des AGB-Gesetzes setzte sich in dieser Form der Streit über Zulässigkeit und Sinn einer Einbeziehung des kaufmännischen Verkehrs in den Anwendungsbereich des AGB-Gesetzes unter geänderten Vorzeichen fort (für alle nur *Helm,* BB 1977, 1109 ff.; *Schlechtriem,* FS Duden 1977, S. 571, 577 m.w.N.; *Schmidt-Salzer,* NJW 1977, 129, 137; *Löwe,* JuS 1977, 421, 427 ff.).

[49] *Bunte,* AcP 181, 31, 50; etwas zurückhaltender *ders.*, NJW 1987, 921, 925.

[50] Beide Formulierungen gebrauchend *Ohlendorf-von Hertel,* Allgemeine Geschäftsbedingungen, S. 81.

[51] *Coester-Waltjen,* Jura 1991, 474.

[52] Wolf/*Horn*/Lindacher § 24 Rz. 13; MüKo/*Basedow* § 307 Rz. 68 und § 310 Rz. 7; zurückhaltend Staudinger/*Coester* § 9 AGBG Rz. 13, der zwar eine pauschale Annahme einer Indizwirkung der Klauselverbote ablehnt, diese jedoch unter Differenzierung nach Zweck und Inhalt des betreffenden Klauselverbotes selektiv für möglich hält; ähnlich *Wolf*/Horn/Lindacher Vor §§ 10, 11 Rz. 14.

[53] Dies praktiziert *Koch,* WM 2002, 2173 ff.; ähnlich *von Westphalen,* NJW 2002, 12, 21.

sind".[54] *Schlosser* meint, Entwicklungen in der Rechtsprechung als Nachweis dafür gelten lassen zu können, „dass die meisten substantiellen Aussagen des Gesetzes auch dem kaufmännischen Verkehr frommen"[55].

Interessant ist insoweit, dass sich sämtliche der genannten Ansätze lediglich mit Unterschieden oder Gemeinsamkeiten bezüglich der Frage befassen, wie sich ein bestimmter Klauselinhalt gegenüber dem jeweiligen Adressatentypus auswirkt. Dabei wird insbesondere teilweise ausdrücklich vorausgesetzt, die ratio legis der Inhaltskontrollregeln führe für alle Adressatenkreise zu grundsätzlich gleichen Maßgaben[56], weshalb allenfalls ein wertungsmäßiger Unterschied in Bezug auf den materiellen Regelungsgehalt einzelner Klauseln zugelassen[57], im Übrigen aber eine grundsätzliche Ungleichbehandlung des kaufmännischen und des Verbraucherbereichs von vornherein gescheut wird.[58] Deswegen wird die Möglichkeit eines über die Differenzierung der zulässigen Inhalte hinausgehenden Unterschiedes in der Beurteilung der unangemessenen Benachteiligung von den vorstehend beschriebenen Ansichten offenbar ganz überwiegend nicht gesehen und insbesondere nicht geprüft, ob die das ausschließliche Abstellen auf den Inhalt der Klausel in den Klauselverboten tragende ratio legis auf den kaufmännischen Verkehr übertragbar ist.[59] Auch soweit dahingehende Überlegungen nicht ausdrücklich stattfinden oder formuliert werden, ist den vorstehend geschilderten Ansichten die stillschweigende Prämisse der Einheitlichkeit des Kontrollgrundes inhärent. Letztere Grundannahme ist nämlich Voraussetzung jeder Diskussion darüber, ob und inwieweit inhaltliche Regelungen oder Wertungen bestimmter Klauselverbote auch im kaufmännischen Verkehr zu einer

---

[54] *von Westphalen,* NJW 1980, 2227, 2231, 2232; von Anhaltspunkten spricht auch *Schubel,* JZ 2001, 1113, 1115.

[55] ZIP 1985, 449, 462.

[56] So etwa *Lutz*, AGB-Kontrolle im Handelsverkehr, S. 9, 26, der insoweit von einem identischen „Kontrollmaßstab" und einem „gemeinsamen Unwirksamkeitsgrund" spricht; eine ähnliche Argumentation findet sich bei Staudinger/*Schlosser* § 24 AGBG Rz. 2, der hinter dem AGB-Gesetz den Gedanken eines „allgemeinen Schutzes" erkennen will, „der an die einseitige Inanspruchnahme der Vertragsfreiheit durch den AGB-Verwender" anknüpfe, und so zu dem Ergebnis einer grundsätzlich einheitlichen Kontrolle kommt (aaO., Rz. 12 f.); ähnlich Wolf/*Horn*/Lindacher § 24 Rz. 3; hierzu zählen etwa auch Ansätze, die den Schutzzweck des AGB-Gesetzes einheitlich für Verbraucher und Unternehmer aus rechtsökonomischen Erwägungen zu ergründen suchen, da bei beiden unrentabel hohe Transaktionskosten beziehungsweise ein Informationsungleichgewicht zu Lasten des Kunden bestünden, so in neuester Zeit wieder *Kötz,* JuS 2003, 209 ff. und MüKo/*Basedow* § 307 Rz. 70.

[57] *Schlosser*, ZIP 1985, 449, 459.

[58] Gegen eine autonome Bewertung von AGB-Klauseln im Handelsverkehr etwa ausdrücklich Wolf/*Horn*/Lindacher § 24 Rz. 19; vgl. i.Ü. die Nachweise oben Fn. 46.

[59] *M. Wolf,* ZIP 1987, 341, 342, will zwar danach differenzieren, welche Schutzgründe die Klauselverbote rechtfertigen und ob und in welchem Umfang dieser Schutz auch Kaufleuten zukommen muss. Damit ist jedoch wohl auch in erster Linie nur eine Differenzierung hinsichtlich der zulässigen Klauselinhalte und kein wirklicher Unterschied in der ratio legis gemeint, vgl. *ders.* in: Wolf/Horn/Lindacher § 9 Rz. 123 und Vor §§ 10, 11 Rz. 14.

Unwirksamkeit der Klausel führen können. Damit wird vorausgesetzt, dass grundsätzlich auch im kaufmännischen Bereich eine originäre, das heißt von weiteren Voraussetzungen unabhängige und ausschließlich am Klauselinhalt orientierte materielle Gerechtigkeitskontrolle gewollt ist, wie sie das Gesetz in den Klauselverboten für den Verbraucherbereich vorsieht, ohne dass aber geklärt würde, ob diese vom Gesetz gefordert oder auch nur von der ratio legis der Inhaltskontrollnormen für diesen Bereich gedeckt ist.

(2) Immanente Kritik aus der Literatur

Das Konzept der mittelbaren Wirkung der Klauselverbote wurde zwar stets von einer im Lauf der Zeit jedoch eher schwächer werdenden Gegenmeinung bestritten. Die schlagkräftigsten und am häufigsten vertretenen Argumente sind dabei der Wortlaut des § 24 AGBG und der so verstandene Wille des Gesetzgebers.[60] Die Verbotskataloge dürften nach richtigem Verständnis für den kaufmännischen Verkehr nicht mehr bedeuten als „Hinweise für eine sorgsame Prüfung der Generalklausel“[61]. *Rabe* weist darauf hin, dass „das, was gegenüber einem Endverbraucher verwerflich sein mag, unter Kaufleuten durchaus als angemessen angesehen werden kann“, weshalb insbesondere eine Indizwirkung nicht bestehe.[62] Es handelt sich dabei jedoch lediglich um dem Denkmodell der einheitlichen ratio immanente Kritik. Wie die beschriebene Argumentation bereits erkennen lässt, geht auch die dargestellte Gegenmeinung davon aus, dass die ratio der Inhaltskontrolle im kaufmännischen und im Verbraucherverkehr gleich ist und lediglich wertungsmäßige Unterschiede bestehen, die eine Übertragung der Klauselverbote in den kaufmännischen Bereich verbieten.[63] Die Angemessenheit einer Klausel ist jedoch auch nach diesen Ansichten gleichwohl nur anhand ihres Inhalts zu bestimmen. Im Rahmen der beschriebenen Ansätze wird nämlich ein in der Schutzbedürftigkeit bestehender Unterschied stets nur als quantitatives minus in der Schutzbedürftigkeit und nicht fundamental in der Qualität des Schutzes gesehen.[64]

Der grundsätzlichen Annahme der Identität des Kontrollgrundes bei lediglich wertungsmäßigen Unterschieden zwischen den Adressatenkreisen tut es deswegen auch noch keinen Abbruch, dass häufig von einer verminderten Schutzbedürftigkeit der Kaufleute oder Unternehmer gesprochen wird.[65] Dabei wird mit-

---

[60] Etwa *Nickel,* NJW 1981, 1490, 1491; auch *Munz,* Allgemeine Geschäftsbedingungen, S. 175; *Schlechtriem,* FS Duden 1977, S. 571, 578.

[61] *Nickel,* aaO.

[62] *Rabe,* NJW 1987, 1978, 1983.

[63] *Wolf*/Horn/Lindacher § 9 Rz. 123; *Munz,* Allgemeine Geschäftsbedingungen, S. 161, 175; *Karatzenis,* § 9 AGBG im Handelsverkehr, S. 50 f.

[64] Dass Unterschiede bei identischer ratio legis lediglich quantitativer Art seien, vertritt ausdrücklich *Hensen,* NJW 1987, 1986, 1988.

[65] So etwa *Schlechtriem*, FS Duden 1977, S. 571, 573, 578; *Wolf*/Horn/Lindacher § 9 Rz. 123.

unter übersehen, dass es auf einen Unterschied in der Schutzbedürftigkeit hinsichtlich der Intensität des Schutzes nur ankommen kann, wenn und soweit ein entsprechender Schutz von dem Gesetz nach dessen Sinn und Zweck auf beiden Seiten in dem Grunde nach gleicher Weise gegeben sein soll.[66] Teilweise wird letztere Annahme der grundsätzlich gleichen Schutzrichtung als Ausgangspunkt in der Diskussion der geringeren Schutzbedürftigkeit jedoch auch ausdrücklich, allerdings auch hier ungeprüft, formuliert.[67]

(3) Grundsätzliche Kritik aus der Literatur

Nur von einigen eher vereinzelten Stimmen wurden unter Hinweis auf das Vorliegen eines Unterschiedes im Schutzgrund, und nicht lediglich in der Schutzintensität, teilweise auch grundsätzliche Bedenken an der Zulässigkeit von Parallelen zum Verbraucheradressaten geäußert. *Eberstein* legt dar, die Klauselverbote passten nicht auf den kaufmännischen Geschäftsverkehr, da sie auf Verbraucherschutzgedanken beruhten, die im kaufmännischen Bereich keine Rolle spielen könnten; die Rolle des § 24 AGBG (nunmehr § 310 I BGB) sieht er in der Ermöglichung einer von Verbraucherschutzgedanken losgelösten Inhaltskontrolle unter Kaufleuten.[68] Ähnliche, jedoch weniger deutliche Aussagen treffen etwa auch *Helm*[69] und *Alisch*[70].

Letztere Stellungnahmen zum Streit um die Klauselverbote bringen einen gegenüber der sonstigen Diskussion völlig neuen Aspekt für die Ausfüllung des § 307 BGB am Maßstab des § 310 I BGB. Es wird die Möglichkeit eines abweichenden Kontrollgrundes erkannt, der eine vollständig und nicht nur wertungsmäßig eigenständige Inhaltskontrolle im kaufmännischen Verkehr erfordert. *Pauly*[71] fordert sogar, bei kaufmännischen Kunden nur im Falle einer Vergleichbarkeit der Sach- und Interessenlage mit der Situation des Endverbrauchers auf den Inhalt des Vertrages zuzugreifen, da ansonsten ein Verstoß gegen den Grundsatz der Vertragsfreiheit vorliege. Einen interessanten und eigenständigen Ansatz verfolgt *Karatzenis*[72], der die Berücksichtigung der intellektuellen und wirtschaftlichen Machtsituation fordert, ohne allerdings eine klare dogmatische Begründung zu liefern.

---

66 So auch *Karatzenis*, § 9 AGBG im Handelsverkehr, S. 35, der dies bejaht.

67 *Wolf*/Horn/Lindacher § 9 Rz. 123; *Munz*, Allgemeine Geschäftsbedingungen, S. 161; *Karatzenis*, § 9 AGBG in Handelsverkehr, S. 33 ff., 50.

68 *Eberstein*, Die zweckmäßige Ausgestaltung von Allgemeinen Geschäftsbedingungen, S. 37.

69 *Helm*, BB 1977, 1109, stellt fest, die Klauselverbote seien zwar für den Verbraucherbereich Ausprägungen eines allgemeinen Verbotsprinzips, im kaufmännischen Bereich müssten jedoch andere Ausprägungen stattfinden, da dort nicht, wie im Falle des Verbraucher-Kunden, von einer typischerweise bestehenden Schutzbedürftigkeit ausgegangen werden könne.

70 JZ 1982, 706, 709.

71 BB 1976, 534, 536.

72 § 9 AGBG im Handelsverkehr, S. 35.

bb) Rechtsprechung[73]

Die praktische Anwendung der AGB-Regeln in der Rechtsprechung weist gegenüber der von dem Großteil der Lehre proklamierten Auffassung im Ergebnis keine signifikanten Unterschiede auf. Inhaltskontrolle Allgemeiner Geschäftsbedingungen wird hier wie dort als materielle Gerechtigkeitskontrolle verstanden, so dass Unterschiede allenfalls dort gemacht werden, wo nach Ansicht des Gerichts typischerweise vorhandene Unterschiede des kaufmännischen Verkehrs gegenüber dem Verbraucherverkehr eine abweichende Wertung erfordern.[74] Dies hat dazu geführt, dass auf breiter Basis im Verbraucherbereich bestehende Gedanken auf den kaufmännischen Bereich übertragen werden.

Dieses Grundverständnis manifestiert sich wie in der Literatur in erster Linie in einer starken Orientierung an den Klauselverboten, die daher als Beleg und zur Veranschaulichung des in der Rechtsprechung herrschenden Grundverständnisses dienen kann. Die Details der Heranziehung der Klauselverbote sind in der Rechtsprechung nicht einheitlich. Eine Analyse der unterschiedlichen Herangehensweisen der obergerichtlichen Rechtsprechung ist in der Vergangenheit etwa von *Ohlendorf-von Hertel*[75] oder überblicksweise auch von *Lutz*[76] vorgenommen worden. An dieser Stelle soll daher, dem Zweck der Untersuchung entsprechend, ein kurzer Blick auf die Grundsätze und die Entwicklung in neuerer Zeit genügen.

Die in der Rechtsprechung im Einzelnen vertretenen Varianten reichen von der unbefangenen Aussage, einzelne Klauselverbote seien „gemäß §§ 9 Abs. 2 Nr. 1, 24 Satz 2 AGBG grundsätzlich auch im Verkehr zwischen Kaufleuten anzuwenden“[77] oder „gem. § 9 AGB-Gesetz entsprechend anwendbar“[78], über die Forderung, sie müssten „zur Ausfüllung der Inhaltskontrolle gemäß §§ 24 Satz 2, 9 AGBG herangezogen werden“[79], bis zu der Ansicht, ihre „Rechtsgedanken“ könnten „insoweit entsprechend (...) gelten“[80]. Wie in der Literatur fin-

---

73 Siehe zur Rechtsprechung auch die Darstellungen bei *Ohlendorf-von Hertel,* Allgemeine Geschäftsbedingungen, S. 24 ff. (detailliert und umfassend, gegliedert nach BGH-Senaten); *Schlosser,* ZIP 1985, 449 ff.; *Lutz*, AGB-Kontrolle im Handelsverkehr, S. 17 f.

74 Als Beispiel mag zunächst die Entscheidung BGHZ 90, 273 ff. gelten, in der der Bundesgerichtshof ausführt: „Der Senat folgt der Meinung, dass das Verbot der Verkürzung gesetzlicher Gewährleistungsfristen (§ 11 Nr. 10 f AGBG) grundsätzlich auch bei der Verwendung Allgemeiner Geschäftsbedingungen gegenüber Kaufleuten gilt. Auf sie trifft der in der Regelung zum Ausdruck kommende Gerechtigkeitsgedanke gleichermaßen zu“ (S. 277).

75 Allgemeine Geschäftsbedingungen, S. 24 ff. (bis 1986).

76 AGB-Kontrolle im Handelsverkehr, S. 17 f. (bis 1990).

77 OLG Düsseldorf DB 1993, 2176.

78 So ausdrücklich OLG Hamm NJW 1983, 523.

79 BGH NJW 1984, 2404.

80 OLG Karlsruhe BB 1983, 725.

det sich mitunter das Argument, bestimmte Klauselverbote stellten „lediglich eine Konkretisierung des Benachteiligungsverbots des § 9 AGBG“ dar[81]. Vor allem in jüngerer Zeit finden sich daneben auch zurückhaltendere, im Ergebnis aber nicht grundsätzlich verschiedene Varianten, die feststellen, bestimmte Klauselverbote seien „lediglich als Prüfungsmaßstab für die anhand der Generalklausel vorzunehmende Inhaltskontrolle heranzuziehen“[82] oder ihre „Wertungen“ seien „im Rahmen des § 9 AGBG zu berücksichtigen“[83]. Die teilweise vorsichtigeren Formulierungen dahingehend, dass lediglich einzelne Wertungen zur Ausfüllung der Generalklausel herangezogen werden könnten, werden zwar meist mit einer Erwähnung des § 310 I BGB (§ 24 AGBG) eingeleitet[84], bringen aber im Ergebnis keinen wesentlichen Unterschied. Häufig wurde und wird vor allem für den Verbotskatalog des § 309 BGB (ex § 11 AGBG) eine Indizwirkung der Klauselverbote im Rahmen der Anwendung der Generalklausel dergestalt angenommen, dass eine Klausel, die gegenüber einem Verbraucher gegen ein Klauselverbot verstoßen würde, auch im kaufmännischen Verkehr unwirksam ist, soweit sie nicht „wegen der besonderen Interessen und Bedürfnisse des kaufmännischen Geschäftsverkehrs ausnahmsweise als angemessen angesehen werden“ kann.[85] Die Ermittlung solcher Besonderheiten beschränkt sich dabei jedoch auf die Erwägung, ob auf Kaufleute „der in der gesetzlichen Regelung zum Ausdruck kommende Gerechtigkeitsgedanke“ gleichermaßen zutrifft.[86] Eine Differenzierung findet somit abermals nur innerhalb der gleichermaßen vollzogenen und keinen weiteren Voraussetzungen unterliegenden inhaltlichen Gerechtigkeitskontrolle statt. Dabei wird teilweise auch auf das in der Literatur etablierte vage Moment der geringeren Schutzbedürftigkeit zurückgegriffen, welches wiederum lediglich in Bezug auf die Schutzintensität, also die Beurteilung zulässiger Klauselinhalte, verstanden wird.[87] Ausnahmen, in denen auf eine dem Verbraucherkunden vergleichbare Situation des kaufmännischen Kunden gegenüber dem Verwender abgestellt wird, finden sich nur vereinzelt.[88] Einen Einzelfall stellt die Entscheidung des LG Köln vom 28.04.1986 dar, in der dieses dem Kläger den Schutz der Inhaltskontrolle mit dem Argument versagte, er sei aufgrund seiner wirtschaftlichen Potenz und des Umfangs des Geschäfts frei und in der Lage gewesen, seine Interessen voll einzubringen und zu wahren.[89]

---

[81] OLG Celle WuM 1989, 234.

[82] BGH NJW 1998, 677; ähnlich BGH NJW 1996, 389.

[83] LG Mannheim WuM 1999, 686.

[84] Vgl. etwa die vorstehend zitierte Entscheidung des LG Mannheim WuM 1999, 686.

[85] BGH NJW 1984, 1750, 1751; in neuerer Zeit ähnlich OLG München NJW 1995, 733.

[86] BGH NJW 1984, 1750, 1751.

[87] BGH NJW 1985, 426, 427.

[88] Etwa OLG Frankfurt NJW-RR 1986, 245, 247; OLG Frankfurt NJW-RR 1986, 895, 897, allerdings jeweils zu Lasten des Verwenders.

[89] BB 1987, 87, 88; besondere Beachtung verdient zudem in jüngster Zeit ein Urteil des LG Itze-

Eine explizite Überprüfung der Prämisse, dass die Klauselverbote zumindest grundsätzlich auf der gleichen ratio beruhen, eine Auseinandersetzung mit der Frage, ob ihre mittelbare Wirkung nicht grundsätzlichen Bedenken über den Wortlaut des § 310 I BGB (ex § 24 AGBG) hinaus begegnet, oder eine Prüfung, ob die Übertragung der Wertungen von weiteren Voraussetzungen abhängig sein muss, findet auch in der Rechtsprechung fast durchgängig nicht statt. Ein grundsätzlich eigenständiges Verständnis der Inhaltskontrolle im Handelsverkehr ist damit auch in der Rechtsprechung jedenfalls überwiegend nicht vorhanden.

b) Kritik am herrschenden Verständnis in Rechtsprechung und Literatur

Jede Kritik an dem vorstehend umrissenen dogmatischen Grundverständnis der heutigen herrschenden Meinung in der Literatur und der Rechtsprechung muss im Auge behalten, dass das AGB-Gesetz seinerzeit als Verbrauchergesetz geplant war und erst infolge der Debatte um ein auch im Handelsverkehr bestehendes Bedürfnis nach regulierendem Eingreifen zur Lösung der durch die Verwendung Allgemeiner Geschäftsbedingungen entstehenden Probleme auf diesen Bereich ausgedehnt wurde.[90] Das System der AGB-Regeln entspricht dieser Entwicklung. Der Bereich der Verwendung gegenüber dem Verbraucher, bezüglich dessen bereits konkretere Vorstellungen vorhanden waren, bildet den Schwerpunkt des Gesetzes. Die Generalklausel ist in diesem Bereich gut handzuhaben, da sie in die durch die Klauselverbote bestehenden Regeln typischer Probleme eingebettet und ihr Verständnis auf diese Weise vorgegeben ist. Es verwundert daher nicht, noch darf es angesichts der Tatsache, dass von Seiten des Gesetzgebers nicht gerade Klarheit geschaffen wurde, vorschnell verurteilt werden, dass der vom Gesetz am gründlichsten und praktikabelsten geregelte Bereich als Ausgangsbasis für die ebenfalls in den Geltungsbereich der AGB-Regeln einbezogenen Kaufleute in Betracht gezogen wird. Der Gedanke, in diesem Bereich eine ähnlich klare und einfache, ja geradezu schematisch anwendbare Regelungslage zur Verfügung zu haben wie im Verbraucherbereich, ist verlockend. Der Schlüssel zur Erlangung dieser Einfachheit und Rechtssicherheit scheint insbesondere die Orientierung an den Klauselverboten zu sein.

---

hoe (NJW 2002, 2479), in dem dieses interessante Ansätze zeigt, zur Findung eines geeigneten Maßstabs für die Inhaltskontrolle im Unternehmerbereich auf die ratio legis der AGB-Regeln zurückzugreifen. Diese sieht es offenbar in einem Ausgleich eines bestehenden Geschäftserfahrungsgefälles zwischen den Parteien. Im Ergebnis findet damit eine Übertragung der für den Verbraucherbereich geltenden Rechtsgedanken auf einen Einzelfall unter Unternehmern statt, wobei ein vergleichbares Gefälle als Voraussetzung gesehen und festgestellt wird. Dieser Ansatz ist systematisch interessant und lediglich hinsichtlich der ratio legis im Unternehmerbereich rechtsirrig. Letztendlich würde damit „Verbraucherschutz im Unternehmerverkehr" statuiert.

[90] Zur Übersicht über den Gang des Gesetzgebungsverfahrens MüKo/*Basedow* Vor § 305 Rz. 1 ff., insb. Rz. 12; vgl. auch bereits oben 1. Kapitel: III. 1.

Die Kehrseite ist jedoch bislang nur teilweise beleuchtet worden. Die Grundannahme der herrschenden Literatur und Rechtsprechung[91], die Inhaltskontrolle erfolge im Verbraucher- und Handelsverkehr nach grundsätzlich einheitlicher Maßgabe und unterscheide sich nur in der Intensität, also bezüglich des Inhalts zulässiger Klauseln, stellt ohne weitere Untersuchung eine petitio principii dar. Gerade das häufig verwendete Argument, die Klauselverbote seien grundsätzlich Ausformungen der Generalklausel und daher mangels einer entgegenstehenden materiellen Interessenlage auch für den kaufmännischen Verkehr fruchtbar zu machen, steht und fällt jedoch mit dieser Annahme.

Da eine Auseinandersetzung mit den dogmatischen Grundlagen weitgehend unterbleibt, wird auch ein Defizit der heutigen Rechtspraxis, soweit überhaupt, nur in seinen Auswirkungen empfunden, die in einer weitgehend unberechenbaren und keinen durchgängig nachvollziehbaren Prinzipien folgenden Entscheidungspraxis darüber liegen, welche Klauselverbote auf den kaufmännischen Verkehr passen sollen.[92] Bereits dieses Ergebnis steht jedoch in diametralem Gegensatz zu dem angestrebten Erfolg des Erreichens einer rechtssicher anwendbaren Regelung.[93] Ein nachvollziehbarer Maßstab ist nicht vorhanden, das mitunter in Anschlag gebrachte Differenzierungskriterium der verminderten Schutzbedürftigkeit des Kaufmanns[94] befindet sich im luftleeren Raum, weshalb man selbst im Falle seines sachlichen Zutreffens an seiner Relevanz für die Inhaltskontrolle zweifeln kann. Das Gleiche gilt für ohne konkreten Bezug getätigte Ausführungen zum Gebot der Vertragsgerechtigkeit.[95]

Die heute in Rechtspraxis und Literatur herrschende Grundauffassung stellt und beantwortet daher die folgenden Fragen nicht in hinreichender Weise:

- Aufgrund welcher Überlegungen ordnet das Gesetz die Inhaltskontrolle im Handelsverkehr verwendeter Allgemeiner Geschäftsbedingungen an? Nur soweit diese mit dem für den Verbraucherbereich bestehenden Grund der Rege-

---

[91] Zu der ähnlichen Begründung des Gesetzesentwurfs zum AGB-Gesetz unten 2. Kapitel: II. 2.

[92] Auch in der Kommentarliteratur wird mitunter nur noch die Geltung oder Nichtgeltung des Klauselverbotes als Ergebnis wiedergegeben, ohne dass ernsthaft eine Begründung versucht wird, vgl. etwa Ulmer/Brandner/*Hensen* § 11 Nr. 11 Rz. 22; teilweise finden sich schlagwortartige Bezugnahmen auf „das Gerechtigkeitsgebot", die in dieser Form nichts zur Sache beitragen, vgl. Ulmer/Brandner/*Hensen* § 11 Nr. 15 Rz. 25.

[93] Den Verlust an Rechtssicherheit durch die anhand der Klauselverbote vollzogene „permanente Rechtsfortbildung" im kaufmännischen Verkehr betont *Baudenbacher,* JA 1987, 217, 224.

[94] So die Gesetzesbegründung zum AGB-Gesetz BT-Drucks. 7/3919, S. 43; *Junge*, 50. DJT, H 81; *Lutz,* AGB-Kontrolle im Handelsverkehr, S. 3; *Munz,* Allgemeine Geschäftsbedingungen, S. 161; *Eberstein*, Die zweckmäßige Ausgestaltung von Allgemeinen Geschäftsbedingungen, S. 39; *Ohlendorf-von Hertel,* Allgemeine Geschäftsbedingungen, S. 86 f.; ähnlich *M. Wolf,* ZIP 1987, 341, 344.

[95] Vgl. nochmals exemplarisch Ulmer/Brandner/*Hensen* § 11 Nr. 15 Rz. 25.

lung identisch ist, können Wertungen nach Maßgabe der bestehenden Unterschiede übertragen werden.

- Welches sind die im kaufmännischen Verkehr bestehenden und im Hinblick auf den dort einschlägigen Kontrollgrund maßgeblichen Besonderheiten?

- Welche unterschiedliche Behandlung der Kaufleute bei der Inhaltskontrolle von Allgemeinen Geschäftsbedingungen gebieten die in Beantwortung der vorstehenden Fragen gefundenen Unterschiede?

Erst die Beantwortung dieser Fragen kann den hier angestrebten Maßstab eines verlässlichen Grundprinzips liefern, welches die von der heutigen Rechtspraxis und Literatur getroffenen Wertungen überprüfbar macht. Erst nach dessen Auffindung kann auch beurteilt werden, ob und gegebenenfalls unter welchen Voraussetzungen eine Orientierung an den für den Verbraucherverkehr bestehenden Regeln überhaupt sinnvoll und nach Maßgabe der ratio legis der AGB-Regeln zulässig ist. Die einführend gestellte Frage nach der ratio legis der AGB-Regeln ist daher nicht Selbstzweck. Sie wird in der vorliegenden Untersuchung nicht abstrakt, sondern in Verfolgung des konkreten Ziels gestellt, die bisher durch Literatur und Rechtsprechung nur unbefriedigend gelungene Herausarbeitung eines tauglichen und nachprüfbaren Maßstabs zu der vom Gesetz angeordneten Übertragung der AGB-Regeln auf den kaufmännischen Bereich zu liefern. Um ein im Rahmen der Gesamtrechtsordnung sinnvolles und widerspruchsfreies Ergebnis zu erhalten, müssen die AGB-Regeln auf den kaufmännischen Verkehr auf solche Weise übertragen werden, dass ihre ratio derjenigen der für diesen Bereich bestehenden Sonderregeln nicht widerspricht.[96] Darüber hinaus ordnet das Gesetz bei richtigem Verständnis selbst die Berücksichtigung im kaufmännischen Bereich bestehender Besonderheiten aller Art an, so dass Sinn und Zweck der in diesen Bereich übernommenen AGB-Regeln auch diesen nicht widersprechen dürfen.

[96] Dazu und allgemein zu den theoretischen Vorgaben noch nachfolgend 2. Kapitel: II. 1.

IV. Das Verhältnis der Inhalts- zur Einbeziehungskontrolle

Die Beantwortung der bisher gestellten Fragen hängt zunächst davon ab, die der Inhaltskontrolle Allgemeiner Geschäftsbedingungen in §§ 307 ff. BGB nach der Systematik des Gesetzes gestellte Aufgabe klar zu umreißen. Hierfür ist es unerlässlich, das Institut der Inhaltskontrolle in dem durch das Gesetz vorgesehenen Regelungszusammenhang zu sehen. Bereits aus der Systematik der gesetzlichen Regelung wird die Aufteilung des Schutzes vor den Gefahren der Verwendung Allgemeiner Geschäftsbedingungen in zwei verschiedene Institute ersichtlich: Die Einbeziehungs- und die Inhaltskontrolle.

Die Ermittlung der Funktion und des Zwecks der Inhaltskontrolle leidet mitunter darunter, dass eine Abgrenzung zu den Aufgaben der Einbeziehungskontrolle nicht klar durchgeführt wird, was zu einer Überfrachtung des Begriffs der Inhaltskontrolle führt und daher eine schlüssige und umfassende Erklärung des Instituts verhindert.[97] Bei der Verwendung gegenüber einem Verbraucher, die den gesetzlichen Regelfall der §§ 305 ff. BGB darstellt, mag dies praktisch häufig folgenlos bleiben, da dort die Kontrolle weit überwiegend von den Klauselverboten geprägt ist, die bereits ein breites Feld problematischer Klauseln abdecken. Eine Unwirksamkeit tritt dann aufgrund des Klauselverbotes jedenfalls ein, so dass die rechtsdogmatisch vorgeschaltete Frage, ob die Klausel Bestandteil des Vertrages geworden ist, in der Praxis nicht mehr relevant wird.[98] Dies hat in der Diskussion der AGB-Regeln zur Folge, dass deren Sinn und Zweck häufig einheitlich wahrgenommen wird und hinsichtlich deren Regelungszweck keine Differenzierung zwischen Einbeziehungs- und Inhaltskontrolle stattfindet.[99] Bei differenzierter Betrachtung wird jedoch klar, dass die gesetzliche Einteilung in Einbeziehungs- und Inhaltskontrolle nicht etwa beliebig ist, sondern beide Institute durchaus unterschiedliche Ziele verfolgen, indem sie die Lösung artverwandter, aber nicht deckungsgleicher tatsächlicher Probleme auf rechtlich unterschiedliche Weise anstreben. Dabei bilden sie durch ihr Ineinandergreifen

---

[97] Etwa setzt *Schmidt-Salzer*, NJW 1977, 129, 130, offensichtlich voraus, dass beide Institute in identischer Weise vor den von ihm einheitlich seinen Ausführungen vorangestellten Problemen der Verwendung Allgemeiner Geschäftsbedingungen schützen sollen. Wohl aus diesem Grund weist er die Ungewöhnlichkeitskontrolle des § 3 AGBG (nunmehr § 305c BGB) der Inhaltskontrolle zu (aaO., S. 135). *Hönn*, Vertragsparität, S. 150, sieht durch die Gesamtsituation des Kunden gegenüber dem Verwender die von ihm postulierte Vertragsparität gestört, woraus er die Inhaltskontrolle rechtfertigt. Eine Abschichtung einbeziehungsspezifischer Probleme der Abschlusssituation erfolgt auch hier nicht, was letztlich zu den Ungenauigkeiten des Begriffs der Vertragsparität in der von *Hönn* verwendeten Weise beitragen mag (vgl. dazu unten 2. Kapitel: III. 2. b) bb) (1)).

[98] Siehe hierzu die Rechtsprechungsnachweise bei Staudinger/*Schlosser* § 3 AGBG Rz. 2.

[99] Vgl. exemplarisch die Ausführungen von *Schmidt-Salzer*, NJW 1977, 129 ff.; unklar *Kötz*, JuS 2003, 209 ff., der die ratio jedenfalls auch der Inhaltskontrolle in dem Ausgleich von Informationsasymmetrie sieht, ohne zu thematisieren, inwieweit die Einbeziehungskontrolle diesem Umstand Rechnung trägt.

ein System, in dem die Funktion des einen Teils nicht ohne Berücksichtigung der Funktion des anderen Teils erklärt werden kann.

1. Einbeziehungskontrolle als Typisierung allgemeiner Auslegungsregeln

Die der Inhaltskontrolle rechtstechnisch vorgeschaltete Einbeziehungskontrolle tritt in den §§ 305 ff. BGB vor allem durch die Anordnung eines in der Regel ausdrücklichen Hinweises auf die Geltung der Allgemeinen Geschäftsbedingungen durch den Verwender, der Obliegenheit der Verschaffung der zumutbaren Möglichkeit der Kenntnisnahme (§ 305 II BGB) sowie im Überraschungsverbot (§ 305c BGB) in Erscheinung.

Diese Regelungen korrespondieren dem praktischen und tatsächlichen Problem, dass bei der Verwendung von Allgemeinen Geschäftsbedingungen häufig einzelne oder alle in ihnen enthaltene Regelungen nicht beachtet werden, etwa weil der Kunde darauf vertraut, dass ihr Inhalt den Rahmen des Üblichen nicht überschreite, die Allgemeinen Geschäftsbedingungen in ihrer Bedeutung unterschätzt und daher keiner näheren Prüfung unterzieht, oder weil eine Prüfung nach den Umständen des Vertragsschlusses nicht vernünftig erscheint.[100]

Durch das Erfordernis des ausdrücklichen Hinweises sowie der zumutbaren Möglichkeit der Kenntnisnahme[101] wird diesem entgegengewirkt, indem die Wahrscheinlichkeit gesteigert wird, dass Verwendung und Inhalt der Allgemeinen Geschäftsbedingungen in das Bewusstsein des Kunden aufgenommen werden.[102] Zugleich wird durch das Überraschungsverbot die Rechtsfolge der Einbeziehungserklärung von solchen Wirkungen freigehalten, mit denen der Kunde wegen ihrer Unüblichkeit nicht zu rechnen brauchte, also der Geltung überraschender Klauseln.[103]

Rechtstechnisch bestimmt die Einbeziehungskontrolle also, unter welchen Voraussetzungen und bezogen auf welche Klauseln eine wirksame rechtsgeschäftliche Einbeziehung vorliegt, ob und welche Klauseln also als von dem rechtsgeschäftlichen Willen des Kunden umfasst anzusehen sind.[104] Die Regeln der

---

[100] Vgl. oben 1. Kapitel: I. mit Nachweisen.

[101] Die Geltung des § 305 II BGB ist zwar durch § 310 I BGB für den kaufmännischen Verkehr ausgeschlossen, gleichwohl wird jedoch in Literatur und Rechtsprechung weitgehend und mit guten Gründen das Erfordernis der zumutbaren Möglichkeit der Kenntnisnahme auch für den Bereich des § 310 I BGB aus allgemeinen Regeln abgeleitet; weiterführend unten 1. Kapitel: IV. 1. a) aa) (2).

[102] Darauf weist sinngemäß auch *Reh*, Einbeziehung und Inhaltskontrolle, S. 77, hin.

[103] Staudinger/*Schlosser* § 3 AGBG Rz. 1 spricht von einer „Einbeziehungsgrenze".

[104] Die Einbeziehung Allgemeiner Geschäftsbedingungen ist Rechtsgeschäft, wie dies nach ursprünglichen Zweifeln einiger (so die Normtheorien, vgl. die ständige reichsgerichtliche Recht-

Einbeziehungskontrolle hinweggedacht, wäre dies Thema der allgemeinen Regeln über den Tatbestand und die Auslegung von Willenserklärungen in §§ 130 ff. BGB.[105] Ein Vergleich der nach diesen allgemeinen Regeln bestehenden normativen Situation mit den Regelungen der Einbeziehungskontrolle in den §§ 305 ff. BGB ist daher geeignet, die Eigenheiten der Einbeziehungskontrolle aufzuzeigen, um sie gegenüber denen der Inhaltskontrolle abzugrenzen und Rückschlüsse auf die Funktionsbereiche beider Institute zu ziehen.

a) Die Auslegung der Kundenerklärung nach allgemeinen Regeln

Die Auslegung der auf die Einbeziehung der Allgemeinen Geschäftsbedingungen gerichteten Erklärung des Kunden[106] als empfangsbedürftiger Willenserklärung erfolgt nach den §§ 133, 157 BGB nach Treu und Glauben vor dem Horizont eines objektiven Erklärungsempfängers in der Person des Verwenders.[107]

Die Erklärung gilt daher nur so, wie ein redlicher objektiver Verwender in der Person des konkreten Verwenders sie verstehen darf. Maßgeblich sind dabei alle Umstände, die den Sinn der Erklärung bestimmen können, insbesondere auch das Verhalten der Parteien bei Vertragsschluss.[108] Zu diesen Umständen zählt bei der Verwendung von Allgemeinen Geschäftsbedingungen vor allem deren einseitiges Stellen durch den Verwender, insbesondere die Tatsache, dass es sich bei der Einbeziehungserklärung des Kunden um eine „Antworterklärung“[109] handelt, bei der der Erklärende nur eingeschränkt die Möglichkeit hat, den Inhalt der Erklärung selbst zu formulieren.[110]

---

sprechung am Beispiel RGZ 170, 233, 240, welche anfänglich vom Bundesgerichtshof weitergeführt wurde, vgl. BGHZ 1, 83, 86 und BGHZ 8, 55, 56; aus der Literatur vor allem *Großmann-Doerth*, Selbstgeschaffenes Recht der Wirtschaft, S. 5; *Pflug*, Kontrakt und Status, S. 32 ff., 298 ff.; mit einer Zwischenlösung *Helm*, FS Carolsfeld 1972, S. 125 ff., 136; vgl. im Übrigen die Nachweise bei *Fastrich*, Richterliche Inhaltskontrolle, S. 30 f.) nach der nunmehr klaren gesetzlichen Regelung nicht mehr anders behauptet werden kann (für alle *Wolf*/Horn/Lindacher Einl. Rz. 13; *Ulmer*/Brandner/Hensen Einl. Rz. 22; *Ulmer*, JZ 2001, 491, 495; *Fastrich*, Richterliche Inhaltskontrolle, S. 33 f.; *Canaris*, Vertrauenshaftung, S. 415).

[105] Dies gilt auch, soweit spezielle Regeln für die Einbeziehungskontrolle nicht vorhanden oder durch § 310 I BGB ausgeschlossen sind. In diesem Fall sind die allgemeinen Regeln der §§ 104-185 BGB anwendbar (*Wolf*/Horn/Lindacher § 2 Rz. 4).

[106] Es kann dahinstehen, ob diese Angebot oder Annahme ist. Ist sie Angebot, stimmt der Verwender ihr zu. Auch im Falle einer von dem Antrag des Verwenders abweichenden Annahme (wegen eines durch Auslegung zu ermittelnden verschiedenen Inhalts) kommt die Einbeziehung zustande, wenn der Verwender die gem. § 150 II BGB als neuer Antrag zu wertende Erklärung etwa durch die Durchführung des Geschäfts annimmt.

[107] Zur normativen Auslegung zunächst statt aller *Flume*, Rechtsgeschäft, § 16 3 c.

[108] *Flume*, aaO.

[109] *Wieser*, AcP 184, 40, 44.

[110] Zu den sich hieraus ergebenden Besonderheiten für die Einbeziehungskontrolle nachfolgend

Dies gilt für die Ermittlung sowohl des Vorliegens einer auf die Einbeziehung der Allgemeinen Geschäftsbedingungen gerichteten Erklärung des Kunden überhaupt als auch ihrer inhaltlichen Reichweite. Beide Komplexe sollen im Folgenden unter den vorstehenden Gesichtspunkten näher beleuchtet werden.

aa) Das „Ob" der Einbeziehung der Allgemeinen Geschäftsbedingungen im Ganzen

Der auf den Vertragsschluss gerichteten Erklärung des Kunden kann sein Einverständnis mit der Einbeziehung der Allgemeinen Geschäftsbedingungen des Verwenders grundsätzlich nur dann entnommen werden, wenn der Kunde die Geltung der Allgemeinen Geschäftsbedingungen in seinen erklärten Willen aufgenommen hat. Nach den allgemeinen Regeln der §§ 133, 157 BGB ist, wie gesehen, der Inhalt des Kundenwillens dabei objektiviert zu verstehen, so dass es nicht auf den inneren Willen, sondern auf das berechtigte Verständnis des Gegenübers ankommt. Die Erklärung des Kunden muss daher von einem objektiven Empfänger in der Person des Verwenders unter Berücksichtigung aller Umstände des Vertragsschlusses nach Treu und Glauben so verstanden werden dürfen, dass der Kunde die Geltung der Allgemeinen Geschäftsbedingungen will.[111]

(1) Das Bewusstsein des Kunden von der Verwendungsabsicht

Als Mindestanforderung muss der Verwender davon ausgehen dürfen, dass der Kunde seine Verwendungsabsicht bei der Zustimmung zum Vertragsschluss zumindest in sein Bewusstsein aufgenommen hat.[112] Dies ist unproblematisch, wenn der Kunde ausdrücklich der Einbeziehung zustimmt.

Zumeist wird jedoch die Zustimmung zur Geltung der Allgemeinen Geschäftsbedingungen konkludent erfolgen, in der Regel, indem der Kunde auf die (ausdrückliche oder schlüssige) Erklärung der Verwendungsabsicht durch den Verwender widerspruchslos dem Vertragsschluss zustimmt. Der Verwender darf dabei sicherlich im Grundsatz dann von einem Bewusstsein des Kunden von der Verwendungsabsicht ausgehen, wenn er diesen vor Vertragsschluss ausdrücklich auf die beabsichtigte Einbeziehung seiner Allgemeinen Geschäftsbedingungen hinweist. Auch ein konkludenter Hinweis kann genügen, wenn er objektiv ge-

---

1. Kapitel: IV. 1. a) bb).

[111] An dieser Stelle noch unbeachtlich sind Probleme, die sich aus einem etwaigen Mangel des objektiv in Erscheinung getretenen Willens ergeben. Deren Relevanz wird im Rahmen der Inhaltskontrolle zu beurteilen sein, s.u. 2. Kapitel: III. 3.

[112] *Bydlinski*, FS Kastner 1972, S. 45, 52; dabei gilt wiederum der Grundsatz, dass „jedermann, der am Geschäftsverkehr teilnimmt, das Wissen zugerechnet wird, das zu besitzen er den Eindruck (zurechenbar und objektiv) vermittelt." (Staudinger/*Schlosser* § 2 AGBG Rz. 1).

eignet ist, den Erfolg der Kenntnisnahme des Kunden von der Verwendungsabsicht herbeizuführen.[113]

Dabei ist die Konstellation am eindeutigsten, dass der Kunde einem entsprechenden Angebot des Verwenders der Allgemeinen Geschäftsbedingungen zustimmt. Etwas anderes kann jedoch auch dann nicht gelten, wenn der Vertragsschluss vor dem Hintergrund des erkennbaren Einbeziehungswillens des Verwenders vom Kunden angeboten wird. Ein solches ohne Einschränkung abgegebenes Angebot darf der Verwender so verstehen, dass es auf der Grundlage seines zum Bewusstsein des Kunden gebrachten Einbeziehungswillens abgegeben wird.[114] Auch wenn sich der Kunde in diesem Fall tatsächlich nicht der Verwendungsabsicht bewusst wäre, die Annahme des Verwenders also fehlginge, kann die Erklärung des Kunden objektiv nach Treu und Glauben anders zu verstehen sein. Dies ist etwa auch dann der Fall, wenn der Einbeziehungswille aufgrund anderer Umstände als eines Hinweises des Verwenders für den Kunden derart auf der Hand liegen muss, dass der Verwender mit einer Unkenntnis des Kunden von der Verwendungsabsicht vernünftigerweise nicht zu rechnen braucht. An eine solche Situation sind freilich hohe Anforderungen zu stellen[115], da es immerhin der Verwender in der Hand hat, durch eine Äußerung seines Einbeziehungswillens vor Vertragsschluss für klare Verhältnisse zu sorgen.[116]

Entscheidend ist nach alldem die Feststellung, dass nach allgemeinen Auslegungsregeln der Verwender grundsätzlich nur dann von einem Einverständnis des Kunden mit der Einbeziehung seiner Allgemeinen Geschäftsbedingungen ausgehen kann, wenn er selbst dafür gesorgt hat, dass der Kunde sein Einbeziehungsverlangen wahrnimmt. Darin ist bereits eine Parallele zu der in § 305 II Nr. 1 BGB statuierten Hinweispflicht des Verwenders erkennbar. Bevor diese

---

[113] Statt aller Staudinger/*Schlosser* § 2 AGBG Rz. 17; *Rüffert,* MDR 1992, 922 m.w.N.

[114] Dies leuchtet unmittelbar ein, wenn ein Vergleich zur Leistungsbeschreibung gezogen wird. Wer dem Verkäufer eines mit einem Schild mit der Aufschrift „zum Ausschlachten" versehenen Gebrauchtwagens erklärt, diesen kaufen zu wollen, muss seine Erklärung auch mit dem Inhalt gelten lassen, dass die Sollbeschaffenheit des Gebrauchtwagens keine einwandfreie Nutzbarkeit voraussetzt. Der Unterschied ist lediglich, dass die Leistungsbeschreibung regelmäßig eher als Vertragsbedingungen in das Bewusstsein des Kunden aufgenommen wird. Dieses Problem verbietet jedoch die Parallele nicht, sondern ist dadurch zu lösen, dass an die Prüfung, ob sich der Kunde der Verwendung der Allgemeinen Geschäftsbedingungen bewusst war oder sein musste, strenge Anforderungen gestellt werden.

[115] Ein Fall dieser Kategorie liegt etwa dann vor, wenn in einer Branche die Einbeziehung von Allgemeinen Geschäftsbedingungen auf Seiten des Verwenders derart üblich ist, dass der Verwender unter keinem vernünftigen Gesichtspunkt damit rechnen muss, dass dies dem ebenfalls aus dieser Branche stammenden Kunden nicht bekannt ist.

[116] Nach allgemeiner Auslegungsmaxime muss derjenige, der eine von dem besonderen Vertragstypus abweichende Regelung will, grundsätzlich dafür sorgen, dass sie auch eindeutig in der Vertragserklärung zum Ausdruck kommt (so statt aller *Flume*, Rechtsgeschäft, § 16 3 e). Zur Bedeutung der Möglichkeit der Einflussnahme auf den Inhalt der Erklärung für dessen Zurechnung auch *Wieser,* AcP 184, 40 ff.

näher thematisiert wird[117], soll jedoch dass Bild der Behandlung Allgemeiner Geschäftsbedingungen nach allgemeinen Auslegungsregeln komplettiert werden.

(2) Die zumutbare Möglichkeit der Kenntnisnahme

Mit der Kenntnis von der Verwendungsabsicht ist sicherlich die erste Voraussetzung für eine wirksame Einbeziehung der Allgemeinen Geschäftsbedingungen aufgrund konkludenter Einverständniserklärung des Kunden geschaffen. Allerdings ist fraglich, inwieweit das berechtigte Verständnis des Verwenders von einem Einbeziehungswillen des Kunden darüber hinaus die Möglichkeit des Kunden erfordert, von dem Inhalt der Allgemeinen Geschäftsbedingungen Kenntnis zu nehmen.

Dabei kann schon vorab festgestellt werden, dass sicherlich nicht erforderlich ist, dass der Kunde den Inhalt der Allgemeinen Geschäftsbedingungen tatsächlich kennt oder verstanden hat. Dies ist dem Verwender auch regelmäßig nicht erkennbar, so dass die Berechtigung seiner Annahme, der Kunde stimme der Einbeziehung zu, davon nicht abhängen kann. Anders verhält es sich, wenn dem Verwender Umstände bekannt sind, aus denen sich ergibt, dass der Kunde die Allgemeinen Geschäftsbedingungen überhaupt nicht zum Gegenstand seines Willens gemacht haben kann. Der Verwender kann auch dann, wenn der Kunde seine Verwendungsabsicht kennt, nach Treu und Glauben nicht davon ausgehen, dass der Kunde, der sein Einverständnis mit der Geltung der Allgemeinen Geschäftsbedingungen nicht ausdrücklich erklärt, deren Geltung bei Vertragsschluss will, wenn dieser nach den dem Verwender bekannten Umständen des Vertragsschlusses keine Möglichkeit hat, von deren Inhalt Kenntnis zu nehmen.[118] Regelmäßig ist es der Verwender, der es in der Hand hat, dem Kunden die Wahrnehmung seiner Bedingungen auch inhaltlich zu ermöglichen. Tut er dies nicht, kann er redlicherweise nicht davon ausgehen, dass der Kunde mit dem Vertragsschluss die Bereitschaft erklärt, bedingungsmäßig die sprichwörtliche „Katze im Sack“ zu kaufen.[119] Dieses Ergebnis lässt sich auch mit dem Gedanken des venire contra factum proprium begründen, welcher in die Auslegung

---

[117] Nachfolgend 1. Kapitel: IV. 1. b) aa).

[118] Im Falle der ausdrücklichen Zustimmung zur Einbeziehung der Allgemeinen Geschäftsbedingungen ist für eine abweichende Auslegung der Erklärung auch dann kein Raum, wenn der Kunde den Inhalt der Allgemeinen Geschäftsbedingungen nicht kannte (*Bydlinski*, FS Kastner 1972, S. 45, 64). Dem Kunden muss insbesondere die Möglichkeit der bewussten Übernahme des Risikos des Klauselinhalts verbleiben (*Drexl*, Wirtschaftliche Selbstbestimmung, S. 334). Gegenstand der Auslegung kann dann gegebenenfalls die Reichweite dieses Einverständnisses sein, dazu 1. Kapitel: IV. 1. a) bb).

[119] Erklärt der Kunde allerdings trotz gegebener Möglichkeit der Wahrnehmung sein Einverständnis, obwohl er die Allgemeinen Geschäftsbedingungen nicht gelesen hat, darf der Verwender regelmäßig von einem gültigen Willen des Kunden ausgehen, vgl. nachfolgend 1. Kapitel: IV. 1. a) bb).

als Ausfluss des Grundsatzes von Treu und Glauben in § 157 BGB Eingang findet. Präsentiert der Verwender seine Vertragsbedingungen in einer Art und Weise, die dem Kunden die Möglichkeit nimmt, sie inhaltlich wahrzunehmen, kann er allein aus der Tatsache, dass der Kunde gleichwohl den Vertrag schließt, ein Einverständnis des Kunden mit der Einbeziehung redlicherweise nicht folgern.

Bereits die Anlehnung an die §§ 133, 157, 242 BGB und damit den Grundsatz von Treu und Glauben zeigt, dass es nicht auf das absolute Fehlen einer Möglichkeit der Kenntnisnahme ankommen kann, sondern auf das dem Kunden Zumutbare abzustellen ist. Die Grenzen hierfür sollten nicht zu niedrig angesetzt werden, sondern der Handhabe in den allgemeinen Auslegungsregeln entsprechen. Lediglich soll der Tatsache Tribut gezollt werden, dass mit entsprechendem (unverhältnismäßigem) Aufwand die Kenntnisnahme beinahe stets zu bewerkstelligen sein wird, ohne dass hierin ein vernünftiges Kriterium für das berechtigte Verständnis des Verwenders zu finden wäre.

Der von *Kötz*[120] als ein Problem der Inhaltskontrolle gebildete Fall, in dem ein Parkhauskunde den Aufwand scheut, die Bedingungen des Betreibers zu studieren, wird dann zu einem Problem der Einbeziehung, wenn er dadurch auf die Spitze getrieben wird, dass etwa die ausführlichen und in kleiner Schrift verfassten Allgemeinen Geschäftsbedingungen in einer Weise neben der Einfahrschranke angebracht sind, dass der Kunde sie nur um den Preis lesen könnte, die hinter ihm wartenden Kraftfahrer zu verärgern und die Benutzung des Parkhauses durch die Blockade der Zufahrt bis auf Weiteres unmöglich zu machen. Dann nämlich hat der Kunde keine zumutbare Möglichkeit, die Bedingungen inhaltlich wahrzunehmen, weshalb der Verwender die gleichwohl erfolgende Einfahrt in das Parkhaus nach Treu und Glauben überhaupt nicht als Einverständnis mit den Allgemeinen Geschäftsbedingungen verstehen kann. Anders verhält es sich, wenn der Verwender einzelne Bedingungen, wie etwa einen Haftungsausschluss, bereits über der Einfahrt gut leserlich anbringt. Auch dann verbleibt freilich die von *Kötz* bezüglich der Inhaltskontrolle thematisierte Problematik.[121]

Der Klarheit und Vollständigkeit halber sei darauf hingewiesen, dass demnach ein Fall zumutbarer Kenntnisnahmemöglichkeit regelmäßig auch dann besteht, wenn der Kunde den Vertragsschluss zugunsten einer Prüfung der Allgemeinen Geschäftsbedingungen ohne ernsthafte Beeinträchtigung seiner Interessen aufschieben könnte, etwa um die Bedingungen beim Verwender anzufordern.[122] Tut er dies trotz gegebener Möglichkeit nicht, etwa weil die Anforderung oder Prü-

---

[120] JuS 2003, 209, 211.

[121] Dazu näher im 2. Kapitel.

[122] Auf das Ausreichen letzterer Möglichkeit im kaufmännischen Verkehr, wo die Regelung des § 2 AGBG (§ 305 II Nr. 2 BGB n.F.) gemäß § 24 AGBG (§ 310 I BGB n.F.) ausgeschlossen ist und daher allgemeine Regeln gelten, weist Staudinger/*Schlosser* § 2 AGBG Rz. 34, hin.

fung die damit verbundene Mühe angesichts der Bedeutung des Geschäfts und des Unfangs des zu erwartenden Risikos nicht wert ist, vollzieht er damit eine willentliche Entscheidung, welche die Zurechnung von rechtlichen Folgen rechtfertigt und, auf der Ebene von Treu und Glauben, dem Verwender erlaubt, grundsätzlich von einem entsprechenden Erklärungsgehalt des Verhaltens des Kunden auszugehen. Etwas anderes ergibt sich auch nicht aus der unbestreitbaren Tatsache, dass die Entscheidung des Kunden, die Allgemeinen Geschäftsbedingungen des Verwenders keiner Prüfung zu unterziehen, durchaus vernünftig sein kann, wenn auch objektiv der Aufwand der Prüfung angesichts des zu erwartenden Risikos unverhältnismäßig erscheint. Trotz allem liegt nämlich dann auch objektiv ein bewusster Verzicht auf die Prüfung der Allgemeinen Geschäftsbedingungen vor, der die Zurechnung von Erklärungsfolgen erlaubt.[123] Inwieweit eine solche Erklärung nach Treu und Glauben reichen kann, hängt von den Umständen des Einzelfalls ab. Zur Lösung dieses praktischen Problems eignet sich deswegen die Auslegung des Umfangs der Erklärung besser als die starre Folge des Ausschlusses der Einbeziehung im Ganzen.

bb) Der Gegenstand der Einbeziehungsvereinbarung

Von dem vorstehend geschilderten Problem, ob der Kunde mit der Geltung der Allgemeinen Geschäftsbedingungen generell einverstanden war, ist also die Frage zu trennen, welcher Umfang dem von ihm erklärten Einverständnis zukommt, ob also von dem generell anzunehmenden Einverständnis des Kunden mit der Geltung der Allgemeinen Geschäftsbedingungen einzelne Klauseln auszunehmen sind. Unproblematisch ist nach allgemeinen Auslegungsregeln der Fall, dass der Kunde den Inhalt der Allgemeinen Geschäftsbedingungen bei Vertragsschluss kennt und ihren Sinn erfasst hat. In diesem Fall bezieht sich sein generell auf die Einbeziehung gerichteter Wille auf den gesamten ihm bekannten Inhalt der Allgemeinen Geschäftsbedingungen. Eine solche Sachlage wird jedoch bei der Verwendung von Allgemeinen Geschäftsbedingungen eher die Ausnahme darstellen. Es entspricht der Lebenserfahrung und stellt eines der wichtigsten tatsächlichen Probleme und Gefahren der Verwendung Allgemeiner Geschäftsbedingungen dar, dass diese vom Kunden aus verschiedenen Gründen häufig, wenn nicht regelmäßig, gerade nicht inhaltlich wahrgenommen oder zumindest nicht in ihrem Sinn erfasst werden, sondern der Kunde ihrer Einbeziehung unbesehen zustimmt.[124] Damit nicht genug, spekuliert häufig der Verwender gerade auf eben jenes Verhalten des Kunden, indem er versucht, dem Kunden nachteilige Klauseln in den Vertrag einzuführen, ohne dass diese zu dessen Wahrnehmung gelangen.

---

[123] *Drexl*, Wirtschaftliche Selbstbestimmung, S. 334, stellt zutreffend auch für den Verbraucher fest, dass das bewusste Eingehen von Vertragsrisiken im Prinzip auch von der wirtschaftlichen Selbstbestimmung getragen ist.

[124] Dies ist der so genannte „Verheimlichungseffekt" siehe Fn. 8.

An dieser Stelle soll bereits vorausgeschickt werden, dass die Gefahr einer verdeckten Inhaltskontrolle nahe liegt.[125] Die Grenzen der Möglichkeiten der Auslegung sollten nicht überdehnt werden.[126] Entscheidend ist lediglich, ob und inwieweit der Verwender den objektiv in Erscheinung tretenden Willen des Kunden als rechtsgeschäftlich gültig werten kann.[127] Es geht also nicht um die Frage, in welcher Weise einer auf der Situation der AGB-Verwendung beruhenden besonderen Schwäche des Willens des Kunden gerecht zu werden ist, sondern lediglich darum, ob dieser Wille überhaupt gegeben ist. Die §§ 119, 123 BGB zeigen, dass hierbei Fehleinschätzungen und Drucksituationen, selbst soweit sie vom Verwender verursacht sind, nicht entgegenstehen. Die Grenzen eines Ausschlusses im Rahmen der Auslegung sind also eng zu ziehen und dürfen keinesfalls dazu führen, dass im Wege der Auslegung der Wille des Kunden nur auf angemessene Klauseln erstreckt und daher da facto eine Inhaltskontrolle durchgeführt wird.[128]

Die Fälle des Einflusses der Auslegung auf den Inhalt der Erklärung im Falle der Einbeziehung von Allgemeinen Geschäftsbedingungen muss sich daher auf Extremfälle beschränken, in denen eine Klausel so offensichtlich nicht von der Vorstellung des Kunden gedeckt ist, dass ein entsprechendes Verständnis des Verwenders von vornherein ausscheidet und insbesondere die Berufung auf die formal gegebene Zustimmung zu dem gesamten Klauselwerk treuwidrig erscheint.[129] Letztere Einschränkung der Zurechenbarkeit des formalen Erklärungsinhalts kann in Fällen, in denen der Kunde erkennbar nicht oder nicht hinreichend gelesenen Allgemeinen Geschäftsbedingungen zustimmt, aus der Natur der auf die Zustimmung zur Einbeziehung gerichteten Erklärung des Kunden hergeleitet werden. Bei der Einbeziehung gibt der Kunde eine pauschale Einverständniserklärung ab, die den Inhalt der Allgemeinen Geschäftsbedingungen abdecken soll. Die Problematik deckt sich insoweit prima facie mit derjenigen, die bei der Unterzeichnung ungelesener Urkunden anzutreffen ist.[130] Derjenige, der sich auf eine fremde Erklärung bezieht, ohne sich ihres Inhalts gewahr zu sein, geht damit grundsätzlich ein Risiko ein, welches die Zurechnung des Inhalts der Erklärung als Antworterklärung im Umfang der in Bezug genommenen

---

[125] Vgl. etwa MüKo/*Basedow* § 305 Rz. 90 unter kritischer Bezugnahme auf die früheren Entscheidungen des Bundesgerichtshofs BGHZ 17, 1, 3; 33, 216, 219; 38, 183, 185.

[126] Zur Untunlichkeit der Erklärung der Inhaltskontrolle auf dem Boden der Auslegung des Parteiwillens *Brandner,* AcP 162, 237, 246, und *Schmidt-Salzer,* NJW 1977, 129, 135; *Kötz,* 50. DJT, A 48 m.w.N.

[127] *Bydlinski*, FS Kastner 1972, S. 45, 64.

[128] *Bydlinski,* FS Kastner 1972, S. 45, 64 weist deswegen insbesondere darauf hin, dass bei ausdrücklicher Vereinbarung Allgemeiner Geschäftsbedingungen die Auslegung nicht weiterhelfen kann.

[129] Ähnlich *Bydlinski*, FS Kastner 1972, S. 45, 61.

[130] Dazu *Siegel,* AcP 111, 1, 80 ff.

Erklärung erlaubt.[131] Bei der Verwendung Allgemeiner Geschäftsbedingungen ist dieses Zurechnungsmoment jedoch mitunter sehr schwach, da nach den auch vom Verwender so gewollten Umständen des Vertragsschlusses die umfassende inhaltliche Kenntnisnahme von den verwandten Bedingungen, obgleich zumutbar möglich[132], nicht vorgesehen ist. Der von *Siegel* zitierte Satz des Reichsoberhandelsgerichts, es könne nicht davon ausgegangen werden, dass ein verständiger Mann eine Urkunde anders vollziehe, als nach erlangter Kenntnis des Inhalts, gilt hier nicht uneingeschränkt.[133]

Dies verbietet noch nicht die Zurechnung des Erklärungsinhaltes an sich, die möglich ist, da der Kunde immerhin auf die zumutbare Möglichkeit der Kenntnisnahme verzichtet und daher für den Erklärungserfolg, den er bei ordnungsgemäßer Sorgfalt hätte vermeiden können, verantwortlich ist.[134] Entscheidend ist vielmehr, welche möglichen Inhalte der Bedingungen von einer derart auf ihre Einbeziehung gerichteten „Risikoerklärung"[135] des Kunden abgedeckt sind. Dies ist durch Auslegung zu ermitteln. Nach allgemeinen Auslegungsregeln mutet es jedenfalls unbillig an, ohne weitere Prüfung seiner Erklärung den Kunden, der der Einbeziehung der ungelesenen Allgemeinen Geschäftsbedingungen zustimmt, aufgrund seiner Selbstverantwortung stets das volle Risiko deren Inhalts tragen zu lassen, so dass unbeschadet der logisch nachgeschalteten Inhaltskontrolle auch völlig unübliche und sachfremde Klauseln Gegenstand der Vereinbarung würden.[136] Im Rahmen der normativen Auslegung ist nämlich zu berücksichtigen, dass der Kunde als Empfänger des Antrags auf Einbeziehung der Allgemeinen Geschäftsbedingungen sein Einverständnis nur dann und insoweit erklärt, als er Wesen und Umfang dieses Antrags verstehen konnte.[137] Dies muss nicht im Wege einer Ausnahme von der Regel der Auslegung nach dem objekti-

---

[131] *Siegel,* AcP 111, 1, 82; *Bunte,* NJW 1987, 921, 923.

[132] Ansonsten greifen die oben 1. Kapitel: IV. 1. a) aa) dargestellten Grundsätze, so dass die Allgemeinen Geschäftsbedingungen im Ganzen nicht einbezogen sind.

[133] *Siegel,* AcP 111, 1, 84 mit Bezugnahme auf ROHG SeuffA 32 Nr. 87.

[134] *Drexl,* Wirtschaftliche Selbstbestimmung, S. 334; zur Verantwortung als Zurechnungsmoment beim Rechtsgeschäft und insbesondere dem Kriterium der Vermeidbarkeit *M. Wolf,* Rechtsgeschäftliche Entscheidungsfreiheit, S. 75.

[135] *Siegel,* AcP 111, 1, 80 ff., der diese insbesondere von der Telquel-Erklärung abgrenzt, bei der es dem Erklärenden darum gehe, die Erklärung gelten zu lassen, was auch immer ihr Inhalt sei (aaO., S. 93); Staudinger/*Schlosser* § 2 AGBG Rz. 37; *Bunte,* NJW 1987, 921, 923.

[136] Anders scheinbar Wolf/Horn/*Lindacher* § 3 Rz. 3, der nach allgemeinen Regeln den Kunden aufgrund seiner Selbstverantwortung als Korrelat seiner rechtsgeschäftlichen Selbstbestimmung auch bei fehlender Kenntnisnahmemöglichkeit mit der Einbeziehungsfolge seiner Erklärung in vollem Umfang belasten will. Der Gesetzgeber hat die Problemlage zum Anlass genommen, das Überraschungsverbot in die Einbeziehungskontrolle aufzunehmen, BT-Drucks. 7/3919, S. 19.

[137] Im Ergebnis auch *Siegel,* AcP 111, 1, 93: „Der Kunde wird hier weder den Willen haben, sich blindlings allen Klauseln zu unterwerfen, was auch immer im Vertrag stehe, noch hat er eine bestimmte Vorstellung vom Inhalt (...)."

ven Empfängerhorizont erfolgen.[138] Vielmehr darf der Empfänger die Bedeutung der Antworterklärung gerade nur vor dem Hintergrund seines Antrags auf Einbeziehung verstehen, und zwar nach § 157 BGB nach Treu und Glauben so, wie letzterer von dem Kunden verstanden werden musste.[139] Der Erklärende will sich durch seine Antworterklärung eben nicht jedwedem Inhalt der bezogenen Erklärung unterwerfen, sondern ist lediglich bereit, in Bezug auf diesen ein gewisses übliches Risiko auf sich zu nehmen. Wann eine Klausel diesen Rahmen verlässt und daher von der pauschalen Einbeziehungserklärung des Kunden nicht mehr umfasst ist, hängt demnach nicht nur von deren Inhalt, sondern ebenso von den Umständen des Vertragsschlusses ab. Ebenso, wie der Verwender den Kunden nach Treu und Glauben nicht mit unüblichen Klauseln überraschen darf, muss er nicht die Nachteile in Kauf nehmen, die daraus resultieren, dass sich der Kunde trotz bestehender Möglichkeit und sachlicher Gebotenheit weigert, die Allgemeinen Geschäftsbedingungen zu lesen. Deswegen ist insbesondere maßgeblich, in welchem Maße das Unterlassen der Prüfung als Obliegenheitsverletzung des Kunden anzusehen ist.[140] Je gröber die Nachlässigkeit des Kunden, desto weiter werden die Grenzen für die möglichen Wirkungen der Erklärung sein. Bei der Ermittlung der Prüfungsobliegenheit können insbesondere die Bedeutung des Geschäfts, der Umfang der Allgemeinen Geschäftsbedingungen sowie die bei Vertragsschluss zu Verfügung stehende Zeit eine Rolle spielen.[141]

b) Typisierung dieser Ergebnisse in der Einbeziehungskontrolle der §§ 305 ff. BGB

Die Analyse der Einbeziehung von Allgemeinen Geschäftsbedingungen nach allgemeinen Regeln erinnert in ihren Ergebnissen stark an die Regelungen der Einbeziehungskontrolle der §§ 305 ff. BGB. Es liegt bereits deswegen nahe, dass letztere keine völlig anderen Sachprobleme regeln wollen. In der Tat wird von einer starken Literaturmeinung der Charakter der Einbeziehungskontrollregeln zutreffend aus den allgemeinen Regeln für die Gültigkeit von Willenserklärungen heraus erklärt.[142] Dabei kommt ihnen ein eigenständiger Regelungsgehalt

---

[138] So aber *Wieser,* AcP 184, 40, 44, der für diese Fälle eine Auslegung nach dem Horizont des Erklärenden fordert.

[139] So im Ergebnis auch *Wieser*, AcP 184, 40, 44. Dies lässt sich auch anhand des Verbots des venire contra factum proprium begründen.

[140] *Siegel,* AcP 111, 1, 93, stellt darauf ab, in welchem Rahmen der Kunde mit der Unrichtigkeit seiner Vorstellungen rechnete. Darüber hinaus muss nach dem vorstehend Gesagten jedoch auch die fahrlässig fehlende Vorstellung die Zurechnung des Erklärungsinhalts rechtfertigen.

[141] So verstanden greift die Überlegung von Wolf/Horn/*Lindacher* § 3 Rz. 3, dass der Kunde, der am Inhalt der Allgemeinen Geschäftsbedingungen kein Interesse nimmt, nach allgemeinen Regeln das volle Geltungsrisiko zu tragen hat.

[142] Staudinger/*Schlosser* sieht § 3 AGBG als „Teilpositivierung allgemeiner Grundsätze" (dort Rz. 4) und qualifiziert § 2 AGBG als Formvorschrift i.S.d. § 125 BGB (dort Rz. 2);

zu, der im Wesentlichen in einer Typisierung und Verstärkung der nach allgemeinen Regeln bestehenden Anforderungen liegt.[143]

aa) Die Hinweispflicht des Verwenders, § 305 II Nr. 1 BGB

Wie gesehen, ist auch nach allgemeinen Regeln Voraussetzung für die Einbeziehung, dass der Kunde sich der Verwendungsabsicht des Verwenders bewusst ist.

Um dies sicherzustellen, obliegt es dem Verwender regelmäßig, den Kunden auf die Geltung seiner Allgemeinen Geschäftsbedingungen hinzuweisen und damit seinen Einbeziehungswillen zum Ausdruck zu bringen. § 305 II Nr. 1 BGB erklärt es dabei für den Regelfall für erforderlich, diesen Hinweis ausdrücklich zu gestalten. Lediglich bei Massengeschäften kann er durch deutlich sichtbaren Aushang erfolgen. Darin liegt (lediglich) eine Verschärfung der nach allgemeinen Anforderungen bestehenden Voraussetzungen der Einbeziehung.[144] Die Anforderungen an die Aufmerksamkeit des Kunden verringern sich, da ein nur konkludent erfolgender Hinweis des Verwenders für den Regelfall nicht relevant ist. Ein widerspruchsloser Vertragsschluss des Kunden wird nur dann als Einverständnis mit der Einbeziehung der Allgemeinen Geschäftsbedingungen anerkannt, wenn der Hinweis auf die Allgemeinen Geschäftsbedingungen ausdrücklich war. Aus den nach allgemeinen Regeln bestehenden Möglichkeiten der Auslegung des Kundenverhaltens als konkludent geäußertes Einverständnis mit der Geltung der Allgemeinen Geschäftsbedingungen wird die idealtypische Alternative des vorherigen ausdrücklichen Hinweises herausgegriffen und alle anderen Möglichkeiten für unzureichend erklärt.[145] Im Ergebnis handelt es sich

---

Wolf/Horn/*Lindacher* § 2 AGBG Rz. 1, 2.

[143] Auf den Typisierungscharakter der AGB-Regeln weist insbesondere *Medicus*, FS Münchener Juristische Gesellschaft 1996, S. 9, 19, hin.

[144] Auch die von Staudinger/*Schlosser* § 2 AGBG Rz. 2 vorgenommene Einordnung des § 305 II Nr. 1 BGB (ex § 2 I Nr. 1 AGBG) als Formvorschrift i.S.d. § 125 BGB bringt diesen Charakter zum Ausdruck. Auch Wolf/Horn/*Lindacher* sieht trotz seiner (leider ohne nähere Begründung vorgebrachten) Kritik an der Qualifikation als Formvorschrift die Funktion des Erfordernisses des ausdrücklichen Hinweises darin, die Anforderungen an die Deutlichkeit und Erkennbarkeit der Äußerung des Verwendungswillens zu verschärfen (dort Rz. 1). Eine Änderung gegenüber der allgemeinen Rechtslage kann nach beiden Auffassungen nur angenommen werden, wenn das Bewusstsein des Kunden vom Einbeziehungswillen des Verwenders unklar oder streitig ist. Dem Entstehen von Beurteilungsschwierigkeiten in diesen Fällen wird vorgebeugt, indem die Voraussetzungen des Idealfalls (ausdrücklicher Hinweis) zum zwingenden Regelerfordernis für alle Fälle der Einbeziehung im Verbraucherverkehr gemacht werden. Der Streit, ob darin die Schaffung einer Formvorschrift im Sinne des § 125 BGB liegt oder nicht, ist nicht fruchtbar.

[145] Insbesondere wollte der Gesetzgeber auch die Verkehrssitte der Verwendung von Allgemeinen Geschäftsbedingungen in diesem Rahmen als Grund für die Einbeziehung ausdrücklich ausschließen, BT-Drucks. 7/3919, S. 18.

damit um eine Einschränkung der allgemeinen Auslegungsregeln durch die Typisierung des Idealfalls als allgemeine Wirksamkeitsvoraussetzung.[146]

Dieser Schutz wird wegen des Anwendungsbereichs des § 310 I BGB lediglich dem Verbraucher gewährt. Auch die Gesetzesbegründung bringt zum Ausdruck, dass die Motivation des Gesetzgebers zur Erhöhung der Anforderungen der Schutz des Letztverbrauchers war.[147] Unbeschadet der Tatsache, dass die AGB-Regeln schon wegen ihres Anwendungsbereiches nicht global als Verbraucherschutzrecht bezeichnet werden können, enthalten sie somit doch offensichtlich verbraucherschützende Gedanken.

bb) Die Obliegenheit zur Verschaffung der Möglichkeit zumutbarer Kenntnisnahme

Das Erfordernis der Möglichkeit zumutbarer Kenntnisnahme in § 305 II Nr. 2 BGB wäre nach den vorstehenden Ergebnissen auch ohne die ausdrückliche Aufnahme in den Gesetzestext gegeben, da ansonsten der Verwender nicht von einem auf Einbeziehung der Allgemeinen Geschäftsbedingungen gerichteten Willen des Kunden ausgehen kann.

Das Gesetz hat somit lediglich die sich bereits aus den allgemeinen Regeln ergebenden Ergebnisse explizit formuliert und damit jedem abweichenden Verständnis vorgebeugt. Insbesondere wollte der Gesetzgeber ausweislich der Gesetzesbegründung auch die Berücksichtigung der Umstände des Vertragsschlusses, wie sie auch der Auslegung zugrunde zu legen sind.[148]

Auch hier handelt es sich somit grundsätzlich um die Festschreibung von Ergebnissen der allgemeinen Regeln, wobei in diesem Fall keine bedeutenden Änderungen der nach allgemeinen Regeln bestehenden Anforderungen eintreten. Abweichend wäre allenfalls der Fall zu beurteilen, in dem der Verwender objektiv von der Möglichkeit der zumutbaren Kenntnisnahme ausgehen darf, obwohl diese nicht gegeben ist, etwa wenn ein Dieb die ausgehängten Allgemeinen Geschäftsbedingungen stiehlt, unmittelbar bevor der Kunde den Laden betritt und ohne dass der Inhaber dies bemerkt. Für diese (konstruierten) Fälle stellt § 305 II Nr. 2 BGB das Erfordernis auf, dass der Verwender nicht nur von der Möglichkeit zumutbarer Kenntnisnahme ausgehen dürfen, sondern diese verschaffen muss.

---

[146] Zur Typisierung als Instrument des Schutzes vor besonderen Gefährdungslagen vgl. den Überblick bei *S. Lorenz*, Schutz vor dem unerwünschten Vertrag, S. 88 ff., der allerdings die Einbeziehungskontrolle nicht erfasst.

[147] Die Gesetzesbegründung zum AGB-Gesetz stellt für die entsprechende Vorschrift des ehemaligen § 2 AGBG fest, dass die Regelung „speziell auf den Schutz der Letztverbraucher zugeschnitten“ ist, BT-Drucks. 7/3919, S. 44.

[148] BT-Drucks. 7/3919, S. 18.

Wiederum liegt somit eine Festschreibung der idealtypischen Situation bei Vertragsschluss als gesetzliche Mindestanforderung vor. Daraus wird auch ersichtlich, dass das Erfordernis zumutbarer Kenntnisnahmemöglichkeit unbeschadet des § 310 I BGB im kaufmännischen Verkehr nicht etwa entbehrlich wird, sondern lediglich der Verwender nicht in allen Fällen diese Möglichkeit selbst verschaffen muss, da es genügt, dass er objektiv von ihr ausgehen darf.[149] Grund für die Festschreibung des Idealtypus als Mindestanforderung ist nach der Gesetzesbegründung wiederum der Schutz des Letztverbrauchers.[150]

cc) Das Überraschungsverbot

In § 305c I BGB ist schließlich formuliert, was sich als Umfang der Einbeziehungserklärung des Kunden unter vorstehend a) bb) ergeben hat. Von dem Einverständnis des Kunden mit der Einbeziehung sollen nur solche Klauseln umfasst sein, die nicht nach den Gesamtumständen so ungewöhnlich sind, dass der Kunde nicht mit ihnen zu rechnen braucht.

Als Argument für diese Regelung gibt die Gesetzesbegründung an, der Kunde sei regelmäßig in seiner rechtsgeschäftlichen Verantwortungsfähigkeit überfordert, wenn er der Einbeziehung von Allgemeinen Geschäftsbedingungen pauschal zustimme.[151] Wie oben gesehen, liegt darin keine Besonderheit, soweit bereits nach allgemeinen Auslegungsregeln ein entsprechender Schutz des Kunden davor besteht, an subjektiv ungewollte Erklärungsfolgen gebunden zu sein. Immerhin wird durch die explizite Regelung das nach allgemeinen Regeln geltende Ergebnis konkretisiert und festgeschrieben.[152] Auch kommt es nicht mehr nur darauf an, ob der Verwender nach Treu und Glauben davon ausgehen durfte, ob der Kunde mit einer solchen Klausel rechnete, sondern die Überraschendheit der Klausel wird unabhängig von der Wahrnehmung eines objektiven und redlichen Verwenders zum rein objektiven Kriterium. Auch insoweit liegt also in der gesetzlichen Regelung eine typisierte Festschreibung der Idealsituation für den Kunden nach allgemeinen Regeln.

---

[149] H.M., statt aller Staudinger/*Schlosser* § 2 AGBG Rz. 34 f.; ähnlich Wolf/Horn/*Lindacher* § 3 Rz. 15.

[150] BT-Drucks. 7/3919, S. 44; zu den verbraucherschutzrechtlichen Aspekten dieser Typisierung auch *Drexl*, Wirtschaftliche Selbstbestimmung, S. 334 ff.

[151] BT-Drucks. 7/3919, S.19; diese Aussage geht vermutlich zurück auf *Lindacher*, BB 1972, 296, 297.

[152] Staudinger/*Schlosser* § 3 AGBG Rz. 4 bezeichnet die Vorschrift als „Teilpositivierung rechtsgeschäftlicher Grundsätze".

dd) Fazit

Die Regeln über die Einbeziehungskontrolle bestehen damit durchweg aus der typisierenden Normierung sich grundsätzlich auch nach allgemeinen Regeln ergebender Lösungen rechtlicher Probleme zum Schutz des Kunden. Dieser Schutz zeichnet sich dadurch aus, dass er mit Blick auf typischerweise gegebene Ergebnisse nach allgemeinen rechtsgeschäftlichen Regeln gewährt wird, die lediglich im Einzelfall nicht mehr nachgewiesen werden müssen. Sie verbessern daher in erster Linie die Beweissituation des Kunden.[153] Es kann bereits festgehalten werden, dass Kaufleute von diesem Schutz weitgehend ausgenommen sind und die Gesetzesbegründung insoweit eine verbraucherschutzrechtliche Motivation erkennen lässt.[154]

2. Inhaltskontrolle als Kontrolle des Vereinbarten

Es wurde bereits darauf hingewiesen, dass sich die Einbeziehungskontrolle nur als vorgeschaltetes Grobraster eignet, durch welches die Voraussetzungen der Erklärung des Kunden festgelegt und überraschende Klauseln ausgeschlossen wurden.[155] Sie entspricht daher der Stufe der Auslegung in der allgemeinen Rechtsgeschäftslehre. Bei der Inhaltskontrolle handelt es sich hingegen um eine Wirksamkeitskontrolle des Vereinbarten.[156] Unter Anwendung eines dem materiellen Recht zu entnehmenden Angemessenheitsmaßstabs werden der Wirksamkeit des Vereinbarten durch das Gesetz Grenzen gezogen.[157]

---

[153] Zu der beweisersetzenden Funktion der AGB-Regeln *Wackerbarth,* AcP 200, 45, 64 (allerdings mit Schwerpunkt auf der Inhaltskontrolle). Ähnlich *Drexl,* Wirtschaftliche Selbstbestimmung, S. 490: „unwiderlegliche Vermutung"; *Heinrichs,* NJW 1993, 1817, 1820.

[154] Dazu näher 2. Kapitel: III. 1. b) cc); unabhängig von dem dogmatischen Streit, ob der Schutz des Schwächeren an sich als tragendes Motiv des Verbraucherschutzes ausreicht oder an den Funktionsvoraussetzungen der Privatautonomie anzusetzen ist, werden im Rahmen des Verbraucherschutzrechts jedenfalls auch typisierende Sonderregeln für den Verbraucher geschaffen, so dass die Störung der Funktionsvoraussetzungen im Einzelfall nicht nachgewiesen werden muss. Auch in diesem spezifischen Schutz liegt ein Vorteil, dessen Zuwendung sozial motiviert ist. (*Drexl,* Wirtschaftliche Selbstbestimmung, S. 215, bezeichnet sein Modell als „zugleich freiheitlich und sozial" und „Fortentwicklung der sozialen Marktwirtschaft"). Der Gedanke des Verbraucherschutzes muss im Übrigen heute in gewissem Umfang in den AGB-Regeln auch deswegen zumindest mitverfolgt werden, da letztere zugleich die Umsetzungsverpflichtung hinsichtlich der verbraucherschützenden EG-Richtlinie 93/13 EWG erfüllen (vgl. Staudinger/*Coester* Einl. §§ 8-11 AGBG Rz. 7; § 9 AGBG Rz. 5). Zu den Besonderheiten beider Rechte auch in ihrem Verhältnis zueinander *Coester,* FS Heinrichs 1998, S. 99 ff. und *Borges,* Inhaltskontrolle, S. 15 ff.

[155] 1. Kapitel: IV. 1. a) bb).

[156] Statt aller die Darstellung bei *Fastrich,* Richterliche Inhaltskontrolle, S. 11 m.w.N. aus Rechtsprechung und Literatur.

[157] *Fastrich,* aaO., S. 11, 12.

Ohne der Beantwortung der Frage nach der ratio legis der Inhaltskontrolle von Allgemeinen Geschäftsbedingungen vorzugreifen, kann festgestellt werden, dass auch diese gleichermaßen dem praktischen Problem begegnet, dass unter Verwendung von Allgemeinen Geschäftsbedingungen zustande gekommene Verträge häufig einen das Gegenüber des Verwenders stark benachteiligenden und daher als unangemessen empfundenen Inhalt aufweisen, was unter anderem darauf zurückzuführen ist, dass Allgemeine Geschäftsbedingungen aus verschiedenen Gründen nicht ausreichend wahrgenommen und in ihnen enthaltene nachteilige Klauseln so eher akzeptiert werden.[158] Insbesondere sind umfangreiche Klauselwerke häufig schwer verständlich formuliert, so dass deren Studium in keinem vernünftigen Verhältnis zum Risiko deren Geltung steht. Der Schutz vor derartigen Klauseln wird dann zum Teil über die Einbeziehungskontrolle erzielt. Grob benachteiligende Klauseln werden beispielsweise häufig überraschend sein und daher wegen § 305c BGB gar nicht Inhalt des Vertrags werden. Im Verbraucherverkehr, auf entsprechende Anforderung jedoch auch bei Verwendung gegenüber einem Unternehmer[159], ist zudem die Möglichkeit zumutbarer Kenntnisnahme zu verschaffen, was das Erfordernis der Transparenz der verwendeten Klauseln beinhaltet.

Trotz dieses möglichen Überschneidungsbereiches hat die Inhaltskontrolle ihre eigenständige Daseinsberechtigung also vor allem dort, wo die Einbeziehungskontrolle die Vereinbarung der Klausel nicht hindert, weil ein rechtsgeschäftlicher Wille des Kunden zur Einbeziehung der betreffenden Klausel grundsätzlich vorhanden ist.[160] Als anschauliches (Extrem-)Beispiel mag der plastische Fall dienen, dass der ein Ladengeschäft betreibende Verwender über dem Verkaufstresen ein deutlich lesbares Schild mit der Aufschrift befestigt: „Jede Gewährleistung ist ausgeschlossen", auf das er jeden einzelnen Kunden vor dem Verkauf der Ware zusätzlich ausdrücklich hinweist, woraufhin jener widerspruchslos die Ware kauft. Die Einbeziehungskontrolle kann und will hier das eindeutige Ergebnis nicht verändern, dass der Kunde mit der Geltung der Klausel einverstanden war. Insbesondere wird die Klausel schwerlich als überraschend zu qualifizieren sein.[161] Diesem Einverständnis die Rechtserheblichkeit zu nehmen, weil aus anderen Gründen die Geltung der Klausel nicht erwünscht ist, kann nur die Inhaltskontrolle leisten.

Aufgabe der Inhaltskontrolle ist es deswegen nicht allein, der Gefahr zu begegnen, dass Allgemeine Geschäftsbedingungen nicht hinreichend beachtet werden.

---

[158] Dazu oben 1. Kapitel: I.

[159] Wolf/Horn/*Lindacher* § 3 Rz. 15; ähnlich Staudinger/*Schlosser* § 2 AGBG Rz. 34 f.

[160] Praktisch können Einbeziehungs- und Inhaltskontrolle jedoch durchaus nebeneinander stehen und schließen sich nicht aus, vgl. statt aller *Ulmer*/Brandner/Hensen § 3 Rz. 5 (für das Überraschungsverbot), § 2 Rz. 5 (für die Erfordernisse des § 2 AGBG [nunmehr § 305 II, III BGB]).

[161] Auch *Bydlinski*, FS Kastner 1972, S. 45, 64 weist auf die Grenzen der Möglichkeit der Auslegung bei ausdrücklichen Vereinbarungen hin.

Dieser Schutz ist systematisch bereits zu einem Teil durch die Einbeziehungskontrolle bewerkstelligt, die mit der Typisierung allgemeiner Auslegungsregeln geeignete Mechanismen bereithält. Damit soll zwar nicht gesagt sein, die Beherrschung der Gefahr der verminderten Wahrnehmung der Klausel oder des Klauselinhaltes könne nicht zusätzlich Gegenstand auch der Inhaltskontrolle sein. Durch die Einbeziehungskontrolle ist aber mit der Typisierung allgemeiner rechtsgeschäftlicher Regeln jedenfalls ein erstes Schutzinstitut auf dem Weg zur Bewältigung dieser Problematik geschaffen. Es wird zu untersuchen sein, inwieweit angesichts dessen die AGB-Regeln dem Kunden auch bei rechtsgeschäftlich wirksamer Einbeziehung weiteren Schutz vor einer unzutreffenden Wahrnehmung der Allgemeinen Geschäftsbedingungen oder ihres Inhalts angedeihen lassen wollen.[162] Der Geltungsgrund der Inhaltskontrolle ist darüber hinaus schließlich auch dort zu suchen, wo der Kunde sehenden Auges oder zumindest trotz zumutbarer Möglichkeit der Wahrnehmung und Prüfung ihm nachteilige Allgemeine Geschäftsbedingungen akzeptiert, ohne eine Änderung der vertraglichen Bedingungen auch nur zu versuchen. Für diesen Schutz des Kunden sind somit zusätzliche Gründe zu finden.

---

[162] Dies vertritt insbesondere in neuester Zeit etwa *Kötz,* JuS 2003, 209 ff., der den Grund für die „Unterwerfung“ des Kunden unter die Geschäftsbedingungen des Verwenders in dem Umstand sieht, dass es sich für den Kunden nicht lohne, Zeit und Geld in das Studium der Allgemeinen Geschäftsbedingungen zu verwenden, wodurch „Informationsasymmetrie“ entstehe, der mittels der Inhaltskontrolle zu begegnen sei. Nach den vorstehenden Ausführungen sind diese Fälle jedoch zumindest teilweise bereits von der Einbeziehungskontrolle erfasst (s.o. 1. Kapitel: IV. 1. a) aa) (2)).

3. Fazit: Der funktionale Zusammenhang zwischen Einbeziehungs- und Inhaltskontrolle

Einbeziehungskontrolle und Inhaltskontrolle stehen somit rechtstechnisch neben- sowie in ihrer Relevanz logisch hintereinander und behandeln dabei zumindest teilweise unterschiedliche Probleme. Die Einbeziehungskontrolle begegnet allein dem „Verheimlichungseffekt“[163] Allgemeiner Geschäftsbedingungen und führt dazu, dass die Allgemeinen Geschäftsbedingungen insgesamt, oder im Falle der überraschenden Klauseln die betreffenden Klauseln, schon formal nicht Gegenstand der Einigung (Einbeziehung) werden, so dass sich eine Inhaltskontrolle erübrigt.[164] Dogmatisch lässt sie sich als Typisierung der nach allgemeinen Auslegungsregeln gefundenen Ergebnisse hinsichtlich des Vorliegens und der Grenzen der Einbeziehungserklärung des Kunden begreifen.

Die Inhaltskontrolle beschäftigt sich hingegen auch und gerade mit solchen Klauseln, die von dem Einverständnis des Kunden grundsätzlich umfasst sind, welches die Rechtsordnung jedoch in Bezug auf die betreffenden Klauseln nicht gelten lassen möchte. Das damit korrespondierende zusätzliche praktische Problem liegt in erster Linie darin, dass Kunden häufig bereit sind, auch solchen sie grob benachteiligenden Klauseln zuzustimmen, die sie kennen. Der Grund dafür, warum und unter welchen Voraussetzungen diese von der Rechtsordnung nicht anerkannt werden, ist im Folgenden zu untersuchen.

Die Grenze zwischen beiden Instituten ist dabei nicht so klar, wie die Theorie suggeriert. In der Praxis bestehen breite Überschneidungsbereiche. Etwa wird eine nach § 307 I und/oder II BGB unangemessen benachteiligende Klausel häufig schon überraschend i.S.d. § 305c I BGB sein, so dass eine Inhaltskontrolle ins Leere greifen würde. Zudem kann nicht von vornherein geleugnet werden, dass auch in dem Fall, dass der Verwender die Einbeziehungserklärung des Kunden als Einverständnis mit der Geltung der Geschäftsbedingungen verstehen darf, diese Zurechnung den Kunden angesichts der bestehenden tatsächlichen Probleme hart treffen kann. Es ist daher im Auge zu behalten, ob und inwieweit dieser Aspekt über die Einbeziehungskontrolle hinaus für eine weitere Rechtfertigung der Inhaltskontrolle relevant werden kann. Die Überschneidungen beider Institute sind dabei nicht von Nachteil, soweit bei der Analyse der ratio legis beide Institute und ihre Ziele gedanklich getrennt werden. Vielmehr ist nach einer konstruktiven Vereinigung beider Schutzinstrumente in einem sämtliche Probleme der Verwendung Allgemeiner Geschäftsbedingungen berücksichtigenden Gesamtkonzept zu suchen. An der Schnittstelle der Einbeziehungs- und

---

[163] *M. Wolf*, Rechtsgeschäftliche Entscheidungsfreiheit, S. 6; *Kliege*, Wirtschaftswissenschaftliche Analyse, S. 19; *Wolf*/Horn/Lindacher § 11 Nr. 15 Rz. 26.

[164] Letzteres bringt auch die Gesetzesbegründung zum Ausdruck, die es damit erklärt, die entsprechende Klausel sei dann nicht Vertragsbestandteil geworden (BT-Drucks. 7/3919, S. 19).

der Inhaltskontrolle steht insbesondere das Transparenzgebot, dessen Verletzung sich zum einen als Einschränkung der Möglichkeit der zumutbaren Kenntnisnahme und zum anderen, wie nunmehr ausdrücklich in § 307 I 2 BGB festgeschrieben, als unangemessene Benachteiligung darstellen kann. Dieses auf den ersten Blick inkonsequent oder überflüssig anmutende Doppelverständnis resultiert letztlich eben aus der hier dargestellten Trennung der Ziele beider Institute. Eine intransparente Regelung kann einmal von einer Einbeziehungserklärung des Kunden deswegen nicht umfasst sein, weil ihre Intransparenz verhindert, dass der Kunde die Klausel bei Vertragsschluss wahrnimmt. Dies gilt etwa für eine unverständlich formulierte Klausel. Eine solche Klausel kann jedoch, sollte sie im Einzelfall einbezogen sein[165], wegen ihres intransparenten Inhalts zugleich zu einer unangemessenen Benachteiligung führen.[166]

Das gesetzliche System ist also bereits auf ein ergänzendes Nebeneinander der Institute der Einbeziehungs- und der Inhaltskontrolle gerichtet, die unterschiedliche Anliegen haben können, wobei sich deren gleichzeitige Verfolgung aber auch nicht ausschließt.

---

[165] Ein solcher Fall ist wegen des Erfordernisses der zumutbaren Möglichkeit der Kenntnisnahme zugegebenermaßen schwer vorstellbar. Er könnte etwa vorliegen, wenn die Klausel ihrem Wortsinn nach verständlich ist, der Kunde sie explizit prüft und ihrer Einbeziehung zustimmt, die Klausel jedoch dennoch zu einer für den Kunden unzumutbar unklaren Rechtslage führt.

[166] Für alle Palandt/*Heinrichs* § 307 Rz. 16.

2. Kapitel: Der Grund[1] der Inhaltskontrolle Allgemeiner Geschäftsbedingungen

Nachdem nunmehr der Aufgabenbereich der Inhaltskontrolle insbesondere in Abgrenzung zur Einbeziehungskontrolle erkannt und damit der Boden für die weitere Untersuchung bereitet ist, kann das Augenmerk konkret auf die Ermittlung der ratio der §§ 307 ff. BGB gerichtet werden.

I. Regelungszweck der §§ 307 ff. BGB und tatsächliche Problematik der AGB-Verwendung

Vor dem Beginn der Analyse des Kontrollgrundes ist einmal mehr ins Gedächtnis zu rufen, dass letzterer nicht mit der Ermittlung der empirisch vorhandenen Problematik der Verwendung Allgemeiner Geschäftsbedingungen verwechselt werden darf, die hinreichend bekannt ist und hier nicht bestritten wird.[2] Letztere war zwar die erklärte Motivation des Gesetzgebers, auf dem Gebiet des Rechts der Allgemeinen Geschäftsbedingungen regelnd tätig zu werden und ihre Bewältigung nicht länger allein der Rechtsprechung zu überlassen.[3] Häufig wird aber der Regelungszweck der §§ 307 ff. BGB vereinfachend mit der tatsächlichen Problematik gleichgesetzt.[4] Zur Gewinnung einer klaren Ausgangslage und zum Zwecke der Richtigstellung der Begriffe soll hier eine kurze unterscheidende Abgrenzung des problematischen Sachverhalts zu dem Grund der Unwirksamkeitsanordnung als dessen Folge vorgenommen werden.

1. Benachteiligende Allgemeine Geschäftsbedingungen als empirisches Phänomen

Die tatsächliche Problematik kann in ihrer pauschalsten Betrachtung zunächst darin gesehen werden, dass empirisch gesehen unter Verwendung von Allgemeinen Geschäftsbedingungen geschlossene Verträge häufiger als Individualverträge dem Kunden nachteilige Regeln enthalten.[5] Jedenfalls mit der Feststellung dieses häufigen Auftretens kundenfeindlicher Klauseln ist jedoch die Zweckrichtung der AGB-Regeln, wenn überhaupt, dann doch nur vordergründig benannt. Sich damit zufrieden zu geben hieße, den Blick vor der viel wesentlicheren und eigentlich bedeutenden Frage zu verschließen, nämlich derjenigen,

---

[1] Der Begriff des „Grundes“ bezeichnet in der hier verwendeten Terminologie die ratio legis als objektiv zu findenden Sinn und Zweck einer Regelung (dazu sogleich).

[2] Dazu bereits oben 1. Kapitel: I. Überblick über den Stand der Literatur und Rechtsprechung 1. Kapitel: III. 2. a).

[3] Vgl. nochmals BT-Drucks. 7/3919, S. 13.

[4] Beides mit dem Resultat der Unklarheit vermischend etwa *Karatzenis,* § 9 AGBG im Handelsverkehr, S. 2 ff., 33ff.

[5] *Munz,* Allgemeine Geschäftsbedingungen, S. 153 will darin den Regelfall sehen.

warum die empirisch häufig auftretenden den Kunden benachteiligenden Vertragsklauseln entgegen dem sonst in der Zivilrechtsordnung geltenden Grundsatz „pacta sunt servanda“ nicht trotz ihres benachteiligenden Charakters gelten, sondern ihnen die Wirksamkeit versagt wird.[6] Selbst wenn die Intention des Gesetzes dabei etwa rein sozialpolitischer Natur sein sollte[7], erschließt sich doch erst durch diese zusätzlichen Gedanken der eigentliche Sinn und Zweck des Gesetzes.

2. Die Gefahren für den Kunden bei Vertragsschluss

Diese Bedenken lassen sich auch nicht dadurch ausräumen, dass differenzierter auf die bereits benannten Gefahren der Verwendung allgemeiner Geschäftsbedingungen Bezug genommen und insbesondere die Inhaltskontrolle allein mit der Überlegung gerechtfertigt wird, der Kunde nehme die Bedingungen nicht ausreichend wahr, oder akzeptiere sie aus einem Gefühl der Überforderung, Resignation oder Trägheit.[8] Trotz der differenzierteren Betrachtung bleibt nämlich die Frage offen, warum diese tatsächliche Problematik nicht dem Verantwortungsbereich des Kunden zugewiesen bleibt und aufgrund welcher Überlegungen auf rechtlicher Ebene die Rechtsordnung zu seinen Gunsten korrigierend in den Vertrag eingreift. Die Frage nach der ratio legis ist somit allenfalls zur Hälfte beantwortet, wobei der entscheidende Gedanke im Verborgenen bleibt.

3. „Einseitige Inanspruchnahme der Vertragsfreiheit“

Ähnliches gilt für die Annahme, der Grund für die Unwirksamkeitsanordnung des Gesetzes sei in der „einseitigen Inanspruchnahme der Vertragsgestaltungsfreiheit“[9] durch den Verwender zu sehen. Für sich genommen ist diese Feststellung in rechtlicher Hinsicht eine Scheinbegründung und zunächst wiederum nur tatsächlicher Natur, wenngleich ihr eine wertende Tendenz durchaus entnom-

---

[6] Dazu insbesondere nachfolgend 2. Kapitel: III. 1. a) ee) (2).

[7] Dazu unten 2. Kapitel: III. 1. b) cc).

[8] Dazu bereits oben 1. Kapitel: I. und 1. Kapitel: IV. 1. a). Im Einzelnen nochmals nachfolgend im rechtlichen Zusammenhang unter 2. Kapitel: III. 3. f).

[9] Diesen Grund nennt unter anderen die Gesetzesbegründung BT-Drucks. 7/3919, S. 3, 19; *Ulmer*, JZ 2001, 491, 495; *Bunte*, NJW 1987, 921, 924; *Rabe*, NJW 1987, 1978, 1979; *Reh*, Einbeziehung und Inhaltskontrolle, S. 14, der zugleich den terminus des Missbrauchs der Vertragsfreiheit verwendet (S. 11); ähnlich vor Geltung der AGB-Regeln *Fischer*, BB 1957, 481, 483 m.w.N. („einseitige Diktierfreiheit“); *Eith*, NJW 1974, 16, 18; beides gleichsetzend *Munz*, Allgemeine Geschäftsbedingungen, S. 156; ähnlich, aber mit der Bezeichnung als „situatives Ungleichgewicht“ *Fastrich*, Richterliche Inhaltskontrolle, S. 91; ihm teilweise folgend Staudinger/*Coester* § 9 AGBG Rz. 2, der zusätzlich andere Gedanken zur Begründung heranzieht; vgl. im Übrigen die umfangreichen Nachweise bei *Karatzenis*, § 9 AGBG im Handelsverkehr, S. 2; aus der Rechtsprechung BGH NJW 1976, 2345, 2346; BGHZ 60, 243, 245 (insoweit als Grund der richterlichen Inhaltskontrolle vor Schaffung des AGB-Gesetzes).

men werden kann. Unbeschadet der Frage ihrer Richtigkeit in tatsächlicher Hinsicht muss nämlich wiederum begründet werden, warum der gerügten „einseitigen Inanspruchnahme der Vertragsgestaltungsfreiheit" die Rechtsfolge der Unwirksamkeit zugeordnet werden soll, und insbesondere, ob dies unter Berücksichtigung allgemeiner Prinzipien der Rechtsgeschäftslehre geboten ist.[10] Dies gilt insbesondere deswegen, weil nach den §§ 130 ff. BGB der Vertragsschluss gerade typischerweise durch die Zustimmung zu einem fertig formulierten Angebot erfolgt, so dass dieser Umstand für sich genommen nicht als verdächtig angesehen werden kann.[11] In Ermangelung einer weiteren Begründung verbleibt die Behauptung, eine „einseitige Inanspruchnahme der Vertragsgestaltungsfreiheit" müsse die Unwirksamkeit des Vereinbarten nach sich ziehen, eine reine petitio principii.

Die entsprechenden Erklärungsansätze können verschiedenster Natur sein. Dabei werden die aus einer einseitigen Inanspruchnahme abgeleiteten Folgen etwa auf das Argument gestützt, in ihr sei unter bestimmten Voraussetzungen ein Missbrauch der Vertragsfreiheit zu erblicken.[12] Ferner wird etwa vertreten, die Rechtsordnung stelle bestimmte objektive Anforderungen in Bezug auf die Stellung der Parteien bei Vertragsschluss, bei deren Fehlen die Vereinbarung keine Gültigkeit haben könne, so dass eine einseitige Gewichtung unter diesem Aspekt bedenklich sein könne.[13]

Ob und inwieweit diesen Erklärungsansätzen Gültigkeit zukommt, wird zu klären sein. Unbeschadet der Frage, worin die Begründung der Unwirksamkeitsfolge zu sehen ist, ist sie jedenfalls logisch notwendig, um die Verbindung zwischen der tatsächlichen Problemlage und der in den § 307 I BGB vorgesehenen Rechtsfolge zu liefern.

4. Ungleichgewichtslagen

Die ratio der AGB-Regeln kann schließlich ebenso wenig[14] allein damit erklärt werden, dass festgestellt wird, zwischen den Parteien bestehe bei der Verwen-

---

[10] *Drexl,* Wirtschaftliche Selbstbestimmung, S. 333, tut dies, indem er die Selbstbestimmung des Verbrauchers als beeinträchtigt ansieht.

[11] In diesem Sinne *Bydlinski*, FS Kastner 1972, S. 45, 59; ähnlich *Fastrich*, Richterliche Inhaltskontrolle, S. 83 m.w.N.; *Bunte*, NJW 1987, 921, 923; *Wackerbarth,* AcP 200, 45, 64; *M. Wolf,* FS Brandner 1996, S. 299, 304 weist daher darauf hin, anstelle der Vorformuliertheit sei nach materiellen Kriterien zu suchen; nicht genügend berücksichtigt wird der genannte Aspekt hingegen von *Drexl,* s.o. Fn. 10.

[12] Dazu nachfolgend 2. Kapitel: III. 1.

[13] Dazu nachfolgend 2. Kapitel: III. 2.

[14] Teilweise bestehen hier Überschneidungen zu der Problematik der „einseitigen Inanspruchnahme der Vertragsfreiheit", die mitunter auch mit dem Bestehen eines situativen oder strukturellen Ungleichgewichts begründet wird (dazu soeben 2. Kapitel: I. 3.).

dung von Allgemeinen Geschäftsbedingungen ein wirtschaftliches, intellektuelles, organisatorisches, situatives, soziales oder sonstiges Ungleichgewicht.[15] Damit ist nämlich noch nicht gesagt, warum ein solches rechtliche Relevanz entfalten und zur Unwirksamkeit der Allgemeinen Geschäftsbedingungen führen soll. Soweit dies materiell etwa mit dem Postulat der Vertragsparität und der Annahme deren Fehlens in der AGB-typischen Vertragsschlusssituation begründet wird[16], läge erst hierin die eigentliche Erklärung der Absicht des Gesetzes, so dass dessen Richtigkeit zu überprüfen wäre.

Erst aus der Feststellung, aus welchen Grund ein Ungleichgewicht irgendeiner Art rechtliche Relevanz entwickeln soll, könnten im Übrigen auch die konkreten Anforderungen an die Ungleichgewichtslage formuliert werden. So bleibt insbesondere die Annahme, dass durch die Vorformulierung Allgemeiner Geschäftsbedingungen ein relevantes Ungleichgewicht geschaffen werde, ohne diese eine bloße Behauptung.[17]

Die formale Feststellung einer tatsächlichen oder auch typischen Ungleichgewichtslage führt für sich allein also ebenso wenig wie die Erkenntnis der Empirie der dem Kunden nachteiligen Vertragsschlüsse oder der Einseitigkeit der Vertragsgestaltung zur Erklärung der ratio der Unwirksamkeitsanordnung.[18]

5. Die Notwendigkeit der weiteren Begründung

Das Schließen der vorgenannten Begründungslücke durch die rechtstheoretische Herstellung eines Bezugs zwischen tatsächlicher Problematik und Rechtsfolge ist nicht Selbstzweck. Erst die Erforschung der ratio legis in diesem engeren Sinne wird darüber hinaus den weiteren Gewinn bringen, die relevanten praktischen Probleme von den irrelevanten scheiden zu können. Erst nachdem sie gefunden ist, kann nämlich etwa bestimmt werden, welche Rolle eine wie auch immer geartete Ungleichgewichtslage spielt oder ob und inwieweit es auf eine Schutzbedürftigkeit des Adressatenkreises ankommt.[19] Letztlich ist sie damit unverzichtbare Voraussetzung für die Auslegung der §§ 307 ff. BGB und insbesondere auch für die Entscheidung darüber, auf welche Besonderheiten und Be-

---

[15] Vgl. exemplarisch die Darstellung bei *Munz,* Allgemeine Geschäftsbedingungen, S. 157 f., der eine übergeordnete Unterscheidung zwischen „individuellem" und „strukturellem" Ungleichgewicht trifft, und *Wackerbarth,* AcP 200, 45, 51 ff.; i. Ü. etwa *Lindacher,* BB 1972, 296, 297; *Fastrich,* Richterliche Inhaltskontrolle, S. 91; *Bunte,* NJW 1987, 921, 923.

[16] Zu diesem Ansatz unten 2. Kapitel: III. 2. b) bb) (1).

[17] So zutreffend *Wackerbarth,* AcP 200, 45, 56.

[18] So im Ergebnis auch *Fastrich,* Richterliche Inhaltskontrolle, S. 219; *Singer,* JZ 1995, 1133, 1137; zur Ablehnung einer überpositiven Voraussetzung der Vertragsparität in materieller Sicht unten 2. Kapitel: III. 2. b) bb) (1) (a).

[19] Zu der in dieser Hinsicht bestehenden Schwäche der herrschenden Literatur und Rechtsprechung schon oben 1. Kapitel: III. 2. b).

dürfnisse des Unternehmer-, im Rahmen dieser Untersuchung insbesondere des Handelsverkehrs, es bei der Anwendung des § 310 I BGB ankommt.

Es ist also dringend zu vermeiden, sich auf der Suche nach der ratio der AGB-Regeln mit dem Hinweis auf die tatsächliche Problematik der Verwendung von Allgemeinen Geschäftsbedingungen zu begnügen. Stattdessen ist nach einer rechtsdogmatisch tragfähigen Begründung für die an letztere geknüpfte Unwirksamkeitsanordnung zu suchen.

II. Die rechtlichen Grundlagen der Ermittlung des Kontrollgrundes

Bereits die Probleme der Literatur, die Abgrenzung der ratio legis der Inhaltskontrollregeln zu der tatsächlichen Problematik der Verwendung von Allgemeinen Geschäftsbedingungen auf der einen Seite und zu dem Sinn und Zweck der Einbeziehungskontrolle auf der anderen Seite zu vollziehen, haben die Schwierigkeiten und Unklarheiten in Bezug auf die Erforschung der Zielrichtung einer Regelung erahnen lassen. Bevor daher die Auseinandersetzung mit den einzelnen zur Erklärung des Sinnes und Zweckes der Inhaltskontrollregeln existierenden Ansätze erfolgt, soll in theoretischer Hinsicht die erforderliche Klarheit über die Grundlagen des Begriffs der ratio legis im Allgemeinen und die für seine Ausfüllung in Bezug auf die Inhaltskontrollregeln insbesondere durch den Gesetzgeber getroffenen Vorgaben im Besonderen geschaffen werden.

1. Der Begriff der ratio legis

Die ratio legis ist nach der Definition von *Larenz*[20] der „Zweck" und „vernünftige Grund" einer Regelung als „objektiv-teleologisches Kriterium", wie er aus dem „inneren System" des Rechts folgt. Die ratio eines Gesetzes ist daher dort zu finden, wo dessen Regelungen im Gesamtsystem des Rechts eine sinnvolle, mit diesem in fruchtbare Übereinstimmung zu bringende Wirkung zeitigen. Sie ist somit, obwohl jeder Rechtsnorm immanent, nicht zwangsläufig allein aus ihr heraus, sondern nur im Zusammenhang mit der Gesamtrechtsordnung erklärbar.[21] Oberstes Ziel hat dabei die Vermeidung von Wertungswidersprüchen zu sein.[22] Nichts anderes gilt deswegen für die Regeln der §§ 307 ff. BGB, welche ebenfalls als Teil der Zivilrechtsordnung stimmig erklärbar sein müssen.[23]

Aus diesem Verständnis der ratio legis als objektiv-teleologischem Sinngehalt einer Regelung folgt unmittelbar, dass deren Einheitlichkeit nur soweit vorgegeben ist, wie die jeweilige Regelung reicht. Die ratio legis kann daher für jede selbständige Regelung eine andere sein und ist somit jeweils gesondert zu ermitteln. Letztere Feststellung wird, obwohl fast schon selbstverständlich, in der Li-

[20] *Larenz/Canaris*, Methodenlehre, Kapitel 4 2) d); die Definition entstammt noch dem ursprünglichen Werk von *Larenz* (3. Auflage, S. 336) und entspricht der wohl herrschenden Meinung, vgl. auch *Bydlinski*, Methodenlehre, S. 449 , 453 ff.

[21] *Bydlinski*, Methodenlehre, S. 454, weist insbesondere auf die Notwendigkeit hin, unter den in Betracht kommenden Wert- und Zweckvorstellungen danach zu forschen, welche von ihnen bereits anderen, sachlich zusammenhängenden Normen zugrunde liegen.

[22] *Bydlinski*, aaO., S. 455.

[23] Methodisch inakzeptabel ist daher die Aussage *Rehs*, im Falle des AGB-Gesetzes als völlig neu geschaffenem Gesetz, welches keiner anderen Vorgabe folge, komme ein „dogmatisch-systematischer" Verstoß von vornherein nicht in Frage (Einbeziehung und Inhaltskontrolle, S. 26); das Erfordernis des Verständnisses des AGB-Gesetzes (nunmehr §§ 305 ff. BGB) „als Teil einer liberalen, marktwirtschaftlich geprägten und auf dem Grundsatz der Privatautonomie beruhenden Wirtschaftsordnung" betont hingegen *Stoffels*, JZ 2001, 843, 844.

teratur zu den AGB-Regeln häufig nicht ausreichend gewürdigt. Stattdessen herrscht das Verständnis, der Sinn und Zweck der §§ 305 ff. BGB (ex § 1 ff. AGBG) könne oder müsse einheitlich erfasst werden.[24] Selbst in der Begründung zum Regierungsentwurf ist der Schwerpunkt der Ausführungen zum Gesetzeszweck für Einbeziehungs- und Inhaltskontrolle und alle Adressatenkreise gemeinsam und undifferenziert in einem mit „Allgemeines“ überschriebenen Abschnitt vorangestellt.[25] Dass die Annahme eines einheitlichen Rechtsgrundes für alle in den §§ 305 ff. BGB enthaltenen Regelungen und alle Adressatenkreise weder nach dem Wortlaut des Gesetzes noch dessen funktionaler Struktur geboten ist, wurde bereits festgestellt.[26] Die Untersuchung von vornherein auf diese Annahme zu stützen, stellte darüber hinaus auch in methodischer Hinsicht einen Fehler dar, der zumindest theoretisch geeignet wäre, die Erzielung eines brauchbaren Ergebnisses zu hindern. Insbesondere sind selbst innerhalb der Inhaltskontrollregeln unterschiedliche Regelungsgründe möglich, soweit Regelungen selbständige Bedeutung zukommt. So kann etwa den für den Verbraucherbereich geltenden absoluten und relativen Klauselverboten der §§ 308 und 309 BGB eine andere oder weitergehende ratio zugrunde liegen als der Generalklausel des § 307 I und II BGB in ihrer durch § 310 I BGB modifizierten Bedeutung.

2. Die Vorgaben durch den formulierten Willen des Gesetzgebers

Im Bewusstsein der Tatsache, dass die Erklärung der ratio legis der Inhaltskontrollregeln demnach gewissen objektiven Anforderungen des bestehenden Systems des Zivilrechts zu genügen hat, die auch dem Gesetzgeber des AGB-Gesetzes bereits vorgegeben waren, ist das Augenmerk zugleich darauf zu richten, inwieweit der formulierte historische Wille des Gesetzgebers seinerseits Einfluss auf die Möglichkeiten des vernünftigen Verständnisses der gesetzlichen Regelung hat.

---

[24] Soweit sich Ausführungen zur ratio der AGB-Regeln überhaupt finden, wird diese meist einheitlich dargestellt, siehe dazu oben 1. Kapitel: III. 2. a) aa).

[25] BT-Drucks. 7/3919, S. 9 ff.

[26] Für das Verhältnis von Einbeziehungs- und Inhaltskontrolle oben 1. Kapitel: IV. 3. ; für die Adressatenkreise oben 1. Kapitel: III. 1. b) bb).

a) Bestimmung des Kontrollgrundes durch den Gesetzgeber?

Die ratio der Inhaltskontrollregeln der §§ 307 ff. BGB wäre schnell gefunden und es könnte unmittelbar zur Ermittlung der Besonderheiten des Handelsverkehrs übergegangen werden, wenn die der Begründung zum Gesetzesentwurf zu entnehmenden Aussagen abschließend wären und der Gesetzgeber damit selbst die Frage nach der ratio legis verbindlich beantwortet hätte.[27] Dies führt zu der Frage, inwieweit überhaupt der geäußerte Wille des Gesetzgebers den Normanwender vor fertige Tatsachen stellt, oder, anders gesprochen, mit welchem Verständnis den Ausführungen der Gesetzesbegründung zu begegnen ist.

aa) Das Verständnis vom Willen des Gesetzgebers

Die Ermittlung des Willens des Gesetzgebers steht unter dem Vorzeichen des methodologischen Streits zwischen subjektiver und objektiver Theorie der historischen Auslegung. Während die Vertreter des objektiven Verständnisses sich weitgehend von den ausgesprochenen Absichten des Gesetzgebers lösen und einen übergeordneten Willen des Gesetzes selbst ergründen wollen, nimmt die subjektive Auffassung die Materialien zum Ausgangspunkt ihrer Auslegung.[28] Die hieraus im Ergebnis erwachsenden Unterschiede sind geringer, als die Differenzen im Ansatz vermuten lassen mögen. Dies hat seinen Grund vor allem darin, dass unbeschadet der Frage, welches Lager die dogmatisch besseren Argumente für sich beanspruchen mag, jedenfalls für das Ergebnis jeder Auslegung und Ermittlung rechtstheoretischer Grundlagen der Satz Hegels gelten muss:

„Was vernünftig ist, das ist wirklich; und was wirklich ist, das ist vernünftig.“[29]

Ziel der Erforschung des Regelungsgehaltes einer Rechtsnorm muss es jedenfalls sein, vor dem Hintergrund der Gesamtrechtsordnung ein mit deren Wertungen übereinstimmendes Ergebnis zu erzielen, welches als vernünftig begriffen werden kann.[30] Daraus folgt, dass, selbst wenn und soweit dem Gesetzgeber ein solches vernünftiges Verständnis noch nicht zu Eigen war, der geäußerte Wille des Gesetzgebers diesem jedenfalls nicht entgegenstehen kann. Diese Feststellung wird von keiner der vorgenannten Theorien negiert, sondern lediglich auf unterschiedlichem Wege begründet. Während die objektive Theorie ohnehin die

---

[27] So scheint *Munz*, Allgemeine Geschäftsbedingungen, S. 160 f., zu argumentieren.

[28] Eine Darstellung mit Nachweisen findet sich bei *Larenz*, Methodenlehre, S. 317.

[29] *Hegel*, Grundlinien der Philosophie des Rechts, S. XIX; in Zusammenhang mit der Ermittlung des Willens des Gesetzgebers wird dieser Satz insbesondere von *Ehmann/Sutschet*, Modernisiertes Schuldrecht, § 1 II 1 gebracht. Die Problematik der Begründung des AGB-Gesetzes ist insoweit derjenigen der Begründung des Gesetzes zur Modernisierung des Schuldrechts, auf die *Ehmann/Sutschet*, Modernisiertes Schuldrecht, § 1 II 2, diesen Satz beziehen, durchaus vergleichbar.

[30] *Ehmann/Sutschet*, Modernisiertes Schuldrecht, § 1 II 1.

vom gesetzgeberischen Willen losgelöste Feststellung eines „Willens des Gesetzes“ zulässt, stellen auch die Vertreter der subjektiven Theorie nicht allein auf den realen psychologischen Willen des Gesetzgebers[31] ab, sondern korrigieren diesen, indem sie hinter dem empirischen einen eigentlichen, vernünftigen Willen erkennen wollen oder sonst normative Kriterien in Ansatz bringen.[32]

Auch soweit man geneigt wäre, den Willen des Gesetzgebers stärker oder überwiegend nach subjektiven Kriterien zu bestimmen, stellten Aussagen der Gesetzesbegründung deswegen nur insoweit eine Einschränkung dar, als sie einem vernünftigen Verständnis der Regelung nach objektiv-teleologischen Maßstäben nicht im Wege stünden.

bb) Die Aussagen der Gesetzesbegründung

Die Begründung zum Regierungsentwurf des AGB-Gesetzes[33] äußert sich zu Sinn und Zweck des Gesetzes im Ganzen sowie einzelner Regelungen ebenso wortreich wie unklar.

Der Anlass zu einem Eingreifen des Gesetzgebers wird in einer „elementaren Missachtung der Grundsätze der Vertragsfreiheit und Vertragsgerechtigkeit“[34] gesehen. Es bestehe ein Ungleichgewicht der Parteien infolge eines „organisatorischen Vorsprungs“ des Verwenders, das „nicht selten“ durch eine wirtschaftliche oder intellektuelle Unterlegenheit des Vertragspartners verstärkt werde.[35] Die Gesetzesbegründung geht dabei von der „im BGB vorausgesetzten Funktion der Vertragsfreiheit“ aus, „durch freies Aushandeln der Vertragspartner mit annähernd gleichwertiger Ausgangsposition Vertragsgerechtigkeit zu schaffen“.[36] Auch sollen es „die Wertentscheidungen für die rechtsgeschäftliche Selbstbestimmung des Individuums als Teil der freien Persönlichkeitsentfaltung verlangen, den weit verbreiteten Missbräuchen der Gestaltungsfreiheit im Privatrechtsverkehr entgegenzutreten“[37]. Als Ziel des Gesetzes wird es erklärt, „den anderen Vertragsteil, insbesondere den Letztverbraucher, (...) vor unangemesse-

---

[31] Dieser ist auch schwerlich zu ermitteln. In einer modernen, vom Pluralismus geprägten Parteiendemokratie findet die Willensbildung eben nicht durch eine Person oder ein nach außen einheitlich handelndes Organ statt, sondern der „Wille“ ist Ergebnis eines komplexen Prozesses, in den unter anderem die Ministerialbürokratie, Experten aus Wissenschaft und Praxis, die Abgeordneten als Vertreter des Volkes sowie verschiedene Interessengruppen eingebunden sind (*Larenz/Canaris*, Methodenlehre, Kapitel 4, 2) c); dem folgend auch *Ehmann/Sutschet*, Modernisiertes Schuldrecht, § 1 II 3 m.w.N.).

[32] *Larenz*, Methodenlehre, S. 317.

[33] BT-Drucks. 7/3919.

[34] BT-Drucks. 7/3919, S. 1, nochmals S. 9.

[35] BT-Drucks. 7/3919, S. 13.

[36] BT-Drucks. 7/3919, S. 9, ähnlich S. 13.

[37] BT-Drucks. 7/3919, S. 9.

nen, einseitig vorformulierten Vertragsbedingungen zu schützen“[38] und „dem Prinzip des angemessenen Ausgleichs der beiderseitigen Interessen Geltung zu verschaffen“[39]. Speziell der Sinn und Zweck der Inhaltskontrolle wird darin gesehen, dass derjenige, der „die Vertragsgestaltungsfreiheit regelmäßig für sich allein in Anspruch nimmt“ und „das auf gegenseitigen Interessenausgleich gerichtete dispositive Gesetzesrecht für seine Rechtsgeschäfte allgemein außer Kraft setzen oder für gesetzlich nicht geregelte Sachbereiche allgemeine Regelungen aufstellen will“, „verpflichtet sein (soll), dabei die Interessen der an dem Vertrag Beteiligten nach den Geboten von Treu und Glauben auszugleichen“[40]. Tiefergehende Begründungen werden jeweils nicht gegeben.

Angesichts dieser Ausführungen könnte der Eindruck entstehen, der Gesetzgeber habe die Probleme der Verwendung Allgemeiner Geschäftsbedingungen pauschal durch eine allgemeine Gerechtigkeitskontrolle lösen wollen. Bereits in den Betrachtungen zur Einbeziehungskontrolle[41] hat sich jedoch abgezeichnet, dass das System der AGB-Kontrolle wesentlich differenzierter ist. Bei näherem Hinsehen wird auch deutlich, dass die Ausführungen der Gesetzesbegründung zusammengesetzt sind aus völlig verschiedenen Erklärungsansätzen, von denen sich die meisten auf die Inhaltkontrolle beziehen. So verkörpert etwa der Satz vom Missbrauch der Privatautonomie den ursprünglich von *L. Raiser*[42] begründeten Ansatz, wohingegen das Abstellen auf die rechtsgeschäftliche Selbstbestimmung des Kunden dort zumindest ursprünglich keine Rolle spielt, sondern der rechtstheoretisch grundsätzlich verschiedenen Erklärung der Inhaltskontrolle durch *M. Wolf*[43] entstammt. Beiden dieser Ansätze völlig fremd ist wiederum die auf *Schmidt-Rimpler*[44] zurückgehende Annahme eines inhaltlichen Richtigkeitsanspruchs des Vertrages, die sich in der Gesetzesbegründung unter dem Schlagwort der Schaffung von Vertragsgerechtigkeit durch freies Aushandeln wiederfindet.

cc) Fazit

Die Nennung all dieser grundsätzlich verschiedenen Erklärungsansätze und konträren Grundannahmen in einem Atemzug und ohne weiteres Bemerken stellt schwerlich eine klare Willensäußerung des Gesetzgebers in Richtung des einen

---

[38] BT-Drucks. 7/3919, S. 1.

[39] BT-Drucks. 7/3919, S. 13.

[40] BT-Drucks. 7/3919, S. 22.

[41] Oben 1. Kapitel: IV. 1.

[42] Das Recht der Allgemeinen Geschäftsbedingungen, dazu ausführlich unten 2. Kapitel: III. 1. Diese Monografie wird in der Gesetzesbegründung als bahnbrechend für die Kodifikation des Rechts der Allgemeinen Geschäftsbedingungen bezeichnet, vgl. BT-Drucks. 7/3919, S. 11.

[43] Rechtsgeschäftliche Entscheidungsfreiheit, ausführlich unten 2. Kapitel: III. 3.

[44] AcP 147, 130 ff., dazu unten näher 2. Kapitel: III. 2.

oder anderen Verständnisses von Sinn und Zweck der betreffenden Regelungen dar. Durch die Vermengung wesensverschiedener Ansätze in den den Anschein der Umfassendheit bezweckenden Formulierungen der Gesetzesbegründung versprechen Versuche der Schlussfolgerung auf das Verständnis des Gesetzgebers von der ratio legis der AGB-Regeln keine hinreichende Aussicht auf Erfolg.[45] Der sachliche Erklärungsgehalt der Ausführungen des Gesetzgebers ist demnach nicht sehr stark.

Immerhin ist jedoch erkennbar, dass der Wille des Gesetzgebers bei Erlass des AGB-Gesetzes jedenfalls dahin ging, die bekannten Probleme der Verwendung Allgemeiner Geschäftsbedingungen auf dem damaligen Stand der Lehre zu lösen. Dies wird besonders deutlich durch die vorstehend dargestellten Bezugnahmen der Gesetzesbegründung auf verschiedene Erklärungsansätze über Sinn und Zweck insbesondere der Inhaltskontrolle.[46] Entscheidend ist daher letztlich in keinem Fall der Wortlaut der Gesetzesbegründung, sondern die Frage, inwieweit die vom Gesetzgeber in Bezug genommenen Argumente und Ansätze Gültigkeit beanspruchen und vernünftige Gründe für den Erlass der AGB-Regeln liefern können. Die Ermittlung der ratio der Inhaltskontrolle kann deswegen nur in Auseinandersetzung mit diesen Auffassungen erfolgen. Die Ausführungen der Gesetzesbegründung entheben nicht der weiteren Prüfung der dem Gesetz historisch zugrunde gelegten Auffassungen und schließen auch das Erfordernis einer objektiv-teleologischen Untersuchung der ratio legis der Inhaltskontrollregeln nicht aus. Gleichzeitig ist der Wortlaut der Gesetzesbegründung weitgehend zu unbestimmt, um Einschränkungen für die Untersuchung zu enthalten.

b) Der Wortlaut und die Grundentscheidungen der §§ 305 ff. BGB

Dies darf freilich nicht dahingehend verstanden werden, dass nunmehr eine freie und von den gesetzlichen Regelungen losgelöste Findung des Grundes der Inhaltskontrolle Allgemeiner Geschäftsbedingungen anzustreben sei. Entsprechend der Zielsetzung der Untersuchung, einen praktikablen Maßstab für die Inhaltskontrolle im kaufmännischen Verkehr nach den §§ 307 ff. BGB zu finden, kann diese nur vor dem Hintergrund des geltenden Rechts sinnvoll durchgeführt werden.

Bereits durch den Wortlaut der AGB-Regeln ist hierfür ein fester Rahmen vorgegeben, den auch die Auslegung schon per definitionem nicht sprengen könnte.[47] Zum anderen sind, unter Umständen auch über den Wortlaut hinaus,

---

[45] Darüber könnte auch der Hinweis nicht hinweghelfen, die Gründe für die AGB-Kontrolle seien eben vielfältig. Ob und inwieweit dies der Fall ist, könnte im Übrigen ohnehin erst nach einer sorgfältigen Untersuchung der Gültigkeit der unterschiedlichen Annahmen des Gesetzgebers festgestellt werden.

[46] Dazu vorstehend 2. Kapitel: II. 2. a) aa).

[47] *Larenz*, Methodenlehre, S. 322, formuliert dies so: „Was jenseits des sprachlich möglichen

Grundwertungen des Gesetzgebers zu berücksichtigen, die den Regeln der §§ 305 ff. BGB selbst zu entnehmen sind.[48] Diese sind besonders dann ausschlaggebend, wenn überprüft werden soll, ob in der Analyse der zeitlich vor dem AGB-Gesetz liegenden Erklärungsansätze der Inhaltskontrolle gefundene Ergebnisse vor dem Hintergrund dessen Regelungen Bestand haben können. Eine vorab erfolgende abstrakte Betrachtung sämtlicher Grundentscheidungen wäre deshalb kaum von Nutzen. Hier soll daher zunächst nur auf die wichtigsten Punkte hingewiesen werden, die für die Suche nach der ratio legis der AGB-Regeln jedenfalls zu berücksichtigen sind.

aa) Die Unzulänglichkeit rein verbraucherschutzrechtlicher Begründungen

Dazu zählt etwa die schon oben[49] angesprochene grundsätzliche Erstreckung der Inhaltskontrolle auf den kaufmännischen Bereich in § 310 I BGB. Der gefundene Kontrollgrund kann daher nicht allein verbraucherspezifisch sein. Damit soll zwar nicht ausgeschlossen werden, dass auch Gedanken des Verbraucherschutzes in den §§ 307 ff. BGB kodifiziert sind.[50] Zumindest für die Geltung der Generalklausel des § 307 BGB unter Kaufleuten muss dennoch eine eigene, von Verbraucherschutzgedanken verschiedene und unabhängige ratio existieren.

bb) Die Freihaltung von Hauptleistungspflichten, § 307 III BGB

Ein weiteres Beispiel einer bei der Erforschung des Kontrollgrundes im Hinterkopf zu behaltenden Grundentscheidung ist die grundsätzliche Freihaltung primärer Leistungspflichten, also auch Preisabreden, die nunmehr in § 307 III BGB geregelt ist.[51] Diese Regelung kann dahin gehend verstanden werden, dass jedenfalls eine offene Äquivalenzkontrolle des vertraglichen Austauschs offensichtlich vom Gesetzgeber nicht gewollt war. Darüber hinaus folgt daraus für die

---

Wortsinns liegt, durch ihn eindeutig ausgeschlossen wird, kann nicht mehr im Wege der Auslegung als die hier maßgebliche Bedeutung des Ausdrucks verstanden werden“.

[48] Dies ist auch dann nicht anders, wenn man mit der objektiven Theorie nicht den „Willen des Gesetzgebers“, sondern einen darüber erhabenen „Willen des Gesetzes“ ermitteln will. Ebenso wie die subjektive Theorie für normative Elemente nicht vollständig verschlossen ist, sind auch nach der objektiven Auffassung bei der Erforschung des vernünftigen Willens freilich die bei Erlass des ausgelegten Gesetzes im Rahmen der Gesamtrechtsordnung getroffenen grundsätzlichen Wertentscheidungen des Gesetzgebers zu respektieren (*Larenz*, Methodenlehre, S. 318; in diesem Sinne auch *Ehmann/Sutschet*, Modernisiertes Schuldrecht, § 1 II 3).

[49] 1. Kapitel: III. 1. a).

[50] Dies ist sogar zweifellos so. Nicht nur war der Verbraucherschutz ursprünglicher und prägender Antrieb für die Schaffung des AGB-Gesetzes (siehe oben 1. Kapitel: III. 1. a)), sondern darüber hinaus sind die §§ 305 ff. BGB auch deswegen dem Verbraucherschutz verpflichtet, weil ihr Bestehen die Erfüllung der Umsetzungsverpflichtung hinsichtlich der EG-Richtlinie 93/13 EWG ersetzt (dazu Staudinger/*Coester* Vor § 8 ff. AGBG Rz. 7).

[51] Zu den Ausnahmen zu diesem Grundsatz statt aller Staudinger/*Coester* § 8 AGBG Rz. 20 ff.

Ermittlung der ratio der Inhaltskontrolle abermals, dass die allgemeinen Äußerungen des Gesetzgebers über die Motivation, durch die AGB-Regeln einen gerechten Ausgleich herzustellen[52], nicht beim Wort genommen werden können. Die Herstellung materieller Vertragsgerechtigkeit als Element der ratio legis der AGB-Regeln rückt damit von vornherein ein ganzes Stück aus dem Blickfeld.

cc) Unbeachtlichkeit der Umstände des Einzelfalls als Vorgabe des Gesetzes?

Zumeist wird es schließlich als eine solche Grundentscheidung des Gesetzgebers angesehen, die Inhaltskontrolle Allgemeiner Geschäftsbedingungen sei unabhängig von den Umständen des Vertragsschlusses durchzuführen und habe sich in generalisierender, typisierender oder normativer Betrachtungsweise grundsätzlich lediglich an dem Klauselinhalt und seinen Wirkungen für den typischen Kunden unabhängig von den Umständen des Einzelfalles zu orientieren.[53] Eine andere Vorgehensweise wird sogar unter diffuser Berufung auf den im Schutz vor „einseitiger Ausnutzung der Vertragsfreiheit“ gesehenen Sinn und Zweck der AGB-Regeln als „schlicht falsch“ bezeichnet.[54] Dies ist für den personellen Anwendungsbereich der Klauselverbote, insbesondere soweit das Gesetz eine Wertungsmöglichkeit nicht zulässt (§ 309 BGB), sicherlich prinzipiell richtig. Der Gedanke einer von den Umständen des Einzelfalls losgelösten Unwirksamkeit einer Klausel allein wegen ihres Inhalts ist in den §§ 307 ff. BGB also durchaus vorhanden.[55]

Allerdings sollte daraus nicht von vorne herein und ohne weiteres gefolgert werden, dass generell Umstände des Einzelfalls für die Inhaltskontrolle ohne Bedeutung sind.[56] Dass diese Annahme jedenfalls nicht allgemein richtig sein

---

[52] BT-Drucks. 7/3919, S. 13.

[53] *Brandner,* AcP 162, 237, bezeichnet dies als „festen Bestand“ und „allgemeine Auffassung“; ähnlich Staudinger/*Coester* § 9 AGBG Rz. 80 (auch ff.): „Allgemeine Ansicht“; *Reh,* Einbeziehung und Inhaltskontrolle, S. 144; *Heinrichs,* NJW 1993, 1817, 1820; *Rabe,* NJW 1987, 1978, 1979; *Bunte,* NJW 1987, 921, 926; MüKo/*Basedow* § 307 Rz. 35 sowie speziell für den Fall des Unternehmerkunden § 310 Rz. 3; aus der Rechtsprechung BGHZ 112, 204, 212 und BGHZ 116, 1, 5; vgl. im Übrigen bereits die für die Übertragbarkeit von Wertungen der Klauselverbote vorgetragenen Argumente der Literatur und Rechtsprechung oben 1. Kapitel: III. 2. a); a.A. jedoch *Wolf*/Horn/Lindacher § 9 Rz. 53, der wirksamkeits- wie unwirksamkeitsbegründende Tatsachen in Bezug auf das konkrete Vertragsverhältnis berücksichtigen möchte.

[54] *Rabe,* NJW 1987, 1978, 1979 ohne weitergehende Begründung.

[55] Einen gewissen Einbruch erleidet die herrschende Meinung auch in der Frage, ob durch Individualaufklärung die Intransparenz einer Klausel im Sinne des § 307 I 2 BGB behoben werden kann. Während dies bei vernünftigem Verständnis nicht zu bezweifeln ist (vgl. Staudinger/*Coester* § 9 AGBG Rz. 147 ff.), entsteht für diese wegen des Dogmas des generalisierend-typisierenden Kontrollmaßstabs ein beachtlicher Begründungsaufwand, der letztlich den Umweg über § 242 BGB oder die Unterstellung einer Individualabrede nehmen muss (Staudinger/*Coester* aaO.); daher generell für die Möglichkeit der Berücksichtigung individueller Umstände *Wolf*/Horn/Lindacher § 9 Rz. 53.

[56] Kritisch gegenüber der Unbeachtlichkeit der Einzelfallumstände insb. *Brandner,* AcP 162, 237,

kann, folgt schon aus § 310 III Nr. 3 BGB, wo die Berücksichtigung der Umstände des Vertragsschlusses aufgrund europarechtlicher Vorgabe[57] zumindest für den Verbrauchervertrag ausdrücklich gefordert wird. Insbesondere kann ein solches Gebot auch nicht e contrario aus § 310 III Nr. 3 BGB geschlossen werden. Dem Gesetzgeber ging es bei der Schaffung dieser Regelung nur um die Umsetzung der Richtlinie EG 93/13, die nur den Verbraucherbereich betrifft. Aussagen für den kaufmännischen Bereich können ihr daher nicht entnommen werden.

Im Übrigen steht und fällt die Annahme der Unbeachtlichkeit der Umstände des Einzelfalls mit der ihr zugrunde gelegten These, dass in der Verwendung unangemessener Allgemeiner Geschäftsbedingungen per se ein „Missbrauch" der Vertragsfreiheit liege[58], worin der Grund für die Inhaltskontrolle zu sehen sei.[59] Richtigerweise kann daher die Frage nach der Beachtlichkeit der Umstände des Einzelfalls nur im Zusammenhang mit der Frage nach der ratio legis der Inhaltskontrollregeln gestellt werden. Ob die Annahme eines die Berücksichtigung der Umstände des Einzelfalls ausschließenden Kontrollgrundes zutrifft, soll diese Untersuchung erst zeigen. Es besteht daher keine Veranlassung, für den kaufmännischen Bereich ohne Not von einer Einschränkung in Richtung der allein inhaltsbezogenen Beurteilung der Unangemessenheit von vornherein auszugehen.[60]

3. Die Bedeutung der Einschränkung der Privatautonomie

Besondere Beachtung muss im Bereich der Inhaltskontrolle ferner dem Umstand zukommen, dass durch die die mögliche Reichweite der getroffenen Vereinbarung einschränkenden Regelungen, wie allgemein im Recht der Kontrolle Allgemeiner Geschäftsbedingungen, ein Eingriff in die Vertragsfreiheit erfolgt, der als solcher einer Rechtfertigung bedarf.[61] Dies gilt unabhängig von der weiteren

239 f., 247 für die Rechtslage vor Erlass des AGB-Gesetzes; ausdrücklich auf die Umstände des Einzelfalls abstellend LG Köln BB 1987, 87.

[57] Richtlinie EG 93/13 (ABl. EG 95/29).

[58] Vgl. die Nachweise unten 2. Kapitel: III. 1.

[59] Etwa *Lutz*, AGB-Kontrolle im Handelsverkehr, S. 9, nennt den Regelungszweck der Verhinderung eines Missbrauchs der Vertragsfreiheit unmittelbar als Begründung der rein inhaltsbezogenen Orientierung seines Ansatzes.

[60] *Medicus*, FS Münchener Juristische Gesellschaft 1996, S. 9, 19, weist daher insbesondere zutreffend auf die Möglichkeit hin, ein Abweichen des Einzelfalls von einer typischerweise vorausgesetzten Ungleichgewichtslage innerhalb des Merkmals der Unangemessenheit zu berücksichtigen. Ob und gegebenenfalls welche Einschränkungen diesbezüglich im Interesse der Rechtssicherheit bestehen, ist eine andere Frage und wird im Rahmen der aus der ratio der AGB-Regeln zu ziehenden Schlussfolgerungen zu berücksichtigen sein (unten 3. Kapitel: II. 2. b)).

[61] So BVerfGE 70, 115, 123 (obiter dictum ohne explizite Aussage zur Verfassungsmäßigkeit des Eingriffs; Gegenstand des Antrags war nur die Verfassungsmäßigkeit des § 23 II Nr. 6 AGBG, in dem das Gericht gerade keinen Eingriff in die Vertragsfreiheit sah (aaO.)); vgl. i.Ü. Staudin-

Begründung jedenfalls für den Verwender, der den von ihm gewünschten Klauselinhalt nicht mehr realisieren kann. Dabei spielt es, worauf *Coester*[62] zu Recht hinweist, keine Rolle, ob die dahingehende Beschränkung des Verwenders offen als Eingriff in die Privatautonomie gesehen oder durch entsprechende Argumentation als deren innere Grenze dargestellt und so ein Eingriff verneint wird.[63] Jedenfalls wird nämlich der nach allgemeinen Regeln formal gegebenen und damit von der Rechtsordnung grundsätzlich mit Rechtswirkung auszustattenden Einigung der Parteien eben diese Rechtswirkung versagt.[64]

Das Recht der Allgemeinen Geschäftsbedingungen ist insoweit gegenüber dem allgemeinen Vertragsrecht ein Ausnahmerecht.[65] Während eine Debatte um die Verfassungsmäßigkeit des AGB-Gesetzes richtigerweise nie ernsthaft geführt wurde[66] und das Bundesverfassungsgericht unter bestimmten engen Voraussetzungen sogar die richterliche Inhaltskontrolle als Forderung des Grundgesetzes ansieht[67], kann dennoch festgehalten werden, dass die Anforderungen an die ratio der Inhaltskontrollregeln angesichts deren Eingriffs in die Privatautonomie wesentlich verstärkt sind.[68] Der für die Inhaltskontrolle gefundene Grund muss die rechtliche Wirkung der Einschränkung der Privatautonomie dabei nicht nur im Grundsatz tragen, sondern bestimmt auch zugleich den zulässigen Umfang eines Eingriffs in den Vertrag.[69]

Letztere muss in einem angemessenen Verhältnis zu der Bedeutung der mit den AGB-Regeln ihrem Sinn und Zweck nach verfolgten Ziele stehen.[70]

---

ger/*Coester* § 9 AGBG Rz. 1, der das Gewicht des Eingriffs besonders betont.

[62] Staudinger/*Coester* § 9 AGBG Rz. 1, 4.

[63] Ähnlich *Medicus,* FS Münchener Juristische Gesellschaft 1996, S. 9, 11.

[64] Dies ist gerade das Wesen der Inhaltskontrolle. Wäre eine Einigung hingegen gar nicht erfolgt, würde bereits die Einbeziehungskontrolle eingreifen müssen.

[65] *Schmidt-Salzer,* NJW 1977, 129, 131.

[66] Ansatzweise Überlegungen finden sich etwa bei *Reh,* Einbeziehung und Inhaltskontrolle, S. 29 ff.

[67] Dazu unten 2. Kapitel: III. 2. b) bb) (1) (c) und 2. Kapitel: III. 3. f) bb) (1).

[68] Für den kaufmännischen Bereich *Pauly,* BB 1976, 534, 535.

[69] *Nicklisch,* BB 1974, 941, 942: „Nur soweit der die Inhaltskontrolle tragende rechtliche Gesichtspunkt reicht, kann der richterliche Eingriff in Verträge gerechtfertigt sein".

[70] Dies gilt sicherlich in den Fällen, die das Bundesverfassungsgericht in der in Fn. 61 in Bezug genommenen Rechtsprechung im Auge hatte. Die Anwendung des AGB-Gesetzes vor allem im kaufmännischen Bereich geht heute jedoch weit über diese Fälle hinaus.

4. Fazit

Da die Materialien des Gesetzgebungsverfahrens für sich genommen eine verlässliche Beurteilung im Sinne eines vernünftigen Verständnisses des Gesetzes noch nicht zulassen, ist es erforderlich, zur Ergründung der Absichten des Gesetzes andere Quellen und Methoden heranzuziehen.

Zum einen kann hierfür eine Heranziehung und Überprüfung der vom Gesetzgeber in Bezug genommenen Ansätze fruchtbar sein. Soweit sich diese vor dem Hintergrund der Zivilrechtsordnung als Vernünftiges verstehen lassen, können aus ihnen Schlüsse auf die historische Regelungsabsicht des Gesetzes gezogen werden.

Auch wenn oder soweit dieser Vorgehensweise kein Erfolg beschert ist, verbleibt die methodische Möglichkeit, die ratio legis der Inhaltskontrollregeln unter Beachtung der durch ihren Wortlaut vorgegebenen Grenzen rein objektiv-teleologisch zu ermitteln. *Bydlinski* spricht insofern von einer „analogieartigen“ Auslegung entsprechend den Gründen ähnlicher, verwandter Normen.[71]

---

[71] Methodenlehre, S. 454.

III. Erklärungsansätze für die Inhaltskontrolle Allgemeiner Geschäftsbedingungen

Schlüssel zu dem Verständnis der ratio legis der Inhaltskontrollregeln ist somit zunächst die Analyse der vorhandenen Erklärungsansätze. Diese müssen sich nach den bisherigen Ergebnissen vor allem daran messen lassen, ob sie jeweils vor dem Hintergrund der Gesamtrechtsordnung als vernünftig begriffen werden können. Insbesondere müssen sie dabei auch mit den Grundentscheidungen der §§ 305 ff. BGB vereinbar sein, was vor allem für solche Erklärungsansätze zu beachten ist, die vor der Schaffung des AGB-Gesetzes gefunden wurden.[72] Dabei sind vor allem solche Ansätze von Interesse, die in der Gesetzesbegründung in Bezug genommen sind und damit nach dem geäußerten Willen des Gesetzgebers die geistige Herkunft der AGB-Regeln darstellen.[73] Jedoch können durchaus auch andere Erklärungen zu einem vernünftigen Verständnis[74] der ratio legis der AGB-Regeln führen.

Der Analyse wird nicht in unzuträglicher Weise vorgegriffen, wenn vorab festgestellt wird, dass alle die ratio der AGB-Regeln erklärenden Ansätze in irgendeiner Weise bestrebt sind, der Vertragsgerechtigkeit im weitesten Sinne zur Geltung zu verhelfen.[75] Dies entspricht auch der Generalklausel des § 307 I und II BGB, die vor „unangemessenen" Benachteiligungen schützen soll. Uneinigkeit besteht jedoch hinsichtlich des anzulegenden Gerechtigkeitsmaßstabs. Dabei verläuft der bedeutendste Bruch zwischen Auffassungen, welche zur Beurteilung dessen, was gerecht ist, von vornherein auf den objektiven Inhalt der Vereinbarung abstellen, und solchen, die das Ergebnis des Vertrages in erster Linie dann als gerecht empfinden, wenn es dem Willen der Parteien entspricht, und erst in Ermangelung des letzteren zu inhaltlichen Maßstäben übergehen.[76]

---

[72] Dazu vorstehend 2. Kapitel: II. 2. b).

[73] Zu den Aussagen der Gesetzesbegründung und der Bezugnahme auf unterschiedliche Erklärungsansätze oben 2. Kapitel: II. 2. a) aa).

[74] Zum Verhältnis zum geäußerten Willen des Gesetzgebers oben 2. Kapitel: II. 2. a) aa).

[75] Wie bereits dargestellt, wird das unter Verwendung von Allgemeinen Geschäftsbedingungen erzielte vertragliche Ergebnis vielfach aus den verschiedensten Gründen als „ungerecht" empfunden, statt aller nochmals *Lindacher*, BB 1972, 296, 298.

[76] Die Frage, ob Verträge gerecht sein müssen, ist in der rechtsphilosophischen Literatur von der Antike bis zur Gegenwart ausführlichst behandelt worden (siehe in neuerer Zeit *Oechsler*, Gerechtigkeit im modernen Austauschvertrag, mit zahlreichen Nachweisen). Eine Schilderung auch nur des aktuellen Standes dieser Erkenntnisse würde den Rahmen dieser Untersuchung sprengen. Die Klärung dieser Frage ist, soweit überhaupt möglich, für diese Untersuchung jedoch auch nicht erforderlich. Hier soll es nur um die Intention der AGB-Regeln gehen. Soweit diese etwa ihrer ratio nach einen nach objektiven Maßstäben gerechten Austausch im Vertrag sichern wollten, ist dieser Umstand als gesetzgeberische Entscheidung zu respektieren, ohne dass es dafür des Nachweises eines allgemeinen Postulats materieller Austauschgerechtigkeit bedürfte.

1. Missbrauch der Privatautonomie als Kontrollgrund

Schon beinahe ein geflügeltes Wort ist die Begründung der AGB-Kontrolle mit einem Missbrauch der Privatautonomie durch die Verwendung unangemessener Allgemeiner Geschäftsbedingungen.[77] Häufig wird auch mit inhaltlich ähnlicher Zielrichtung vorsichtiger von einer „einseitigen Inanspruchnahme" der Vertragsfreiheit gesprochen, womit freilich noch unklarer bleibt, worin der Grund für die Versagung der Wirksamkeitsfolge liegen soll.[78]

Das Argument vom Missbrauch der Privatautonomie hat seinen Ursprung in *L. Raisers* Monografie „Das Recht der Allgemeinen Geschäftsbedingungen". Soweit in späterer Zeit auch ohne eigenständige Begründung die Verhinderung eines Missbrauchs der Vertragsfreiheit als ratio der AGB-Regeln angegeben wird, kann dies jedoch nicht ohne weiteres als Bezugnahme auf den ursprünglichen *L. Raiser'*schen Ansatz verstanden werden, da der Begriff des Missbrauchs der Vertragsfreiheit, wie noch zu zeigen sein wird[79], in seiner historischen Wandlungen unterworfenen Verwendung nicht klar konturiert ist und in Wahrheit die verschiedensten Gedanken vereint. In der Gesetzesbegründung erfolgt die Bezugnahme auf *L. Raisers* „Das Recht der Allgemeinen Geschäftsbedingungen" jedoch sogar ausdrücklich.[80]

a) Der ursprüngliche Ansatz *L. Raisers*

L. Raisers Monografie zeichnet sich unbeschadet aller nachfolgend auch kritisch beabsichtigten Auseinandersetzung dadurch aus, dass sie eine frühe und ernsthafte systematische Analyse des Problems der Verwendung Allgemeiner Geschäftsbedingungen darstellt, die auch deswegen Respekt verdient, weil sie in der Weise Pionierarbeit leistete, dass zahlreiche ihrer Aussagen noch heute Gül-

---

[77] So etwa *Heinrichs*, NJW 1993, 1817, 1818; *Reh*, Einbeziehung und Inhaltskontrolle, S. 11; *Wellenhofer-Klein*, ZIP 1997, 774, 777 m.w.N.; *Canaris*, ZIP 1980, 709, 717; Staudinger/*Coester* § 9 AGBG Rz. 1, sieht dies als einen von zwei wesentlichen Aspekten, aus denen die Inhaltskontrolle hergeleitet werde (m.w.N.); ähnlich *Schlechtriem*, FS Duden 1977, S. 571, 581, der von einer „missbräuchlichen Verbiegung" von Rechtsinstituten spricht; vor Erlass des AGBG *L. Raiser*, Das Recht der Allgemeinen Geschäftsbedingungen (dazu sogleich näher); *Brandner*, AcP 162, 237, 248; *Lindacher*, BB 1972, 296, 297; *Kötz*, 50. DJT, A 31; ähnlich *Bastian/Böhm*, BB 1974, 110, 111; zweifelnd aber etwa *Wackerbarth*, AcP 200, 45, 64 mit weiteren Nachweisen zur Missbrauchsargumentation aus Rechtsprechung und Literatur; kritisch auch *Lieb*, AcP 178, 196, 200 ff.

[78] Siehe dazu oben 2. Kapitel: I. 3. , insbesondere die Nachweise in Fn. 9.

[79] Dazu im Einzelnen unten 2. Kapitel: III. 1. b).

[80] BT-Drucks. 7/3919, S. 11; ebenso *Kötz*, 50. DJT, A 31.

tigkeit haben.[81] So verstanden ist die Aussage der Gesetzesbegründung, es handele sich um ein „bahnbrechendes Werk“[82], richtig.

aa) Die Gültigkeit der zugrunde gelegten tatsächlichen Problematik

Übertragbar auf das Verständnis des AGB-Gesetzgebers ist ohne weiteres die dem Ansatz zugrunde liegende Analyse der tatsächlichen Problematik der Verwendung allgemeiner Geschäftsbedingungen.

Bereits *L. Raiser* stellt fest, „Zeitmangel oder Gleichgültigkeit und Vertrauen in die Angemessenheit der als typisch bekannten Bedingungen, oft auch Unerfahrenheit oder Ungewandtheit, am häufigsten das Gefühl der wirtschaftlichen Schwäche“ veranlassten den Kunden, „sich ohne weitere Diskussion seiner Sonderbedürfnisse auf die Annahme dieser Bedingungen einzulassen“, wobei er den Inhalt und rechtliche Folgen der Allgemeinen Geschäftsbedingungen gewöhnlich nicht kenne.[83]

Dies trifft den Kern der Problematik, wie sie auch heute noch empfunden wird.[84] Der Missbrauchsansatz geht insoweit von den gleichen tatsächlichen Prämissen aus wie diese Untersuchung und die ganz herrschende Ansicht. Insoweit ist er zur Erlangung von Erkenntnissen über die ratio der AGB-Regeln geeignet.

bb) Allgemeine Geschäftsbedingungen als Problem der Privatautonomie: Abkehr von den „Normtheorien“

Geeignet ist auch der rechtliche Ansatzpunkt, soweit er die Inhaltskontrolle von Allgemeinen Geschäftsbedingungen als ein Problem der Vertragsfreiheit erkennt. Unbeschadet der Gefahr einer schlagwortartigen Verwendung des Begriffes des „Missbrauchs der Vertragsfreiheit“, welche jedenfalls zu einem verkürzten Verständnis des *Raiser'*schen Ansatzes führte, macht bereits die Verwendung dieses Begriffs klar, dass, für die damalige Zeit keineswegs selbstverständlich,[85] der Geltungsgrund Allgemeiner Geschäftsbedingungen in Übereinstimmung mit dem heute herrschenden Verständnis[86] in dem rechtsgeschäftlichen Willen der Parteien gesehen wird.[87] *L. Raiser* ist sich damit durchaus des

---

[81] Dazu insbesondere nachfolgend 2. Kapitel: III. 1. a) aa) bis 2. Kapitel: III. 1. a) cc).

[82] BT-Drucks. 7/3919, S. 11.

[83] *L. Raiser*, Das Recht der Allgemeinen Geschäftsbedingungen, S. 19.

[84] Siehe oben 1. Kapitel: I. und 2. Kapitel: I. 2.

[85] Anders die Normtheorien, siehe die Nachweise oben 1. Kapitel: IV. 1. Fn. 104.

[86] Dazu oben 1. Kapitel: IV. 1. Fn 104.

[87] *L. Raiser*, Das Recht der Allgemeinen Geschäftsbedingungen, S. 77 ff. Als gesonderten möglichen Geltungsgrund sieht *L. Raiser* die von ihm so genannte „Gruppensanktion“ von Allgemeinen Geschäftsbedingungen als Gewohnheitsrecht oder auf satzungsmäßiger Grundlage (aaO., S. 82

Problems bewusst, dass Allgemeine Geschäftsbedingungen nicht, wie staatlich gesetztes Recht, schlichtweg deswegen objektiven Rechtmäßigkeitsmaßstäben genügen müssen, weil es sich bei ihrer Aufstellung um Rechtssetzung handelte.[88] Dabei geht er im Grundsatz davon aus, dass die Parteien Herren ihrer Rechtsverhältnisse sind, indem er die Vertragsfreiheit als Bestandteil der Privatautonomie und tragenden Grundsatz der Rechtsordnung akzeptiert.[89] Die von *L. Raiser* vorgefundene Problemstellung ist also mit der heutigen, insbesondere auch in dieser Untersuchung zugrunde gelegten Problematik zunächst insoweit vergleichbar, als dass hier wie dort eine Ausnahme zu dem Grundsatz begründet werden muss, dass ihre Vereinbarung die Parteien bindet.[90]

cc) Privatautonomie und Grenzen staatlicher Sanktion

Das genaue dogmatische Konzept *L. Raisers* von der Privatautonomie verliert vor dem Hintergrund der gesetzlichen Regelung dadurch an Bedeutung, dass heute jedenfalls § 307 I und II BGB als gesetzlicher Anknüpfungspunkt dienen könne, ohne dass es eines komplizierten Rükgriffs auf die Grundsätze und das Wesen der Privatautonomie bedürfte, um zu ermitteln, ob sich dem Bürgerlichen Gesetzbuch auch ohne die AGB-Regeln das Erfordernis einer Inhaltskontrolle von Allgemeinen Geschäftsbedingungen aufgrund der Missbrauchsargumentation bereits entnehmen ließe. Der „Missbrauch der Vertragsfreiheit“ muss heute mit anderen Worten nicht mehr die Anforderungen an einen Rechtsmissbrauch im technischen Sinne erfüllen, sondern nur vernünftiges Motiv für den Gesetzgeber sein, in die Gestaltung des Inhaltes von Allgemeinen Geschäftsbedingungen regelnd einzugreifen. Insoweit mildert sich die noch *L. Raiser* treffende volle dogmatische Begründungslast der Unwirksamkeitsfolge in die Notwendigkeit darzulegen, ob und gegebenenfalls inwieweit die Missbrauchsargumentation einen vernünftigen Grund für die Schaffung der AGB-Regeln zur Inhaltskontrolle liefern und damit ihre ratio erklären kann. Daher soll ein Blick auf das Verständnis von Reichweite und Grenzen der Privatautonomie nach dem *L. Raiser'*schen Ansatz nur soweit erfolgen, wie es zum Verständnis der Missbrauchsargumentation in ihrer ursprünglichen Form erforderlich ist.

---

ff.). Diese Erweiterungen können für die vorliegende Untersuchung außer Betracht bleiben, zumal sie von *L. Raiser* selbst im Ergebnis kritisch beurteilt werden (aaO., S. 82 ff., 87).

[88] Konsequent sieht deswegen schon *L. Raiser* die Inhaltskontrolle des unter Verwendung von Allgemeinen Geschäftsbedingungen zustande gekommenen Vertrages als das Mittel der Wahl, wohingegen er die bloße Aufstellung, Veröffentlichung oder Verbreitung der Allgemeinen Geschäftsbedingungen ohne rechtliche Folge lässt und die Allgemeinen Geschäftsbedingungen in diesem Stadium ohne Bezug zum Einzelvertrag als „rechtliches Nichts“ bezeichnet (aaO., S. 109 mit Verweis auf *von Tuhr*, AT II, I, S. 110 ff., der von „reinen Tathandlungen“ spricht).

[89] AaO., S. 102.

[90] Dazu nachfolgend 2. Kapitel: III. 1. a) cc).

L. Raiser geht dabei zunächst zutreffend davon aus, dass jede Willensübereinstimmung der Parteien nur unter der Voraussetzung von rechtsgeschäftlichem Wert ist, dass die Rechtsordnung sie mit ihrer Sanktion ausstattet, indem sie das Ergebnis als bindend betrachtet und Durchsetzungsmöglichkeiten gewährt.[91] Zutreffend nimmt er an, die Vertragsfreiheit stelle einen tragenden Grundsatz der Privatrechtsordnung dar, weshalb die Verbindlichkeit und Durchsetzbarkeit übereinstimmender Parteierklärungen in der Regel gewährleistet sei.[92] Unter Berücksichtigung dieser Grundentscheidung des Bürgerlichen Gesetzbuchs sei die Rechtsordnung vor die Aufgabe gestellt, Grenzen der Bindung an den rechtsgeschäftlichen Willen dort zu ziehen, wo das Ergebnis der Bindung mit anderen Grundwerten der Rechtsordnung nicht vereinbar und dieser Widerspruch nicht mit geringeren Eingriffen zu korrigieren ist.[93] Einen derartigen Einschränkungsbedarf sieht *L. Raiser* insbesondere aus dem Gedanken des Rechtsmissbrauchs, wobei als missbrauchtes Recht die Vertragsfreiheit selbst in Frage kommen soll. Daher soll nicht erst die Durchsetzung des Versprochenen, sondern bereits das Gebrauchmachen von der Möglichkeit zur verbindlichen rechtsgeschäftlichen Einigung über unangemessene Klauseln im Wege ihrer Einbeziehung als Allgemeine Geschäftsbedingungen relevant und Anknüpfungspunkt des Vorwurfs sein, das Instituts der Vertragsfreiheit als solches zu missbrauchen. Wer sich unangemessener Klauseln in Allgemeinen Geschäftsbedingungen bediene, könne sich „nicht auf das Grundrecht der Vertragsfreiheit berufen“, da er die ihm vom Gesetz gewährte Freiheit missbrauche und daher keinen Rechtsschutz verdiene.[94] Die Vertragsfreiheit sei insoweit beschränkt.[95]

---

[91] Dies entspricht der heute ganz herrschenden Sichtweise (für alle *Kirchhof*, FS Ulmer 2003, S. 1211 ff.; *Singer*, Selbstbestimmung, S. 6 f.). Zu früheren und heute noch vereinzelt vertretenen Ansichten, die dem Versprechen selbst überpositive Regelungsmacht zusprechen wollen, vgl. die Nachweise bei *Singer*, Selbstbestimmung, S. 6 f.

[92] *L. Raiser*, Das Recht der Allgemeinen Geschäftsbedingungen, S. 73, spricht insoweit von einer „Durchsetzungsgarantie“ der Rechtsordnung; dass dies zutrifft, ergibt sich bereits aus den Motiven zum BGB (Mot. I, 126): „Rechtsgeschäft i. S. des Entwurfs ist eine Privatwillenserklärung, gerichtet auf die Hervorbringung eines rechtlichen Erfolges, der nach der Rechtsordnung eintritt, weil er gewollt ist.“ Die Vertragsfreiheit ist zudem grundgesetzlich verankert und daher der Vertrag im Grundsatz mit Rechtsfolgen auszustatten, für alle *Kirchhof*, FS Ulmer 2003, S. 1211 ff.; *Flume*, Rechtsgeschäft, § 1 10; *M. Wolf*, Rechtsgeschäftliche Entscheidungsfreiheit, S. 21 ff.;

[93] *L. Raiser* spricht insbesondere von „groben Verstößen gegen die öffentliche Ordnung“ (aaO., S. 82). Prominentes Beispiel für diese Grenzen sind etwa die §§ 134, 138 BGB. Darüber hinaus gewährt das Gesetz auch demjenigen Schutz, der sich durch Täuschung, Drohung, Irrtum oder bestimmte sonstige Umstände im Vorfeld der Willensäußerung in einer subjektiv „ungewollten“ Bindung wiederfindet (vgl. *S. Lorenz*, Schutz vor dem unerwünschten Vertrag, S. 1 ff.). In letztere Kategorie fallen die Anfechtungsregeln, aber auch die Einbeziehungskontrolle von Allgemeinen Geschäftsbedingungen (s.o. 1. Kapitel: IV. 1.), die *S. Lorenz*, aaO., allerdings nicht behandelt.

[94] AaO., S. 102.

[95] AaO., S. 277 ff., 291; ausdrücklich auch S. 323 mit Vergleich zu § 138 BGB. Streng genommen ist das Missbrauchsargument damit zirkulär: Was von der Rechtsordnung nur eingeschränkt zur Verfügung gestellt wird, kann über diese Grenzen nicht ausgeübt und daher auch nicht miss-

Unbeschadet der Überprüfung dieses Verständnisses des Rechtsmissbrauchs als Grenze der Privatautonomie erschließt sich daraus jedenfalls, dass die weitere Fragestellung für die Untersuchung *L. Raisers* und die heutige Erforschung des Kontrollgrundes der Inhaltskontrolle identisch ist. Die Prämissen entsprechen sich soweit, dass das Vorliegen eines Missbrauchs der Privatautonomie jedenfalls zu einer Rechtfertigung der Inhaltskontrolle führen würde, nach dem *Raiser'*schen Verständnis im Wege einer Einwendung wegen Missbrauchs der Vertragsfreiheit, nach heutigem Verständnis über die Funktion als ratio der Inhaltskontrollregeln.[96]

dd) Die Verwendung benachteiligender Allgemeiner Geschäftsbedingungen als Missbrauch der Vertragsfreiheit

Ausschlaggebend ist somit, ob und unter welchen Voraussetzungen die Verwendung von benachteiligenden Allgemeinen Geschäftsbedingungen die Grenzen der von der Vertragsfreiheit gewährten Möglichkeit zur bindenden Einigung sprengen und einen Missbrauch der Vertragsfreiheit darstellen soll.

Letztlich geht es also um die Mindestanforderungen, die die Rechtsordnung mit Rücksicht auf die bei der Verwendung von Allgemeinen Geschäftsbedingungen bestehenden tatsächlichen Probleme und insbesondere ein damit verbundenes missbräuchliches Verhalten des Verwenders an eine von ihr zu sanktionierende Einigung stellt. Es kommt somit darauf an, ob die normalerweise die Sanktion tragenden Umstände in der hier untersuchten Konstellation der Verwendung benachteiligender Allgemeiner Geschäftsbedingungen aufgrund eines missbräuchlichen Verhaltens des Verwenders ausnahmsweise nicht vorliegen, so dass entgegen dem Grundsatz der Sanktion des Parteiwillens die Versagung des Schutzes der Rechtsordnung gerechtfertigt ist. Auch *L. Raiser* will dabei nicht grundsätzlich die Verwendung Allgemeiner Geschäftsbedingungen an sich in der Weise missbilligen, dass schon diese allein einen Grund für die Rechtsordnung darstellte, ihre Sanktion zu verweigern.[97] Vielmehr sind Allgemeine Geschäftsbedingungen als Inhalt von Rechtsgeschäften auch nach seiner Ansicht von der grundsätzlich bestehenden staatlichen Durchsetzungsgarantie umfasst.[98] Die Gründe für die ausnahmsweise Versagung dieser Sanktion müssen daher

braucht werden. Es handelt sich daher eher um eine Missbrauchshypothese (Staudinger/*Coester* § 9 AGBG Rz. 2 spricht insofern richtiger von einer „Missbrauchsgefahr").

[96] Es kann hier deshalb dahinstehen, ob die von *L. Raiser* verwandte Terminologie dem herkömmlichen Verständnis entspricht; immerhin wird auch nach letzterem im Fall der unzulässigen Rechtsausübung in Fortführung des Gedankens der exceptio doli generalis dem anderen Teil eine rechtshindernde Einwendung gewährt (ausführlich *Enneccerus-Nipperdey* § 239 III, IV). Zum *Raiser'*schen Verständnis siehe sogleich 2. Kapitel: III. 1. a) dd).

[97] Eine derartige Bekämpfung der Erscheinung der Allgemeinen Geschäftsbedingungen als solcher lehnt *L. Raiser* wegen deren praktischen Nutzens ausdrücklich ab, aaO., S. 98.

[98] AaO., S. 81.

über die Tatsache der Verwendung von Allgemeinen Geschäftsbedingungen hinausgehen. Ausgangspunkt ist deshalb der den Kunden benachteiligende Inhalt der Allgemeinen Geschäftsbedingungen.[99]

(1) Missbrauch im Verhältnis zum Kunden

In diesem Zusammenhang soll zunächst klargestellt werden, dass es *L. Raiser* in seiner Missbrauchsargumentation keinesfalls auf die Verkürzung der Interessen des einzelnen Kunden durch die vertragliche Regelung ankommt. Vielmehr wird eine Benachteiligung des einzelnen Kunden als solche ausdrücklich für unerheblich gehalten: „Der Einzelne wird ja nicht um seiner selbst willen geschützt, Maßstab der Beurteilung ist das Wohl der Gesamtheit."[100]

Die Benachteiligung des Kunden könne lediglich dann zu einem relevanten Tatbestand werden, wenn durch die häufige Verwendung der Klausel eine gewisse Breitenwirkung eintrete, wobei der im damaligen Wirtschaftsverwaltungsrecht bestehende Gedanke von der „Gefährdung von Gesamtwirtschaft und Gemeinwohl" fruchtbar gemacht werden könne.[101] Neben diesen Gedanken, der letztlich die Unwirksamkeit einer Klausel als Konsequenz ihrer im Extremfall auftretenden volkswirtschaftlich gefährlichen Folgen fordert, tritt als wesentlicher Kern der Missbrauchsthese der mehr allgemein ordnungsrechtliche und an der Grenze zur Moral befindliche Gedanke, bereits die Existenz unangemessener Klauseln zusammen mit der Absicht des Unternehmers, diese in Verträge mit dem Kunden einzubeziehen, kränke das „Rechtsbewusstsein des Volkes".[102] Die theoretische Begründung der Inhaltskontrolle ist damit von dem einzelnen Vertragsverhältnis weitestgehend losgelöst.

Der Grund des ursprünglichen *Raiser*'schen Ansatzes, den in den Vertrag einbezogenen benachteiligenden Allgemeinen Geschäftsbedingungen die Sanktion der Rechtsordnung zu verweigern, liegt daher gerade nicht in der Annahme eines konkret festzustellenden oder auch typisierten Rechtsmissbrauchs zum Nachteil des einzelnen Kunden, sondern offenbar in dem Widerspruch der Allgemeinen Geschäftsbedingungen zu überindividuellen Rechtssätzen. Inhalt und Tragfähigkeit dieser Behauptung soll im Folgenden näher betrachtet werden.

(2) Missbrauch im Verhältnis zur Gesamtrechtsordnung

Die Annahme, die Verwendung unangemessener Allgemeiner Geschäftsbedingungen stelle unabhängig von den Interessen des einzelnen Kunden einen

---

[99] AaO.,S. 69.

[100] Das Recht der Allgemeinen Geschäftsbedingungen, S. 284; näher sogleich 2. Kapitel: III. 1. a) dd) (2).

[101] AaO., S. 279.

[102] AaO., S. 277.

„Missbrauch der Vertragsfreiheit" dar und kränke das „Rechtsbewusstsein des Volkes", lässt sich nur vor dem Hintergrund des ihr zugrunde liegenden Verständnisses von dem Standort des Vertrages in der Rechtsordnung nachvollziehen.

Anknüpfungspunkt ist nach wie vor der schon oben beschriebene und grundsätzlich auch heute unbestrittene Umstand, dass die Rechtsordnung privatautonome Vereinbarungen nur soweit mit Rechtswirkungen ausstattet, als sie sie auch inhaltlich billigt.[103] Als Beispiel für missbilligte und daher nicht sanktionierte Inhalte wurden bereits die §§ 134 und 138 BGB genannt. Das Verständnis des ursprünglichen *Raiser'schen* Ansatzes geht jedoch in der Frage der Missbilligung von Vertragsinhalten weit über diese gesetzlich geregelten Fälle hinaus. Grundannahme ist die strikte Gemeinschaftsbindung jeder individuellen Wertschätzung. *L. Raiser* spricht ausdrücklich davon, das Individuum gelte nur das, was es für die Gemeinschaft leiste.[104] Der Einzelne sei der Gesamtrechtsordnung als deren „mitschaffendes Glied" verpflichtet, der „Kampf gegen den Individualismus berechtigt und notwendig".[105] Da das Individuum nur durch die Gemeinschaft gelte, seien ihm seine Befugnisse nur zum Wohl der Gemeinschaft verliehen und würden missbraucht, wenn von ihnen in den Wertungen der Gemeinschaft zuwiderlaufender Weise Gebrauch gemacht würde.[106] Die Durchsetzung der von den Parteien geschaffenen Partikularordnung soll daher nur soweit gewährleistet sein, wie diese im Einklang mit der „Gesamtrechtsgemeinschaft" steht.[107] Die partikulär durch den Willen der Parteien gesetzte Ordnung könne sogar, vom Standpunkt der Gesamtrechtsordnung her betrachtet, stets nur als Positivierung bereits in dieser vorhandener überpositiver Werte Geltung beanspruchen.[108] Ob Partikularordnungen als Recht bezeichnet und durchgesetzt werden dürfen, ist nach *L. Raisers* ursprünglichem Ansatz daher konsequenterweise „zunächst einmal eine Frage der Qualität, d.h. des Gerechtigkeitsgehalts dieser Ordnungen".[109]

Dieser Gerechtigkeitsgehalt wird dabei gleichgesetzt mit den „Anforderungen der Gemeinschaft"[110], dem „Rechtsempfinden des Volkes"[111] und dem „Ge-

---

[103] Dies wird auch von den Gegnern des Missbrauchsarguments nicht anders gesehen, vgl. *Bydlinski*, Privatautonomie, S. 105.

[104] AaO., S. 279.

[105] AaO., S. 68.

[106] AaO., S. 279.

[107] AaO., S. 74.

[108] AaO., S. 70.

[109] AaO., S. 69.

[110] AaO., S. 270.

[111] AaO., S. 290.

samtwohl" oder „Gemeinwohl"[112]. Bei fehlender Übereinstimmung des Regelungskonzeptes der Vertragsbedingungen mit den anhand der vorgenannten Kriterien ermittelten Gerechtigkeitsvorstellungen liege ein „Missbrauch der Vertragsfreiheit" vor,[113] weshalb die im Gemeininteresse gezogenen Grenzen der Vertragsfreiheit überschritten seien.[114] *L. Raiser* spricht in diesem Zusammenhang insbesondere auch von der „Sozialschädlichkeit" unangemessener Allgemeiner Geschäftsbedingungen, die es „zu bekämpfen" gelte.[115]

Daraus wird einmal mehr klar, dass es in dieser ursprünglichen Betrachtung gerade nicht um den Schutz der benachteiligten Partei eines ungerechten Vertrages geht, sondern abstrakt um die Freihaltung der Rechtsordnung von Partikularordnungen, die von dieser abweichende Wertungen treffen. Kernpunkt der Auffassung ist das Postulat einer wertungsmäßigen Einheit von Vertrag und Gesamtrechtsordnung nach dem Maßstab des Rechtsbewusstseins des Volkes und des Gemeinwohls.[116] Diese Annahme ist auf ihre Tauglichkeit zur vernünftigen Erklärung des gesetzgeberischen Willens zu überprüfen.

ee) Kritik

(1) Die Probleme des Gemeinwohlbegriffs

Die Gemeinwohlorientierung des *Raiser'*schen Ansatzes und die damit verbundene Entfernung von den Interessen der am Vertrag Beteiligten durch das Primat der Wertungen der Gesamtrechtsordnung hat zwar vordergründig den verlokkenden Vorteil, dass das schwierige Problem, dass der kontrollierten Vereinbarung die Willenseinigung der Parteien zugrunde liegt, völlig ausgeklammert werden kann. Die Privatautonomie wird vollends unter den Vorbehalt der Billigung des Vereinbarten durch das Rechtsempfinden des Volkes gestellt, so dass sich die weitere Aufgabe in der Ausfüllung dieses Begriffes zu erschöpfen scheint. Der Gedanke, die Parteien müssten mit ihrer vertraglichen Ordnung die von der Rechtsordnung vorgegebene Ordnungsidee quasi „nachschaffen", ohne dass es dabei um einen gerechten Ausgleich zwischen ihnen selbst ginge, macht jedoch die Vertragsgerechtigkeit zum Selbstzweck, der nicht den Schutz der be-

---

[112] AaO., S. 290; S. 288: „Der Maßstab für das, was als Missbrauch der Vertragsfreiheit anzusehen ist, ist das Gemeinwohl, also eine objektive, von der Zustimmung der betroffenen Gruppen nicht abhängige, durch Gruppenverständigung nicht verrückbare Größe".

[113] Siehe oben Fn. 112.

[114] AaO., S. 284.

[115] AaO., S. 94.

[116] Deutlich bringt *L. Raiser* dies auch in der Auseinandersetzung mit der Frage der Preisgerechtigkeit zum Ausdruck. Diese hält er für den Einzelvertrag nicht generell für erforderlich, sondern meint: „Vielmehr geht es im wesentlichen darum, ob die Regelung der Lebensverhältnisse, wie sie die Allgemeinen Geschäftsbedingungen vorsehen, dem Rechtsempfinden des Volkes entspricht oder nicht." (aaO., S. 290).

nachteiligten Partei, sondern lediglich eine nur mit dem Rechtsbewusstsein des Volkes begründete Forderung nach der wertungsmäßigen Einheitlichkeit von Vertrag und Rechtsordnung im Auge hat.

Dieser Forderung kann zunächst mit systematischer Kritik begegnet werden. *Bydlinski*[117] weist zutreffend darauf hin, es stehe bei der Frage, ob eine Partei durch die Regelungen des Vertrages unangemessen benachteiligt würde, primär ganz offensichtlich das Interesse der Parteien im Vordergrund, nicht das öffentliche Interesse. Der Begriff des öffentlichen Interesses sei nämlich nur eine Abstraktion der Interessen vieler beteiligter Dritter. Dritte seien an dem vertraglichen Austausch jedoch gerade nicht beteiligt und hätten als Unbeteiligte nur das abstrakte Interesse an einer gerechten Entscheidung. Dadurch sei jedoch der Gerechtigkeitsmaßstab nicht erklärbar.[118]

Diese Feststellung ist über ihren unmittelbaren Aussagegehalt hinaus auch insoweit richtig, als in einem Rechtsstaat die Begriffe des „Rechtsbewusstseins des Volkes" oder des Gemeinwohls immer nur normativ ausgefüllt werden können, damit sie nicht Mittel zum Zwecke der willkürlichen Wertung werden. Es wäre somit stets nach weiteren Maßstäben zu suchen, um die unklaren Begriffe mit Leben zu füllen und gemäß rechtsstaatlichen Anforderungen verlässlich subsumierbar zu machen. Das „Rechtsbewusstsein des Volkes" oder das Gemeinwohl als solches ist somit schon begrifflich als Axiom nicht tauglich. Soweit seine „Kränkung" bzw. Beschädigung durch andere rechtliche Wertungen erklärt würde, wie *L. Raiser* es jedoch gerade nicht tut, läge in eben diesen Wertungen der eigentliche Geltungsgrund der Inhaltskontrolle. Die Begriffe selbst geraten hier wie dort zur Leerformel, die das Risiko der willkürlichen Entscheidung schon in sich trägt. Zwar will *L. Raiser* zur Bewältigung dieses Problems ursprünglich dem Richter die „große Aufgabe" zukommen lassen, „in weiser Differenzierung und Anpassung an die Gegebenheiten und Maßstäbe des sozialen und wirtschaftlichen Lebens die Entscheidung zu finden".[119] Die verlässliche Erzielung rechtsstaatskonformer Ergebnisse nach dieser Methode ist aus heutiger Sicht nach praktischer Erfahrung nicht gewährleistet. Auch *L. Raiser* selbst erkennt in seinen späteren Veröffentlichungen der 50er und 60er Jahre[120] dieses Problem und stellt in Auseinandersetzung mit der „Lehre vom Vertrag als Gestaltungsmittel der völkischen Ordnung"[121] fest: „Bedenklich wird sie, wo aus ihr die praktische Konsequenz gezogen wird, der Richter oder gar eine Verwal-

---

[117] Privatautonomie, S. 105.

[118] *Bydlinski*, aaO.

[119] AaO., S. 289.

[120] FS 100 Jahre DJT 1960, S. 101 ff.; JZ 1958, 1 ff.

[121] Diese Lehre wird von *L. Raiser* vor allem *Schmidt-Rimpler* (dazu unten 2. Kapitel: III. 2.) und anderen zugeschrieben. Zu den sich im Hinblick auf seine früheren Thesen ergebenden Widersprüchen erklärt sich *L. Raiser* nicht (FS 100 Jahre DJT 1960, S. 101, 116).

tungsbehörde sollten nach ihrem Ermessen darüber entscheiden, ob ein Vertrag ökonomisch oder sozial wertvoll ist oder nicht. Dies würde klar gegen rechtsstaatliche Prinzipien verstoßen."[122] Es besteht daher die Gefahr, dass unter dem Deckmantel des Gedankens des Institutionenmissbrauchs die Vertragsfreiheit selbst zur Disposition gestellt wird.[123]

(2) Die Wertungen der Rechtsordnung und die Selbstbestimmung der Parteien

Die Vorstellung, die Parteien müssten ihre Verhältnisse im Sinne des Rechtsempfindens des Volkes oder der Gesamtrechtsordnung sozial gerecht regeln, ist darüber hinaus unvereinbar mit grundlegenden Rechtsgedanken des Bürgerlichen Gesetzbuches, insbesondere dem Prinzip der Selbstbestimmung.[124] Dabei wäre es sicherlich verfehlt, die kämpferische und überkommen anmutende Terminologie *L. Raisers* zum Anlass für Pauschalkritik zu nehmen. Die Forderung einer Homogenität der Wertungen von Gesamtrechtsordnung und Partikularordnung ist unbeschadet dessen jedoch per se mit dem Verständnis der Privatautonomie, wie es dem Bürgerlichen Gesetzbuch zugrunde liegt, nicht vereinbar. Die Parteien schulden in ihrer Vertragsordnung den Wertungen der Gesamtrechtsordnung keine Rechenschaft; bei Abweichungen *stat pro ratione voluntas*.[125] Dies entspricht dem Grundsatz der Selbstbestimmung und Selbstverantwortung, der nicht nur dem rechtsgeschäftlichen System des Bürgerlichen Gesetzbuches

---

[122] FS 100 Jahre DJT 1960, S. 101, 120; die von *L. Raiser,* aaO., S. 116 zitierten Forderungen unter anderem von *Larenz*, Vertrag und Unrecht, S. 31 ff., der Vertrag müsse sich „positiv in die völkische Ordnung einfügen" und sei „nicht nur eine Angelegenheit der Parteien zur Ordnung ihrer Beziehungen, sondern ein Stück Gemeinschaftsleben", welche sich wesentlich mit der ursprünglichen Ansicht *L. Raiser*s decken, werden von diesem jetzt als „bequeme Rechtfertigung der Staatsgewalt für ihre an Zahl und Bedeutung rasch wachsenden Beschränkungen der Parteiautonomie und deren Ersatz durch staatliche Lenkung" kritisiert (aaO., S. 116).

[123] *Fastrich*, Richterliche Inhaltskontrolle, S. 50.

[124] So in konkreter Auseinandersetzung mit dem Ansatz *L. Raisers M. Wolf,* Rechtsgeschäftliche Entscheidungsfreiheit, S. 43; ebenso *Singer,* Selbstbestimmung, S. 22.

[125] Die Motive (Mot. I, 126) sprechen insbesondere ausdrücklich davon, dass der Erfolg des Rechtsgeschäfts „nach der Rechtsordnung deswegen eintritt, weil er gewollt ist"; vgl. i.Ü. statt aller *Flume*, Rechtsgeschäft, § 1 5; *ders.,* FS DJT 1960, S. 135, 141; ähnlich, die Voraussetzung der freien Willensbildung betonend *Canaris*, iustitia distributiva, S. 44 ff.; *Hönn,* Vertragsparität, S. 18; *M. Wolf,* Rechtsgeschäftliche Entscheidungsfreiheit, S. 23 f.; ursprünglich stammt der Satz aus *Juvenal*, Satiren 6, 223: Eine Frau verlangt von ihrem Mann, einen Sklaven grundlos hinzurichten: „Hoc volo, sic jubeo, sit pro ratione voluntas" (Ich will es, so befehle ich, die Rechtfertigung sei mein Wille).

immanent[126], sondern unter der Geltung des Grundgesetzes auch verfassungsrechtlich sanktioniert ist.[127]

Bydlinski merkt gegen die Schlüssigkeit einer Beschränkung der Privatautonomie unter dem Gesichtspunkt des Gemeinwohls darüber hinaus zutreffend an, dass die Rechtsordnung „ja doch gewiss auch durch die Anerkennung einer privatautonomen Selbstgestaltung das Gemeinwohl zu fördern unternimmt", weshalb sich aus demselben Gedanken des Gemeinwohls eine Begrenzung der Privatautonomie nicht herleiten ließe.[128] Gerade diese Möglichkeit der Selbstgestaltung bedeutet, dass die Parteien an die Stelle der Wertungen der Gesamtrechtsordnung im Grundsatz eben auch ihre eigenen Wertungen setzen können.[129] *L. Raiser* selbst weist unter deutlicher, allerdings nicht ausdrücklicher Aufgabe seiner ursprünglichen Forderung in einer späteren Veröffentlichung nunmehr zutreffend darauf hin, es liege im Wesen der den Parteien eingeräumten Freiheit, „dass ihre Vorstellungen von zweckmäßiger und gerechter Ordnung ihres Verhältnisses sich von denen der Rechtsordnung unterscheiden können." [130]

Die Möglichkeit des Abweichens von den gesetzlich normierten oder sonst in der Gemeinschaft vorhandenen Gerechtigkeitsvorstellungen bringt es zwangsläufig mit sich, dass eine der Parteien infolge der Regelung im Vergleich zu letzteren schlechter gestellt sein kann. Derjenige Aspekt der Selbstbestimmung, der auch in diesen Fällen das Festhalten der Vertragspartei an der getroffenen Rege-

---

[126] Mot. I, 126 (siehe zuvor Fn. 125); i. Ü. statt aller *Ennecerus-Nipperdey* AT 2, S. 898 f.; *Canaris*, Vertrauenshaftung, S. 413; *Flume*, Rechtsgeschäft, § 1 9; *Fastrich*, Richterliche Inhaltskontrolle, S. 36 f.; *M. Wolf*, Rechtsgeschäftliche Entscheidungsfreiheit, S. 20, setzt die Existenz der Selbstbestimmung ausdrücklich axiomatisch voraus: „Der Wert der Selbstbestimmung bedarf selbst keiner Rechtfertigung mehr".

[127] Das Bundesverfassungsgericht definiert die Privatautonomie als Prinzip der Selbstgestaltung der Rechtsverhältnisse durch den einzelnen *nach seinem Willen,* BVerfGE 89, 214, 231; 72, 155, 170; 8, 274, der von der Rechtsordnung grundsätzlich zu respektieren sei, BVerfGE 81, 242, 254; zur verfassungsrechtlichen Garantie der Vertragsfreiheit weiter *Flume*, Rechtsgeschäft, § 1 10; *M. Wolf,* Rechtsgeschäftliche Entscheidungsfreiheit, S. 21 ff. (allgemein zur Selbstbestimmung S. 20); *S. Lorenz*, Schutz vor dem unerwünschten Vertrag, S. 18.

[128] *Bydlinski*, Privatautonomie, S. 105; ähnlich *M. Wolf*, Rechtsgeschäftliche Entscheidungsfreiheit, S. 83: „Die Rechtsordnung versagt ihre Hilfe, wo die Möglichkeit zur Selbstbestimmung gegeben ist und verweist damit auf die eigene Initiative, die gerade auch im Interesse der Gesamtordnung erwünscht ist."

[129] *Oechsler*, Gerechtigkeit im modernen Austauschvertrag, S. 13 f., stellt deswegen zutreffend fest, dass es im Vertragsrecht schon denklogisch ausgeschlossen ist, dass alle Rechtsfragen a priori entschieden werden. Die Parteien vollzögen nämlich einen „rechtsschöpferischen Akt", in dem sie eigene Regelungswerke produzierten und als systemexterne Maßstäbe an die Rechtsordnung herantrügen. Das bestehende Recht sei dadurch in seinem Geltungsanspruch gerade auf die Probe gestellt.

[130] FS 100 Jahre DJT 1960, S. 101, 119; die dabei entstehenden Spannungen seien in Kauf zu nehmen.

lung erlaubt, kann als Teil der Selbstverantwortung oder Eigenverantwortung bezeichnet werden. Diese bedeutet im Allgemeinen das Einstehen für das eigene Verhalten und seine Folgen und im Besonderen die Zurechnung bestimmter Rechtsfolgen einer Erklärung, auch sofern diese dem Erklärenden nachteilig sind.[131] Soweit eine Partei einer ihren Interessen zuwiderlaufenden Regelung in gültiger Weise ihre Zustimmung erteilt, hat sie die ihr daraus erwachsenden Nachteile grundsätzlich als Folge ihrer eigenen freien Willensbindung verantwortlich hinzunehmen.[132] Dieser Grundsatz der selbstbestimmten und selbstverantwortlichen Regelung ihrer Rechtsverhältnisse durch die Parteien gilt zwar freilich nur nach bestimmten Maßgaben. Vor allem ist immanente Voraussetzung dieser Regel der rechtsgeschäftlich wertvolle Wille der Parteien. So stellt *Canaris* etwa konsequent fest, dass Voraussetzung der Gültigkeit privatautonomen Handelns die Sicherung der Freiwilligkeit des Handelns ist.[133] Für die ursprüngliche *Raiser'*sche Ansicht ist dies jedoch bereits unerheblich, da sie eine mit den Wertungen der Gesamtrechtsordnung nicht übereinstimmende Parteivereinbarung generell und ohne Ansehung der Frage für unwirksam hält, ob diese auf dem ansonsten rechtsgeschäftlich fehlerfreien Willen der Parteien beruht.[134]

In der Übereinstimmung mit Wertungen der Gemeinschaft oder der Verfolgung von Zielen der Gemeinschaft kann eine Einschränkung der Vertragsfreiheit daher nicht gesehen werden. Durch die Bindung an die Vorstellungen der Gemeinschaft würde das Prinzip der Selbstbestimmung und Selbstverantwortung vollständig ausgehöhlt: „[Der Vertrag] ist nur noch abhängiges Glied der Gesamtrechtsordnung, nimmt insofern zwar an ihrem Rechtscharakter teil, kann aber im Grunde nur noch ihre Normen für einzelne Rechtsverhältnisse konkretisieren. Die Eigenverantwortung der Parteien ist gelähmt, ihre Freiheit nur Schein, denn sie haben nur zu verwirklichen, was ihnen jeweils als Gemeinschaftsziel verkündet wird."[135] Unbeschadet der Frage, wann die Grenze der

---

[131] Vgl. zunächst statt aller *Canaris*, Vertrauenshaftung, S. 468.

[132] *Fastrich*, Richterliche Inhaltskontrolle, S.37, führt diesbezüglich den Gedanken „violenti non fit iniuria" an. Den Aspekt der Selbstverantwortung betont schließlich auch *L. Raiser*, FS 100 Jahre DJT 1960, S. 101, 102, 107, 119; speziell für der Fall der Inhaltskontrolle Allgemeiner Geschäftsbedingungen *Kötz,* 50. DJT, A 30. Dabei soll hier keinesfalls verkannt werden, dass die Voraussetzungen einer freien Willensbildung nicht immer in einer Weise vorliegen, die die selbstverantwortliche Zurechnung jeden Nachteils aus der Vereinbarung rechtfertigt. In letzterem Fall ist dann aber eben das Fehlen einer selbstverantwortlichen Entscheidungsmöglichkeit der eigentliche Grund für das Entfallen der rechtsgeschäftlichen Bindung, und nicht etwa der Umstand, dass jede Vereinbarung die Billigung der Gemeinschaft finden muss, um Bestand zu haben.

[133] Iustitia distributiva, S. 47.

[134] *M. Wolf,* Rechtsgeschäftliche Entscheidungsfreiheit, S. 43, kritisiert daher zu Recht, der Ansatz versuche „Mängel der formalen Betrachtungsweise des vertraglichen Entstehungsvorganges durch Beschränkungen des zulässigen Inhalts zu mildern, statt nach den materiellen Grundlagen der Rechtswirkungen des Vertrages zu fragen".

[135] So bemerkenswerterweise später *L. Raiser* selbst, FS 100 Jahre DJT 1960, S. 101, 117: Die

Verantwortung einer Partei für ihre Erklärung überschritten ist, verbietet es sich, den Aspekt der Selbstverantwortung von vornherein vollständig auszuklammern und die Erklärung allein anhand gemeinschaftlicher Ordnungsvorstellungen zu beurteilen.[136]

Dies ist auch nicht deswegen anders zu beurteilen, weil die Rechtsordnung an verschiedenen Stellen Inhalte dergestalt missbilligt, dass sie unter Beschränkung der Privatautonomie der Parteien nicht zum Gegenstand der vertraglichen Bindung gemacht werden können. Als Beispiel hierfür wurden bereits die Wirksamkeitshindernisse der Gesetz- und Sittenwidrigkeit, §§ 134, 138 BGB genannt. Ähnliches gilt mit Einschränkungen etwa auch für den Ausschluss von Verbindlichkeiten aus Spiel oder Wette, § 762 BGB. Ein grundsätzliches Postulat der wertmäßigen Übereinstimmung von Vertrag und Gesamtrechtsordnung kann diesen Vorschriften jedoch gerade nicht entnommen werden.[137] Durch ihren Ausnahmecharakter ist vielmehr zum Ausdruck gebracht, dass sie als Regelungen von Extremfällen die Grenzpfähle eines ansonsten freien Raumes darstellen, innerhalb dessen Inhalte im Wege selbstbestimmter Willensbildung von den Parteien beliebig gewählt werden können. *L. Raiser* selbst drückt dies später mit dem Satz aus, die Rechtsordnung verzichte wenigstens für die Regel und innerhalb gewisser Grenzen darauf, durch eigene Gebote in den Raum „privater" Beziehungen zwischen den Rechtsgenossen untereinander einzudringen.[138]

Die ursprüngliche *Raiser'*sche Annahme, aufgrund der Missbilligung der vertraglichen Ordnung durch das Rechtsbewusstsein des Volkes sei bei Abweichungen der Allgemeinen Geschäftsbedingungen vom dispositiven Recht ohne von der Rechtsordnung gebilligten rechtfertigenden Grund ein Missbrauch der Privatautonomie gegeben, stellt also letztlich eine petitio principii dar, die im Gesetz keine Stütze findet und im Ergebnis auch mit dem Grundverständnis des Bürgerlichen Gesetzbuches von der Privatautonomie nicht vereinbar ist. Das wesentliche charakteristische Merkmal des ursprünglichen Missbrauchsarguments birgt zugleich den hauptsächlichen Einwand gegen diese These. Die Orientierung am Rechtsbewusstsein des Volkes oder Gemeinwohl ist begrifflich fragwürdig und ungeeignet, letzte Ergebnisse zu liefern.

Parteien würden dadurch zu „Funktionären der Gesamtrechtsordnung" (*L. Raiser* wirft dies „den totalitären Systemen des Ostens" vor, ohne den Widerspruch zu seinem früheren Ansatz in „Das Recht der Allgemeinen Geschäftsbedingungen" zu thematisieren).

[136] Eine solche Vernachlässigung der Selbstverantwortung wäre im Übrigen auch aus rechtspolitischer Sicht unerwünscht. *M. Wolf* zeigt zutreffend auf: „Die Rechtsordnung lässt hier den Verantwortlichen die Folgen tragen, weil sie darauf hofft, er werde sich aufgrund der empfundenen Nachteile in Zukunft richtig verhalten." (Rechtsgeschäftliche Entscheidungsfreiheit, S. 76, ähnlich aaO., S. 82).

[137] *Coester-Waltjen*, AcP 190, 1, 15.

[138] JZ 1958, 1, 2; dabei hält er es zumindest für möglich, dass die Rechtsordnung den Wertvorstellungen und Zielen der Parteien gegenüber neutral zu bleiben wünscht.

ff) Zwischenergebnis: Verwertbarkeit der klassischen Missbrauchsargumentation für die ratio der AGB-Regeln

Das Missbrauchsargument in seiner ursprünglichen Form kann daher die ihm von den heutigen Bezugnahmen auf einen Missbrauch der Vertragsfreiheit als ratio der Inhaltskontrollregeln angetragene Funktion nicht ausfüllen. Es widerspricht wesentlichen Grundwertungen der Rechtsordnung und ist daher als vernünftiges Verständnis des Willens des Gesetzes nicht fruchtbar zu machen.[139] Das heute herrschende Verständnis von den AGB-Regeln als Regeln zum Schutz des Kunden ist daher jedenfalls insoweit richtig, als es nicht die Zweckrichtung dieser Regeln sein kann, durch die Herstellung einer wertungsmäßigen Einheit zwischen Vertrag und Gesamtrechtsordnung dem Gemeinwohl zu dienen. Letzteres Verständnis wäre mit wesentlichen Grundsätzen des Bürgerlichen Gesetzbuches nicht vereinbar, da es insbesondere keine Ausnahme zu dem Grundsatz der Selbstverantwortlichkeit der Parteien bezüglich ihres Willens zu begründen vermag, sondern diesen schlichtweg ignoriert. Zugunsten des Gesetzgebers und zum vernünftigen Verständnis der gesetzlichen Regelung muss daher davon ausgegangen werden, dass die Anführung des Missbrauchsarguments in der Gesetzesbegründung nicht in der Weise zu verstehen ist, dass der auf dem Vorwurf der „Kränkung des Rechtsbewusstseins des Volkes" beruhenden Ansatz *L. Raisers* ratio legis der AGB-Regeln ist.

Nach wie vor ist also die Begründung für die Beschränkung der privatautonomen Vereinbarungsmöglichkeiten bei Allgemeinen Geschäftsbedingungen durch den Gesetzgeber offen und insbesondere die Frage nicht beantwortet, aus welchem Grund dem Willen der benachteiligten Partei keine Folge gegeben wird. Jedenfalls ist erkannt, dass Gerechtigkeitsvorstellungen, wie sie etwa dem dispositiven Recht zu entnehmen sind, nicht als Wertungsvorgaben der Gemeinschaft apriorisch und ungeachtet der Individualinteressen aufgrund eines Paradigmas des „Rechtsbewusstseins des Volkes" auf die Individualordnung durchschlagen können.

b) „Geltungserhaltende Modifikation" des Missbrauchsarguments?

Dass die These vom Missbrauch der Vertragsfreiheit durch die Verwendung benachteiligender Allgemeiner Geschäftsbedingungen in ihrer ursprünglichen Form nicht haltbar und daher sogar von *L. Raiser* selbst in einigen entscheidenden Punkten aufgegeben wurde, hat nicht zu einem Aussterben der Missbrauchsargumentation geführt.[140]

---

[139] Zum Verständnis des Willens des Gesetzes nach Maßstäben der Vernunft oben 2. Kapitel: II. 2. a) aa).

[140] Vgl. nur die Nachweise oben Fn. 77.

Obwohl dies zum Teil auch daran liegen mag, dass mitunter ohne tiefere Auseinandersetzung mit den vorstehend geschilderten Problemen einfach nach wie vor auf die ursprüngliche *L. Raiser'*sche These Bezug genommen wird,[141] ist darüber hinaus durchaus auch versucht worden, die Theorie vom Missbrauch der Vertragsfreiheit in Abkehr vom Gemeinwohlbegriff und dem Maßstab des Rechtsbewusstseins des Volkes auf anderer Grundlage fortzuführen. Der ehrgeizigste Versuch einer solchen Alternativbegründung stammt von *L. Raiser* selbst, der trotz der wesentlich unterschiedlichen Sichtweise insbesondere hinsichtlich der Bedeutung des selbstbestimmten Parteiwillens und der Selbstverantwortung für die Bindung an die vertragliche Vereinbarung den Terminus des „Missbrauchs der Vertragsfreiheit“ als Grenze der Gestaltungsmacht der Parteien in seinen späteren Veröffentlichungen fortführt.[142] Freilich kann aufgrund der völligen Aufgabe der Gemeinwohlbindung die ursprüngliche Argumentation mit ihrem Postulat der wertmäßigen Übereinstimmung von Partikular- und Gesamtrechtsordnung nicht mehr zur Begründung dienen[143]. Es handelt sich somit um eine neue Missbrauchsthese, die mit der alten zunächst nur den Namen und den formalen dogmatischen Anknüpfungspunkt an dem Gedanken des Institutionenmissbrauchs[144] gemeinsam hat.

Auch nach der neuen Missbrauchsthese soll eine Einschränkung der Vereinbarungsmöglichkeiten der Parteien mit dem Ziel der Schaffung von Vertragsgerechtigkeit erfolgen[145], die lediglich nun eben nicht mehr im Sinne einer Übereinstimmung mit den Wertungen der Gemeinschaft, sondern als materielle Gerechtigkeit des vertraglichen Ergebnisses für das Verhältnis der Parteien verstanden wird.[146] Damit sind zunächst die im Zusammenhang mit dem Gemein-

---

[141] So etwa die Gesetzesbegründung zum AGB-Gesetz, siehe oben Fn. 80.

[142] JZ 1958, 1, 6 f.; FS 100 Jahre DJT 1960, S. 101, 134.

[143] Zur Aufgabe der These von der Gemeinwohlbindung vorstehend 2. Kapitel: III. 1. a) ee) (1) und 2. Kapitel: III. 1. a) ee) (2). Durch das Entfallen des Primats der Gesamtrechtsordnung tritt darüber hinaus die wesentliche Neuerung ein, dass nun nicht mehr die Rechtsfolge der Unwirksamkeit „missbräuchlicher“ Vereinbarungen ohne weiteres eintreten soll, sondern jedenfalls eine gesetzliche Regelung zur Voraussetzung hat. *L. Raiser* stellt ausdrücklich fest, es sei nicht Sache der Rechtstheorie, sondern des positiven Rechts, die Anforderungen an das Verhalten der Parteien festzulegen, die erfüllt sein müssten, damit ihre Vertragsordnung Geltung erlange (FS 100 Jahre DJT 1960, S. 101, 123). Im Hinblick auf die Ziele der Untersuchung ist dies nicht mit Konsequenzen verbunden, da es hier ohnehin auf die Erklärung einer durch den Gesetzgeber bereits getroffenen Regelung ankommt.

[144] Zu diesem Begriff in der ursprünglichen These 2. Kapitel: III. 1. a) cc); in der neuen Missbrauchsthese vgl. *L. Raiser,* FS 100 Jahre DJT 1960, S. 101, 134.

[145] Ausdrücklich will *L. Raiser*, dass in den neuralgischen Fällen „die Gerechtigkeit notfalls auch über die Barriere geschlossener Verträge hinweg durchgesetzt wird“ (JZ 1958, 1, 4); die Freiheit stehe „unter dem Gebot der Gerechtigkeit“ (aaO., S. 3); weniger deutlich auch FS 100 Jahre DJT 1960, S. 101, 129 f.

[146] Vgl. etwa JZ 1958, 1, 3 f., wo *L. Raiser* in den problematischen Fällen die Bindung an den Vertrag auf das der jeweiligen Partei zumutbare Maß beschränken möchte (S. 4); dieses Kriterium der Zumutbarkeit bringt zwangsläufig die Verlagerung der Betrachtung auf die Verhältnisse der

wohlbegriff auftretenden Bedenken beseitigt. Dennoch verbleibt die Schwierigkeit, zu begründen, warum die Parteien in ihren Wertungen objektiven Gerechtigkeitsmaßstäben unterworfen sein sollen. Dieser Konflikt zwischen der Durchsetzung objektiver Gerechtigkeitsvorstellungen und den aus dem Willen der Parteien resultierenden Wertungen wird von der neuen Missbrauchsthese nunmehr auch grundsätzlich erkannt, weshalb die Begründung einer entsprechenden Ausnahme für erforderlich gehalten und zum wesentlichen Gegenstand der Missbrauchsargumentation wird.[147]

Diese Ausgangsvoraussetzungen beseitigen immerhin die wesentlichen Probleme der ursprünglichen Missbrauchsthese, die ein Primat der Vorstellungen der Gemeinschaft unproblematisch für möglich hielt. Zugleich ist die Argumentationslast damit beträchtlich erhöht, da eine Ausnahme zu dem nunmehr anerkannten Grundsatz begründet werden muss, dass die Parteien ihre Rechtsverhältnisse selbstbestimmt und selbstverantwortlich regeln. Die unter dem Begriff des Missbrauchs der Vertragsfreiheit diesbezüglich vorzufindenden Erklärungen sind keinesfalls einheitlich. Bereits die von *L. Raiser* selbst in seinen genannten Veröffentlichungen angeführten Gründe lassen sich in drei Argumentationslinien unterteilen, die später von anderen noch um einige Aspekte angereichert wurden. Diese sollen im Folgenden näher beleuchtet werden.

aa) Missbrauch durch den Verstoß gegen Grundsätze der Wirtschaftsverfassung

Im Zusammenhang mit der Begründung der These vom Missbrauch der Vertragsfreiheit ist der Gedanke entwickelt worden, in der Einbeziehung den Kunden einseitig benachteiligender Allgemeiner Geschäftsbedingungen liege ein Missbrauch der Vertragsfreiheit durch den Unternehmer, da dieser damit gegen Grundprinzipien der Wirtschaftsverfassung verstoße.[148]

Diese Argumentation erinnert auf den ersten Blick stark an die ursprüngliche Begründung der Missbrauchsthese aus dem Primat der Gesamtrechtsordnung und scheint insoweit der unter der Anerkennung der Selbstbestimmung der Parteien veränderten Zielsetzung nicht gerecht zu werden. Wie er ursprünglich als Ausformung der Gesamtrechtsordnung gesehen wurde, sei der Vertrag jetzt „als wirtschaftlicher Vorgang eingebettet in den volkswirtschaftlichen Zusammenhang“, weshalb die Wirtschaftsverfassung die Voraussetzungen dafür zu schaffen habe, „dass die Vertragsgerechtigkeit im Einzelfall verwirklicht“ werde.[149] Vertrag, Vertragsfreiheit und Wettbewerbsfreiheit seien als „funktionell zusammengehörige Rechtsinstitute einer rechtlich verfassten Marktwirtschaft zu ver-

Parteien mit sich.

[147] So im Ergebnis *L. Raiser*, JZ 1958, 1, 7.

[148] *L. Raiser*, FS 100 Jahre DJT 1960, S. 101, 132 f.; ähnlich später *Eith*, NJW 1974, 16, 19.

[149] *L. Raiser*, FS 100 Jahre DJT 1960, S. 101, 131.

stehen mit der Folge, dass Parteien, die von ihnen einen den Grundprinzipien dieser Wirtschaftsverfassung zuwiderlaufenden Gebrauch machen, dafür keinen Rechtsschutz erlangen können“ und in diesen Fällen ein „Missbrauch der Vertragsfreiheit“ vorliege.[150] Damit wäre gegenüber der ursprünglichen Missbrauchsthese zunächst nur gewonnen, dass die „Grundprinzipien der Wirtschaftsverfassung“ immerhin teilweise dem Gesetz zu entnehmen und damit eher zu fassen sind als das „Rechtsbewusstsein des Volkes“. In der Tat ist jedoch ein generelles, überpositives wirtschaftsverfassungsrechtliches Prinzip der Einzelfallgerechtigkeit ebenso wenig vorhanden wie unter der Ägide des Rechtsbewusstseins des Volkes ein Gebot der Übereinstimmung mit dem Gemeinwohl.

Entscheidend für die Gültigkeit des Abstellens auf einen Verstoß gegen Prinzipien der Wirtschaftsverfassung muss daher zur Vermeidung der im Zusammenhang mit der ursprünglichen Missbrauchsthese aufgetretenen Probleme jedenfalls sein, ob konkreten Normen oder ihnen zu entnehmenden Grundsätzen eine unmittelbare Schutzrichtung in Bezug auf den AGB-Kunden zu Eigen ist, welche eine sinnvolle Erklärung für den Vorrang inhaltlicher Vorgaben vor den Wertungen der Parteien liefern kann. Der näheren Konkretisierung dienen den Vertretern der neuen Missbrauchsthese hierfür das Kartell-[151] und Wettbewerbsrecht[152]. Es bleibt ihnen daher zu begründen, warum dem Verbot missbilligter Markt- und Wettbewerbsvorteile des Anbieters unmittelbar ein Vorteil des Kunden gegenüberstehen soll. Sofern *L. Raiser* zur Konkretisierung der an solche Fälle zu stellenden Anforderungen auf den Missbrauch wirtschaftlicher Macht oder einen Missbrauch einer „Macht eigener Art“ abstellt und Parallelen zu Vorschriften des Gesetzes gegen Wettbewerbsbeschränkungen, insbesondere § 22 I GWB zieht[153], muss dagegen jedenfalls eingewendet werden, dass die Regelungsinstrumente dieser Vorschriften für die bei der Verwendung Allgemeiner Geschäftsbedingungen bestehende Problematik, soweit sie die Verschlechterung der Rechtsstellung des Kunden betrifft, kaum fruchtbar gemacht werden können. Das Kartellrecht greift gerade nicht in erster Linie in die Beziehungen des Anbieters zu seinen Kunden ein, sondern regelt auf öffentlichrechtlicher Ebene dessen Teilnahme am Markt. Die Wirkungen auf den zivilrechtlichen Bereich begrenzen sich auf die Reflexionen über § 134 BGB sowie Schadensersatz- und Unterlassungsansprüche der Mitbewerber nach § 35 GWB.[154] Zwar kann die Kartellbehörde gemäß § 22 IV Nrn. 2 und 3, V

[150] AaO., S. 134.

[151] So *L. Raiser,* JZ 1958, 1, 6 f.

[152] So *Eith*, NJW 1974, 16, 19.

[153] JZ 1958, 1, 7; ähnlich auch *Bunte,* AcP 181, 31, 49, der das Vorliegen ungleicher Machtverhältnisse zwischen Verwender und Kunden als „kartellrechtliches Problem der Kontrolle wirtschaftlicher Machtstellungen“ begreifen will.

[154] Zu den zivilrechtlichen Wirkungen insbesondere der Regelungen für marktbeherrschende Unternehmen in § 26 GWB vgl. Immenga/Mestmäcker/*Markert* § 26 Rz. 298 ff., 341 ff. und 385 ff.

GWB zu diesem Zweck auch Verträge marktbeherrschender Unternehmen mit ihren Kunden für unwirksam erklären und damit den Grundsatz der Vertragsbindung ausnahmsweise außer Kraft setzen. Diese Befugnis richtet sich jedoch ausschließlich an die Kartellbehörde im Rahmen ihrer ordnungspolitischen Aufgabe der Sicherung des Wettbewerbs und nicht an die Zivilgerichte, und zwar erst recht nicht, soweit diese über die Wirksamkeit vertraglicher Vereinbarungen aus zivilrechtlicher Sicht zu entscheiden haben. Sie ist insoweit eine der Behörde zum Zwecke der Sicherung des Wettbewerbs und Marktes durch ordnungsrechtliche Maßnahmen verliehene Macht und kann als solche gerade nicht zum allgemeinen Prinzip des Zivilrechts oder zu einem Instrument des Individualschutzes erhoben werden[155]. Auch wenn mit der Abhängigkeit des Kunden und dem Fehlen von Ausweichmöglichkeiten infolge Markt- oder Wettbewerbsversagens durchaus zivilistische Probleme verbunden sein können, bedarf es zu deren Bewältigung eben auch ihrer Verortung im System des Zivilrechts.[156] Ein Rückgriff auf die zur Sicherung des Wettbewerbs unter marktordnungsrechtlichen Gesichtspunkten geschaffenen Regeln des Gesetzes gegen Wettbewerbsbeschränkungen vermag diese nicht zu ersetzen. Die Erscheinung der wettbewerbsrechtlich relevanten Marktstörung durch Marktbeherrschung und der zivilrechtlich relevanten fehlerhaften rechtsgeschäftlichen Entscheidung können sich somit zwar in ihren Voraussetzungen überschneiden, sind jedoch bereits dort nicht deckungsgleich und vor allem ihrem Wesen nach grundverschieden. Insbesondere können daher aus einem wettbewerbsrechtlich bedenklichen Sachverhalt nicht ohne weiteres Folgerungen für die Inhaltskontrolle von Allgemeinen Geschäftsbedingungen gezogen werden. Vielmehr ist dieser in seinen Auswirkungen nach den Regeln des Zivilrechts selbständig zu beurteilen.[157]

Ein vergleichbares Problem stellt sich bezüglich der später von *Eith* im Rückgriff auf das Wettbewerbsrecht entwickelten Erklärung.[158] Ob der Staat, wie *Eith* meint, im Rahmen der Schaffung eines „minimum standard" im Wettbewerb auch die Verwendung unangemessener Allgemeiner Geschäftsbedingungen zu unterbinden hat, ist für die Frage deren Wirksamkeit gegenüber dem Kunden unerheblich. Jeder Vorteil aus dem Wettbewerbsrecht steht dem Wettbewerber

---

[155] *M. Wolf*, Rechtsgeschäftliche Entscheidungsfreiheit, S. 93 f. m.w.N.; ähnlich *Drexl*, Wirtschaftliche Selbstbestimmung, S. 297; konkret für das Verhältnis zu den AGB-Regeln Staudinger/*Coester* § 9 AGBG Rz. 46.

[156] Vielversprechend ist insoweit der lediglich nebenbei erfolgende Hinweis *L. Raisers*, der Kunde sei infolge der wirtschaftlichen Situation in seiner Verantwortungsfähigkeit überfordert (JZ 1958, 1, 7); dazu sogleich.

[157] Eine Ausnahme bildet die bereits erwähnte Unwirksamkeit nach § 134 BGB, die aber an besondere Voraussetzungen gebunden ist und im Übrigen eine AGB-Kontrolle nicht zu bewerkstelligen vermag.

[158] NJW 1974, 16 ff., insb. 19.

zu; die Vorteile für den Kunden sind nur mittelbarer Natur.[159] Auch hier herrscht zudem eine wesensverschiedene Schutzrichtung vor, die auf die Gewährleistung der Funktionsfähigkeit der Wirtschafts- und Wettbewerbsordnung zielt[160] und somit für die Inhaltskontrolle Allgemeiner Geschäftsbedingungen nichts schließen lässt.[161]

Als Ergebnis kann zunächst festgehalten werden, dass eine Parallelwertung zum Kartell- oder Wettbewerbsrecht aufgrund der Verschiedenheit der Zielrichtung und der Adressaten der Regelungen zur Erklärung der ratio der AGB-Regeln nicht tragfähig ist. Gleichzeitig soll damit jedoch nicht gesagt sein, dass der Gedanke der Reaktion auf wirtschaftliche Übermacht in der Erklärung der AGB-Regeln nicht durchaus zu gebrauchen sein kann.[162] Obwohl somit das Wettbewerbs- und Kartellrecht nicht unmittelbar weiterhelfen kann, stellt sich transponiert in die Kategorien des Zivilrechts die Frage, ob und gegebenenfalls unter welchen Voraussetzungen die Einbeziehungserklärung des Kunden aufgrund der wirtschaftlichen Übermacht des Verwenders als rechtsgeschäftlich fehlerhaft angesehen werden kann. Als Ansatzpunkt bietet sich hier das Abstellen auf eine relevante Beeinträchtigung der Selbstbestimmung des Kunden beziehungsweise die Grenzen der ihm aufzuerlegenden Selbstverantwortung an. Damit wäre jedoch die Missbrauchsargumentation überflüssig und ein neuer Problemkreis eröffnet, der in der Tat von einigen als für die Begründung der Inhaltskontrolle entscheidend angesehen wird. Der Frage, ob einem von Seiten des Verwenders ausgeübten wirtschaftlichen oder auch sonstigem Druck in zivilrechtlicher Hinsicht Bedeutung zukommt, soll daher eigenständig behandelt werden.[163]

bb) Missbrauch durch Überforderung der Selbstverantwortung

Neben dem Abstellen auf die wirtschaftliche Unterlegenheit des Kunden, die sich nach der insoweit als nicht tragfähig erkannten Ansicht der neuen Missbrauchsthese wegen des Verstoßes gegen wettbewerbs- und kartellrechtliche Grundsätze auswirken soll, tritt das Argument, ein Missbrauch der Vertragsfreiheit könne auch unter dem tatsächlichen Gesichtspunkt gegeben sein, dass der

---

[159] Konsequent lehnt daher der Bundesgerichtshof in ständiger Rechtsprechung (BGH NJW 1974, 1503) die Schutzgesetzeigenschaft des § 3 UWG ab (allerdings teilweise unter Kritik der Literatur, vgl. die Fundstellen bei Palandt/*Thomas* § 823 Rz. 155).

[160] *Hartwig*, NJW 2002, 38, 39 m.w.N.

[161] So im Grundsatz auch Staudinger/*Coester* § 9 AGBG Rz. 46, 49, der allerdings auf die Möglichkeit doppelt relevanter Sachverhalte sowie darauf hinweist, dass in umgekehrter Richtung die AGB-Regeln auch dem Schutz des Marktes dienen können.

[162] Mitunter wird die Relevanz wirtschaftlicher Übermacht für die Schutzrichtung der AGB-Regeln jedoch auch generell verneint, siehe etwa *Schmidt-Salzer*, NJW 1977, 129, 132.

[163] Unten 2. Kapitel: III. 3., insbesondere 2. Kapitel: III. 3. f) bb).

Kunde die verwendeten Bedingungen häufig falsch einschätze, was sich rechtlich als Überforderung seiner Selbstverantwortung darstelle.

Diesen Zusammenhang zwischen den Grenzen der Verantwortung des Kunden für den Vertragsinhalt und dem Argument des Missbrauchs der Vertragsfreiheit durch den Verwender hatte bereits *Brandner* hergestellt.[164] In dem neuen *L. Raiser'*schen Ansatz ist er ebenfalls vorhanden. Auch in Fällen, wo Preis- bzw. Leistungswettbewerb bestehe, komme es zu einem Missbrauch der Vertragsfreiheit des Verwenders Allgemeiner Geschäftsbedingungen, da von dem Kunden eine „klare Einsicht in die Tragweite der Formulare, denen er bei Vertragsschluss zustimmen soll, gar nicht erwartet werden kann, (...) er also in seiner Verantwortungsfähigkeit überfordert ist."[165] Hierin liegt der Sache nach nichts anderes als die Befürchtung der Beeinträchtigung der Entscheidungsfreiheit und damit der Selbstbestimmung des Kunden.

Diese Argumentation verlässt streng genommen bereits den dogmatischen Boden der Missbrauchsargumentation und gehört in den Problemkomplex der Selbstbestimmung der Parteien, insbesondere der Selbstverantwortung. Während die Missbrauchsargumentation ursprünglich als Kritik an der Willkür der Parteien den Vorrang höherstehender Gerechtigkeitsvorstellungen vor der privatautonomen Entscheidung gefordert hatte, wird nunmehr immanent mit der Gültigkeit des der Einigung zugrunde liegenden Willens argumentiert. Dies kann zwar angesichts der Weite des Begriffs auch als Missbrauch der Vertragsfreiheit bezeichnet werden, stellt jedoch einen eigenständigen Ansatz dar, der von anderen umfassend erörtert und begründet wurde[166] und daher auch hier gesonderte Behandlung verdient und nachfolgend unter 3. untersucht wird.

cc) Unspezifische soziale Schutzgedanken

Auch die vorgenannten Versuche, der wirtschaftlichen oder intellektuellen Situation des Kunden Argumente für einen Missbrauch der Vertragsfreiheit zu entnehmen, erschöpfen die Bandbreite der unter diesen Begriff fallenden Ansichten nicht. Ferner wird nämlich mitunter auch dann von einem Missbrauch der Vertragsfreiheit gesprochen, wenn das Ergebnis der Vereinbarung im Widerspruch zu sozialen Vorstellungen steht und insbesondere einen aus sozialen Gründen geforderten Mindeststandard unterschreitet. Der Missbrauch liege dann in dem Gebrauchmachen von der Vertragsfreiheit gegenüber dem Schwächeren

---

[164] AcP 162, 237, 259 f.

[165] JZ 1958, 1, 7; auf den Aspekt der fehlenden Verantwortlichkeit zur Begründung eines Rechtsformenmissbrauchs abstellend auch *Brandner,* AcP 162, 237, 248; ähnlich *Lindacher,* BB 1972, 296, 297.

[166] Vgl. schon jetzt die umfangreichen Nachweise bei *Karatzenis*, § 9 AGBG im Handelsverkehr, S. 3.

zu dessen übermäßigem Nachteil in Unterschreitung des sozialen Mindeststandards.[167]

Dies soll hier zum Anlass genommen werden, die Tragfähigkeit sozialer Schutzgedanken für die Erklärung der ratio der Inhaltskontrollregeln der §§ 307 ff. BGB näher zu beleuchten. Dabei sei sogleich darauf hingewiesen, dass bereits aus der Dominanz des sozialen Aspekts erkennbar ist, dass eine solche Erklärung des Schutzanspruchs der AGB-Regeln im kaufmännischen Bereich, wo regelmäßig wirtschaftliche Überlegungen die sozialen ersetzen[168], nicht angebracht ist. In der Tat entstammen die dahingehenden Überlegungen[169] sämtlich dem Verbraucherschutzrecht und sind teilweise ausdrücklich auf dieses beschränkt.[170] Eine Übertragung auf den kaufmännischen Verkehr ist bislang richtigerweise nicht gefordert worden. Dennoch soll der Vollständigkeit halber kurz darauf eingegangen werden, ob sich an dieser Stelle die ratio der Inhaltskontrollregeln für den kaufmännischen Bereich zwangsläufig von derjenigen für den Verbraucherbereich entfernen muss, oder ob auch in letzterem von einer über soziale Sicherungserwägungen hinausgehenden Begründung profitiert werden kann.

Ausschlaggebend ist die Annahme der sozialen Schutzbedürftigkeit des Adressaten, die nicht in Bezug auf eine bestimmte rechtliche Besonderheit oder Störung, sondern allein mit Blick auf die Bedeutung des Erhalts der Vertragsleistung besteht. Diesbezüglich ist zunächst klarzustellen, dass die Argumentation mit dem Schutz des Schwächeren für sich genommen noch keinen grundsätzlichen Bedenken begegnet. Der Schutz des Schwächeren ist im Sozialstaat vernünftiges Ziel einer gesetzlichen Regelung und legitimer Grund des Gesetzgebers zum Erlass einer Norm.[171] Erforderlich ist insoweit zunächst nur die rechts- bzw. sozialpolitische Entscheidung des Gesetzgebers, ihn zu gewähren. Derartige sozial motivierte Begrenzungen der Vertragsfreiheit zum Schutz des Schwä-

---

[167] *Bartholomeyczik,* AcP 166, 30, 48, 67 f.; ähnlich argumentiert *M. Wolf,* Rechtsgeschäftliche Entscheidungsfreiheit, S. 166.

[168] Dazu noch ausführlich unten 3. Kapitel: I. 2. b) aa).

[169] Vgl. die Nachweise zu den einzelnen nachfolgend behandelten Ansichten.

[170] *Reich,* ZRP 1974, 187 f.

[171] *Kirchhof,* FS Ulmer 2003, S. 1211, 1212 sieht diesen Gedanken im „Mittelpunkt der Zivilgesetzgebung" (mit Verweisen auf *Weitnauer*, Der Schutz des Schwächeren im Zivilrecht und *von Hippel*, Der Schutz des Schwächeren). Auch *L. Raiser* (JZ 1958, 1, 4) sieht es in diesem Zusammenhang als die Aufgabe der Rechtsordnung, den schwächeren Vertragsteil zu entlasten, und führt an, der vertraglichen Gestaltungsfreiheit seien durch die Gesetzgebung seit langem in wirtschaftlich und sozial wichtigen Lebensbereichen „zum Schutze der notorisch schwächeren Vertragspartei enge Grenzen gesetzt", wobei er unter anderem das Arbeits- und Wohnungsmietrecht nennt (aaO., S. 3); *Kötz,* 50. DJT, A 37 formuliert diesen Schutzauftrag der Rechtsordnung nur in Bezug auf den Verbraucher.

cheren sind etwa auch aus dem Verbraucherschutzrecht bekannt[172] und somit auch dem AGB-Recht nicht grundsätzlich fremd.[173]

Wesentlich problematischer ist die Frage, welche konkreten Anforderungen jeweils an die schutzauslösende Schwächelage zu stellen sind und ob und inwieweit insbesondere die Annahme einer rein sozialen Bedürftigkeit zur Begründung einer zivilrechtlichen Schutzvorschrift, die in das Verhältnis der Parteien eingreift, ausreichen kann. Diesbezüglich ist zunächst zu unterscheiden zwischen einer Schutzbedürftigkeit in Bezug auf rechtsgeschäftlich relevante Umstände, die etwa geeignet sind, die Willensbildung des Kunden zu beeinträchtigen, und einer reinen sozialen Schutzbedürftigkeit, die in erster Linie mit Blick auf die materielle oder sonstige Bedürftigkeit des Kunden gewährt würde. Beides wird freilich häufig miteinander einhergehen und insbesondere eine soziale Schwächelage in bestimmten Situationen zu einer rechtsgeschäftlichen Störung führen können. Eine ausschließlich sozial motivierte Schutzentscheidung bedürfte jedoch im Falle ihrer Zulässigkeit nicht des Nachweises einer spezifischen rechtsgeschäftlich relevanten Störung und könnte daher als Grundlage unspezifischen Schutzes dienen, während bei Unzulässigkeit eines solchen Schutzgrundes eine rechtsgeschäftliche Relevanz der Schwächelage konkret nachgewiesen werden müsste und der gewährte Schutz gegebenenfalls nach Maßgabe dieses Nachweises einzuschränken wäre.[174]

Ob ein sozial motivierter Schutz auch als unspezifischer, also losgelöst von einer rechtsgeschäftlichen Relevanz der betreffenden Schwächelage erfolgen kann, oder anhand der Typisierung konkret feststellbarer rechtlicher Störungen zu spezifizieren ist, ist umstritten.[175] Der unspezifische, also nicht an eine rechtsgeschäftliche Störung anknüpfende Schutz aus rein sozialer Motivation wird von

---

[172] Das Vorhandensein sozialer Motivation im Verbraucherschutz ist unabhängig von dessen näherer rechtstheoretischer Rechtfertigung festzustellen, vgl. *Drexl*, Wirtschaftliche Selbstbestimmung, S. 29.

[173] Bereits oben 1. Kapitel: IV. 1. b) dd) wurde festgestellt, dass das Recht der Allgemeinen Geschäftsbedingungen auch Elemente des Verbraucherschutzes enthält; vgl. dazu i.Ü. Staudinger/*Coester* § 9 AGBG Rz. 5 f. m.w.N.; ferner *Heinrichs,* NJW 1993, 1817, 1818 m.w.N. Das teilweise Vorhandensein des Gedankens des Schutzes des Schwächeren in den AGB-Regeln sieht auch *Alisch,* JZ 1982, 706, 709. *Karatzenis,* § 9 AGBG im Handelsverkehr, S. 35, versteht ihn als Schutzgrund der AGB-Regeln insgesamt (mit Fundstellen aus den den verschiedenen Stadien des Gesetzgebungsverfahrens entsprechenden Materialien); *von Westphalen,* NJW 2002, 12, 13, sieht es ausdrücklich als Aufgabe der Rechtsprechung, in Anwendung der AGB-Regeln „den Verbraucherschutz zu stärken"; gute Darstellung der Entwicklung des Verbraucherschutzgedankens im Gesetzgebungsverfahren auch bei *Rabe,* NJW 1987, 1978, 1981; ferner *Bunte,* AcP 181, 31, 47; *Schmidt-Salzer,* NJW 1977, 129.

[174] Dieses Modell eines spezifischen Schutzes ist bereits von der Einbeziehungskontrolle bekannt (s.o. 1. Kapitel: IV. 1. b) dd)) und setzt immerhin eine grundsätzliche rechtsdogmatische Begründung anhand eines zumindest typischerweise vorliegenden rechtlich relevanten Mangels voraus, wobei dann lediglich die Tatsache der Typisierung an Schutzbedürftigkeitserwägungen anknüpft.

[175] Siehe die Darstellung bei *Drexl*, Wirtschaftliche Selbstbestimmung, S. 25 ff.

einigen etwa als geeignete Legitimation der Regeln des Verbraucherschutzes angesehen[176], während die herrschende Ansicht diesem Modell ablehnend gegenübersteht und davon ausgeht, dass auch Regelungen des Verbraucherschutzes nicht allein aus sozialen Verteilungsgedanken heraus erklärt werden können, sondern auf spezifische Defizite des Rechtsgeschäfts zurückzuführen sind.[177] In der Tat bedeutete die Bejahung einer solchen Schutzmöglichkeit einen wesensverändernden Eingriff in das Vertragsmodell des Bürgerlichen Gesetzbuchs. Nach dessen Konzeption soll der Vertrag nicht die angemessene soziale Sicherung gewährleisten, sondern lediglich den Austausch im Verhältnis der Parteien (iustitia commutativa) regeln.[178] Mit der Anordnung des sozialen Schutzes der betreffenden Vertragspartei würden jedoch nicht mehr Gedanken der iustitia commutativa zum Ausdruck gebracht, also nicht in erster Linie ein gerechter Austausch im Verhältnis der Parteien angestrebt, sondern vielmehr dem als sozial schutzbedürftig erkannten Verbraucher bestimmte Mindeststandards auf Kosten des Unternehmers gesichert.[179] Derartige gesetzliche Anordnungen kämen vielmehr der iustitia distributiva näher, da sie unabhängig vom vertraglichen Austauschverhältnis und den Wertungen der Parteien dem Verbraucher dasjenige zusprächen, was ihm als Grundstatus nach dem Sozialstaatsprinzip zugedacht ist. Mit diesem Charakter sind sie im Zivilrecht hochproblematisch, da die eintretende Verteilung letztlich nicht Folge des Willens der Parteien ist. Infolgedessen sind Regelungen unstreitig allein sozial motivierter Natur auf Extremfälle beschränkt und an enge Voraussetzungen gebunden. Rein sozial motiviert in das Verhältnis der Parteien eingreifende Regelungen kennt das Gesetz daher nur in Fällen, die eine Existenzgefährdung des Verbrauchers zum Gegenstand haben. Ein Beispiel aus dem Zwangsvollstreckungsrecht findet sich etwa in der Härteregelung des § 765a ZPO[180], die den Vollstreckungsschuldner vor ruinösen Vollstreckungsmaßnahmen schützen soll. In Bezug auf diese Vorschrift hat die Rechtsprechung unter Zustimmung der Literatur ausdrücklich festgestellt, dass aufgrund ihres Ausnahmecharakters ein streng restriktiver Umgang geboten ist.[181] Die Anforderungen an die Annahme einer sittenwidrigen

---

[176] Etwa *von Hippel*, Der Schutz des Schwächeren, S. 29 ff., konkret zum Schutz vor unlauteren Allgemeinen Geschäftsbedingungen S. 41 ff.

[177] Ablehnend etwa *Drexl*, Wirtschaftliche Selbstbestimmung, S. 35 ff., 84, m.w.N.; auch *Dauner-Lieb*, Verbraucherschutz, S. 66 f., fordert ausdrücklich, zur Überwindung des Informations- und Erfahrungsdefizits des Verbrauchers mit Hilfe geeigneter dogmatischer Mittel an konkrete Funktionsstörungen der Privatautonomie anzuknüpfen, und spricht sich somit gegen unspezifische Schutzanordnungen aus. Nach *Fastrich*, Richterliche Inhaltskontrolle, S. 45 besteht kein Anlass, den Verbraucher per se für schutzbedürftig zu erklären.

[178] *Canaris*, iustitia distributiva, S. 13; *Singer*, Selbstbestimmung, S. 14, 39 m.w.N.

[179] Nach *Canaris*, iustitia distributiva, S. 13, kommt es für die Unterscheidung zwischen den Gerechtigkeitsformen darauf an, ob der Verteilungsgrund dem Vertrag zu entnehmen ist (iustitia commutativa) oder von der staatlichen Rechtsordnung aufgrund außerhalb der Vertrags liegender, „vertragsfremder“ Kriterien gesetzt ist (iustitia distributiva).

[180] Zum sozialen Schuldnerschutzzweck der Vorschrift Zöller/*Stöber* § 765a Rz. 1.

Härte sind infolgedessen sehr hoch. Insbesondere geht die Rechtsprechung davon aus, dass es nicht Aufgabe des Vollstreckungsgläubigers ist, Aufgaben der Sozialhilfebehörden zu übernehmen, weshalb eine sittenwidrige Härte im Sinne des § 765a I 1 ZPO selbst dann nicht vorliegt, wenn der Vollstreckungsschuldner infolge der Pfändung einer Kaufpreisforderung auf Sozialhilfe angewiesen ist.[182]

Die Zurückführung der AGB-Regeln auf soziale Verteilungsgedanken ist gerade mit Blick auf den breiten Anwendungsbereich der Inhaltskontrolle mit diesen Grundsätzen unvereinbar. Ein ausreichend starker Eingriff in den sozialen Bestand des Kunden aufgrund einer Klausel kommt allenfalls in Extremfällen in Betracht und kann die Klauselkontrolle daher nicht umfassend erklären. Bei weitem nicht jeder unter Einbeziehung von Allgemeinen Geschäftsbedingungen geschlossene Vertrag weist hinreichende Bezüge zu der sozialen Stellung des Verbrauchers auf; letztere können nicht einmal typischerweise angenommen werden. Mit Blick auf diesen Umstand kann nicht der wesentliche Teil der alltäglichen Massengeschäfte unter den Vorbehalt sozialer Gerechtigkeit gestellt werden. Die hiergegen insbesondere auch mit Blick auf das Verhältnis der Selbstbestimmung der Parteien zu übergeordneten Gerechtigkeitsvorstellungen bestehenden Bedenken wurden bereits zuvor unter 2. Kapitel: III. 1. a) ee) (2) aufgezeigt.

Wie eingangs festgestellt, wäre ein entsprechendes Verständnis für den Handelsverkehr, wo sich das Engagement der Parteien regelmäßig in geschäftlichen Interessen erschöpft, in jeden Fall gänzlich fehlgehend.[183] Auch im Falle der vom Gesetz primär ins Auge gefassten Grundsituation der Verwendung Allgemeiner Geschäftsbedingungen durch den Unternehmer gegenüber dem Verbraucher ist aber eine in spezifischer Weise auf konkrete rechtsdogmatisch zu fassende Störungen des Geschäfts gestützte Begründung zumindest vorzugswürdig.

dd) Fazit zur neuen Missbrauchsthese

Hinter der Weiterführung des Satzes vom „Missbrauch der Vertragsfreiheit" verbergen sich in Wahrheit verschiedene Erklärungsansätze, die mit dem ursprünglichen Missbrauchsargument größtenteils nichts mehr gemeinsam haben. Ein Nachweis eines missbräuchlichen Verhaltens des Verwenders gelingt dabei durchweg nicht. Insbesondere vermag auch die Orientierung an den „Grundsätzen der Wirtschaftsverfassung" den Bezug zur Privatrechtsordnung nicht herzustellen. Auch ein Abstellen auf ein unspezifisches soziales Schutzbedürfnis als einzige Begründung der Behauptung des Missbrauchs überzeugt nicht.

---

[181] Statt aller BGHZ 44, 138, 143; Thomas/*Putzo* § 765a Rz. 2.

[182] OLG Düsseldorf NJW-RR 1986, 1512; Zöller/*Stöber* § 765a Rz. 9.

[183] Im Einzelnen noch unten 3. Kapitel: I. 2. b) aa).

Gleichwohl liefern manche Weiterentwicklungen der Missbrauchsthese gleichsam als Nebenprodukt wertvolle Hinweise auf die rechtsgeschäftliche Problematik der AGB-Verwendung. Interessant ist insbesondere der Gedanke einer relevanten Beeinträchtigung der Selbstbestimmung des Kunden, welcher sich in dem *L. Raiser*'schen Argument äußert, die Entscheidung des Kunden könne diesem nicht zum Nachteil gereichen, da er sie in Unfreiheit abgegeben habe und in seiner Selbstverantwortung überfordert sei. Auf diesen Aspekt wird später noch vertiefend zurückzukommen sein.[184] Der Begriff des „Missbrauchs" ist in diesem Zusammenhang freilich weder erforderlich noch zuträglich, da er die wahre Natur der Problematik verschleiert.

c) Zwischenergebnis: Ausscheiden des „Missbrauchs der Vertragsfreiheit" als Kontrollgrund

Als Zwischenergebnis kann festgehalten werden, dass die These vom Missbrauch der Vertragsfreiheit in der Ermittlung der ratio der AGB-Regeln nicht weiterführt. In seiner ursprünglichen Form kommt dem Begriff des Missbrauchs zwar noch in gewissem Maße eigenständiger Gehalt zu; er ist jedoch mit dem heutigen Verständnis des Rechtsstaats und der Privatautonomie nicht zu vereinbaren.

In seiner neueren Verwendung wird der Begriff beliebig und kann wiederum nur unter Rückgriff auf weitere, den eigentlichen Grund für das gesetzgeberische Eingreifen bildende Gedanken erklärt werden. Die Bezeichnung der in tatsächlicher Hinsicht unbestrittenen Problematik als Missbrauch der Vertragsfreiheit stellt deswegen auch hier nicht mehr als eine Wertung dar. Der Begriff des Missbrauchs der Vertragsfreiheit hat daher seinen eigenständigen Nutzen verloren und führt wegen der Gefahr der Verwechslung mit der früheren Verwendung leicht zu Missverständnissen. Die mit ihm noch bezeichneten Gedanken können einfacher und zuträglicher in anderen Erklärungsansätzen verortet werden.

Der Begriff des Missbrauchs der Vertragsfreiheit ist daher im Zusammenhang mit der Erklärung der ratio der AGB-Regeln aufzugeben.

2. Störungen mit Bezug zur „Richtigkeit" des Vertrages als Kontrollgrund

Ähnlich verbreitet wie die vorstehend behandelte These vom Missbrauch der Vertragsfreiheit sind Ansätze, die auf den gemeinsamen Grundgedanken zurückgeführt werden können, im Falle der Verwendung Allgemeiner Geschäftsbedingungen bringe der Vertrag ein von der Rechtsordnung als richtig anzuerkennendes Ergebnis nicht hervor, weshalb es gerechtfertigt sei, im Wege der

---

[184] Dazu unten 2. Kapitel: III. 3.

Inhaltskontrolle das vertraglich Vereinbarte durch eine objektiven Maßstäben der materiellen Gerechtigkeit entsprechende Regelung zu ersetzen.[185] Insoweit ist auch diesen Ansätzen das Bedürfnis nach einer Gerechtigkeitskontrolle Allgemeiner Geschäftsbedingungen zu Eigen, wie es bereits als Motiv des Missbrauchsansatzes erkannt wurde.

Wenn bereits bei der Auseinandersetzung mit dem Missbrauchsbegriff aufgefallen ist, dass dieser trotz, oder gerade wegen, seiner weiten Verbreitung in der Literatur nicht homogen ist, sondern zur Bezeichnung einer Vielzahl unterschiedlicher Gedanken verwendet wird, so gilt dies nicht minder für die mit der Richtigkeit des Vertrages argumentierenden Ansätze. Unterschiede zwischen den einzelnen Ausformungen des Ansatzes bestehen dabei schon in terminologischer Hinsicht. Während die klassische Sichtweise eine „Richtigkeitsgewähr des Vertrages" annimmt[186], ist dies später unter Zugrundelegung eines grundsätzlich verschiedenen Verständnisses von dem Geltungsgrund des Vertrages als bloße „Richtigkeitschance"[187] bezeichnet worden, auf deren Fehlen die Rechtsordnung regelnd zu reagieren habe. In eine ähnliche Richtung gehen Ansätze, die eine Störung der Funktionsvoraussetzungen des Vertrages feststellen; auch diese sollen daher unter diesem Punkt abgehandelt werden. Insbesondere der hierunter fallende Begriff der „gestörten Vertragsparität"[188] teilt in seiner ursprünglichen, seit seinem abweichenden Gebrauch durch das Bundesverfassungsgericht[189] jedoch nicht mehr herrschenden Verwendung den Ausgangspunkt dieser Theorien, die inhaltliche Kontrolle der Vertragsbestimmungen sei aufgrund der fehlenden Richtigkeitskontrolle des Vertrages im Verhältnis der Parteien geboten.

a) Die richtigkeitsfördernde Funktion des Vertrages

Allen unter diesen Begriff gefassten Ansätzen ist die Annahme gemeinsam, dass der Vertrag in der Rechtsordnung deswegen als Instrument zur Regelung von Individualbeziehungen etabliert ist, weil er sich eignet, inhaltlich als richtig zu wertende Ergebnisse herbeizuführen.[190] Daher soll hier die Frage nach Maßstab

---

[185] Vgl. zunächst die Nachweise bei *Fastrich*, Richterliche Inhaltskontrolle, S. 52 Fn. 187, dessen Ansicht selbst unter diese Gruppe zu fassen ist.

[186] So etwa *Schmidt-Rimpler,* AcP 147, 130, 165; *Schmidt-Salzer,* NJW 1971, 173; auch *Bunte,* ZIP 1984, 1419, 1420.

[187] *M. Wolf,* Rechtsgeschäftliche Entscheidungsfreiheit, S. 74; diesen Begriff bevorzugt auch *Canaris,* iustitia distributiva, S. 49; *Hönn*, Vertragsparität, S. 95; *Bartholomeyczik,* AcP 166, 30, 56, spricht von einer „Vermutung der Richtigkeit"; *Schmidt-Rimpler* selbst hält es später (FS Raiser 1974, S. 3, 12) für treffender, von einer Wahrscheinlichkeit der Richtigkeit auszugehen, möchte jedoch lieber den von ihm geprägten Begriff der „Richtigkeitsgewähr" in diesem Sinne als terminus technicus verstanden wissen.

[188] Dazu im Einzelnen unten 2. Kapitel: III. 2. b) bb) (1).

[189] BVerfGE 89, 214, 233 f.; auch bereits BVerfGE 81, 242, 256.

[190] Das ist heute anerkannt, vgl. *Schmidt-Rimpler,* AcP 147, 130, 152; *M. Wolf,* Rechtgeschäftli-

und Voraussetzungen dieser Richtigkeit vorerst noch zurückgestellt bleiben, um zunächst einen Blick auf die Funktion des richtigkeitsfördernden Mechanismus des Vertragsschlusses zu werfen.

Unter den Vertretern der hier zusammengefassten Ansichten hat bereits *Schmidt-Rimpler* in seiner Abhandlung über die anlässlich des Entwurfs eines nationalsozialistischen Volksgesetzbuches gestellten „Grundfragen einer Erneuerung des Vertragsrechts“ den Zusammenhang zwischen dem Mechanismus des Vertragsschlusses und dem Gerechtigkeitsgehalt seines Ergebnisses belegt.[191] Es liege in der Natur des Austauschvertrages, dass der Vorteil der einen Partei im vertraglichen Austausch idealtypisch einem Nachteil der anderen entspricht.[192] Soweit ist dies zutreffend. Der Egoismus jeder Partei, der grundsätzlich darauf gerichtet ist, den erbrachten Aufwand der eigenen Leistung im Verhältnis zur Gegenleistung möglichst gering zu halten, steht dem entsprechenden Egoismus der jeweils anderen Partei gegenüber, der in dem Denkmodell auf das genaue Gegenteil gerichtet ist. Wegen des Erfordernisses der Einigung ist im Hinblick auf diese notwendig konträren Interessen bei der Festlegung des vertraglichen Ausgleichs jede Partei zum Nachgeben gezwungen.[193] Das schließlich gefundene Ergebnis wird in dem Modell für beide Seiten deshalb stets dem entsprechen, was beide Parteien noch als vernünftig erachten, und ist jedenfalls insoweit „richtig“.[194] Der Festlegung des vertraglichen Regelungsinhalts durch Vereinbarung geht also als Idealtypus ein dialektischer Willensbildungsprozess voraus, in dem jede Partei ihre Interessen soweit zurücknehmen muss, wie es erforderlich ist, um den Vertragsabschluss auch für die andere Partei interessengerecht sein zu lassen.[195] Dies ist letztlich nichts anderes als Sinn und Funktion des Konsensualprinzips, welches dem vertragsrechtlichen System des Bürgerlichen Gesetzbuches zugrunde liegt.[196]

---

che Entscheidungsfreiheit, S. 69 f.; *Bydlinski*, Privatautonomie, S. 62; *Flume*, Rechtsgeschäft, § 1 6 a.

[191] AcP 147, 130, 152.

[192] *Schmidt-Rimpler*, aaO., S. 152 f.

[193] *Schmidt-Salzer*, NJW 1971, 173, spricht insbesondere von einer Hemmung des Egoismus der wirtschaftlich stärkeren Partei.

[194] *Schmidt-Rimpler*, aaO., S. 152 stellt zutreffend fest, die Partei werde „sich im Zweifel nichts aufbürden, was sie nicht braucht“.

[195] So auch *Bydlinski*, Privatautonomie, S. 62, der von einem „gegenseitigen Abschleifen entgegenstehender Interessen im Verfahren der Vertragsbildung“ spricht; *M. Wolf*, Rechtsgeschäftliche Entscheidungsfreiheit, S. 69: „Im vertraglichen Einigungsprozess kann sich die Selbstbestimmung auf einen gerechten Interessenausgleich hin entfalten, indem der einzelne Vertragspartner bei den Vertragsverhandlungen seine Interessen wahrnimmt.“

[196] Grundlegend zum Konsensualprinzip *Flume*, Rechtsgeschäft, § 34 1.

b) Relevante Störungen mit Bezug zur vertraglichen Richtigkeit

Während damit über die Funktion des Mechanismus des Vertrages als Idee weitestgehend Einigkeit herrscht, bestehen wesentlich unterschiedliche Auffassungen darüber, wann eine Störung des idealtypisch festgestellten Richtigkeitsmechanismus des Vertrages ein Eingreifen im Wege der Inhaltskontrolle rechtfertigt. Die Frage nach den Voraussetzungen der Richtigkeitsstörung und damit nach dem Begriff der Richtigkeit ist die eigentliche Kernfrage der hier behandelten Ansätze.

Die grundlegendste Entscheidung ist in diesem Zusammenhang zunächst darüber zu treffen, ob der vorgenannte Mechanismus des Vertrages selbst oder erst die durch ihn erzielte Richtigkeit Geltungsgrund der rechtsgeschäftlichen Abrede sein soll.

Auf der einen Seite stehen dabei Auffassungen, die dem Konsensualprinzip selbst den Geltungsgrund der vertraglichen Abrede entnehmen, also die vertragliche Vereinbarung dann als bindend anerkennen, wenn der Mechanismus des Vertragsschlusses keine Störungen aufweist und somit ein gültiger Konsens gegeben ist.[197] Dass dieses Ergebnis auch häufig inhaltlichen Gerechtigkeitsvorstellungen genügt, dient dann allenfalls als argumentative Rechtfertigung der Daseinsberechtigung des Konsensualprinzips, da jedenfalls die Parteien ihre Vorstellung der Richtigkeit selbst durch ihren übereinstimmenden Willen festlegen. Um dem erzielten Konsens diese Wirkung der Festlegung einer für die Parteien richtigen, verbindlichen Ordnung zusprechen zu können, werden an den Mechanismus seiner Erzielung, der eben in diesem Sinne ein „richtigkeitsgewährender“ sein soll, spezielle Anforderungen insbesondere bezüglich der Situation der Parteien gestellt.[198]

Auf der anderen Seite befinden sich Ansichten, die die an inhaltsbezogenen Maßstäben gemessene Richtigkeit der vertraglichen Regelung an sich, also des Ergebnisses der von den Parteien getroffenen Vereinbarung, als relevantes Kriterium ansehen.[199] Die Tatsache, dass dem Erfordernis der Einigung im Austauschvertrag die Funktion zukommt, Richtigkeit des Vertragsinhalts zu gewähren oder zu begünstigen, stellt nach dieser Ansicht nicht nur die Daseinsberechtigung des Vertrages in der Rechtsordnung dar, sondern zumindest in der Regel auch dessen Grenze. Wo die inhaltliche Richtigkeit der Regelung durch die Einigung nicht gewährt ist, habe der Vertrag als Regelungsin-

[197] Zu diesen Auffassungen unten 2. Kapitel: III. 2. b) bb).

[198] *M. Wolf,* Rechtsgeschäftliche Entscheidungsfreiheit, S. 70, spricht von einer „Sicherung eines Wegs“ zur Erzielung von Vertragsgerechtigkeit; ähnlich *Canaris,* iustitia distributiva, S. 47.

[199] Zu diesen Ansichten sogleich 2. Kapitel: III. 2. b) aa).

strument versagt und die Bindung der Parteien an das Vereinbarte ihre Berechtigung verloren.[200]

Von dieser Differenzierung hängt unmittelbar ab, wann eine Störung im Sinne einer Abweichung zum Normfall vorliegt, die es erlaubt, sich über den Inhalt der Einigung der Parteien hinwegzusetzen und das vertragliche Ergebnis zu korrigieren. Wird nämlich in letzterem Sinne die zu erzielende inhaltliche Richtigkeit selbst als Geltungsgrund gesehen, ist das einzige relevante Kriterium für die Vertragskontrolle eine Abweichung des vertraglichen Inhalts von dem als richtig erkannten, wobei sich allein die weitere Frage nach dem Maßstab der Richtigkeit stellt. Wird hingegen in ersterem Sinne der vertragliche Mechanismus selbst als Geltungsgrund anerkannt, muss die Unrichtigkeit des Ergebnisses auf eine Störung dieses Mechanismus zurückgeführt werden, so dass letzten Endes ein Ergebnis dann auch stets inhaltlich richtig wäre, wenn die Voraussetzungen des Mechanismus vorliegen. Gegenstand der weiteren Fragestellung wäre dann konsequenterweise die nähere Beschaffenheit letzterer Voraussetzungen.

Strenggenommen muss also unterschieden werden zwischen „Richtigkeitsstörungen im vertraglichen Ergebnis" im Sinne von Abweichungen der vertraglichen Regelung von materiell-inhaltlichen Richtigkeitsvorstellungen und „Störungen des richtigkeitsgewährenden oder -fördernden Mechanismus". Diese Differenzierung soll daher auch den Aufbau der weiteren Untersuchung bestimmen.

aa) Störungen im vertraglichen Ergebnis selbst (materiell-inhaltliche Unrichtigkeit)

Obwohl die verwendete Terminologie dies nicht immer klar zum Ausdruck bringt[201], handelt es sich bei den in Bezug auf die vertragliche Richtigkeitsgewähr argumentierenden Ansätzen mitunter um solche, die in Wahrheit auf eine Vorstellung von objektiver Inhaltsgerechtigkeit abstellen, wobei der „richtigkeitsgewährende Mechanismus" des Vertrages nur als Argumentationshilfe dient.

(1) Die Lehre von der „volksgenössischen Gestaltung"

Zu den auf die inhaltliche Richtigkeit des Vertrags abstellenden Lehren zählt der ursprüngliche Ansatz *Schmidt-Rimplers,* den dieser in seiner Abhandlung „Grundfragen einer Erneuerung des Vertragsrechts"[202] erstmals präsentierte.[203]

---

[200] Vgl. zunächst nur *Schmidt-Rimpler*, AcP 147, 130, 157.

[201] Vgl. insbesondere *Schmidt-Rimpler,* AcP 147, 130, 143, der dort zur Bestimmung der Richtigkeit des Vertrages allein auf die Voraussetzungen des Vertragsschlusses abzustellen scheint, in Wahrheit aber im Ergebnis eine völlig andere Auffassung vertritt (dazu sogleich).

[202] AcP 147, 130 ff.

(a) Das Verständnis der Richtigkeit als Voraussetzung rechtlicher Ordnung

Nach der dort zum Ausdruck gebrachten Vorstellung *Schmidt-Rimplers*[204] unterliegt jede Rechtsbeziehung von Individuen dem unbedingten Erfordernis der Richtigkeit, ohne die sie nicht als Ordnung anerkannt werden kann.[205] Als maßgeblich sieht er dabei das Rechtsverhältnis der Parteien selbst, nicht die Art seiner Begründung an, die grundsätzlich hoheitlich oder „volksgenössisch" (vertraglich) erfolgen könne.[206]

Das von *Schmidt-Rimpler* an jede Form der Ordnung gestellte Richtigkeitserfordernis ist infolgedessen grundsätzlich davon unbeeinflusst, ob die Rechtsbeziehung durch Vertrag oder hoheitlich begründet ist. Jede Form der Begründung von Rechtsbeziehungen der Parteien wird nur soweit als legitimiert angesehen, wie sie materielle Richtigkeit gewährt, ohne dass dem Vertrag als möglichem Regelungsinstrument dabei ein Vorrang zukäme. *Schmidt-Rimpler* lehnt deswegen den Willen der Parteien und damit den Mechanismus des Vertragsschlusses als Geltungsgrund der vertraglichen Abrede, den Vertrag als Rechtsquelle und damit im Ergebnis sogar den Gedanken der Privatautonomie ausdrücklich ab.[207] Insbesondere soll das von den Parteien Vereinbarte nach der Ansicht *Schmidt-Rimplers* nicht etwa bereits deswegen richtig sein, weil die Parteien dem zugestimmt haben.[208] Der Vertrag sei insoweit nicht eine „Ermächtigung zur Selbstrechtssetzung", sondern beliebiges Regelungsinstrument zur Erzielung einer von der Rechtsordnung vorgegebenen Wertung.[209] Folge der fehlenden objektiven

---

[203] In späteren Veröffentlichungen will *Schmidt-Rimpler* diesen Ansatz zwar beibehalten wissen, führt inhaltlich jedoch wesensmäßig Unterschiedliches aus (dazu unten 2. Kapitel: III. 2. b) aa) (2)).

[204] AcP 147, 130 ff.

[205] AaO., S. 138; unter Hervorhebung des Aspektes der material verstandenen Gerechtigkeit bestätigend *ders.*, FS Raiser 1974, S. 3, 22.

[206] AaO., S. 138 f.; die Annahme, dass eine von *Schmidt-Rimpler* so genannte „Sonderverbindung" zwischen den Parteien stets durch Vertrag begründet werde, sieht dieser als Eigenart der „liberalen Auffassung" an, meint aber, dass solche Verhältnisse „auch in weitem Umfang hoheitlich gestaltet werden müssen, um eine richtige Gemeinschaftsordnung zu erzielen" (aaO., S. 139); prinzipiell bestätigend *ders.*, FS Raiser 1974, S. 3, 7.

[207] AaO., S. 147, 159 (missverständlich allerdings S. 157). *Schmidt-Rimpler* geht davon aus, dass die „Rechtsfolge an die Parteigestaltung anknüpft, aber nur unter der Voraussetzung, dass dieser Parteiwille das Richtige bezwecke" (aaO., S. 165). Dies ist zwar der Form nach noch ein Abstellen auf den Parteiwillen, inhaltlich wird jedoch die objektiv gewertete Richtigkeit zum alleinigen Kriterium erhoben. Dies erkennt *Fastrich*, Richterliche Inhaltskontrolle, S. 53.

[208] So explizit aaO., S. 157 gegen die „liberale Auffassung"; ebenso noch *ders.*, FS Raiser 1974, S. 3, 10: Die Freiheit der Persönlichkeit sei zwar Grundlage des Vertrages, aber nicht die alleinige, „sondern, da der Wille niemals Gerechtigkeit gewährleistet, nur in einer Bindung an die Gerechtigkeit." Der „Gedanke der Selbstbestimmung" könne „niemals als solcher ein Prinzip einer Rechtsordnung sein, d.h. einer nach Gerechtigkeit strebenden Ordnung."

[209] AaO., S. 156.

Richtigkeit ist nach Ansicht *Schmidt-Rimplers* daher ohne weiteres die Unverbindlichkeit der Vereinbarung.[210]

(b) Der Inhalt der Richtigkeit

Ähnlich wie in dem ursprünglichen Ansatz *L. Raisers*[211] wird das Richtige als vorgegebenes und von den Wertungen der Parteien unabhängiges, objektives Moment verstanden, an welchem jede Rechtsbeziehung zu messen sei. Der Begriff der Richtigkeit wird dabei zwar nicht schlichtweg mit materiell-inhaltlicher Richtigkeit im Sinne objektiv verstandener Inhaltsgerechtigkeit gleichgesetzt. Neben der im Bereich der Inhaltskontrolle Allgemeiner Geschäftsbedingungen in erster Linie berührten „ethisch bestimmten Gerechtigkeit" im Sinne materiell-inhaltlicher Gerechtigkeit und der „von der Gemeinschaft aus gesehenen Zweckmäßigkeit" umfasst der Begriff der Richtigkeit nach der Ansicht *Schmidt-Rimplers* darüber hinaus die „Rechtssicherheit (einschließlich Rechtsklarheit) und die Verkehrssicherheit".[212]

Wertungen der Parteien finden in die Ermittlung der Richtigkeit damit wiederum keinen Eingang. Insbesondere wird auch der Maßstab der „ethisch bestimmten Gerechtigkeit" ähnlich wie in der ursprünglichen Missbrauchsthese nicht in dem Verhältnis der Parteien, sondern in Vorgaben der Gemeinschaft, die auch als Volksgenossenschaft bezeichnet wird, gesucht: „Auch wenn [sachliche Grundsätze] im Einzelfall die Rechtsstellung des einzelnen Rechtsgenossen sichern, tun sie es als Richtigkeitsgrundsätze doch lediglich um der Gemeinschaft Willen."[213]

Unter der Prämisse, dass die Richtigkeit der Parteiabrede nicht aus dem rechtsgeschäftlichen Willen der Mitwirkenden, sondern allein anhand der in der Vereinbarung liegenden objektiven Richtigkeit mit Rücksicht auf die Belange der Volksgenossenschaft gesehen wird, kommt dem Vertrag nach dieser Ansicht sogar nur eine „sehr begrenzte" Richtigkeitsgewähr zu.[214] Zwar ziele der Mechanismus des Vertragsschlusses auf einen Ausgleich zwischen den Parteien, jedoch berücksichtigten diese regelmäßig nur ihre eigenen Interessen, während die Belange der Volksgenossenschaft in den vertraglichen Ausgleich häufig kei-

---

[210] Wo der vertragliche Mechanismus im Einzelfall eine inhaltliche Richtigkeit des Vertrages nicht herbeiführe und daher „versage", sei der Vertrag „überhaupt kein geeignetes Mittel zur Ordnung der Lebensverhältnisse". Es sei daher eine hoheitliche Gestaltung erforderlich. (aaO., S. 157).

[211] Dazu vorstehend 2. Kapitel: III. 1. a).

[212] AaO., S. 132; bestätigend *ders.*, FS Raiser 1974, S. 3, 10.

[213] *Schmidt-Rimpler,* aaO., S. 135; dies erinnert insbesondere stark an die Aussage *L. Raisers*, der Einzelne werde nicht um seiner selbst Willen geschützt, siehe oben Fn. 100; zurückhaltender insoweit später *Schmidt-Rimpler*, FS Raiser 1974, S. 3, 10.

[214] AaO., S. 165; *Schmidt-Rimpler* spricht in diesem Zusammenhang sogar von „Richtigkeitsmängeln" des Vertrags als Ordnungsprinzips (aaO., S. 169).

nen Eingang fänden.[215] Wenn der Vertrag als Gestaltungsmittel von dieser Ansicht dennoch anerkannt wird, so geschieht dies in erster Linie aus der Überzeugung heraus, dass eine Regelung der Parteibeziehungen durch allein hoheitliche Gestaltung nicht rechtssicher möglich wäre[216], also letztlich aus einer Überlegung der Verkehrssicherheit heraus,[217] weil, so *Schmidt-Rimpler,* die ausnahmslose Normierung sämtlicher Rechtsfolgen für jeden Einzelfall die Ordnung gänzlich unüberschaubar machen und an sich ad absurdum führen würde.[218] Neben diesem Argument der Rechts- und Verkehrssicherheit spricht nach Ansicht *Schmidt-Rimplers* gegen eine ausschließlich hoheitliche Gestaltung von Rechtsbeziehungen und für die Akzeptanz des Vertrages als Ordnungsmittel vor allem das praktische Problem, dass die Ermittlung des Richtigen, also die Bedürfnisse des Einzelnen und der Gemeinschaft in Bezug auf die konkrete Rechtsbeziehung, im Einzelfall „größte Schwierigkeiten" bereiten könne.[219] In rechtspolitischer Hinsicht befürchtet *Schmidt-Rimpler* im Falle der Abschaffung des Vertrages einen Verfall jeder „persönlichen Initiative" und „Verantwortungsfreude".[220]

Aufgrund dieser in einem gänzlichen Verzicht auf den Vertrag liegenden Schwierigkeiten wird der Vertrag daher nicht wegen, sondern trotz seines Grades an Richtigkeitsgewähr als Regelungsinstrument akzeptiert.

(c) Die Grenzen des Vertrages als Ordnungsprinzip

Diese Herleitung der Daseinsberechtigung des Vertrages bringt es mit sich, dass an die Begrenzung seiner Regelungswirkung keine allzu großen Anforderungen gestellt werden. Obwohl die Erkenntnis *Schmidt-Rimplers* von der Eigenschaft des Konsensualprinzips, auf einen Ausgleich zwischen den Parteiinteressen zu zielen, heute gemeinhin als die Entdeckung der richtigkeitsgewährenden Funktion des Vertragsmechanismus gefeiert wird, wird der Begriff der Richtigkeit und damit auch die Tauglichkeit des Vertrages zur Richtigkeitsgewähr unter der vorgenannten Prämisse der Unerheblichkeit des rechtsgeschäftlichen Willens für den Geltungsanspruch des Vertrages dort durchaus nicht im Sinne der vorrangi-

---

[215] *Schmidt-Rimpler,* AcP 147, 130, 165.

[216] *Schmidt-Rimpler* hält eine solche hoheitliche Regelung jedes Einzelfalles anhand der Vorgaben von materieller Gerechtigkeit und Zweckmäßigkeit zwar nicht a priori für unzulässig, wendet jedoch ein, dass Ordnung „infolge menschlicher Unvollkommenheit nicht durchführbar wäre, wenn man in jedem Fall das gerade für ihn richtige normieren würde", woraus sich das „Erfordernis der Rechtssicherheit" ergebe (aaO., S. 133 f.).

[217] AaO., S. 132 f. dabei soll im Ergebnis zwischen den Anforderungen der Verkehrs- und Rechtssicherheit und der im Einzelfall vorliegenden Abweichung in der sachlichen Richtigkeit, insbesondere der Benachteiligung des Einzelnen, abgewogen werden (aaO., S. 136, 137).

[218] AaO., S. 134.

[219] AaO., S. 169.

[220] AaO., S. 170.

gen Maßgeblichkeit des auf diese Weise gebildeten Parteiwillens verstanden. Der Vertrag soll seinen Regelungsanspruch nur aus der Richtigkeit seines Ergebnisses ableiten können, so dass dort, wo diese Richtigkeit typischerweise oder im Einzelfall auch unter dem Gesichtspunkt der Verkehrssicherheit nicht gegeben ist, die Unwirksamkeit des Vertrages legitime und konsequente Folge der materiell-inhaltlichen Unrichtigkeit und insbesondere nicht durch den Willen der Parteien zu der Regelung gehindert ist.[221] *Schmidt-Rimpler* selbst neigt dabei vor allem einer apriorischen hoheitlichen Gestaltung der Rechtsbeziehung für Fälle zu, in denen inhaltlich unrichtige Ergebnisse nicht nur seltene Ausnahme sind, da er eine nachträgliche richterliche Kontrolle nicht für ausreichend rechtssicher durchführbar hält.[222] Dies ist als Stellungnahme gegen eine Inhaltskontrolle an sich verstanden worden.[223] Ob letztere Auslegung angesichts der Tatsache zutrifft, dass in der durch die AGB-Regeln angeordneten Form der Inhaltskontrolle die Regelung der Rechtsbeziehungen der Parteien zumindest teilweise, nämlich durch die Klauselverbote ohne Wertungsmöglichkeit, durchaus ex ante und hoheitlich erfolgt, kann dahingestellt bleiben. Ungeachtet der Frage, ob die Inhaltskontrolle bereits in der ursprünglichen Ansicht *Schmidt-Rimplers* als geeignete Reaktion auf das behauptete Versagen des Vertrages als Regelungsmechanismus angesehen wird, könnte mit ihren Argumenten zumindest dem Grunde nach erklärt werden, warum der auf die Einbeziehung der Allgemeinen Geschäftsbedingungen als Vertragsbestandteil gerichtete Parteiwille deren inhaltliche Kontrolle nicht hindert.

(d) Kritik

Unbeschadet der Zweifelhaftigkeit des Postulats, der Vertrag müsse seinem Inhalt nach überhaupt Vorgaben der inhaltlich-materiellen Gerechtigkeit entsprechen[224], ist jedoch bereits die Forderung einer Übereinstimmung des Rechtsgeschäfts mit den Erfordernissen der „Volksgenossenschaft" als Kernpunkt dieses Ansatzes nicht haltbar. Die begriffliche Problematik eines an den Vorgaben der Gesamtrechtsordnung oder Volksgenossenschaft orientierten Gerechtigkeitspostulats wurde bereits in der Analyse des ursprünglichen Missbrauchsansatzes dargelegt[225] und stellt sich hier in identischer Weise, weshalb die Erfordernisse der „Volksgenossenschaft" schon deswegen als Maßstab ausscheiden müssen.

Darüber hinaus ist auch diese Ansicht nicht mit dem Verständnis des Bürgerlichen Gesetzbuches von der Privatautonomie der Parteien vereinbar, die das Recht der Vertragsschließenden umfasst, ihren Regelungen subjektive Wertun-

---

[221] AaO., S. 157, 165, 167.

[222] AaO., S. 165 ff.

[223] *Fastrich*, Richterliche Inhaltskontrolle, S. 56.

[224] Dazu sogleich 2. Kapitel: III. 2. b) aa) (2) (b) (bb).

[225] 2. Kapitel: III. 1. a) ee) (1).

gen zugrunde zu legen.[226] Wie schon in der Auseinandersetzung mit der *Raiser'*schen Auffassung gezeigt wurde, schulden die Parteien der Gesamtheit in den Grenzen der gesetzlich angeordneten Schranken im Grundsatz gerade keine Rechtfertigung für die von ihnen festgelegten Regelungsinhalte, sondern können diese durch ihren Willen als Geltungsgrund des Vertrages selbst bestimmen und haben ihnen aus ihren Bestimmungen erwachsende Nachteile grundsätzlich selbstverantwortlich zu tragen.[227] Insoweit gilt wiederum „*stat pro ratione voluntas*"[228]. Gerade der rechtsgeschäftliche Wille der Parteien als Maßstab der Regelung ihrer Individualbeziehungen wird von *Schmidt-Rimpler* jedoch abgelehnt.[229] Der Vertragsschluss wird von *Schmidt-Rimpler* daher letztlich wie in der ursprünglichen Missbrauchsthese in unzulässiger Weise auf ein bloßes Mittel zum Zweck der Erzielung eines anhand gemeinschaftlicher Maßstäbe gebilligten Ergebnisses reduziert, ohne dass berücksichtigt wird, dass es nach der dem Bürgerlichen Gesetzbuch innewohnenden Vorstellung von Vertragsfreiheit den Parteien in weiten Grenzen freisteht, die ihren Rechtsbeziehungen zugrunde liegenden Wertungen durch ihren rechtsgeschäftlichen Willen selbst zu bestimmen, und ein Gebot der Übereinstimmung mit Wertungen der Gesellschaft, der Rechtsordnung, oder, in der Terminologie *Schmidt-Rimplers*, der Volksgenossenschaft nicht besteht.

Der Gedanke, die Wirksamkeitsgrenzen des Vertrages bereits in jeder Abweichung seines Ergebnisses von derartigen Wertungsvorgaben hinsichtlich seiner inhaltlichen Richtigkeit zu sehen, ist deshalb aus denselben Gründen abzulehnen, die bereits für die Verwerfung der ursprünglichen Missbrauchsthese ausschlaggebend waren. Insbesondere ist die ihm zugrunde liegende völlige Abkehr von der Maßgeblichkeit des Parteiwillens, wie sie *Schmidt-Rimpler* für die Regelungen des Volksgesetzbuches vorsehen wollte, mit den im Bürgerlichen Gesetzbuch vorherrschenden Grundsätzen der Selbstbestimmung und Selbstverantwortung nicht vereinbar.[230]

---

[226] *Flume*, Rechtsgeschäft, S. 7 f.; *Fastrich*, Richterliche Inhaltskontrolle, S. 53; siehe auch oben 2. Kapitel: III. 1. a) ee) (2).

[227] Siehe dazu oben 2. Kapitel: III. 1. a) ee) (2) mit zahlreichen Nachweisen.

[228] Vgl. die Nachweise oben Fn. 125; ausdrücklich gegen diesen Satz unter Verleugnung des Prinzips der Selbstbestimmung allerdings *Schmidt-Rimpler*, FS Raiser 1974, S. 3, 22.

[229] Neben dieser bereits oben in Fn. 207 zitierten ausdrücklichen Ablehnung des Willens der Parteien als Maßgabe der Richtigkeit zeigt sich das Verständnis *Schmidt-Rimplers* auch darin, dass er die ausnahmsweise Bindung an ein nach objektiven Maßstäben als sachlich unrichtig zu bezeichnendes Ergebnis lediglich in Erwägungen der Verkehrssicherheit sucht (vgl. etwa AcP 147, 130, 134 ff., besonders 136). Der Wille zählt nur so viel, wie ihm die andere Seite an Vertrauen entgegenbringt. Diese Betrachtung muss sich freilich den Einwand gefallen lassen, dass infolge der Willenserklärung auch in diesem Fall Erfüllung, und nicht lediglich Ersatz des Vertrauensinteresses, geschuldet ist.

[230] *Fastrich*, Richterliche Inhaltskontrolle, S. 53, bezeichnet den Ansatz daher als „unbrauchbar"; ähnlich *M. Wolf*, Rechtsgeschäftliche Entscheidungsfreiheit, S. 20: „ohne Bedeutung".

(2) Zeitgenössische Ausformungen der Orientierung an der Inhaltsgerechtigkeit

Das damit als primärer Mangel der These *Schmidt-Rimplers* erkannte Problem der strikten Abhängigkeit des Richtigkeitsbegriffs von objektiven Wertungen der Gemeinschaft, welches nach vorstehender Erkenntnis die Übertragbarkeit des ursprünglichen Ansatzes auf die heutige Zeit hindert, hat nicht zu einer völligen Abkehr von dem Gedanken der Orientierung an der inhaltlichen Richtigkeit des vertraglichen Ergebnisses geführt.[231]

In neuerer Zeit hat vor allem *Fastrich* die von ihm so genannte „Theorie der Richtigkeitsgewähr" neben anderen Erklärungsmodellen als Grundlage der Inhaltskontrollvorschriften des Bürgerlichen Gesetzbuches erachtet.[232] Der *Fastrich'*sche Ansatz eignet sich besonders deswegen zur Erhellung der hier gegenständlichen Problematik, da er ebenfalls von der „Unbrauchbarkeit" des ursprünglichen Richtigkeitsmodells *Schmidt-Rimplers* aufgrund des dargelegten Wertungswiderspruchs mit dem Prinzip der Privatautonomie ausgeht.[233] Neben der Abstandnahme von der Gemeinwohlorientierung sieht *Fastrich* anders als *Schmidt-Rimpler* insbesondere auch den Geltungsanspruch des Vertrages nicht in seiner Richtigkeit, sondern in dem auf die Regelung gerichteten Willen der Parteien begründet.[234] Aufgrund der prinzipiell auf inhaltliche Richtigkeit zielenden Funktion des Vertragsmechanismus sei eine Inhaltskontrolle jedoch dann erforderlich, wenn der durch den Vertrag erzielte Regelungsinhalt generell oder typischerweise das objektiv Richtige verfehle.[235]

(a) Die Wertungen der Parteien als Maßstab

Fastrich weist in seiner Auseinandersetzung mit der ursprünglichen Richtigkeitstheorie *Schmidt-Rimplers* in Anlehnung an spätere Relativierungen durch diesen selbst zunächst auf die Möglichkeit hin, die inhaltliche Richtigkeit des Vertrages nicht an objektiven Maßstäben zu messen, sondern ihrer Überprüfung die Wertungen der Parteien als Maßstab zugrunde zu legen.[236] Dieser Gedanke, der bei *Fastrich* auch lediglich nebenbei anklingt und im Ergebnis seiner Argu-

---

[231] Nach *Schmidt-Rimpler* etwa *Fastrich*, Richterliche Inhaltskontrolle, S. 55; *Lieb*, AcP 178, 196, 202; mit dem „Postulat der materialen Vertragsgerechtigkeit" argumentiert *Lindacher*, BB 1972, 296, 297; *Wellenhofer-Klein*, ZIP 1997, 774, 777.

[232] Richterliche Inhaltskontrolle, S. 55 ff.

[233] Siehe oben Fn. 230.

[234] Richterliche Inhaltskontrolle, S. 53; die inhaltliche Richtigkeit als generellen Geltungsgrund der Abrede verneinend auch *Coester-Waltjen*, AcP 190, 1, 15.

[235] AaO., S. 54, dazu sogleich 2. Kapitel: III. 2. b) aa) (2) (b); in diese Richtung relativierend auch schon *Schmidt-Rimpler*, FS Raiser 1974, S. 3, 25.

[236] *Fastrich*, Richterliche Inhaltskontrolle, S. 53 mit Bezugnahme auf spätere Veröffentlichungen *Schmidt-Rimplers* (FS Raiser 1974, S. 3, 15 und FS Nipperdey 1955, S. 1, 5 ff.); eine Distanzierung *Schmidt-Rimplers* von der vormaligen Gemeinwohlorientierung erfolgt dabei jedoch nicht vollständig, vgl. nur FS Raiser 1974, S. 3, 10 f.

mentation nicht tragend zugrunde liegt, ist zwar auf den ersten Blick als Mittel zur Bewältigung der mit einer objektiven Gerechtigkeitskontrolle verbundenen Probleme einleuchtend, fordert bei konsequenter Umsetzung jedoch streng genommen bereits eine Loslösung von einer Orientierung an der inhaltlichen Richtigkeit des Vereinbarten. Was die Parteien als richtig bewerten, kann nämlich nicht anders als anhand ihrer rechtlich relevanten Äußerungen dieser Wertungen, in Bezug auf den Vertrag also ihres rechtsgeschäftlichen Willens, beurteilt werden. Die Frage danach, was die Parteien als richtig bewerten, kann deswegen nur als die Frage nach ihrem gültigen rechtsgeschäftlichen Willen gestellt werden. Eben diese Betrachtung ist dann aber gerade nicht mehr inhaltlich, sondern an den Voraussetzungen des rechtsgeschäftlichen Willens orientiert, auf die noch gesondert einzugehen ist.[237] Sie steht insoweit in Widerspruch zu der im Übrigen objektiven Ausrichtung des *Fastrich'*schen Ansatzes.

Gemeint ist dort auch vermutlich etwas anderes: Die veränderte Betrachtung bringt den Maßstab für die inhaltliche Richtigkeit von der Ebene des Gemeinwohls auf die Ebene der Beziehung der Parteien, so dass er nicht länger den Makel trägt, die Belange der Parteien in deren Partikularordnung hinter die Belange der Gemeinschaft zurücktreten zu lassen.

(b) Die Inhaltsrichtigkeit als von der Selbstbestimmung verschiedene Ebene

Die *Fastrich*'sche Analyse macht bei diesem Perspektivenwechsel indes nicht Halt, sondern versucht im Wege einer „Koordination des Selbstbestimmungsgedankens mit *Schmidt-Rimplers* Theorie der Richtigkeitsgewähr“[238] den Ausgleich zwischen dem Postulat der inhaltlichen Richtigkeit des Vertrags und dem grundsätzlichen Recht der Parteien, den Vertragsinhalt nach ihren Vorstellungen zu bestimmen.

(aa) Vorschlag der Korrektur des vertraglichen Ergebnisses bei typischer Inhaltsunrichtigkeit auf übergeordneter Ebene

Auch *Fastrich* geht davon aus, dass die Möglichkeit subjektiver Wertungen der Parteien infolge ihrer Privatautonomie durch die Richtigkeitstheorie nicht als solche eingeschränkt wird. Entgegen der ursprünglichen Auffassung sei der Vertrag daher insbesondere nicht bereits in jedem Einzelfall zu korrigieren, in dem er inhaltliche Richtigkeit nach objektiven Kriterien nicht gewährt.[239] Da andererseits das subjektiv Gewollte aufgrund der Wirkung des Vertragsmechanismus regelmäßig auch dem objektiv Gerechten entspreche, könne die Erzielung einer nach objektiven Maßstäben gerechten Regelung durchaus, wenn nicht in jedem

[237] Unten 2. Kapitel: III. 2. b) bb) und 2. Kapitel: III. 3.

[238] *Coester-Waltjen*, AcP 190, 1, 14.

[239] Letzteres Verständnis lehnt *Fastrich* ausdrücklich als „mit dem Grundgedanken der Autonomie unvereinbar“ ab (aaO., S. 53); vgl. auch aaO., S. 43; ähnlich *Coester-Waltjen*, AcP 190, 1, 15.

Einzelfall, so doch im Grundsatz als Ziel und Funktion des Konsensualprinzips angesehen werden.[240] Obwohl es den Parteien freistehe, von der objektiven Richtigkeit inhaltlich abweichende Regelungen zu treffen, gebiete daher auf „übergeordneter Ebene“ die Richtigkeitsfunktion des Vertrages dem Gesetzgeber, notfalls auch der Gerichtsbarkeit, in solchen Fällen korrigierend tätig zu werden, wo die inhaltliche Gerechtigkeit der Regelung durch den Mechanismus des Vertragsschlusses typischerweise nicht gewährleistet werde.[241] In derartigen Fällen liege ein generelles Versagen der Richtigkeitsgewähr des Vertrages vor, welches den Vorrang objektiv-inhaltlicher Gerechtigkeitsmaßstäbe vor dem Willen der Parteien rechtfertige.[242] Aus dem Gedanken der Selbstgestaltung der Rechtsverhältnisse des Einzelnen nach seinem Willen lasse sich die Inhaltskontrolle hingegen nicht rechtfertigen.[243] Mit dem ursprünglichen wie auch späteren Ansatz *Schmidt-Rimplers* gemeinsam hat die *Fastrich*'sche Sichtweise damit die Orientierung am vertraglichen Ergebnis.

(bb) Kritik

Letztere Überlegung ist rechtspolitisch sicherlich zumindest bedingt richtig und wäre rechtstechnisch auch zur Erklärung der ratio der Inhaltskontrollregeln geeignet. Wie sie jedoch bei *Fastrich* nur als Teil einer auf mehreren Ebenen basierenden Gesamtkonzeption gedacht ist, ist sie für sich genommen aus dogmatischer Sicht als Begründung der Inhaltskontrolle zunächst insoweit unvollständig, als sie die objektive Gerechtigkeit der Regelung auf die materielle Inhaltsgerechtigkeit beschränkt, von der auf anderer Ebene eingeräumt wird, sie sei für die Parteien aufgrund ihrer Vertragsfreiheit nicht verbindlich.[244] In der Tat möchte *Fastrich* selbst seinen Ansatz aus diesem Grund mit Blick auf den Grundsatz der Verhältnismäßigkeit als subsidiär zu „autonomienäheren Kompensationsmitteln“ verstanden wissen.[245] Ob die dem Modell implizite Annahme des Fehlens solcher autonomienäherer Kompensationsmittel für den Bereich der Allgemeinen Geschäftsbedingungen zutrifft, kann an dieser Stelle dahinstehen, da die These *Fastrichs* unabhängig davon nicht tragfähig ist. Sie versäumt näm-

---

[240] AaO., S. 53.

[241] AaO., S. 54; ähnlich *Coester-Waltjen*, AcP 190, 1, 15, die einen Kontrollbedarf annimmt, wenn „die objektive Richtigkeit des Vereinbarten nicht nur im Einzelfall, sondern generell oder in bestimmten Fallgruppen verfehlt wird“.

[242] *Fastrich*, Richterliche Inhaltskontrolle, S. 73 ff.

[243] *Fastrich*, Richterliche Inhaltskontrolle, S. 38; damit unterscheidet er sich deutlich von Ansätzen, die zur Beantwortung der Frage der Vertragsrichtigkeit an der Gültigkeit des rechtsgeschäftlichen Willens anknüpfen, dazu sogleich 2. Kapitel: III. 2. b) bb) (2).

[244] Gegen ein Abstellen auf den Vertragsinhalt zur Feststellung des Versagens der Richtigkeitsgewähr daher auch *Coester-Waltjen*, AcP 190, 1, 17 f.

[245] Richterliche Inhaltskontrolle, S. 77.

lich, den Grund für den ausnahmsweisen Vorrang der Inhaltsgerechtigkeit über den geäußerten Parteiwillen plausibel zu machen.

- Die Problematik der objektiven Inhaltsrichtigkeit

Im Grundsatz versteht das Bürgerliche Gesetzbuch, was auch von *Fastrich*[246] so gesehen wird, eine Regelung nicht allein dann als gerecht, also als „richtig", wenn sie einer objektiv ermittelbaren inhaltlichen Regelungsvorstellung entspricht, sondern räumt den Parteien vorrangig ein, eine eigene Ordnung zu schaffen, indem sie insbesondere den nach ihren Maßstäben gerechten Austausch bestimmen und Sekundärregeln nach ihrem Ermessen gestalten. Die so getroffene Regelung gilt, weil sie gewollt, und nicht weil sie objektiv richtig ist.[247] Sie wird, soweit sie von einer objektiv gerechten Vorgabe, also etwa dem dispositiven Gesetzesrecht abweicht, an dessen Maßstäben gemessen regelmäßig zum Nachteil einer der Parteien ausfallen, da im Austauschvertrag grundsätzlich der Vorteil des einen dem Nachteil des anderen entspricht. Dass die benachteiligte Partei dies hinnehmen muss, ist Ausfluss der ihrer Selbstbestimmung zugehörigen Selbstverantwortung.[248] *Bydlinski* stellt zutreffend fest, dem Bürgerlichen Gesetzbuch liege „jeder Gedanke daran fern, dass der Inhalt eines Vertrages an sich irgendwie ausgeglichen sein oder gleichwertige Positionen begründen sollte; genug, dass die Leistung nicht gesetzes- oder sittenwidrig" sei.[249]

Letztendlich kennt damit das Bürgerliche Gesetzbuch nicht nur den Aspekt der Inhaltsrichtigkeit, sondern vorrangig denjenigen der Richtigkeit infolge selbstverantwortlicher Zurechnung.[250] Auch und gerade die frei von einer relevanten

---

[246] Richterliche Inhaltskontrolle, S. 43; ähnlich *Singer*, Selbstbestimmung, S. 40.

[247] Zum Grundsatz „stat pro ratione voluntas" bereits oben 2. Kapitel: III. 1. a) ee) (2); *Flume*, Rechtsgeschäft, § 1 6 a; *ders.*, FS 100 Jahre DJT 1960, S. 135, 141; auch *Fastrich* selbst, Richterliche Inhaltskontrolle, S. 43 unter anderem unter Bezugnahme auf BGHZ 16, 4, 8; ebenso *Coester-Waltjen*, AcP 190, 1, 15.

[248] Vgl. nochmals oben 2. Kapitel: III. 1. a) ee) (2); dies wird übrigens auch von *Fastrich* so gesehen, vgl. Richterliche Inhaltskontrolle, S. 37; ähnlich *Singer*, Selbstbestimmung, S. 41; *Fastrich*, aaO., S. 45, weist insbesondere auch auf die Bedeutung des Grundsatzes der Bindung an das gegebene Wort hin; den Aspekt der Selbstverantwortung betont auch *Coester-Waltjen*, AcP 190, 1, 15.

[249] Privatautonomie, S. 103; *Coester-Waltjen*, AcP 190, 1, 15, weist daher zutreffend darauf hin, wenn bereits unbillige oder unvernünftige Regelungen unwirksam wären, bräuchte sich das Gesetz der sittenwidrigen nicht anzunehmen; ähnlich in Bezug auf die bundesverfassungsgerichtliche Rechtsprechung BVerfGE 81, 242 ff. und 89, 214 ff. *Singer*, JZ 1995, 1133, 1139.

[250] Siehe nochmals *M. Wolf*, Rechtsgeschäftliche Entscheidungsfreiheit, S. 3; ähnlich *Wackerbarth*, AcP 200, 45, 49; dagegen *Schmidt-Rimpler*, FS Raiser 1974, S. 3, 17 f., der zu diesem Zweck allerdings das Prinzip der Selbstbestimmung an sich leugnen muss, was mit der Konzeption des Bürgerlichen Gesetzbuches nicht vereinbar ist.

Störung der Selbstbestimmung getroffene Regelung ist „richtig“[251], weshalb die Richtigkeit nicht als reine nach objektiven Vorstellungen der materiellen Gerechtigkeit bestimmte Inhaltsrichtigkeit isoliert von dem Willen der Parteien betrachtet werden darf.[252] Daher kann eine Regelung eben nicht nur unter dem Aspekt der objektiven Inhaltsgerechtigkeit, sondern in gleichwertiger Weise unter dem Aspekt der Selbstverantwortung der benachteiligten Partei von der Rechtsordnung anzuerkennen sein, weswegen ein nach objektiven Maßstäben inhaltlich richtiges Ergebnis stets nur dann durchgesetzt werden kann, wenn es dem Willen der Parteien entspricht die Selbstbestimmung zumindest einer der Parteien in einer Weise beeinträchtigt ist, die die Grenzen ihrer Selbstverantwortung überschreitet.[253]

Dies ist somit im Hinblick auf die vertragliche „Richtigkeit“ auch die eigentliche Frage für die ratio der Kontrolle inhaltlich unangemessener Allgemeiner Geschäftsbedingungen. Eine inhaltlich unangemessen benachteiligende Regelung ist im Grundsatz einem Urteil über ihre objektiv-inhaltliche Richtigkeit nur zugänglich, wenn die Voraussetzungen selbstbestimmter Willensbildung unter Berücksichtigung der Selbstverantwortung der Parteien bei Vertragsschluss nicht vorlagen.

- Die Untauglichkeit des Abstellens auf generelle oder typische objektiv-inhaltliche Unrichtigkeit

Die von *Fastrich* vorgeschlagene Einschränkung, die Begrenzung der Vereinbarungsmöglichkeit nicht für jeden einzelnen Vertrag zu vollziehen, sondern auf eine übergeordnete Ebene zu verlagern und dann zum Tragen kommen zu lassen, wenn „die Richtigkeitsgewähr in einem bestimmten Bereich generell versagt“,[254] vermag diesen Mangel der materiellen Richtigkeitstheorie nicht zu heilen. *Fastrich* versäumt nämlich zu begründen, warum in der Vermehrung der Anzahl der inhaltlich nach objektiven Maßstäben beanstandeten Verträge ein Grund für das Eingreifen der Rechtsordnung liegen soll. Es überzeugt nicht, dass dasselbe Ergebnis, das die Rechtsordnung im Verhältnis der Parteien aufgrund deren Vertragsfreiheit anerkennt, durch die Kumulation mehrerer entspre

---

[251] *Flume*, FS 100 Jahre DJT 1960, S. 135, 143; für die Selbstbestimmung als Grundlage der vertraglichen Richtigkeit auch *M. Wolf*, Rechtsgeschäftliche Entscheidungsfreiheit, S. 74; *Flume*, Rechtsgeschäft, § 1 6 a.

[252] Von den Vertretern der materiellen Richtigkeitstheorien wird der Begriff der Richtigkeit freilich, wie gesehen, nicht in diesem Sinne gebraucht, sondern die Richtigkeit an inhaltlichen Kriterien gemessen; *Fastrich*, Richterliche Inhaltskontrolle, S. 215, lehnt einen Ansatz bei den Funktionsvoraussetzungen des Rechtsgeschäfts ausdrücklich ab. Gegen den Begriff der Richtigkeit des Vertrages insgesamt daher *Adomeit*, NJW 1994, 2467, 2468.

[253] Speziell für die Inhaltskontrolle Allgemeiner Geschäftsbedingungen *Kötz*, 50. DJT, A 30.

[254] Richterliche Inhaltskontrolle, S. 56.

chender Vertragsverhältnisse unzulässig sein soll.[255] Insbesondere wird durch die Erhöhung der Anzahl der geschlossenen Verträge der Charakter deren Ergebnisses als Problem der Individualgerechtigkeit im Austauschverhältnis jeweils zweier Parteien nicht per se verändert. In der Tat sind auch in einem solchen Fall der Häufung objektiv als unangemessen empfundener Vereinbarungen die Parteien der jeweiligen Einzelverträge Herren ihrer Partikularordnungen und für deren Inhalt verantwortlich. Dies kann sich grundsätzlich nicht deswegen anders beurteilen, weil entsprechende Vereinbarungen auch von vielen anderen Parteien oder sogar typischerweise geschlossen werden.[256]

Etwas anderes ließe sich nur annehmen, wenn in der Häufung objektiv unangemessener Vertragsverhältnisse eine zusätzliche Gefährdungslage oder ein zusätzlicher Unwertgehalt etwa im Hinblick auf die Gesamtrechtsordnung gesehen würde, wie es die ursprüngliche Missbrauchsthese behauptete. In der Tat macht *Fastrich* daher im Zuge seiner Untersuchung die Missbrauchsthese zum zweiten Pfeiler seines Ansatzes und zieht sie insbesondere zur Erklärung der ratio legis der AGB-Regeln heran.[257] In Wahrheit ist es damit wiederum der Gedanke des Missbrauches der Vertragsfreiheit durch das massenhafte Aufstellen einer höherrangigen gerechten Ordnung widersprechender Regelungen, der die entscheidende Argumentationslücke des *Fastrich*'schen Ansatzes schließt und diesen letztlich trägt. Eine derartige Begründung der Inhaltskontrolle Allgemeiner Geschäftsbedingungen, zu deren Gunsten *Fastrich* nichts Neues vorträgt, wurde jedoch schon in der Auseinandersetzung mit der ursprünglichen Missbrauchslehre und ihren modernen Ausformungen abgelehnt.[258]

Einen interessanten weiteren Aspekt bringt in dieser Hinsicht jedoch *Coester-Waltjen*[259] ins Spiel. Obgleich ein erlaubtes Abweichen vom dispositiven Recht nicht dadurch unzulässig werde, dass viele es tun, begründe ein massenweises Abweichen von dem, was recht und billig ist, zusammen mit einem Versagen des Wettbewerbs durch die Unklarheit der vorformulierten Bedingungen typischerweise die Gefahr des Entstehens eines neben dem dispositiven Recht stehenden Regelungsmusters, dessen Existenz andere zu seiner Übernahme verleite und so die Richtigkeitsgewähr des Vertragsmechanismus störe, da es das Vor-

---

[255] Im Grundsatz wie hier *Coester-Waltjen*, AcP 190, 1, 24, die allerdings Einschränkungen macht (dazu sogleich).

[256] *Wackerbarth*, AcP 200, 45, 83; eine andere Frage ist freilich, ob ein solcher Sachverhalt auf eine typischerweise auftretende Störung im vertraglichen Willensbildungsprozess schließen lässt, dazu vor allem unten 2. Kapitel: III. 3.

[257] Nach zunächst vorsichtigen Anlehnungen an das ursprüngliche Missbrauchsargument, Richterliche Inhaltskontrolle, S. 55 und deutlicher S. 89 erklärt *Fastrich* im Laufe seiner Untersuchung die „Verhinderung des Missbrauchs der Vertragsfreiheit" ohne weiteres zur zweiten ratio des AGB-Gesetzes.

[258] Oben 2. Kapitel: III. 1. a) ff) und 2. Kapitel: III. 1. b) dd).

[259] AcP 190, 1, 24 f.

verständnis des Kunden für das, was üblicherweise als Nachteil hinzunehmen sei, zu seinen Lasten verschiebe.[260]

Diese Überlegung ist faktisch sicherlich zutreffend, wenn auch ein gewisser Widerspruch darin zu liegen scheint, einerseits anzunehmen, der Kunde könne die nachteilige Wirkung der Bedingungen wegen ihrer Intransparenz regelmäßig nicht erkennen und andererseits davon auszugehen, die massenhafte Verwendung unbilliger Bedingungen präge dennoch das Vorverständnis des Kunden von einer angemessenen Regelung, was doch eigentlich die entsprechende Wahrnehmung impliziert. Von der hier vertretenen Auffassung unterscheidet sich der Vorschlag *Coester-Waltjens* jedoch vor allem dadurch, dass er den Parteien eine weitgehende Verantwortung für eine entfernte psychologische Vorbildwirkung ihrer Vereinbarung auf außenstehende Dritte auferlegt, die dem Vertragsrecht des BGB grundsätzlich fremd ist.

Dieses zeichnet sich nämlich als Recht der Sonderverbindungen gerade dadurch aus, dass es den Blick auf das Verhältnis der Parteien richtet, während eine Verantwortlichkeit gegenüber Dritten regelmäßig in die Zuständigkeit etwa des Delikts- oder Wettbewerbsrechts fällt. Unter diesem Aspekt erscheint es bedenklich, das den Parteien im Grundsatz zugesprochene Recht zur inhaltlichen Gestaltung ihrer Rechtsbeziehungen dadurch zu beschränken, dass andere sich den Inhalt zum Vorbild nehmen und dadurch Nachteile erleiden könnten. Sie wären dadurch Dritten gegenüber im Ergebnis sogar stärker verpflichtet als ihrem Vertragspartner. Wer aber in der Gestaltung einer rechtlichen Sonderverbindung sogar von der selbstverantwortlichen Entscheidung seines Gegenübers ausgehen darf, welches von der Regelung unmittelbar betroffen ist, muss erst recht davon ausgehen dürfen, dass nur mittelbar betroffene Dritte, mit denen er in keinerlei Verbindung steht, mit einer etwaigen Fernwirkung der Vereinbarung ebenfalls verantwortlich umgehen. Es wäre ein Widerspruch in sich, dem Verwender der unangemessenen Bedingungen das, was man ihm mit Blick auf die Selbstverantwortung des Kunden zugesprochen hat, mit Blick auf die wesentlich schwächer betroffene Selbstverantwortung Dritter wieder zu nehmen. Die Parteien schulden ihrem Umfeld keine Vorbildfunktion.

Bei genauerer Betrachtung zeigt sich daher, dass die „Richtigkeit" des Vertrages und die Selbstbestimmung der Parteien keineswegs so unkompliziert zu trennen sind, wie es die genannten Auffassungen suggerieren. Obwohl durch den aufgrund der generalisierenden Betrachtung oder Aufspaltung in zwei Ebenen veränderten Blickwinkel der direkte Konflikt mit der Privatautonomie vermieden wird, ist dennoch die behauptete Beziehung der beiden Ebenen zueinander, insbesondere das Postulat des Vorrangs der typischen Inhaltsrichtigkeit zu der Selbstverantwortung der Parteien als Teil ihrer Selbstbestimmung, nicht stimmig erklärbar. Die Annahme, dass im Falle der häufigen oder sogar regelmäßigen

---

[260] *Coester-Waltjen*, AcP 190, 1, 24.

Abweichung einer Regelung von Vorstellungen der Inhaltsrichtigkeit ohne weiteres Regelungsbedarf bestehen soll, wird der Mehrdimensionalität des Richtigkeitsbegriffs nicht gerecht und lässt eine plausible Abgrenzung zum Einzelvertrag vermissen, wo anderes gelten soll.[261] Jede inhaltliche Abweichung einer Vereinbarung von objektiv als gerecht gewerteten Regelungsvorgaben muss, selbst wenn sie regelmäßig stattfindet, nicht zwangsläufig außerhalb der Grenzen der Selbstverantwortung liegen und kann somit nach deren Maßgabe richtig sein.[262] Es ist nämlich ebenso möglich, dass das objektiv-inhaltlich „unrichtige" Ergebnis auf einem regelmäßigen oder häufigen Verstoß der Parteien gegen ihre eigenen Interessen beruht, dessen Vermeidung ihnen zumutbar möglich gewesen wäre.[263] Zwar kann das typische Auftreten unangemessen benachteiligender Regelungen durchaus Indiz für eine die Selbstverantwortung überfordernde und die gültige Selbstbestimmung ausschließende Situation bei Vertragsschluss sein. Ein zwingender Zusammenhang ist, wie gesehen, jedoch nicht gegeben, und der Rückschluss deswegen unzulässig.

Schließlich ist auch mit der Feststellung *Fastrichs*, das „subjektiv Gewollte" werde dem „objektiv Vernünftigen" meist entsprechen[264], das Entscheidende noch nicht gesagt. Letztere Fälle sind nämlich ohnehin unproblematisch, da jede Inhaltskontrolle überhaupt nur dann Relevanz entwickeln kann, wenn sich das subjektiv gewollte und das nach objektiven Maßstäben inhaltlich für gerecht erachtete Ergebnis unterscheiden. Dass in diesen Fällen generell der Aspekt der Richtigkeit infolge der Selbstverantwortung hinter dem Aspekt der Inhaltsrichtigkeit zurücktreten müsste, wäre eine reine petitio principii. Vielmehr stellt sich dann die Frage der Reichweite der Vertragsfreiheit der Parteien als ihrem Recht, eine von objektiven Wertvorgaben unabhängige Ordnung zu schaffen. Ihnen letzteres apriorisch abzusprechen, würde die Vertragsfreiheit zu einem inhaltsleeren Mechanismus machen, dessen einzige Funktion es sein könnte, die vorgegebenen Wertungen der objektiven Gerechtigkeit oder Vernunft nachzuformen.[265] Auch *Fastrich* erkennt durchaus, dass ein solches Verständnis mit dem

---

[261] Trotz der gedanklichen Aufspaltung in verschiedene Ebenen ist es deswegen tendenziell widersprüchlich, wenn *Fastrich* an anderer Stelle bemerkt: „Vielmehr enthält die gesetzliche Entscheidung für die Privatautonomie bereits eine grundsätzliche Entscheidung zwischen den Prinzipien der materiellen Vertragsgerechtigkeit und dem der Selbstbestimmung zugunsten der letzteren" (Richterliche Inhaltskontrolle, S. 43).

[262] *Fastrich*, Richterliche Inhaltskontrolle, S. 55, sieht in diesen Fällen freilich ohne Ansehung der Selbstverantwortung bereits die „Ordnungsfunktion der Privatautonomie" als gestört an.

[263] Während *Fastrich*, Richterliche Inhaltskontrolle, S. 89, auch regelmäßig auftretende Nachlässigkeit und Leichtsinn des Kunden für einen Grund zur Rechtfertigung der Inhaltskontrolle hält, wendet *Wackerbarth*, AcP 200, 45, 83 dagegen zutreffend ein, diese lägen im Verantwortungsbereich des Kunden, so dass die Rechtsordnung keine Veranlassung habe, die durch sie entstehenden Risiken dem Vertragspartner im Wege der Inhaltskontrolle abzunehmen und dem anderen Teil aufzuerlegen.

[264] Richterliche Inhaltskontrolle, S. 53.

[265] *M. Wolf*, Rechtsgeschäftliche Entscheidungsfreiheit, S. 35, stellt zu Recht fest, es würde eine

Grundgedanken der Autonomie unvereinbar wäre.[266] Auf die inhaltliche Vertragsgerechtigkeit nach objektiven Maßstäben kann es auch bei generalisierender Betrachtung stets nur dann ankommen, wenn ein gültiger selbstbestimmter Wille der Parteien fehlt.[267]

(3) Fazit

An der inhaltlichen Richtigkeit des Vertrages kann somit zur Begründung der Inhaltskontrolle mit Blick auf die Vertragsfreiheit der Parteien nicht angeknüpft werden. Dies gilt von vornherein, soweit die Inhaltsrichtigkeit im Einzelfall gefordert und ein abweichendes Ergebnis des Vertrages nicht akzeptiert wird. Auch Ansichten, die auf eine typische oder generell auftretende inhaltliche Unrichtigkeit abstellen, können den Widerspruch zur Wertungsautonomie der Parteien nicht ausräumen.

bb) Störungen der Richtigkeitsvoraussetzungen (Funktionsstörungen)

Während die bisher dargestellten unter dem Aspekt der Vertragsrichtigkeit argumentierenden Ansätze den Vertragsinhalt im Auge hatten und damit, wie gesehen, in unüberwindbaren Konflikt mit dem Prinzip der verantwortlichen Selbstbestimmung kamen, stellen andere zur Vermeidung dieser Schwierigkeiten auf eine Störung derjenigen Voraussetzungen des Vertragsschlusses ab, die Grundlage der oben unter a) dargestellten Richtigkeitsfunktion des Vertrages sind.[268] Hierunter fällt nach verbreiteter Auffassung insbesondere die sogenannte „Vertragsparität".[269]

(1) Störung der „Vertragsparität" als Rechtfertigung der Inhaltskontrolle

Nicht erst seit seiner ausdrücklichen Erwähnung durch das Bundesverfassungsgericht[270] erfreut sich der Begriff der Vertragsparität in diesem Zusammenhang einiger Aufmerksamkeit und wird dabei mitunter explizit zur Erklärung der ratio der AGB-Regeln herangezogen.[271] Auch kann heute insbesondere angesichts

---

dem Wert der Selbstbestimmung widersprechende Bevormundung der Parteien darstellen, wenn die Rechtsordnung ihnen die richtige Wahrnehmung ihrer Interessen vorschreiben würde.

[266] Richterliche Inhaltskontrolle, S. 53 f.

[267] Ebenso *M. Wolf*, Rechtsgeschäftliche Entscheidungsfreiheit, S. 62, 67 ff.

[268] Staudinger/*Coester* § 9 AGBG Rz. 2, spricht von der Kompensation bestehender „Funktionsschwächen des Vertragsmechanismus" durch die Inhaltskontrolle.

[269] Zur Einordnung derselben als Störung der „Richtigkeitsgewähr des Vertragsmechanismus" vgl. zunächst nur *Singer*, Selbstbestimmung, S. 12.

[270] BVerfGE 81, 242 ff. („Handelsvertreterentscheidung") und BVerfGE 89, 214 ff. („Bürgschaftsentscheidung").

[271] Vgl. zunächst *Hönn*, Vertragsparität, insb. S. 9 ff., 147 ff. mit zahlreichen Nachweisen; *Dauner-Lieb*, Verbraucherschutz, S. 66 f.; *Singer*, Selbstbestimmung, S. 12; kontroverse Diskussion

dieser Rechtsprechung wohl nicht mehr bestritten werden, dass Voraussetzung der Rechtsverbindlichkeit des Vereinbarten, letztlich also der Gültigkeit einer auf den Vertragsschluss gerichteten Willenserklärung, ein bestimmtes Maß an „Parität“ der Parteien bei Vertragsschluss ist.[272]

Obgleich in dieser Erkenntnis bei sachgerechter Analyse und Anwendung der ihr zugrunde liegenden rechtsdogmatischen Überlegungen ein wertvoller Gewinn liegt, besteht zugleich die Gefahr, nach dem schlechten Vorbild früherer Ansätze durch schlagwortartige Verwendung des Begriffs die Problematik ebenso wie die zu ihrer Lösung erarbeiteten Grundsätze zu verwischen.[273] Die entscheidende Frage liegt gerade erst darin, welcher Art die geforderte Gleichstellung der Parteien zu sein hat[274] und welche Auswirkungen eine bestehende Ungleichheit haben muss, um für die Gültigkeit des Rechtsgeschäfts relevant zu sein.

(a) Das Ausscheiden der Vertragsparität als überpositiver Voraussetzung

Insbesondere auf der Grundlage der bisher in dieser Untersuchung gewonnenen Erkenntnisse kann zunächst festgestellt werden, dass die Rechtsordnung im Grundsatz eine Gleichgewichtigkeit der Parteien als überpositive Voraussetzung des Vertragsschlusses nicht statuiert.[275] Die Forderung nach der Parität, Waffen- oder Machtgleichheit der Parteien bei Vertragsschluss ist für sich genommen eine reine petitio principii, sofern diese nicht in Beziehung zu im Bürgerlichen Gesetzbuch vorhandenen rechtsdogmatischen Instituten gesetzt wird.[276] Unter den verschiedenen Begründungsversuchen des Erfordernisses der Vertragsparität oder der anderweitigen generellen Auswirkung eines Machtungleichgewichts ist eine Absage deswegen jenen Ansätzen zu erteilen, die, teilweise auf dem Boden sozialistischen Gedankenguts, eine Parität oder „Waffengleichheit“ der Parteien axiomatisch und mit dem Ziel fordern, die Ausübung von Macht oder Rea-

---

vor dem Hintergrund der Entscheidungen des Bundesverfassungsgerichts zwischen *Adomeit,* NJW 1994, 2467 ff. und *Rittner,* NJW 1994, 3330 f.

[272] Vgl. für die Literatur zunächst die Nachweise bei *Hönn*, Vertragsparität, S. 15 Fn. 64.

[273] Als bloße klangvolle Leerformel wird der terminus etwa von *Wellenhofer-Klein,* ZIP 1997, 774, 777, verwendet.

[274] *Singer,* Selbstbestimmung, S. 25, sieht in dieser Bestimmung der Begriffe der Parität und Imparität eine „praktisch unlösbare Aufgabe“.

[275] Dazu bereits oben 2. Kapitel: I. 4.; insoweit zutreffend *Hönn,* Vertragsparität, S. 98; *Wackerbarth,* AcP 200, 45, 57; *Flume,* FS 100 Jahre DJT 1960, S. 135, 144; *Adomeit,* NJW 1994, 2467, 2468; *Rittner,* AcP 188, 101, 109, weist zutreffend darauf hin, dass man bei einem solchen Verständnis „in der Tat um die Privatautonomie, vielleicht sogar um das Privatrecht überhaupt fürchten“ müsse.

[276] Etwas anderes behaupten überwiegend nicht einmal die Verfechter des Begriffs, vgl. *Hönn,* Vertragsparität, S. 98, unter Bezugnahme auf die Diskussion des Begriffs im kollektiven Arbeitsrecht, insbesondere die Kritik von *Esser,* Vorverständnis, S. 196 f. („postulatorische Formel“) und *Rüthers,* DB 1969, 967, 969 („Leerformel“).

lisierung von Ungleichgewichtslagen in Bezug auf das Ergebnis der Vereinbarung zu verhindern.[277] Ebenso genügt zur rechtsdogmatischen Begründung der Inhaltskontrolle nicht der vage Hinweis, es sei Voraussetzung für die Anerkennung der Beurteilungsautonomie der Parteien und damit der Richtigkeitsgewähr des Vertragsmechanismus, dass sie tatsächlich die Möglichkeit haben, ihre Interessen bei den Vertragsverhandlungen zu schützen.[278] Auch wenn dies im Ergebnis häufig richtig sein mag, vermag es dessen rechtliche Begründung nicht zu ersetzen und bleibt für sich genommen ein bloßes Postulat des Rechtsgefühls. Insbesondere ist es methodisch bedenklich, die bloße Motivation des Gesetzgebers, durch den Vertrag einen Mechanismus zur Ausgleichung der beiderseitigen Egoismen zu schaffen, ohne weiteres als dessen Funktions- und Geltungsvoraussetzung anzusehen.[279] Dies lässt nämlich außer Acht, dass das Gesetz die Voraussetzungen eines gültigen Vertragsschlusses durchaus regelt und insbesondere in §§ 138, 119, 123 BGB konkrete Voraussetzungen formuliert, unter welchen sich eine Störung des Verhältnisses der Parteien auf das Rechtsgeschäft auswirken kann und soll.[280]

(b) Die Unschlüssigkeit einer Parallelwertung zu kollektiven Rechtsverhältnissen

Mitunter wird zur Bewältigung des beschriebenen Begründungsbedarfs versucht, den Vertragsschluss in die Nähe kollektiver Willensbildung zu rücken, um den dort, vor allem im Tarifrecht und bei der paritätischen Unternehmensmitbestimmung, geltenden Grundsatz der Parität auf den Vertragsschluss zu übertragen.[281] Zu diesem Zweck ist behauptet worden, der Vertragsschluss beruhe wegen des ihm zugrunde liegenden und auf einen Kompromiss gerichteten Mechanismus der Willenseinigung in Wahrheit nicht auf Selbstbestimmung, sondern, wie im Falle der kollektiven Willensbildung, nur auf Mitbestimmung.[282]

---

[277] Etwa *Bartholomeyczik*, AcP 166, 30 ff. m.w.N.; ähnliche Schlüsse scheint in neuerer Zeit *Wellenhofer-Klein*, ZIP 1997, 774 ff., aus den Urteilen des Bundesverfassungsgerichts in BVerfGE 81, 242 ff. (Handelsvertreterentscheidung) und BVerfGE 89, 214 ff. (Bürgschaftsentscheidung) zu ziehen, womit sie ein weitgehendes Postulat der Angemessenheitskontrolle von Verträgen verbindet; sogar noch weitergehend *Becker*, Der unfaire Vertrag, S. 4 (dazu näher unten 2. Kapitel: III. 2. b) cc) (1); auch *Schmidt-Rimpler*, FS Raiser 1974, S. 3, 13 ff., zeigt zunächst ähnliche Ansätze, kehrt jedoch sodann zu der Orientierung am vertraglichen Ergebnis zurück (aaO., S. 22 ff.).

[278] So sinngemäß *Schmidt-Salzer*, NJW, 1971, 173, bei dem jedoch der Bezug zum rechtsgeschäftlichen Willen der Parteien immerhin anklingt; ähnlich *Roth*, JZ 2001, 475, 483.

[279] So aber etwa *Schmidt-Salzer*, NJW 1971, 173.

[280] Ähnlich *Wackerbarth*, AcP 200, 45, 56.

[281] Vgl. *Hönn*, Vertragsparität, S. 15; *Schmidt-Rimpler*, FS Raiser 1974, S. 3, 20 mit Parallele zum Vereinsrecht.

[282] Etwa *Hönn*, Vertragsparität, S. 15, 90 f. unter Verweis vor allem auf *Thiele*, Zustimmungen, S. 16, 76. Ähnlich *Schmidt-Rimpler*, FS Raiser 1974, S. 3, 19 f., der nicht ausdrücklich von Mitbestimmung, sondern von einer Kombination aus Selbstbestimmung und Fremdbestimmung aus-

Derartige Assoziationen können bereits deswegen nicht zu tragfähigen Ergebnissen führen, da sie wesentliche Besonderheiten der kollektiven Willensbildung außer Acht lassen. Die Erfordernisse an die Situation der Parteien bei Abschluss eines Austauschvertrages sind derjenigen etwa der Tarifparteien im kollektiven Arbeitsrecht nicht vergleichbar und teilen erst recht nicht deren Anforderungen, weil dieser keinerlei regelnde Wirkung über das Verhältnis der Parteien hinaus hat.[283] Gerade in dem Drittbezug kollektiver Rechtssetzung liegt jedoch der Grund für deren besondere Voraussetzungen. Im Falle des schlichten Austauschvertrages sind die Parteien im Gegensatz etwa zum Tarifvertrag, der aufgrund seiner gesetzlich angeordneten Normwirkung gemäß § 4 I TVG regelnde Wirkung für Dritte hat und zur Rechtfertigung und Kontrolle dieser Regelungsmacht besonderen Anforderungen unterliegt[284], grundsätzlich nur sich selbst Rechenschaft schuldig, da die Regelung nur sie betrifft.[285] Auch in der von *Hönn*[286] angeführten Rechtsprechung des Bundesgerichtshofs[287] zur Publikums-Kommanditgesellschaft wird das Erfordernis der Parität nur mit dem Schutzbedürfnis der Anleger begründet, die an der Entscheidung nicht beteiligt, aber in ihren Interessen von ihr betroffen sind, so dass auch dort der entscheidende Gesichtspunkt darin liegt, dass das Ergebnis der Willensbildung über die Beteiligten hinaus Wirkung entfaltet. Eine Verallgemeinerung für auf den Austausch zwischen den Parteien beschränkte Verträge ist auch hier unzulässig.

Wegen der Maßgaben der durch das Einigungserfordernis des Vertrages gesetzten Grenzen handelt es sich somit nicht um Mit- oder gar Fremdbestimmung in dem Sinne, welcher diesen Begriffen im Recht üblicherweise beigelegt wird, sondern um Selbstbestimmung innerhalb der stets existenten Grenzen des Möglichen, die in diesem Falle durch die Entschlossenheit der anderen Seite gesetzt sind, den Vertrag nur zu bestimmten Bedingungen zu schließen.

---

geht.

283 *Hönn,* Vertragsparität, S. 92, muss daher letztlich ebenfalls einräumen, dass jedenfalls die „Vertragspartnerschaft“ selbst insoweit Selbstbestimmung ausüben könne und der Paritätsgedanke hierfür „auf den ersten Blick“ keine Rolle spiele, will ihn allerdings offenbar unter der diffusen Behauptung aufrecht erhalten, es sei zu bedenken, „dass hier eine Machtposition Dritten gegenüber in Betracht kommen kann, und dass sich dann das Paritätsproblem im Hinblick auf Drittverträge stellen kann. Paradigma ist die Wettbewerbsbeschränkung, welche die Chancen Dritter reduziert.“ Die schlichte Behauptung einer eventuellen und nicht klar bestimmbaren Wirkung auf Dritte reicht indes für die stichhaltige Begründung einer Parallele zur kollektiven Willensbildung mit echter Regelungswirkung gegenüber Dritten nicht aus.

284 Zu dem Aspekt des Drittbezugs von Tarifverträgen und den daraus folgenden inhaltlichen Anforderungen insbesondere im Hinblick auf das Gemeinwohl *Coester,* Vorrangprinzip des Tarifvertrages, S. 62 ff.

285 *Coester,* Vorrangprinzip des Tarifvertrages, S. 63; vgl. i.Ü. bereits oben 2. Kapitel: III. 1. a) ee) (2).

286 Fn. 282.

287 BGHZ 64, 238 ff.

Der Begriff der Parität sollte also insgesamt in diesem Zusammenhang nicht zu wörtlich genommen und insbesondere nicht als Ersatz für eine Begründung auf dem Boden der Rechtsgeschäftslehre verwendet werden.

(c) Vertragsdisparität als Fremdbestimmung

Indes ist von den Anhängern des Begriffs der Vertragsparität mitunter durchaus erkannt worden, dass eine Disparität[288] der Parteien auch nach allgemeinen Regeln rechtsgeschäftlich relevante Wirkungen haben kann, in welchen gerade ihre entscheidende Bedeutung liegt.[289] Daher ist hier denjenigen Ansätzen besonderes Augenmerk zu schenken, die sich auf der Grundlage des heutigen Verständnisses von Privatautonomie um einen Nachweis der Relevanz von Vertragsparität anhand rechtsgeschäftlicher Kriterien bemüht haben.

(aa) Der Ansatz Hönns

Der Begriff der Vertragsparität in seiner heute gültigen Form ist im Vorfeld der Entscheidungen des Bundesverfassungsgerichts (dazu nachfolgend (bb)) vor allem von *Hönn* geprägt worden, der sie zum „allgemeinen Bezugspunkt“[290] seines auf kompensatorisches Eingreifen der Rechtsordnung zur Herstellung materieller Vertragsgerechtigkeit im Wege der Rechtsfortbildung zielenden Ansatzes machte. Die Argumentation *Hönns* ist dabei auf den ersten Blick nicht leicht zu durchschauen, zumal stets der bereits vorstehend erwähnte Gedanke einer Parallelwertung zur kollektiven Willensbildung mitzuschwingen scheint.

Im Ausgangspunkt seiner Untersuchung distanziert sich *Hönn* zunächst ausdrücklich von der Annahme einer überpositiven Bedeutung des Instituts.[291] Vielmehr sieht er das Bedürfnis, den Gehalt des Begriffs der Vertragsparität am Maßstab der Rechtsordnung zu belegen. Nach seiner Definition ist deswegen Parität „die vom positiven Recht den Vertragsparteien eingeräumte Rechtsstellung, welche ihnen einen Interessenausgleich in Selbstbestimmung mit der Chance der Äquivalenz eröffnet“[292]. Für den Vertrag geht es *Hönn* daher im Ergebnis um die Frage, ob dieser auf selbstbestimmtem Willen der Parteien beruht.[293] Dabei stellt er maßgeblich auf den Prozess der Willensbildung ab[294],

---

[288] Die Begriffe Disparität und Imparität werden hier synonym verwendet.

[289] Etwa *Hönn,* Vertragsparität, S. 95 f., der unter maßgeblicher Orientierung am Ansatz *M. Wolfs,* Rechtsgeschäftliche Entscheidungsfreiheit (dazu unten 2. Kapitel: III. 3. f) bb) (3)), Parallelen der „materiellen Selbstbestimmung“ als „Korrelat der materiellen Vertragsparität“ zum Recht der Irrtumsanfechtung zieht; ähnlich bereits *Lieb,* AcP 178, 196, 201.

[290] Vertragsparität, S. 2.

[291] AaO., S. 98.

[292] Vertragsparität, S. 99.

[293] Dabei räumt er ausdrücklich ein, dass der Begriff der Parität „positivrechtlich reinen Formalcharakter“ hat (aaO., S. 99); auch *Lieb,* AcP 178, 196, 201, stellt eine Beschränkung der Entscheidungsfreiheit und eine Störung der Vertragsparität gleich.

wobei er insbesondere Parallelen zum Recht der Willensmängel zieht[295] und im Übrigen den Ansatz *M. Wolfs*[296] fortentwickelt[297], die ebenfalls auf eine Beeinträchtigung der rechtsgeschäftlichen Entscheidungsfreiheit und damit der Selbstbestimmung der Parteien[298] als maßgebliches Kriterium abstellen.

Eine relevante Disparität im Verhältnis der Parteien liegt demnach nur dann vor, wenn eine der Parteien nicht selbst-, sondern aufgrund ihrer Stellung gegenüber der anderen Seite fremdbestimmt ihren Willen bildet, insbesondere das Ergebnis der Vereinbarung der benachteiligten Partei nicht selbstverantwortlich zurechenbar ist. Mit anderen Worten soll Parität zwischen den Parteien soweit und nur soweit erforderlich sein, wie sie Voraussetzung einer funktionierenden selbstbestimmten Willensbildung der Parteien ist.[299]

Wenngleich die mögliche Rolle der Selbstbestimmung für die ratio legis der Inhaltskontrollregeln bereits vorstehend in der Auseinandersetzung mit der Missbrauchsthese aufgezeigt worden ist und näherer Betrachtung bedarf[300], ist in Bezug auf den ambivalenten und zu Missverständnissen verleitenden Begriff der Vertragsparität bereits festzustellen, dass er jedenfalls in der von *Hönn* herausgearbeiteten Verwendung einer eigenständigen Bedeutung entkleidet ist und vollständig in der Frage nach der Selbstbestimmung der Parteien aufgeht.[301] Nachdem *Hönn* bereits mit dem Titel der Arbeit die Vertragsparität zum zentralen Thema seiner Untersuchung erklärt, erarbeitet er in heuristischer Methode den vermeintlichen Nachweis, dass Vertragsparität eine rechtsgeschäftlich relevante Größe darstellt, und füllt den vorgegebenen Begriff mit Bedeutung. Die rechtsgeschäftliche Gültigkeitsvoraussetzung des Vorhandenseins von Vertragsparität ist deshalb nicht das Ergebnis der Analyse, sondern deren vorgefundener Ausgangspunkt. Für diese Untersuchung kann daher unmittelbar an den Ergebnissen angeknüpft und die Selbstbestimmung der Parteien an sich zum Ausgangpunkt genommen werden. Des Begriffes der Vertragsparität bedarf es nicht.

---

[294] Vertragsparität, S. 253 ff.

[295] AaO., S. 254.

[296] Rechtsgeschäftliche Entscheidungsfreiheit, S. 1 ff.

[297] AaO., S. 258 ff.

[298] Nach *M. Wolf,* Rechtsgeschäftliche Entscheidungsfreiheit, S. 101 f., stellt die rechtsgeschäftliche Entshceidungsfreiheit einen Teilaspekt der Selbstbestimmung dar.

[299] *Hönn,* Vertragsparität, S. 253 ff.

[300] 2. Kapitel: III. 1. b) bb).

[301] *Hönn,* Vertragsparität, S. 253, spricht ihm daher den „materialen Gehalt“ ab.

(bb) Die „Handelsvertreter“[302]- und die „Bürgschaftsentscheidung“[303] des Bundesverfassungsgerichts

Die vorstehende Feststellung gilt, was teilweise nicht genügend beachtet wurde[304], auch für die genannten Entscheidungen des Bundesverfassungsgerichts.[305] In der bereits die Grundzüge der Rechtsprechung enthaltenden ersten Entscheidung aus dem Jahre 1991 ist der Begriff der Vertragsparität nur am Rande erwähnt.[306] Als ausschlaggebend wird es angesehen, dass aus der Stellung der Parteien zueinander eine Fremdbestimmung der unterlegenen Partei durch die andere Seite erfolgen kann, die mit dem im Bürgerlichen Gesetzbuch vorhandenen und durch das Verfassungsrecht abgesicherten Grundsatz der selbstbestimmten und freien Willensbildung nicht zu vereinbaren ist und daher ein Eingreifen von Seiten des Gesetzgebers, hilfsweise der Rechtsprechung, erfordert. „Schranken der Privatautonomie“ seien „unentbehrlich, weil Privatautonomie auf dem Prinzip der Selbstbestimmung beruht, also voraussetzt, dass auch die Bedingungen für freie Selbstbestimmung tatsächlich gegeben sind.“[307] Dabei ist nicht entscheidend, ob die Bezeichnung als „Schranke der Privatautonomie“ unter dem Aspekt besonders glücklich ist, dass eine solche dort gar nicht erforderlich sein mag, wo, wie es offenbar gleichzeitig geschieht, die Selbstbestimmung als Voraussetzung der privatautonomen Entscheidung angesehen wird.[308] Hier genügt es festzustellen, dass es jedenfalls jener Gedanke der fehlenden Selbstbestimmung ist, der es nach dem im Bürgerlichen Gesetzbuch vorhandenen und durch das Grundgesetz gestützten Konzept der Privatautonomie ermöglicht oder sogar fordert, Wirksamkeitshindernisse für Rechtsgeschäfte qua Gesetz aufzu-

---

302 BVerfGE 81, 242 ff.

303 BVerfGE 89, 214 ff.

304 Vgl. vor allem *Becker*, Der unfaire Vertrag, S. 1 ff. (dazu näher unten 2. Kapitel: III. 2. b) cc)); *Adomeit,* NJW 1994, 2467, befürchtet das Vorhandensein einer „neuen Generalklausel“ dergestalt, dass jede ungewöhnlich starke Belastung einer Vertragspartei durch eine vertragliche Regelung unter dem Vorbehalt der strukturell gleichen Verhandlungsstärke stünde. Auch *Wellenhofer-Klein,* ZIP 1997, 774 ff., die zu Beginn ihrer Darstellung die Entscheidungen stark verkürzt wiedergibt, kommt auf der Grundlage der von ihr wiedergegebenen Stellen zu dem Schluss, das Gericht stelle allein auf eine „existenzielle Abhängigkeit“ ab (S. 775), für die sie schließlich eine bloße „Angewiesenheit auf den Vertragsschluss“ genügen lässt (S. 777) und daher die Angemessenheitskontrolle aller Verträge fordert, die aufgrund strukturell ungleicher Verhandlungsmacht unter ungewöhnlich starker Belastung eines Teils aufgrund eines Marktungleichgewichts zustande kommen (S. 780); auf einem ähnlichen Missverständnis beruht auch die Kritik von *Wiedemann*, JZ 1990, 695, 697 an der Handelsvertreterentscheidung (BVerfGE 81, 242 ff.).

305 Den Kern der Entscheidungen richtig erkennend insbesondere *Rittner,* NJW 1994, 3330 und *Drexl*, Wirtschaftliche Selbstbestimmung, S. 42.

306 BVerfGE 81, 242, 256.

307 BVerfGE 81, 242, 254 f.

308 Auch *M. Wolf*, Rechtsgeschäftliche Entscheidungsfreiheit, geht konsequent den Weg, die Selbstbestimmung als Gültigkeitsvoraussetzung der Willenserklärung zu qualifizieren.

stellen.[309] „Gestörte Vertragsparität“ wird also dann, aber auch erst dann, zur relevanten Größe, wenn die betreffende Problemsituation zu Fremdbestimmung führt.

Auch in der als Durchbruch der Idee der Vertragsparität gefeierten[310] und gefürchteten[311] Entscheidung aus dem Jahr 1993 ist der Begriff der Vertragsparität nicht zur Bezeichnung eines eigenen oder gar vom Bundesverfassungsgericht neu geschaffenen Instituts gebraucht,[312] sondern dient lediglich unter Bezugnahme auf die Untersuchung *Hönns* der Untermauerung des vom Bundesverfassungsgericht bereits in der ersten Entscheidung verfolgten Konzeptes, welches auf die Selbstbestimmung der benachteiligten Partei als relevante Größe abstellt.[313] Die etwas ungeschickte Formulierung des Bundesverfassungsgerichts, nach der „die Zivilgerichte zum Zwecke eines Eingreifens im Rahmen der Generalklauseln des geltenden Zivilrechts zu klären haben, ob sich die Vereinbarung als „Folge strukturell ungleicher Verhandlungsstärke“ darstellt, wenn „der Inhalt eines Vertrages für die eine Seite ungewöhnlich belastend und als Interessenausgleich offensichtlich unangemessen“ ist,[314] wird in seiner Bedeutung erst verständlich, wenn die ihn stützende und erläuternde Argumentation des Bundesverfassungsgerichts in Augenschein genommen wird.[315] Entscheidend soll es nämlich darauf ankommen, ob die rechtsgeschäftliche Entscheidung der unterlegenen Partei unter Umständen zustande gekommen ist, unter denen „einer der Vertragsteile ein so starkes Übergewicht [hat], dass er den Vertragsinhalt einseitig bestimmen kann“, und dies „für den anderen Vertragsteil Fremdbestimmung“ bewirkt.[316] Für die Zivilgerichte folge daraus die Pflicht, dafür zu sorgen, dass Verträge nicht als Mittel der Fremdbestimmung dienen.[317] Das Vorliegen eines „strukturellen Ungleichgewichts“ ist somit lediglich weitere, nicht aber alleinige oder auch nur eigentliche Voraussetzung des vom Bundesverfassungsgericht

---

309 Wenn, wie *M. Wolf* meint, die fehlende Selbstbestimmung per se zur Unwirksamkeit der Willenserklärung führt, hätten diese immerhin klarstellenden Charakter, so dass ein Widerspruch zur Ansicht *M. Wolfs* hier nicht gegeben ist.

310 *Wellenhofer-Klein,* ZIP 1997, 774, 777.

311 *Adomeit,* NJW 1994, 2467 ff.

312 Die Bedenken von *Adomeit,* aaO. sind daher unberechtigt; vgl. auch die Erwiderung von *Rittner,* NJW 1994, 3330.

313 BVerfGE 89, 214, 233.

314 BVerfGE 89, 214, 234.

315 In ihrer Allgemeinheit viel zu weitgehend ist daher etwa auch die Folgerung *Löwes,* ZIP 1993, 1759, das vom Bundesverfassungsgericht entwickelte Verständnis sei „über den entschiedenen Fall hinaus von grundlegender Bedeutung für die Inhaltskontrolle von Verträgen im gesamten Zivilrecht, sofern Ungleichgewichtslagen jedweder Art vorliegen, die einen der beiden Vertragspartner ungewöhnlich stark belasten und das Ergebnis strukturell ungleicher Verhandlungsstärke sind“.

316 BVerfGE 89, 214, 232.

317 BVerfGE aaO.

geforderten korrigierenden Eingreifens, und kann darüber hinaus nicht schon in jedem Fall ungleicher Machtverteilung angenommen werden.[318]

(d) Fazit

Nach alldem kann festgehalten werden, dass der Begriff der Vertragsparität in der heute gültigen, insbesondere von der Rechtsprechung des Bundesverfassungsgerichts und der Studie *Hönns* geprägten Form kein spezifisches Prinzip bezeichnet, sondern vielmehr als Ausdruck eines in Bezug auf die Selbstbestimmung der Parteien bestehenden Problems zu verstehen ist. Dass er sich in Abhandlungen über das Problem tatsächlichen Ungleichgewichts der Parteien teilweise zu verselbstständigen scheint und ein Prinzip der Vertragsparität axiomatisch angenommen wird[319], kann zum einen als Reminiszenz an frühere überpositive Auffassungen verstanden werden und ist im Übrigen wohl auch der Gefälligkeit des terminus der Vertragsparität als eingängigem Schlagwort zuzuschreiben. In Anbetracht dessen ist es zumindest im Rahmen dieser Untersuchung im Interesse der begrifflichen Sauberkeit vorzugswürdig, das Problem auch terminologisch dort zu verorten, wo es seinen Ursprung hat. Statt den unklaren und durch seine uneinheitliche Verwendung geschwächten Begriff der Vertragsparität zum Ausgangspunkt zu nehmen, sollte direkt danach gefragt werden, ob in der zu beurteilenden Konstellation die dem Konzept der Privatautonomie zugrunde liegende freie Willensbildung der Parteien in der Weise beeinträchtigt ist, dass ein regelndes Eingreifen sinnvoll oder geboten ist.[320]

Ein allgemeiner Satz des Inhalts, dass die Vertragsparität Richtigkeitsvoraussetzung des Vertrages sei, ist daher zumindest irreführend und in dieser Allgemeinheit auch falsch.

(2) Beeinträchtigung der Selbstbestimmung durch Überforderung der Selbstveranwortung als „Richtigkeitsstörung"?

Auch der Begriff der Störung der Richtigkeitsvoraussetzungen des Vertrages und insbesondere der Vertragsparität zielt damit in seinem verwertbaren Gehalt auf eine Argumentation in der Kategorie der Selbstbestimmung. Bereits in der Auseinandersetzung mit der materiellen Vertragsgerechtigkeit als Gegenstand der vertraglichen Richtigkeit und Geltungsgrund des Vertrages ist aufgefallen, dass die freie und verantwortliche, in diesem Sinn also selbstbestimmte Entscheidung der Parteien für den Vertragsinhalt dessen Richtigkeit im Sinne seiner Akzeptanz durch die Rechtsordnung begründet. Die Selbstbestimmung könnte

---

[318] Ähnlich *Singer,* JZ 1995, 1133, 1138.

[319] So etwa *Wellenhofer-Klein,* ZIP 1997, 774, 777.

[320] Den Begriff der Vertragsparität in der Darstellung der Rechtsprechung des Bundesverfassungsgerichts gänzlich vermeidend *Thüsing*, FS Wiedemann 2002, S. 559, 564.

daher durchaus als Richtigkeitsvoraussetzung des Vertrages verstanden[321] und der Terminologie der „Richtigkeitsgewähr des Vertrages" untergeordnet werden.[322]

Diese begriffliche Einordnung wäre indes beliebig. Bereits in der Analyse der unterschiedlichen Ausformungen der Missbrauchsthese ist aufgefallen, dass derselbe Vorwurf des Ausnutzens fehlender Selbstbestimmung des Gegenübers mitunter die Bewertung als „Missbrauch der Vertragsfreiheit" begründete, wobei auch dort von anderen Autoren unter diesen Begriff völlig andere Probleme subsumiert wurden. Das Problem der beeinträchtigten Selbstbestimmung einer der Kategorien „Missbrauch der Vertragsfreiheit", „Störung der Vertragsparität" oder „Versagen der Richtigkeitsgewähr des Vertrages" zuzuordnen, führt zu Unklarheiten und der Gefahr von Missverständnissen[323], die vermeidbar sind, wenn der Begriff der Selbstbestimmung selbst als Anknüpfungspunkt dienen kann. Im weiteren Verlauf der Untersuchung soll daher das Augenmerk stattdessen unmittelbar auf die Bedeutung der Selbstbestimmung der Parteien für den Vertragsschluss gerichtet und insbesondere der These nachgegangen werden, dass die Verwendung (unangemessener) Allgemeiner Geschäftsbedingungen als Beeinträchtigung der Selbstbestimmung des Gegenübers die Geltung dieser Klauseln hindern soll.[324]

cc) Die These vom „unfairen Vertrag"

Zuvor bedarf allerdings noch eine weitere Erscheinungsform der Richtigkeitstheorie der näheren Prüfung. Von den vorstehend thematisierten dogmatischen Spitzfindigkeiten offenbar vollkommen unbehelligt hat nämlich *Becker*[325] in neuester Zeit einen bisher selbst zu Zeiten des Entwurfs eines Volksgesetzbuches beispiellosen Vorschlag einer unumwundenen und weitestgehenden Inhaltskontrolle sämtlicher Verträge unterbreitet, im Zusammenhang mit denen

---

[321] In diese Richtung *M. Wolf*, Rechtsgeschäftliche Entscheidungsfreiheit, S. 34, der die Selbstbestimmung als Voraussetzung eines gerechten Interessenausgleichs bezeichnet.

[322] So argumentiert *Kötz*, 50. DJT, A 36 f.; *Schmidt-Salzer*, NJW 1971, 173, stellt immerhin den Zusammenhang zwischen dem von ihm geforderten Gleichgewicht der Parteien und der Freiwilligkeit ihrer Entschlüsse her.

[323] So muss sich etwa *M. Wolf*, AcP 175, 516, gegen die unzutreffende Aussage *Roschers* (Vertragsfreiheit, S. 30 ff.) verteidigen, der *Wolf*sche Ansatz stelle auf die materielle Gerechtigkeit der Vereinbarung ab; die Fehlinterpretation *Roschers* scheint unter anderem daher zu rühren, dass *M. Wolf* das Ergebnis der selbstbestimmten Einigung als gerecht und richtig bezeichnet (Rechtsgeschäftliche Entscheidungsfreiheit, S. 67 ff.); damit meint er jedoch gerade nicht die Übereinstimmung mit objektiven inhaltlichen Vorgaben, sondern die Gültigkeit der „auf beiderseitiger Wertung beruhende(n) Willenseinigung" (aaO., S. 69).

[324] Unten 2. Kapitel: III. 3. f) bb) (1).

[325] Der unfaire Vertrag.

einer der Parteien „private Macht“ zukommt und deren Ergebnis inhaltlich „unfair“ ist.[326]

(1) Die These Beckers

Becker stützt seine These dabei in erster Linie auf eine verfassungsrechtliche Sichtweise der Privatautonomie, die er vor allem den Urteilen des Bundesverfassungsgerichts BVerfGE 81, 242 ff. („Handelsvertreterentscheidung“), BVerfGE 89, 214 ff. („Bürgschaftsentscheidung“) und BVerfGE 103, 89 ff. (zum familienrechtlichen Unterhaltverzicht) entnehmen will.[327] Deren gemeinsamer Nenner bestehe „unabhängig von der Singularität der Fallkonstellationen in einem unfairen Vertrag auf tatbestandlicher Seite, der gekennzeichnet ist durch ein nicht akzeptables Vertragsergebnis, das sich existenzbedrohend auswirkt und in den drei Urteilen mit einem Kräfteungleichgewicht einherging“.[328] Besonders angesichts der Tatsache, dass *Becker* noch in der Einleitung zu seinem Werk ausdrücklich darauf hinweist, der „unfaire Vertrag“ sei im Verhältnis zu der Gesamtzahl aller Rechtsgeschäfte des täglichen Lebens eine Randerscheinung, für die das Eingreifen geboten sei, da infolge des strukturellen Ungleichgewichts private Macht entstehe, die „tendenziell die Richtigkeitsgewähr privatautonom bestimmten Handelns“ fehlen lasse, muss den Leser an dieser Stelle noch kaum ein größeres Unbehangen beschleichen, als es allgemein gegenüber der Unbestimmtheit und der aufgezeigten Problematik derartiger Begrifflichkeiten angebracht ist. Auffällig ist jedoch bereits die Verweisung der „Singularität der Fallkonstellationen“ in die zweite Linie, waren es doch gerade jene, die den Ausschlag für die Entscheidungen des Bundesverfassungsgerichts gaben.

Bedenklicher ist der von *Becker* hieraus gezogene verallgemeinernde Umkehrschluss, die drei Entscheidungen ließen sich „dahin zusammenfassen, dass der unfaire Vertrag auch zivilrechtlich keinen Bestand haben kann, weil er außerhalb der Privatautonomie steht“.[329] In der Rechtsprechung des Bundesverfassungsgerichts verdichteten sich „die Kontrollkriterien allmählich zu einer allgemeinen Lehre vom unfairen Rechtsgeschäft, deren endgültige Umrisse noch nicht absehbar“ seien.[330] „Spätestens durch die Rechtsprechung des BVerfG“ sei „die Inhaltskontrolle über § 310 BGB hinaus zu einem Bestandteil der Allgemeinen Rechtsgeschäftslehre sowie zum Schutzinstrument gegen unfaire Verträge avanciert.“[331] Infolge fehlender Fairness sei eine Kontrolle des Vertrages

---

[326] *Becker*, Der unfaire Vertrag; etwas zurückhaltender noch *ders.*, WM 1999, 709 ff.

[327] *Becker*, Der unfaire Vertrag, S. 1 ff.; zur Handelsvertreter- und Bürgschaftsentscheidung bereits verstehend 2. Kapitel: III. 2. b) bb) (1) (c).

[328] *Becker*, Der unfaire Vertrag, S. 2.

[329] *Becker*, Der unfaire Vertrag, S. 2.

[330] *Becker*, Der unfaire Vertrag, S. 41.

[331] *Becker*, Der unfaire Vertrag, S. 71.

sowohl in seinen Nebenbedingungen als in bestimmten Konstellationen auch auf den gerechten Leistungsaustausch (iustum pretium) erforderlich.[332]

Unter den Terminus des unfairen Vertrages soll dabei sowohl ein unter ungleicher Machtstellung der Parteien zustande gekommener als auch ein Vertrag mit inhaltlich „erkennbar einseitige(r) Lastenverteilung“ fallen,[333] so dass „ein Faktor allein oder ein Mix verschiedener Kriterien zur Unwirksamkeit führen“ könne.[334]

(a) Der unfaire Vertragsinhalt

Nach Maßgabe seines Inhalts „unfair“ sei ein Vertrag im Wesentlichen dann, „wenn er keinen beiderseitig angemessenen Augleich der beiderseitigen widerstreitenden Interessen zu leisten“ vermöge[335]. Eine den verfassungsgerichtlichen Entscheidungen vergleichbare Situation der betreffenden Partei hält *Becker* ohne weiteres für verzichtbar, da es „dogmatisch kaum über die entschiedenen Fälle hinaus“ trage und „das eigentliche Sachproblem“ verschleiere.[336] Ferner bestehe „zwischen Vertragsfairness und Verhandlungsgleichgewicht (...) keine zwangsläufige Wechselwirkung“.[337] Das AGB-Gesetz[338] zeige, dass eine „Interventionspflicht kraft Schutzauftrags (...) auch ohne eine strukturelle Ungleichgewichtslage bestehen“ könne. „Selbst wenn der strukturell unterlegene Partner dem überlegenen einen unfairen Vertrag zumutet, kann dieser der Korrektur ausgesetzt sein.“[339] Wer seinem Partner einen unfairen Vertrag ansinne, beschränke dessen Vertragsfreiheit in rechtswidriger Weise.[340] Dabei meint *Becker* ausdrücklich nicht nur Fälle des groben Missverhältnisses oder der Ausnutzung einer Unterlegenheit im Sinne des § 138 BGB.[341] Unfaire Verträge seien etwa „auch gerechtigkeitsdefizitäre Verbraucherverträge oder Verträge mit einbezogenen unangemessenen Geschäftsbedingungen“.[342] Die Inhaltskontrolle werde, soweit sie nicht bereits anhand der strengeren Kriterien des § 138 BGB erfolge

---

[332] Zum iustum pretium *Becker*, Der unfaire Vertrag, S. 43.

[333] *Becker*, Der unfaire Vertrag, S. 6, 41.

[334] *Becker*, Der unfaire Vertrag, S. 41; ähnlich bereits *ders.*, WM 1999, 709, 714.

[335] *Becker*, Der unfaire Vertrag, S. 6.

[336] *Becker*, Der unfaire Vertrag, S. 18.

[337] *Becker*, Der unfaire Vertrag, S. 52.

[338] *Becker*, Der unfaire Vertrag, S. 18, spricht tatsächlich von dem AGB-Gesetz, gemeint sind freilich die §§ 305 ff. BGB.

[339] *Becker*, Der unfaire Vertrag, S. 18; ähnlich S. 53 für „sich bei formaler Betrachtung auf der Ebene der Gleichordnung „begegnende Parteien“.

[340] *Becker*, Der unfaire Vertrag, S. 72.

[341] *Becker*, Der unfaire Vertrag, S. 59, das Verfassungsgericht habe einen flexiblen Maßstab für die Inhaltskontrolle vorgegeben, der sich keineswegs auf § 138 BGB verengt.

[342] *Becker*, Der unfaire Vertrag, S. 73.

oder ein Wegfall oder Fehlen der Geschäftsgrundlage gegeben sei, „durch den Tatbestand der objektiven Unangemessenheit ausgelöst“.[343] Die „gerichtliche Vertragskontrolle“ besitze „eine ausreichende Grundlage in den §§ 307, 310 III, 315 III, 343 I, 655, 1587o II 3 BGB, die einer Verallgemeinerung zugänglich“ seien.[344] Soweit damit richterliche Rechtfortbildung betrieben werde, bewege sie sich „im Rahmen des verfassungsrechtlich Zulässigen“.[345]

(b) Der unfaire Vertragsschluss

Neben der allein inhaltlichen Unfairness kennt *Becker* die Unfairness infolge einer einseitigen Machtverteilung, welche die Korrektur eines benachteiligenden Inhalts des Vertrages erlauben soll. Ohne jede Einschränkung stellt Becker die axiomatische Behauptung in den Raum, dass „zu den Wirksamkeitsvoraussetzungen privatautonomer Gestaltung (...) namentlich die Abwesenheit der Machtstellung eines Partners“ gehöre.[346] Vor allem dürfe der Vertrag nicht „als Herrschaftsinstrument einer Partei über die andere“ dienen[347], oder „gebraucht werden, Dominanz über den Partner zu gewinnen oder auszunutzen“[348]: „Die Anerkennung privatautonomer Gestaltung und ihrer intersubjektiven Geltungskraft beruhen gerade darauf, dass die Freiheit der Privatrechtssubjekte ihre Legitimation daraus empfängt, dass diese keine Macht haben, sondern sich in ihrer Ohnmacht auf der Ebene der Gleichordnung begegnen. Wer andererseits Macht besitzt, darf keine Freiheit haben, zumindest keine zu willkürlichem Umgang mit anderen.“[349] Daraus ergebe sich „die Einführung eines neuen Mittels zur Lösung vom unvorteilhaften Vertrag oder wenigstens zu dessen Modifizierung“.[350] „Das Haustürgeschäft und seine rechtliche Behandlung“ stünden „inso-

---

[343] *Becker*, Der unfaire Vertrag, S. 11.

[344] *Becker*, Der unfaire Vertrag, S. 18.; vgl. auch S. 5: „In der neueren Gesetzgebung“ sei „unter der Hand ein neuer Grund für die Lösung vom ungewollten Vertrag bzw. eine Modifizierung der Erfüllungshaftung anerkannt. Der unfaire Vertrag ist für die benachteiligte Partei nicht bindend, für die begünstigte Partei andererseits nicht durchsetzbar, selbst wenn ihr die Übervorteilung nicht bewusst und sie auch sonst gutgläubig ist.“ Ähnlich, jedoch vorsichtiger bereits *ders.*, WM 1999, 709, 712.

[345] *Becker*, Der unfaire Vertrag, S. 18; insbesondere sei „im neueren Schrifttum nicht mehr vertreten worden, dass die Inhaltskontrolle (gemeint ist die Inhaltskontrolle Allgemeiner Geschäftsbedingungen, Anm. d. Verfassers) der Verfassung widerspreche“ (aaO., S. 17). Eine Stellungnahme zur Vereinbarkeit mit dem zivilrechtlichen System unterbleibt; vorsichtiger noch *ders.*, WM 1999, 709, 712: Inhaltskontrolle sei „eine einfachrechtlich zulässige und verfassungsrechtlich gebotene Rechtsfortbildung“.

[346] *Becker*, Der unfaire Vertrag, S. 4, ohne jeden Nachweis oder weitere Begründung oder Einschränkung: „Diese grundsätzliche Aussage gilt ohne Abstriche für das Schuldrecht“.

[347] *Becker*, Der unfaire Vertrag, S. 4, insoweit immerhin unter Verweis auf *L. Raiser*, JZ 1958, 1, 6.

[348] *Becker*, Der unfaire Vertrag, S. 42.

[349] *Becker*, Der unfaire Vertrag, S. 55.

[350] *Becker*, Der unfaire Vertrag, S. 7.

fern nur als pars pro toto".[351] Eine Begründung für diese Annahme oder auch ihre behauptete Verallgemeinerungsfähigkeit gibt *Becker* nicht.[352]

Infolgedessen sei bei jedem Vertrag der Zeitpunkt und die Umstände des Vertragsschlusses, insbesondere die persönliche Situation der Parteien und ihre Vermögens- und Einkommenslage, ihr Ausbildungsstand und ihre intellektuellen Fähigkeiten sowie diverse andere Punkte zu berücksichtigen.[353] „Gesteigerte Rücksichtnahme" sei „in Hinsicht auf Art. 6 IV GG gegenüber schwangeren Frauen am Platze".[354]

(2) Kritik

Das Konzept *Beckers* entspricht der Sache nach einer fast unbegrenzten Inhaltskontrolle aller zivilrechtlichen Vereinbarungen, die unter dem Einfluss irgendeiner Form von Macht geschlossen werden oder durch die eine Seite Macht über die andere Seite erlangt. Gerade letzteres Kriterium macht den Ansatz schwierig zu fassen, ist es doch gerade Sinn und Zweck eines schuldrechtlichen Vertrages, dass dieser notfalls unter Zwang durchsetzbar ist, wodurch eo ipso eine Machtsituation begründet wird. Es scheint darauf anzukommen, ob Art und Ziel der Machtausübung als billig und angemessen empfunden werden oder nicht. Im Ergebnis handelt es sich somit um das Postulat einer offenen Billigkeitskontrolle so gut wie aller zivilrechtlichen Vereinbarungen.

Insofern steht das Ergebnis der Studie in Widerspruch zu ihrem Ausgangspunkt, die den unfairen Vertrag als Randerscheinung voraussetzte.[355] In seiner rechtlichen Begründung beruht es überwiegend auf inflationären Verallgemeinerungen der durch das Bundesverfassungsgericht entwickelten Grundsätze sowie verschiedener Schutzvorschriften des Bürgerlichen Gesetzbuchs. Unzutreffend ist es zunächst, wenn *Becker* meint, die Voraussetzungen der Kontrolle des „unfairen" Vertrages den von ihm genannten Entscheidungen des Bundesverfassungs-

---

[351] *Becker*, Der unfaire Vertrag, S. 42.

[352] Gegen das vorweggenommene Bedenken der fehlenden Rechtssicherheit vor allem hinsichtlich der Vertragsbedingungen wendet *Becker* ein, diese treffe die Parteien nicht aus heiterem Himmel, da insbesondere der Verwender Allgemeiner Geschäftsbedingungen stets Gefahr laufe, dass diese eine Kontrolle nicht passierten. Das Risiko lasse sich durch den völligen Verzicht, das Aushandeln von Bedingungen oder die Verwendung fairerer Bedingungen verhindern, was dem „modernen Verständnis von Privatautonomie" entspreche, verlange „doch das Gebot von Treu und Glauben von Gewerbetreibenden gegenüber Verbrauchern, dass auf letztere nicht in unlauterer Weise eingewirkt wird und dass sich erstere billig und loyal verhalten und den berechtigten Verbraucherinteressen Rechnung tragen" (*Becker*, Der unfaire Vertrag, S. 7, unter Bezugnahme allein auf den Erwägungsgrund Nr. 16 der Klauselrichtlinie; im weiteren Verlauf der Untersuchung erstreckt *Becker* seine Argumentation dann auch auf juristische Personen).

[353] *Becker*, Der unfaire Vertrag, S. 41 ff.

[354] *Becker*, Der unfaire Vertrag, S. 43.

[355] *Becker*, Der unfaire Vertrag, S. V.

gerichts entnehmen zu können. Bei den zitierten Entscheidungen, die zutreffend die Eckpunkte der einschlägigen bundesverfassungsgerichtlichen Rechtsprechung abdecken, handelt es sich ausnahmslos um Entscheidungen von Extremfällen, die durch das Gericht auch stets als solche gekennzeichnet wurden.[356] Das Bundesverfassungsgericht fordert weder eine allgemeine Relevanz von Machtsituationen noch die weitgehend voraussetzungslose Kontrolle jedes Vertrages auf seine Angemessenheit.[357] Dies wird von *Becker* auch zunächst erkannt[358], im Weiteren aber für unerheblich gehalten. Ein Bedürfnis einer derart weitgehenden „Ausrichtung des einfachen Rechts am höherrangigen, konkret also dem Verfassungsrecht (...)“[359] überzeugt deswegen nicht.[360]

In zivilistischer Hinsicht bietet sich ein ähnliches Bild. Die Axiome der Schädlichkeit jedweder Machtstellung für den Vertrag sowie des Gebotes der inhaltlichen Fairness bleiben gleichermaßen ohne stichhaltige Begründung. Eine Auseinandersetzung mit den offensichtlich kollidierenden Grundsätzen der Selbstbestimmung und Selbstverantwortung erfolgt schlichtweg nicht.[361] Die waghalsige Gesamtschau verschiedener Schutzvorschriften des Bürgerlichen Gesetzbuches berücksichtigt in keiner Weise, ob dessen inneres System im Allgemeinen und der Regelungszweck der jeweiligen Vorschriften im Besonderen eine Verallgemeinerung überhaupt zulassen. Die Verallgemeinerungsfähigkeit einer Norm über ihren Anwendungsbereich hinaus wird offensichtlich als Regel angenommen. Explizit und ohne jede Problematisierung oder Begründung bejaht ist sie für die §§ 307, 310 III, 315 III, 343 I, 655, 1587o II 3 BGB und für § 312 f. BGB speziell bezüglich Ungleichgewichtslagen.

Die von *Becker* so genannte „Dogmatik vom unfairen Vertrag“[362] ist somit in ihrem Kern adogmatisch, amethodisch und ahistorisch, insbesondere weil sie ihre Daseinsberechtigung in erster Linie aus axiomatischen Behauptungen ablei-

---

[356] Vgl. nochmals BVerfGE 81, 214, 256: „Übermaßverbote“; im Übrigen bereits oben 2. Kapitel: III. 2. b) bb) (1) (c) (bb) und ausführlich sogleich 2. Kapitel: III. 3. f) bb) (1).

[357] So zutreffend *Honsell*, NJW 1994, 565, 566 (zur Bürgschaftsentscheidung).

[358] *Becker*, Der unfaire Vertrag, S. 18.

[359] *Becker*, Der unfaire Vertrag, S. 17.

[360] Als weitere höherrangige Rechte nennt *Becker*, Der unfaire Vertrag, S. 17, das Europarecht und die EMRK, wobei er allerdings versäumt darzulegen, warum das derzeitige deutsche Vertragsrecht europarechts- oder menschenrechtswidrig sein soll.

[361] In WM 1999, 709, 710, sieht *Becker* einen solchen Begründungsbedarf offenbar noch, da er ausführt, die Selbstbestimmung sei „kein Wert an sich, bei dem die Betrachtung über die Geltungskraft des Vertragsprinzips enden darf“. Insbesondere dürfe sie „den Blick auf die Vertragsgerechtigkeit nicht verstellen.“ „Ebenso wie im öffentlichen Recht“ gelte für das Privatrecht, dass dem Parteiwillen nur insoweit normative Kraft erwachsen könne, als das so gesetzte Recht gewissen Güteanforderungen entspricht. Dieser bereits bedenklichen Relativierung der Selbstbestimmung der Parteien, die an die frühen Werke *L. Raisers* und *Schmidt-Rimplers* erinnert, folgt in der These vom unfairen Vertrag ihre völlige Bedeutungslosigkeit.

[362] *Becker*, Der unfaire Vertrag, S. 15.

tet, die allein dem *Becker'*schen Werk selbst entstammen. Die verfassungsgerichtliche Rechtsprechung ist ihrer wesentlichen Voraussetzungen beraubt, wobei der verbleibende Rumpf dazu dienen soll, die *Becker'*sche Leugnung jeder Selbstverantwortung und sein generelles Misstrauen gegenüber jeder Form von Macht zu rechtfertigen. Der am Ende der Studie zu findende Satz, die prinzipielle Verbindlichkeit wirksam geschlossener Verträge solle nicht in Frage gestellt werden, erscheint vor diesem Hintergrund als Lippenbekenntnis.[363]

Auch losgelöst von der methodischen Unklarheit ihrer Herleitung können die Ergebnisse *Beckers* keinen Bestand haben. Es wurde bereits festgestellt, dass durchaus nicht jede Machtsituation zu einer Kontrollierbarkeit des Vertragsinhalts führt und ein Gebot objektiver Gerechtigkeit oder „Fairness" im Grundsatz nur in engen Grenzen besteht.[364] Die Prinzipien der Selbstbestimmung und Selbstverantwortung fordern für Abweichungen eine Rechtfertigung, an die das Gesetz regelmäßig bestimmte Anforderungen stellt. Keinesfalls können unter Verallgemeinerung derartiger gesetzlicher Ausnahmeregeln die bestehenden Grundsätze in ihr Gegenteil verkehrt werden. Die These vom unfairen Vertrag führt daher auf dem Weg zur Begründung der ratio der Inhaltskontrollregeln nicht weiter.

dd) Fazit

Auch an der richtigkeitsfördernden Funktion des Vertrages orientierte Ansätze sind bei vernünftigem Verständnis nur unter Berücksichtigung der Selbstbestimmung und Selbstverantwortlichkeit der Parteien aufrecht zu erhalten. Weder kann die Richtigkeit eines Vertrages von vornherein anhand seines Inhalts beurteilt werden, noch bestehen überpositive formale Anforderungen an die Situation der Parteien.

Die Richtigkeit des Vertrages bestimmt sich vielmehr in den Grenzen der Sitten (§ 138 BGB) und Gesetze (§ 134 BGB) ausschließlich danach, ob das Ergebnis von den Parteien in gültiger Weise gewollt ist. Erst wenn und soweit dies nicht der Fall ist, kann die Vertragsgerechtigkeit im materiell-inhaltlichen Sinn Platz greifen.

---

[363] *Becker*, Der unfaire Vertrag, S. 73.

[364] Vgl. nur oben 2. Kapitel: III. 2. b) bb) (1) und 2. Kapitel: I. 4.; die sehr pauschale Bezugnahme *Beckers,* aaO., S. 4 auf *Flume,* Rechtsgeschäft, 12 ff., 17 ff. trägt nicht sehr weit, da eine derart allgemeine Aussage in den dortigen Äußerungen *Flumes,* der nur von „einseitigen Machtlagen" spricht (aaO., S. 16) und diesem terminus aus dem Kontext erkennbar wesentlich restriktivere Bedeutung bemisst, keine Stütze findet und *Flume* von der Relevanz von Macht wegen der Funktion des Marktes im Grundsatz gerade nicht ausgeht, vgl. FS 100 Jahre DJT 1960, S. 135, 144.

3. Die relevante Beeinträchtigung der Selbstbestimmung des Kunden als Kontrollgrund

Nach letzterer Maßgabe soll daher untersucht werden, inwieweit die Kompensation einer Beeinträchtigung der Selbstbestimmung[365] des Kunden als ratio der Inhaltskontrollregeln der §§ 307 ff. BGB in Frage kommt.

a) Die Selbstbestimmung als maßgebliches Kriterium

Im Verlauf der Untersuchung hat sich die Selbstbestimmung der Parteien, insbesondere des Kunden, bereits in mehrfacher Hinsicht als relevante Größe in der Problematik der Inhaltskontrolle Allgemeiner Geschäftsbedingungen erwiesen. Es wurde zum einen festgestellt, dass Ansätze, die den Parteien die Möglichkeit zur Selbstbestimmung zugunsten einer materiellen Wert- und Gerechtigkeitskontrolle des Vertragsinhaltes anhand von Vorstellungen der Gemeinschaft absprechen, vor dem Hintergrund des heutigen Verständnisses von Privatautonomie nicht haltbar sind und insbesondere das Prinzip der Rechtsgestaltung in Selbstbestimmung und der damit einhergehende Gedanke der Selbstverantwortung im Bürgerlichen Gesetzbuch nicht ernsthaft angezweifelt werden können.[366] Dabei wurde gesehen, dass jede Maßgeblichkeit eines nach objektiven Kriterien gerechten Interessenausgleichs den Nachweis einer Beeinträchtigung der Selbstbestimmung voraussetzen muss.[367] Zum anderen wurde dargelegt, dass

---

[365] Diese Untersuchung gebraucht den terminus der Selbstbestimmung in dem Bewusstsein der allgemeinen Inkontinuität seiner Verwendung, um die Kraft der Parteien zur Regelung ihrer rechtsgeschäftlichen Verhältnisse nach ihrem Willen zu bezeichnen. Letztere ist ein Element deren Vertragsfreiheit als Teil ihrer Privatautonomie, so dass sich hier begriffliche Überschneidungen nicht vermeiden lassen (vgl. insb. *M. Wolf,* Rechtsgeschäftliche Entscheidungsfreiheit, S. 19 ff.). Andererseits erschöpft sich die mögliche Bedeutung des Begriffs der Selbstbestimmung nicht in der hiesigen; er findet sich etwa auch im Verfassungsrecht, dort beispielsweise als „informationelle Selbstbestimmmung" (BVerfGE 65, 1), welches einen Teil des allgemeinen Persönlichkeitsrechts darstellt (*Funkel,* Schutz der Persönlichkeit, S. 15, 26). Auch im rechtsgeschäftlichen Bereich herrscht Uneinheitlichkeit *M. Wolf,* Rechtsgeschäftliche Entscheidungsfreiheit, S. 101 f., unterscheidet insbesondere weiter zwischen der Entscheidungsfreiheit und der ordnungsgemäßen Verständigung; *Hönn,* Vertragsparität, S. 163, will zwischen fehlender und beeinträchtigter Selbstbestimmung unterscheiden und führt zugleich den Begriff der materiellen Selbstbestimmung ein (aaO., S. 89, 95). Auf diese Begriffsvielfalt soll hier zur Vermeidung von Missverständnissen nur hingewiesen werden, womit klargestellt ist, dass in der Verwendung des Begriffs der Selbstbestimmung keinerlei Einschränkung oder Verallgemeinerung im Sinne einer Entscheidung zwischen den vorgefundenen Verwendungsmöglichkeiten gemeint ist. Ohnehin ist der Streit um Begrifflichkeiten in diesem Bereich wenig fruchtbar, da verlässliche Grundlagen nur durch Inhalte geschaffen werden können.

[366] Siehe oben 2. Kapitel: III. 1. c) zur Missbrauchsthese und 2. Kapitel: III. 2. b) aa) (1) (d) zur These der materiellen Richtigkeitskontrolle.

[367] Insbesondere oben 2. Kapitel: III. 2. b) aa) (2) (b) (bb) und 2. Kapitel: III. 1. a) ee) (2); vgl. im Übrigen nochmals die besonders pointierte Formulierung *M. Wolfs,* Rechtsgeschäftliche Entscheidungsfreiheit, S. 3, ähnlich S. 31; *Wackerbarth,* AcP 200, 45, 49 stellt zutreffend fest: „Sich mit dem Geltungsgrund der Inhaltskontrolle Allgemeiner Geschäftsbedingungen zu beschäftigen,

in anderen Auffassungen unabhängig von den vordergründig herangezogenen Begrifflichkeiten in Wahrheit auf eine Störung in der Selbstbestimmung des Kunden abgestellt wird, so dass thematisch wiederum die letztere entscheidendes Kriterium der Rechtfertigung der Inhaltskontrolle ist.[368] Schließlich wird die Reaktion auf eine Beeinträchtigung der Selbstbestimmung als ratio der AGB-Kontrolle von einigen auch explizit behauptet.[369]

Obgleich nach alldem die wesentliche Bedeutung der Selbstbestimmung für den hier behandelten Problemkomplex nicht bestritten werden kann, ist bislang noch nicht der konkrete Zusammenhang zwischen der Verwendung von Allgemeinen Geschäftsbedingungen und der Selbstbestimmung der Parteien in einer Weise aufgezeigt worden, die den Regelungsgrund der §§ 307 ff. BGB verstehen lässt. Letztere Erklärung der Inhaltskontrolle wäre, sofern sie sich als haltbar erweist, auch insofern ein willkommener Erfolg, als Inhaltskontrolle und Selbstbestimmung nicht länger als zwei unterschiedliche Systemgedanken gesehen werden müssten, die miteinander in Konflikt und möglicherweise zueinander in Widerspruch stehen.[370]

Als Arbeitsthese soll zunächst der zur Vermeidung von vorschnellen Festlegungen weitgefasste Satz dienen, die Verwendung Allgemeiner Geschäftsbedingungen führe zumindest typischerweise zu einer Beeinträchtigung der Selbstbestimmung des Kunden, zu deren Ausgleich die Inhaltskontrolle als vernünftiges Mittel des Eingreifens des Staates gerechtfertigt ist.[371] Dabei kann nach den bisherigen Erkenntnissen jedenfalls davon ausgegangen werden, dass ein Fehlen der Selbstbestimmung, sofern es gegeben ist, die Unwirksamkeitsanordnung des Gesetzes und daraus folgend das Eingreifen dispositiven Gesetzesrechts rechtfertigen kann. Dies gilt unabhängig davon, ob man, wie *M. Wolf* es tut, die Selbstbestimmung zum „Tatbestandsmerkmal der Willenserklärung“ im engeren

---

heißt (...), nach den Funktionsvoraussetzungen der Privatautonomie zu suchen. Wo diese Voraussetzungen fehlen, können und müssen andere Mittel eingreifen.“ *Kötz,* 50. DJT, A 30, setzt voraus, dass „eine rechtliche Überprüfung der inhaltlichen Angemessenheit eines Vertrages grundsätzlich so lang nicht stattfindet, als Abschluss und Inhalt des Vertrages auf freier, eigenverantwortlicher Entscheidung der Vertragspartner beruhen“.

[368] Siehe oben 2. Kapitel: III. 2. b) bb) (1) und 2. Kapitel: III. 1. b) bb).

[369] *M. Wolf,* Rechtsgeschäftliche Entscheidungsfreiheit, S. 230 ff.; *Drexl,* Wirtschaftliche Selbstbestimmung, S. 332 ff., 343; auch der Gesetzesentwurf zum AGB-Gesetz, BT-Drucks. 7/3919, S. 13, zählt zu seinen Zielen unter anderem die Wiederherstellung der Funktion des privaten Vertragsrechts, „zwischen freien und zur Selbstbestimmung fähigen Partnern Vertragsgerechtigkeit zu schaffen“; ähnlich *Lindacher,* BB 1972, 296, 297, der eine typischerweise vorliegende Überforderung der Verantwortungsfähigkeit annimmt; *Nicklisch,* BB 1974, 941, 942.

[370] Von einem derartigen Spannungsverhältnis geht insbesondere *Fastrich,* Richterliche Inhaltskontrolle, S. 49, aus; vgl. auch *ders.,* aaO., S. 38.

[371] *Drexl,* Wirtschaftliche Selbstbestimmung, S. 333, will eine Beschränkung der Selbstbestimmung des Verbrauchers gegenüber Allgemeinen Geschäftsbedingungen schon deswegen bejahen, weil sie einseitig in den Vertrag eingeführt sind (siehe dazu oben 2. Kapitel: I. 3.).

Sinne erheben möchte.[372] Bei allen berechtigten Zweifeln an der Richtigkeit letzterer dogmatischer Einordnung[373] ist die Sichtweise *M. Wolfs* zumindest in demjenigen Kerngehalt zutreffend, den *Flume* mit der Feststellung beschreibt, die Willenserklärung sei ihrem Wesen nach „Rechtsgestaltung in Selbstbestimmung".[374] Auch wenn die fehlende Selbstbestimmung der Willenserklärung nach heutigem Verständnis nicht zwangsläufig den Tatbestand nimmt, kann sie deswegen dennoch den Sinn einer gesetzlichen Regelung begründen, nach der an den Folgen der Willenserklärung nicht oder nur eingeschränkt festgehalten werden soll und daher ein objektiver Maßstab für den gerechten Austausch greifen kann[375] Eine Beeinträchtigung der Selbstbestimmung des Kunden wäre zur Erklärung der ratio legis der Inhaltskontrolle also grundsätzlich tauglich.

Entscheidend ist daher die Frage, ob und gegebenenfalls unter welchen Voraussetzungen die mit der Verwendung Allgemeiner Geschäftsbedingungen einhergehenden praktischen Probleme als eine vom Gesetz missbilligte Beeinträchtigung der Selbstbestimmung erklärt werden können. Um als Wille des Gesetzes

---

[372] *M. Wolf*, Rechtsgeschäftliche Entscheidungsfreiheit, S. 123.

[373] Die von *M. Wolf* vertretene Auffassung ist insoweit zu Recht als zu weitgehend kritisiert worden (vgl. *Singer*, Selbstbestimmung, S. 19; *Fikentscher*, FS Hefermehl 1971, S. 41, 49; *Hönn*, Vertragsparität, S. 29; *S. Lorenz*, Schutz vor dem unerwünschten Vertrag, S. 227). Die generelle und ohne weiteres eintretende Unwirksamkeit einer fremdbestimmt abgegebenen Willenserklärung stünde in dieser Allgemeinheit schon im Widerspruch zu dem Regelungscharakter der §§ 119, 123 BGB, die als Rechtsfolge lediglich die Anfechtbarkeit vorsehen. Insbesondere die von *M. Wolf*, Rechtsgeschäftliche Entscheidungsfreiheit, S. 123, zur Begründung seiner Sichtweise in Bezug genommene Stelle in den Motiven (Mot. I, 204, 206) zu dem heutigen § 123 BGB vermag seine Argumentation nicht zu stützen. Zwar ist *M. Wolf* zuzugeben, dass sich die Motive tatsächlich „der Sache nach" solchen Auffassungen anschließen, die „in Übereinstimmung mit der früheren gemeinrechtlichen Doktrin (...) die freie, d.h. nicht rechtswidrig beeinflusste Willensentscheidung" als „Tatbestandsmoment des Rechtsgeschäfts" sehen (Mot. I, 204). Allerdings erklären die Motive selbst das Verständnis der zitierten Ansichten von der Qualität der Entscheidungsfreiheit als Tatbestandsmerkmal anders: „Ein in dieser Hinsicht mangelhaftes Geschäft wird dergestalt als unverbindlich behandelt, dass es in dem Willen des Verletzten steht, ob er die Richtigkeit geltend machen will oder nicht." (Mot. I, 204) Entgegen der Annahme *M. Wolfs* sehen die Motive die Konsequenz einer Fremdbestimmung gerade nicht im Fehlen des Tatbestandes einer Willenserklärung in dem von *M. Wolf* postulierten Sinne, sondern befürworten für den dort abgehandelten Fall der Beeinflussung der Willenserklärung durch rechtswidrige Drohung lediglich ein die Existenz einer Erklärung logisch voraussetzendes Lösungsrecht des Erklärenden als Gestaltungsrecht durch Anfechtung. Die Bezeichnung als „Tatbestandsmoment der Willenserklärung" dient in dem dortigen Zusammenhang der Distanzierung von solchen Vorschlägen, die in strikter Weiterführung des römisch-rechtlichen Satzes „tamen coactus volui" für den Fall der Willensbeeinflussung durch rechtswidrige Drohung lediglich einen obligatorischen Ausgleich geben wollten. (Urspünglich konnte im römischen Recht die Restitution durch den Praetor verlangt werden: D 4, 2, 21, 5 Paulus, libro undecimo ad edictum: „Si metus coactus adii hereditatem, puto me herendem effici, quia quamvis si liberum esset noluissem, tamen coactus volui: sed per praetorem restituendus sum, ut abstinendi mihi potestas tribuatur; vgl. auch Mot. I, 205). Die Qualifikation als Tatbestandsvoraussetzung im modernen Sinne ist damit weder gemeint noch gewollt.

[374] Rechtsgeschäft, § 4 8. Näher dazu sogleich 2. Kapitel: III. 3. e).

[375] *Flume*, Rechtsgeschäft, § 1 7; insoweit zustimmend *Hönn*, Vertragsparität, S. 23.

im richtig verstandenen Sinne[376] Geltung haben zu können, muss sich die These der Beeinträchtigung der Selbstbestimmung des Kunden durch die Verwendung Allgemeiner Geschäftsbedingungen dabei vor allem in die im Bürgerlichen Gesetzbuch vorhandenen Rechtsgedanken sinnvoll eingliedern und vor ihrem Hintergrund widerspruchsfrei begründen lassen. Dort ist mit dem Recht der Willensmängel in den §§ 116 ff. BGB eine grundsätzliche[377] Regelung der Voraussetzungen des gültigen rechtsgeschäftlichen Willens[378] vorhanden, die sich als Ausgangspunkt der Betrachtung anbietet. Insbesondere ist von Interesse, inwieweit die durch die Verwendung Allgemeiner Geschäftsbedingungen verursachten Probleme bereits durch das im Allgemeinen Teil des Bürgerlichen Gesetzbuches enthaltene Recht der Willensmängel geregelt sind, ob den AGB-Regeln in dessen Ergänzung eine sinnvolle Funktion zum Schutz der Selbstbestimmung zukommen kann und ob dem Recht der Willensmängel gegebenenfalls hierzu allgemeine Rechtsgedanken oder maßgebliche Grundwertungen entnommen werden können.

b) Die selbstbestimmungsrelevanten tatsächlichen Umstände der AGB-Verwendung

In diesem Zusammenhang sollen nochmals kurz die faktischen Probleme der Verwendung Allgemeiner Geschäftsbedingungen in Erinnerung gerufen und in eine subsumtionsfähige Ordnung gebracht werden.[379] Sie lassen sich grob in zwei Gruppen unterteilen: Wie bereits oben festgehalten wurde, besteht zum einen die erhöhte Gefahr einer Fehleinschätzung der vertraglichen Regelung durch den Kunden.[380] Empirisch gesehen führt die Verwendung Allgemeiner Geschäftsbedingungen häufig dazu, dass die Vertragsbedingungen nicht gelesen bzw. sonst zur Kenntnis genommen oder auch in ihrer Bedeutung verkannt oder zumindest unterschätzt werden. Diesem Problemkomplex unterfallen diejenigen Umstände, die zu dem bereits zuvor beschriebenen „Verheimlichungseffekt“[381] Allgemeiner Geschäftsbedingungen beitragen. Das Problem liegt dann nicht darin, dass der Kunde sich gezwungen sieht, den Allgemeinen Geschäftsbedingungen zuzustimmen, sondern darin, dass er darüber im Unklaren ist, welchen In-

---

[376] Dazu oben 2. Kapitel: II. 2. a) aa).

[377] *M. Wolf*, Rechtsgeschäftliche Entscheidungsfreiheit, S. 79 f. weist zutreffend darauf hin, dass auch § 138 I BGB dem Schutz der Selbstbestimmung dienen kann. Es handelt sich hierbei jedoch um Extremsituationen, die zur Erklärung des Modells nicht beitragen. Auf sie kann später eingegangen werden.

[378] Vgl. für die Berührung der Selbstbestimmung des Erklärenden vorerst nur *Singer*, Selbstbestimmung, S. 58 ff. der explizit von „Willensmängeln des Selbstbestimmungsaktes“ spricht.

[379] Diese wurden bereits eingangs (1. Kapitel: I.) überblicksweise wiedergegeben.

[380] Siehe bereits die Darstellung und Nachweise oben 1. Kapitel: I.

[381] *M. Wolf*, Rechtsgeschäftliche Entscheidungsfreiheit, S. 6; *Kliege*, Wirtschaftswissenschaftliche Analyse, S. 19; *Wolf*/Horn/Lindacher § 11 Nr. 15 Rz. 26.

halten er zustimmt, oder, im Extremfall, dass überhaupt Allgemeine Geschäftsbedingungen einbezogen werden sollen. Es handelt sich also um eine irrtumsähnliche bzw. täuschungsähnliche Problematik.[382]

Zu einem anderen, nicht minder wichtigen Teil entsteht angesichts der Verwendung von Allgemeinen Geschäftsbedingungen häufig der Eindruck des Kunden, an deren Geltung oder Inhalt nichts ändern zu können.[383] Mitunter ist sogar angenommen worden, der Verwender signalisiere durch das Aufstellen Allgemeiner Geschäftsbedingungen, zum Vertragsschluss überhaupt nur unter den von ihm zu stellenden Bedingungen bereit zu sein.[384] Dieser Eindruck kann insbesondere in Situationen, in denen der Verwender anders als der Kunde zumindest auf den einzelnen Vertragsschluss nicht angewiesen ist, auch durchaus zutreffen. Die zweite Gruppe typischer Probleme bilden daher Umstände, die dazu führen, dass der Kunde sich den Allgemeinen Geschäftsbedingungen insbesondere aufgrund seiner wirtschaftlichen oder sonstigen Situation nicht entziehen kann oder dies zumindest annimmt. Zu der Gefahr der Fehleinschätzung tritt also der Aspekt des Drucks auf den Kunden, die Allgemeinen Geschäftsbedingungen zu akzeptieren.[385]

c) Die thematischen Parallelen zum Recht der Willensmängel

In den §§ 116 ff. BGB lassen sich zwei Typengruppen des Willensmangels ausmachen, die zu den vorgenannten Problemen eine wesensmäßige Affinität haben. Diese finden sich insbesondere in den Anfechtungstatbeständen der §§ 119 und 123 BGB wieder, die nach allgemeiner Meinung dem Schutz der Selbstbestimmung des Erklärenden und der Bestimmung der Grenzen seiner rechtsgeschäftlichen Selbstverantwortung dienen.[386]

---

[382] Es wurde bereits darauf hingewiesen, dass dieselbe Problematik auch Gegenstand der Regeln über die Einbeziehungskontrolle ist. Wie ebenfalls bereits festgestellt wurde, bedeutet dies jedoch nicht zwangsläufig, dass sie für die Inhaltskontrolle keine Bedeutung mehr haben kann. Da es sich bei der Einbeziehungskontrolle lediglich um die Typisierung von Auslegungsregeln handelt, sind Fälle denkbar, in denen der Verwender die Erklärung des Kunden zwar rechtsgeschäftlich als Einbeziehungserklärung verstehen darf, aber dennoch beim Kunden über den Inhalt der Geschäftsbedingungen Unklarheit besteht, mit deren Folgen dieser aus anderen, einen weitergehenden Schutz rechtfertigenden Gründen nicht belastet werden soll (vgl. auch nochmals oben 1. Kapitel: IV. 3.).

[383] Siehe bereits die Darstellung und Nachweise oben 1. Kapitel: I. und sogleich 2. Kapitel: III. 3. f) bb).

[384] BGH NJW 1979, 367 f.; BGH NJW 1977, 624, 625; diesem folgend *Hönn*, Vertragsparität, S. 151.

[385] *Lindacher*, BB 1972, 296, 297 ordnet den beiden Aspekten die Begriffe der intellektuellen und der wirtschaftlichen Unterlegenheit zu.

[386] *Singer*, Selbstbestimmung, S. 58 ff.; MüKo/*Kramer* § 123 Rz. 1 mit Hinweis auf Mot. I, S. 204; zur Irrtumsanfechtung statt aller *Flume*, Rechtsgeschäft, § 4 8 sowie *Larenz/Wolf*, AT, § 35

Eine Lockerung der Bindung des Erklärenden an den objektiven Gehalt des Rechtsgeschäfts besteht zum einen nach § 119 I BGB in Fällen, in denen infolge eines Irrtums der innere und der geäußerte Wille auseinanderfallen oder ein innerer Wille gar nicht gebildet wird. Gleichgestellt sind durch § 119 II BGB Fälle, in denen der Irrtum über eine vertragswesentliche Eigenschaft einer Sache oder Person besteht. Ebenfalls in diesen Bereich fällt die Problematik des fehlenden Erklärungsbewusstseins.[387] Es handelt sich dabei insgesamt um Willensmängel, deren Voraussetzungen allein dem Bereich des Erklärenden entstammen. Ob der Erklärungsempfänger etwa zu dem Inhaltsirrtum des Erklärenden beigetragen hat, ist im Grundsatz unerheblich. Vom Gesetz wird es somit unter bestimmten Voraussetzungen als relevanter Mangel des selbstbestimmten Willens gesehen, wenn der Inhalt des Rechtsgeschäfts auf einem Irrtum des Erklärenden beruht[388] oder sogar der Wille desjenigen, der objektiv einen Erklärungstatbestand setzt, subjektiv gänzlich fehlt[389]. Insoweit weisen die Voraussetzungen dieser Tatbestände Parallelen zu dem vorgenannten Problem der Fehleinschätzung durch den AGB-Kunden auf, die näher zu beleuchten sind.

Die zweite Gruppe bilden Fälle der zielgerichteten Beeinflussung des Willens von außen, wie sie bei Täuschung oder rechtswidriger Drohung im Sinne von § 123 BGB erfolgt. Auch dann handelt der Erklärende nicht frei, sondern der Einfluss des Drohenden oder Täuschenden bestimmt den Willen fremd.[390] Im Unterschied zu der ersten Typengruppe ist der Ursprung der Störung der Bereich des Erklärungsempfängers oder ausnahmsweise auch eines Dritten. In Bezug auf diesen Umstand ähnelt das Problem der Drucksituation des AGB-Kunden, auch wenn diese regelmäßig in Charakter und Intensität hinter den Voraussetzungen des § 123 I 2. Alt. BGB zurückbleiben wird.[391]

Sowohl die Fehleinschätzung als auch der äußere Druck auf den Erklärenden können also unter bestimmten Voraussetzungen zu einer relevanten Beeinträchtigung des selbstbestimmten Willens führen. Zugleich zeigt jedoch bereits die klare tatbestandliche Abgrenzung der §§ 119 und 123 BGB, dass keinesfalls alle Fälle des äußeren Drucks oder der Fehleinschätzung Folgen für das Rechtsgeschäft nach sich ziehen.[392] Die verbleibenden Fälle werden vielmehr von den

am Anfang (vgl. auch *ders.*, aaO., § 19 I); *Hönn,* Vertragsparität, S. 162 f.; *M. Wolf,* Rechtsgeschäftliche Entscheidungsfreiheit, S. 78 ff.; *Coester-Waltjen*, AcP 190, 1, 21.

387 Überblick bei MüKo/*Kramer* § 119 Rz. 92 ff.; näher dazu sogleich 2. Kapitel: III. 3. e) aa) (2).

388 *Flume*, Rechtsgeschäft, § 4 8; *Larenz/Wolf*, AT, § 35 am Anfang; näher sogleich 2. Kapitel: III. 3. e) aa).

389 Dazu etwa *Canaris*, Vertrauenshaftung, S. 427; *ders.*, NJW 1974, 521, 528.

390 Dazu im Einzelnen sogleich 2. Kapitel: III. 3. e) bb) (1).

391 Dazu im Einzelnen sogleich 2. Kapitel: III. 3. d) bb).

392 Insbesondere für die Tatbestände der Irrtumsanfechtung *Coester-Waltjen*, AcP 190, 1, 21.

Anfechtungsregeln der Selbstverantwortung des Erklärenden zugewiesen.[393] Die Aufgabe liegt daher in der Bestimmung geeigneter Kriterien zur Grenzziehung zwischen relevanten und irrelevanten Beeinträchtigungen der Selbstbestimmung im Allgemeinen und der Einordnung des Phänomens der Allgemeinen Geschäftsbedingungen in diese Kategorien im Besonderen. Hierfür ist es hilfreich, zunächst einen Blick darauf zu werfen, ob und inwieweit die Verwendung Allgemeiner Geschäftsbedingungen in Bezug auf die vorgenannten Probleme bereits unter die im Bürgerlichen Gesetzbuch vorhandenen allgemeinen Regeln subsumiert werden kann.

d) Möglichkeiten der Subsumtion: AGB-Verwendung als Anfechtungsgrund für den Kunden

Die Verwendung Allgemeiner Geschäftsbedingungen könnte ohne weiteres als relevante Beeinträchtigung der Selbstbestimmung angesehen werden, wenn und soweit sie einen Anfechtungsgrund nach §§ 119, 123 BGB darstellte. Es geht dabei wohlgemerkt noch nicht um die Frage, ob und in welchem Umfang diese auch nach geltendem AGB-Recht zulässig oder etwa durch die Regelung in § 306 BGB (ex § 6 AGBG) ausgeschlossen oder beschränkt ist[394], was lediglich ein Konkurrenzproblem darstellt, und zunächst ebenso wenig um die angemessene Gestaltung der Rechtsfolgen einer solchen Anfechtung, sondern um die Tatbestandsmäßigkeit an sich. Allein aus letzterer könnten nämlich Schlüsse auf eine relevante Beeinträchtigung der Selbstbestimmung gezogen werden.

aa) Der Inhaltsirrtum

Die Literatur hat in diesem Zusammenhang insbesondere die Frage beschäftigt, unter welchen Voraussetzungen die Fehleinschätzung des Kunden einen Inhaltsirrtum gemäß § 119 I 1. Alt. BGB darstellen kann.[395] Im Ergebnis besteht Einigkeit darüber, dass jedenfalls dem typischen Problem der AGB-Verwendung mit dieser Einordnung schon deswegen nicht beizukommen ist, da der Kunde sich zumeist über die Einbeziehung Allgemeiner Geschäftsbedingungen oder deren Inhalt keine konkrete Vorstellung macht, so dass ein Irrtum insoweit per definitionem ausgeschlossen ist.[396] Die verbleibenden Fälle sind solche, in denen der Kunde entweder konkret davon ausgeht, das Angebot der Verwenders enthalte

---

[393] *M. Wolf,* Rechtsgeschäftliche Entscheidungsfreiheit, S. 78 ff.

[394] Dazu *Locher,* BB 1981, 818, 821; Staudinger/*Coester* § 9 AGBG Rz. 27; *Wolf*/Horn/Lindacher § 2 Rz. 36, beide m.w.N.

[395] *Loewenheim,* AcP 180, 433 ff., mit Überblick über die Diskussion in Rechtsprechung und Schrifttum und zahlreichen Nachweisen; *Vorderobermeier*, Einbeziehung, S. 171 ff.; *Grunsky*, JurA 1969, 87, 89.

[396] *Loewenheim,* AcP 180, 433, 460; *Vorderobermeier*, Einbeziehung, S. 178; *Locher,* BB 1981, 818, 819; Staudinger/*Coester* § 9 AGBG Rz. 27.

keine Allgemeinen Geschäftsbedingungen, die Klauseln textlich fehlerhaft wahrgenommen oder aber ihre rechtliche Bedeutung verkannt hat. Wiederum liegt regelmäßig ein Inhaltsirrtum gemäß § 119 I BGB nur in den beiden ersteren Konstellation vor, da der Kunde in diesen Fällen eine konkrete Fehlvorstellung vom Inhalt seiner Annahmeerklärung hat und somit die Voraussetzung des § 119 I BGB im Grundsatz erfüllt ist.[397] In den Fällen des Irrtums über den Regelungsgehalt einer Klausel liegt dagegen, sofern nicht das Wesen des Geschäfts durch die tatsächliche rechtliche Bedeutung gegenüber der Vorstellung des Kunden gänzlich verändert ist, lediglich ein unbeachtlicher error in iuris vor, der zur Anfechtung nach § 119 I BGB nicht berechtigt und auch von § 119 II BGB nicht erfasst ist.[398] Die zutreffende Beurteilung der Rechtsfolgen einer Klausel ist dem Motivbereich zuzuordnen und fällt grundsätzlich in die Verantwortung des Erklärenden selbst.[399]

Das Vorliegen eines Inhaltsirrtums beschränkt sich daher faktisch auf die seltenen Fälle, in denen Allgemeine Geschäftsbedingungen zwar gelesen, jedoch in ihrem Wortlaut falsch verstanden werden, so dass die sich auf sie beziehende Zustimmungserklärung einen abweichenden Inhalt erhält. Die entscheidende Problematik besteht demgegenüber regelmäßig in einem gänzlichen Fehlen konkreter Vorstellungen vom Inhalt der Allgemeinen Geschäftsbedingungen sowie in einem dem Motivbereich der Erklärung zuzuordnenden Irrtum über die rechtliche Bedeutung und ist damit nach § 119 BGB nicht tatbestandsmäßig. Die These der relevanten Beeinträchtigung der Selbstbestimmung des Kunden durch die Verwendung Allgemeiner Geschäftsbedingungen bedarf daher einer weiteren Begründung.

bb) AGB-Verwendung als rechtswidrige Drohung oder Täuschung?

Sogar noch größere Schwierigkeiten bereitet die Subsumtion einer möglichen Drucksituation des Kunden im Zusammenhang mit der Verwendung Allgemeiner Geschäftsbedingungen. Aufgrund dieser tatsächlichen Problematik ist zwar in Anlehnung an den Drohungstatbestand des § 123 I BGB ein Ausschluss der Selbstbestimmung des Kunden explizit behauptet worden.[400] Selbst letzterer Ansatz, der aus der Zeit vor der Kodifizierung des AGB-Recht stammt, geht jedoch nicht so weit, auf die Zuhilfenahme eines Analogieschlusses zu verzichten und

---

[397] *Loewenheim,* AcP 180, 433, 440 ff.; offen ist dagegen die schwierige Beurteilung, ob im Einzelfall der Kunde das Geschäft bei richtiger Beurteilung unterlassen hätte (Erheblichkeit des Irrtums), dazu *Wolf*/Horn /Lindacher § 9 Rz. 8.

[398] *Vorderobermeier*, Einbeziehung, S. 178; zur Unbeachtlichkeit des error in iuris allgemein *Medicus,* AT, § 48 II 1; *Flume,* Rechtsgeschäft, § 23 4 d; *Locher,* BB 1981, 818, 819 weist darauf hin, dass auch die rechtlich falsche Annahme, die Einbeziehungsvoraussetzungen seien nicht erfüllt, einen unbeachtlichen Motivirrtum darstellt.

[399] Staudinger/*Coester* § 9 AGBG Rz. 27; dazu sogleich näher 2. Kapitel: III. 3. e) aa) (4).

[400] *M. Wolf,* Rechtsgeschäftliche Entscheidungsfreiheit, S. 230 ff.

die Verwendung der Allgemeinen Geschäftsbedingungen als tatbestandsmäßige rechtswidrige Drohung zu sehen.[401] Der Tatbestand der rechtswidrigen Drohung ist durch die Verwendung von Allgemeinen Geschäftsbedingungen als solche noch nicht erfüllt.[402]

Gleiches gilt im Grundsatz für die arglistige Täuschung durch den Verwender. Es ist zwar nicht zu bezweifeln, dass der Verwender durch die Aufstellung seiner Allgemeinen Geschäftsbedingungen eine Ursache für die Fehleinschätzung oder unterlassene Einschätzung des Kunden setzen kann, wenn etwa das Klauselwerk umfangreich oder undurchsichtig ist und infolgedessen in der Eile des Geschäfts vom Kunden nicht hinreichend gewürdigt wird. Ein vorsätzliches Hervorrufen konkreter Fehlvorstellungen über den Inhalt der Allgemeinen Geschäftsbedingungen ist damit in der Regel jedoch gerade nicht verbunden. Vielmehr ist der Verwender zufrieden, wenn der Kunde die Allgemeinen Geschäftsbedingungen ohne nähere Prüfung und Auseinandersetzung über deren Inhalt hinnimmt. Auch trifft den Verwender in der Regel keine Aufklärungspflicht gegenüber dem Kunden über den Inhalt seiner Allgemeinen Geschäftsbedingungen. Eine solche kann sich nur im Einzelfall aus der konkreten Vertragsabschlusssituation ergeben, so dass der Kunde für den Fall der Nichtaufklärung über die Klausel zur Anfechtung wegen Täuschung durch Unterlassen berechtigt ist.[403] Ein durch die Verwendung Allgemeiner Geschäftsbedingungen geleisteter Beitrag der Verwenders zu Fehlvorstellungen des Kunden erfüllt daher in der Regel nicht die Voraussetzungen einer arglistigen Täuschung gemäß § 123 I BGB.

In beiden Fällen ist daher ein hinreichender Schutz durch § 123 I BGB noch nicht bewerkstelligt. Die Ähnlichkeit in der möglichen Wirkung der AGB-Verwendung auf die Willensentschließung des Kunden mit den Tatbeständen dieser Vorschrift lässt jedoch bereits erahnen, dass die Auseinandersetzung mit der gesetzlichen Regelung des Anfechtungsrechts bei rechtswidriger Drohung jedenfalls Erkenntnisse für die Beurteilung und Abgrenzung relevanter Beeinträchtigungen der Selbstbestimmung durch äußeren Druck erwarten lässt.

e) Die verwertbaren Rechtsgedanken der Anfechtungstatbestände

Obwohl somit dem unmittelbaren Regelungsbereich der §§ 119 und 123 BGB die Einordnung der Verwendung Allgemeiner Geschäftsbedingungen als relevante Beeinträchtigung der Selbstbestimmung nicht entnommen werden kann, ist sie durch die dargestellte thematische Ähnlichkeit deren tatsächlicher Pro-

---

[401] Dazu unten 2. Kapitel: III. 3. f) bb) (3).

[402] *S. Lorenz*, Schutz vor dem unerwünschten Vertrag, S. 349, weist zutreffend darauf hin, dass insbesondere Zeitdruck oder Überrumpelung nach § 123 BGB nicht tatbestandsmäßig sind.

[403] Staudinger/*Coester* § 9 AGBG Rz. 29.

bleme zu den letzteren Tatbeständen dennoch nahegelegt. Insbesondere sollte daher nicht voreilig der Umkehrschluss gezogen werden, dass angesichts der weitgehenden Tatbestandslosigkeit der Probleme der AGB-Verwendung im Recht der Willensmängel eine relevante Beeinträchtigung der Selbstbestimmung durch die Verwendung Allgemeiner Geschäftsbedingungen nicht in Frage kommt. Es ist vielmehr zu klären, ob und inwieweit dem Recht der Willensmängel ein über die unmittelbare Regelungswirkung hinausgehendes System zur Abgrenzung relevanter Beeinträchtigungen der Selbstbestimmung von hinzunehmenden Geschäftsrisiken entnommen werden und wie gegebenenfalls die Verwendung Allgemeiner Geschäftsbedingungen unter diese Ordnung subsumiert werden kann.

aa) Willensmängel aus dem Bereich des Erklärenden

Diesbezüglich soll zunächst die Behandlung der ersten Gruppe, also von äußeren Einflüssen unabhängiger Willensmängel, ins Auge gefasst werden. Hierunter fallen die Fälle der Fehlvorstellung sowie der fehlenden Vorstellung von Inhalt oder Umständen des Geschäfts.

(1) Die Beeinträchtigung der Selbstbestimmung durch Abweichung des objektiven Inhalts des Rechtsgeschäfts von dem inneren Willen des Erklärenden: Inhalts- und Erklärungsirrtum

Wird die auf den Vertragsschluss gerichtete Erklärung selbst durch einen wesentlichen Irrtum über die Wahl der Erklärungszeichen oder deren objektive Bedeutung verursacht, kann der Erklärende sie nach § 119 I BGB anfechten und sich so von dem Vertrag lösen, obwohl objektiv übereinstimmende Willenserklärungen als Voraussetzung des Vertrages vorliegen.

Die Rechtfertigung für dieses Lösungsrecht liegt darin, dass das Bürgerliche Gesetzbuch in den betreffenden Fällen die objektiv in Erscheinung getretene Willenserklärung, auf der der Vertrag von seiner Seite beruht, als von dem Erklärenden nicht in wirksamer Weise gewollt qualifiziert, da sie von dessen innerer Vorstellung in maßgeblicher Weise abweicht. Diese Problematik des Auseinanderfallens von (innerem) Willen des Erklärenden und dem Inhalt des Rechtsgeschäfts ist eine Konsequenz aus der Abkehr des Bürgerlichen Gesetzbuches von dem noch im gemeinen Recht herrschenden strengen Willensdogma, welches allein den subjektiven Willen des Erklärenden als mögliche Grundlage des Geschäfts kannte.[404] Aus dem Gedanken des Verkehrs- und Vertrauens-

---

[404] Dieses Erfordernis der materialen Willensübereinstimmung galt im römischen Recht für Konsensualverträge, während es im Falle des Formalkontrakts ausschlaggebend war, ob sich die Erklärungen der Parteien formal entsprachen (hierzu und zur Behandlung des Irrtums im römischen Recht *Henrich,* AcP 162, 88 f.). Zu der vor und während der Schaffung des Bürgerlichen Gesetzbuches bestehenden Kontroverse zwischen Willens- und Erklärungstheorie mit Überblick über die Stellungnahmen der Materialien MüKo/*Kramer* Vor § 116 Rz. 4 f.

schutzes ist an die Stelle des tatsächlich vorhandenen Willens im Grundsatz der objektive Aussagegehalt der Willenserklärung getreten.[405] Dieser Betrachtungsweise entspricht es, einen gültigen rechtsgeschäftlichen Willen des Erklärenden dann anzunehmen, wenn die objektiv-normativ verstandene Willenserklärung dem inneren Willen des Erklärenden entweder entspricht oder eine Abweichung dem Erklärenden zurechenbar ist.[406] Der rechtsgeschäftlich gültige Wille kann daher von dem inneren Willen des Erklärenden verschieden sein, womit ein „Spannungsverhältnis von Wille und Erklärung“ [407] entsteht. Mit dem grundsätzlichen Abstellen auf die objektiv-normativ auszulegende Erklärung als rechtsgeschäftlich relevanten Willen hat das Gesetz zugleich ein Zurechnungskriterium als Geltungsgrund der Willenserklärung für die Fälle zu schaffen, in denen der geäußerte Wille dem inneren nicht entspricht. Dieses liegt in der Selbstverantwortung des Erklärenden, die als zur Selbstbestimmung gehörig[408] im Sinne einer institutionellen Ergänzung[409] oder Teil einer „kombinatorischen Konzeption“[410] anzusehen ist.[411] Das Bürgerliche Gesetzbuch geht dabei im Grundsatz davon aus, dass der in seinem Willen freie Erklärende, der es in der Hand hat, alle hinsichtlich der Willensbildung und -äußerung relevanten Entscheidungen zu treffen, für die Erklärung und insbesondere für deren Übereinstimmung mit seinem tatsächlichen Willen und seinen Vorstellungen sich selbst gegenüber verantwortlich ist und jegliche ihm aus einer etwaigen Abweichung erwachsende Nachteile hinzunehmen hat.[412] Wenn etwa der Erklärende einen Antrag sei-

---

[405] Hierzu bereits oben 1. Kapitel: IV. 1. a); vgl. auch *Singer*, Selbstbestimmung, S. 45 ff.

[406] Der hier verwendete Begriff des „inneren Willens“ des Erklärenden in Abgrenzung zu der nach außen in Erscheinung getretenen Willenserklärung ist überwiegend gebräuchlich (*Flume*, Rechtsgeschäft, § 4 8). Kritisch jedoch *Enneccerus-Nipperdey*, AT 2, S. 1024, da es nach dem Bürgerlichen Gesetzbuch nur auf den geäußerten Willen ankomme und der nicht kundgegebene Wille in Wahrheit nur Wunsch sei. Praktische Auswirkungen hat diese terminologische Meinungsverschiedenheit nicht.

[407] *M. Wolf*, Rechtsgeschäftliche Entscheidungsfreiheit, S. 23.

[408] So *Flume*, Rechtsgeschäft, § 4 8.

[409] *M. Wolf*, Rechtsgeschäftliche Entscheidungsfreiheit, S. 82.

[410] *Canaris*, iustitia distributiva, S. 61, spricht von einer kombinatorischen Konzeption, die Selbstbestimmung als Freiheit und Selbstverantwortung als Bindung notwendig gemeinsam enthalte (siehe auch *ders.*, Vertrauenshaftung, S. 412 ff.; ähnlich *Bydlinski*, Privatautonomie, S. 164 ff.).

[411] Dieser in erster Linie terminologische Streit soll hier nicht entschieden werden. Wichtig ist nur zu begreifen, dass es nicht auf das tatsächliche Vorliegen eines selbstbestimmten Willens, sondern auf die Möglichkeit der Willensbildung frei von durch die Rechtsordnung als erheblich qualifizierten Beeinträchtigungen ankommt. Wird von dieser kein Gebrauch gemacht, gilt die Entscheidung je nach terminologisch-dogmatischer Vorliebe aufgrund des Prinzips der Selbstverantwortung (dafür etwa *Canaris*, iustitia distributiva, S. 61) oder ist normativ als selbstbestimmt anzusehen (für letzteres etwa *Hönn*, Vertragparität, S. 100).

[412] *Larenz*, AT, § 19 I spricht von „dem Gedanken der Verantwortung des Erklärenden für die ihm zurechenbare Bedeutung seiner Erklärung“; vgl. auch *Canaris*, iustitia distributiva, S. 46: „volenti non fit iniuria“; *Singer*, Selbstbestimmung, S. 91, 99, folgert die Verantwortlichkeit des Erklä-

nes Gegenübers „ins Blaue hinein" annimmt, ohne sich eine genaue Vorstellung von dessen Inhalt zu machen, und kann das Gegenüber die Gedankenlosigkeit nicht erkennen, erlaubt die Selbstverantwortung des Erklärenden, das Verständnis des Antragenden maßgeblich sein zu lassen, der von einer ordnungsgemäßen Willensbildung des Erklärenden ausgehen darf.[413] Das gleiche gilt im Grundsatz[414], wenn die Erklärung durch Fehlvorstellungen auf Motivebene veranlasst ist.[415]

Die Selbstverantwortung des Erklärenden ist indes nicht grenzenlos. Bereits aus der Regelung des § 119 I BGB ergibt sich, dass das Gesetz den Konflikt zwischen den Interessen des Erklärenden, dem das Rechtsgeschäft in der gefundenen Form unliebsam geworden ist, und des Erklärungsempfängers, der an dem Bestand interessiert ist und zugleich auf ihn vertraut, nicht stets und einseitig zu Lasten des Erklärenden gelöst sehen will. Das Bürgerliche Gesetzbuch strebt ausweislich der Materialien vielmehr eine „thunlichste Ausgleichung" der beiderseitigen Interessen an.[416] § 119 I BGB statuiert dabei Fälle, in denen nach dieser Abwägung auch unter Berücksichtigung des Bestandsinteresses des Erklärungsempfängers das Mindesterfordernis an Zurechenbarkeit des in der Erklärung objektiv in Erscheinung tretenden Willens unterschritten ist. Hierin ist eine Begrenzung seiner Selbstverantwortung zu sehen.[417] Allerdings ist diese wiederum unter anderem[418] durch die Voraussetzung beschränkt, dass der Mangel gerade in Bezug auf die Erklärung selbst, also als Inhalts- oder Erklärungsirrtum vorliegt. Darin ist das Erfordernis eines Mindestmaßes an innerem Willen zur Gültigkeit des Geschäfts als Reminiszenz des im gemeinen Recht in der Irrtumslehre herrschenden Willensdogmas erkennbar. Obwohl sich der BGB-Gesetzgeber ausdrücklich von einem strengen Festhalten an dem Willensdogma

renden aus einem „Risikoprinzip".

[413] Insbesondere stellt das bewusste Eingehen von Vertragsrisiken keine Beeinträchtigung der Selbstbestimmung dar, vgl. *Drexl,* Wirtschaftliche Selbstbestimmung, S. 334; siehe auch bereits oben 1. Kapitel: IV. 1. a) bb) zur „Risikoerklärung"; anders jedoch im Fall fehlenden Erklärungsbewusstseins, dazu sogleich 2. Kapitel: III. 3. e) aa) (2).

[414] Zu der möglichen Einordnung des Eigenschaftsirrtums nach § 119 II BGB als ausnahmsweise erheblichen Motivirrtum sogleich 2. Kapitel: III. 3. e) aa) (3).

[415] Vgl. zunächst Mot. I, 203; zur grundsätzlichen Unbeachtlichkeit des Motivirrtums sogleich näher unter 2. Kapitel: III. 3. e) aa) (3).

[416] Protokolle zum AT, S. 222; *Flume,* FS 100 Jahre DJT 1960, S. 135, 199 ff.; *Singer,* Selbstbestimmung, S. 58, spricht von einem Kompromiss zwischen den Interessen des Erklärenden und denen des Erklärungsempfängers; ähnlich *S. Lorenz,* Schutz vor dem unerwünschten Vertrag, S. 163: „Abwägung zwischen Privatautonomie und Selbstverantwortung auf der Seite des Erklärenden sowie Vertrauens- und Bestandsschutz auf der Seite des Erklärungsempfängers".

[417] *M. Wolf,* Rechtsgeschäftliche Entscheidungsfreiheit, S. 78.

[418] Eine weitere Einschränkung zugunsten des Erklärungsempfängers liegt in dem Kriterium der „verständigen Würdigung", welches daher rührt, dass der BGB-Gesetzgeber das bloße Abstellen auf den subjektiven Standpunkt des Irrenden nicht mit den Interessen seines Gegenübers vereinbar erachtete (Protokolle zum AT, S. 231); dazu auch *Flume,* FS 100 Jahre DJT 1960, S. 135, 201 f.

distanziert hat[419] und daher, wie gesehen, in bestimmten Fällen der Erklärende auch ohne entsprechenden inneren Willen kraft selbstverantwortlicher Zurechnung an der Erklärung festgehalten und diese als gewollt angesehen werden kann, erachtet das Gesetz in den Fällen des Irrtums über die Erklärung selbst den vorhandenen Rest an innerem Willen für eine volle Bindung des Erklärenden auch unter Berücksichtigung seiner Selbstverantwortung nicht für gerechtfertigt.[420] Letztere tritt indes auch nicht vollends zurück. Das Gesetz kommt in der vollzogenen Interessenabwägung zu dem Schluss, den Erklärungsempfänger zumindest in seinem Vertrauensinteresse schützen zu müssen.[421] Der Preis für das Recht des Erklärenden zur Anfechtung ist daher regelmäßig die Pflicht zum Ersatz des Vertrauensschadens aus § 122 I BGB, womit immerhin im Ergebnis gegenüber der vollen Bindung an den objektiven Erklärungsinhalt eine zwar bedeutend gelockerte, aber verbleibende Verantwortlichkeit gegeben ist.[422] Dadurch wird das Bestandsinteresse des Erklärungsempfängers zwar nur, aber immerhin doch in Höhe des Vertrauensschadens gewahrt.[423]

Nach alldem können der Regelung des § 119 I BGB bereits Erkenntnisse darüber entnommen werden, wie das Bürgerliche Gesetzbuch auf eine Störung in der Selbstbestimmung des Erklärenden reagiert. Während grundsätzlich das Prinzip der Selbstverantwortung als Teil oder funktionale Ergänzung der Selbstbestimmung die Zurechnung rechtsgeschäftlicher Folgen über den konkreten inneren Willen hinaus gestattet, wenn der Erklärende objektiv und bewusst den Tatbestand einer Willenserklärung gesetzt hat, sieht das Gesetz für die Selbstverantwortung gleichzeitig Grenzen vor, die unter ausgleichender Abwägung der beiderseitigen Interessen bestimmt werden.

Im Ergebnis ist also zu fragen, was dem Erklärenden im Rahmen seiner Selbstverantwortung an Erklärungsfolgen und im Ausgleich mit den Interessen seines Gegenübers zugemutet werden soll.[424] Die Tatbestände des § 119 I BGB beschränken die Grenzen der vollen Verantwortlichkeit dabei noch auf Irrtümer

---

[419] Protokolle zum AT, S. 222.

[420] Ähnlich *Flume,* FS 100 Jahre DJT 1960, S. 135, 199 der diese Regelung als „zweifellos von dem Willens-Nichtigkeitsdogma beeinflusst" ansieht.

[421] Die Kommission betrachtete es als „unabweisliche Forderung des gutgläubigen Verkehrs, dass, wer auf die Gültigkeit einer ohne sein Wissen wegen Irrthumes anfechtbaren Willenserklärung vertraut, durch dieses Vertrauen nicht zu Schaden kommt" (Protokolle zum AT, S. 224); vgl. auch *Flume,* FS 100 Jahre DJT 1960, S. 135, 199 f.

[422] *Bydlinski*, Privatautonomie, S. 54 f.; *M. Wolf,* Rechtsgeschäftliche Entscheidungsfreiheit, S. 78; *Flume,* FS 100 Jahre DJT 1960, S. 135, 199; *Singer,* Selbstbestimmung, S. 65.

[423] *Singer,* Selbstbestimmung, S. 65, bezeichnet § 122 BGB daher als „zentrale Vertrauensschutznorm im Recht der fehlerhaften Willenserklärung".

[424] *Singer*, Selbstbestimmung, S. 92 f., schlägt hierfür ein „rechtsgeschäftliches Prinzip der Verhältnismäßigkeit" vor, nach dem der Interessenkonflikt zwischen Irrendem und Vertrauendem zu erfassen sei.

über Inhalt oder Bedeutung der Erklärung. In Bezug auf letztere wird jedoch das Anfechtungsrecht unbeschadet der Tatsache gewährt, dass der Erklärungsempfänger den Irrtum regelmäßig nicht verursacht hat oder möglicherweise nicht einmal hätte erkennen können.

(2) Die Auswirkungen fehlenden Erklärungsbewusstseins

Eine der vorstehenden ähnliche, jedoch mit ihr nicht deckungsgleiche und gesetzlich nicht geregelte Problematik besteht in Fällen, in denen auf der Seite des Erklärenden eine Willensbildung bezüglich der Erklärung überhaupt nicht stattfindet. In dieser Konstellation wird der objektive Tatbestand einer Willenserklärung gesetzt, ohne dass der Handelnde überhaupt das Bewusstsein hat, etwas rechtsgeschäftlich Erhebliches zu tun. Sie wird daher unter dem Begriff des fehlenden Erklärungsbewusstseins diskutiert.[425]

Wenn bereits die Abweichung des objektiven Inhalts des Rechtsgeschäfts von den vorhandenen rechtsgeschäftlichen Vorstellungen des Erklärenden als ein Problem der fehlenden Selbstbestimmung erkannt wurde, gilt dies nun, wo ein rechtsgeschäftlicher Wille des Erklärenden zur Bestimmung der Rechtsfolgen gänzlich ausscheidet, um so mehr.[426] Dem objektiven Tatbestand der Erklärung steht dann nicht einmal ein abweichender oder fehlerhaft gebildeter innerer Wille gegenüber, sondern letzterer fehlt vollends.[427] Einigkeit herrscht deswegen zunächst darüber, dass dem Handelnden, sofern an sein Handeln rechtsgeschäftliche Folgen überhaupt zu knüpfen sind, in diesen Fällen zumindest das Recht der Anfechtung analog § 119 I BGB zustehen muss.[428] Da ihm gleichermaßen wie dem nach § 119 I BGB Irrenden der Wille zur Vornahme des konkreten Rechtsgeschäfts fehlt, kann ihn das Recht gegenüber dieser Konstellation nicht schlechter stellen.[429]

Ein viel behandelter Streit besteht jedoch über die Frage, ob eine solche Anfechtung überhaupt erforderlich ist, oder nicht das Erklärungsbewusstsein bereits als Voraussetzung einer gültigen Willenserklärung zu qualifizieren ist. Während die herkömmliche Auffassung letztere Einordnung des Erklärungsbewusstseins als Tatbestandsvoraussetzung vollzieht[430], lässt die im Vordringen befindliche und

---

[425] Vgl. zunächst den Überblick bei MüKo/*Kramer* § 119 Rz. 92 ff.

[426] *Canaris*, Vertrauenshaftung, S. 427; *ders.*, NJW 1974, 521, 528.

[427] Von *Canaris*, Vertrauenshaftung, S. 428, wird das Problem daher dem Bereich der Rechtsscheinshaftung zugeordnet.

[428] Vgl. sogleich die Nachweise in Fn. 430 und 431 zum Streit um die Anfechtbarkeit oder Nichtigkeit.

[429] *Bydlinsky*, JZ 1975, 1 ff., (insb. Seite 4).

[430] *Ennecerus-Nipperdey*, AT 2, S. 901 ff. und S. 1035; *Canaris*, Vertrauenshaftung, S. 427; *Thiele*, JZ 1969, 407; vgl. im Übrigen die zahlreichen Nachweise bei MüKo/*Kramer* § 119 Rz. 93, der selbst die Gegenauffassung vertritt.

inzwischen auch durch den Bundesgerichtshof ausdrücklich angenommene Gegenauffassung[431] die Willenserklärung zumindest dann als anfechtbare gelten, wenn der Handelnde die Möglichkeit hatte, die Bedeutung seines Handelns bei Anwendung ordnungsgemäßer Sorgfalt zu erkennen. Im Ergebnis herrscht damit wiederum Einigkeit darüber, dass jedenfalls die Erklärung in rechtsgeschäftlicher Hinsicht folgenlos bleibt, wenn das Setzen des objektiven Erklärungstatbestandes für den Handelnden auch bei im Verkehr erforderlicher Sorgfalt nicht erkennbar war. Weiter kommt auch nach der älteren Ansicht eine Pflicht zum Ersatz des Vertrauensschadens analog § 122 BGB[432] oder aus culpa in contrahendo[433] in Betracht, so dass im Ergebnis in der Verantwortlichkeit des Handelnden kein Unterschied bestehen muss.

Die verbleibende Uneinigkeit ist bei genauem Hinsehen ein Streit über den Rechtsgrund der dem Handelnden aufzuerlegenden Verantwortlichkeit. Insbesondere *Canaris* argumentiert, es könne nicht von einer rechtsgeschäftlichen Bindung gesprochen werden, da der Wille des Handelnden als erforderlicher Geltungsgrund für eine rechtsgeschäftliche Bindung fehle. Es liege daher keine Selbstbestimmung vor. Die Selbstverantwortung des Handelnden könne auch unabhängig von der Annahme eines Rechtsgeschäfts zu einer Einstandspflicht führen. Die Problematik sei daher dem Bereich der Rechtsscheinshaftung zuzuordnen.[434] Diese Sichtweise ist einigen grundsätzlichen Bedenken ausgesetzt. Wenn *Canaris* anmerkt, man sei gewohnt, bei jeder Sollensanordnung ein Element „subjektiver", nicht nur „objektiver" Finalität mitzudenken[435], so ist dies zwar richtig, beantwortet jedoch nicht die Frage, ob der Unterschied zwischen einer „leeren" Finalität, also der fehlgeleiteten Zweckerreichungsabsicht, wie sie etwa beim Inhaltsirrtum vorliegt, und der gänzlich fehlenden Finalität zu rechtsgeschäftlichen Differenzierungen zwingt. *Bydlinski* hat diesbezüglich zutreffend darauf hingewiesen, dass der über den Inhalt des Geschäfts Irrende ebenso wie der ohne Erklärungsbewusstsein Handelnde die Folgen des konkreten Geschäfts nicht wollte, weshalb die Problematik der Bindung an die Erklärung in Bezug auf die Selbstbestimmung des Handelnden die gleiche sei.[436] Im Übrigen wurde bereits festgestellt, dass das Bürgerliche Gesetzbuch das strenge Willensdogma nicht übernommen, sondern an seine Stelle eine ausgleichende Berücksichtigung der kollidierenden Interessen und damit auch des Vertrauensinteresses des Er-

---

[431] *Bydlinski*, Privatautonomie, S. 162 ff.; *Medicus*, AT, § 40 III 2 a; aus der Rechtsprechung BGHZ 91, 324 ff. und BGHZ 109, 171, 177; weiterführende Nachweise bei MüKo/*Kramer* § 119 Rz. 93.

[432] So MüKo/*Kramer* § 119 Rz. 93 Fn. 265 m.w.N.

[433] *Singer*, Selbstbestimmung, S. 184 m.w.N.

[434] *Canaris*, Vertrauenshaftung, S. 428.

[435] *Canaris*, Vertrauenshaftung, S. 428, dort Fn. 14.

[436] JZ 1975, 1, 5.

klärenden gesetzt hat.[437] Insbesondere ist deswegen die Annahme *Canaris'* in ihrer Allgemeinheit unzutreffend, die Vertrauenstheorie trage zum Verständnis der Privatautonomie nichts bei, sondern verdunkle dieses, weil sie den Grund für die Geltung des Rechtsgeschäfts nicht in der Person des Erklärenden, sondern in der des Vertrauenden suche.[438]

Die Selbstverantwortung des Handelnden in Bezug auf die objektive Bedeutung seines Verhaltens kann daher durchaus ohne Widerspruch zu dem Verständnis des Bürgerlichen Gesetzbuches als rechtsgeschäftliche verstanden werden. Nichtsdestotrotz stellt jedoch die Tatsache, dass dem Handelnden das Bewusstsein rechtsgeschäftlichen Handelns fehlt, eine relevante Besonderheit dar, die in dem Interessenausgleich zu berücksichtigen ist.

Die Wahrung des Bestandsinteresses des Erklärungsempfängers in Form des Ersatzes seines Vertrauensinteresses ist in den Fällen des Inhalts- und Erklärungsirrtums gerechtfertigt durch die Annahme, dass der bewusst rechtsgeschäftlich Handelnde für Inhalt und Bedeutung seiner Erklärung verantwortlich ist, da er allein seine Absichten kennt und seine Erklärung nach ihnen formulieren kann und sich im Übrigen „bewusst auf das risikoreiche Parkett des geschäftlichen Verkehrs" gegeben hat.[439] Daraus leitet § 122 BGB eine verschuldensunabhängige Einstandspflicht ab. Diese Annahme trifft in den Fällen des fehlenden Erklärungsbewusstseins nicht zu. Anders als im Rahmen einer bewusst rechtsgeschäftlich abgegebenen Erklärung hat der Handelnde unter Umständen keinen Anlass, über mögliche rechtsgeschäftliche Folgen seines Handelns nachzudenken.[440] Ihn in diesen Fällen mit der gleichen Einstandspflicht zu belegen, würde in der Sache zu erheblichen Widersprüchen führen.

Diese Wertung bestätigt die moderne Auffassung zum Problem des fehlenden Erklärungsbewusstseins, wenn sie die „Erklärungsfahrlässigkeit", also die Vorhersehbarkeit und Vermeidbarkeit der objektiven Erklärungswirkung, als Voraussetzung der Geltung des Handelns als (anfechtbare) Willenserklärung fordert.[441] Die Maßgabe der Obliegenheitsverletzung in der Interessenabwägung ist sachgerecht. Im Vergleich zu dem Fehlen des Geschäftswillens ist der Handelnde grundsätzlich schutzwürdiger, da er hier nicht einmal das Bewusstsein hat, überhaupt etwas rechtsgeschäftlich Erhebliches zu tun. Dies wird dadurch berücksichtigt, dass nicht wie beim Inhalts- oder Erklärungsirrtum der Willens-

---

437 Zuvor 2. Kapitel: III. 3. e) aa) (1).

438 AaO., S. 415; wie hier auch MüKo/*Kramer* § 119 Rz. 96.

439 Letzteres hebt *Bydlinski,* JZ 1975, 1, 4, hervor.

440 *Singer,* Selbstbestimmung, S. 175, weist deswegen darauf hin, dass die Geltung der Erklärung in diesem Fall einen stärkeren Eingriff in die Selbstbestimmung bedeuten würde als beim Inhaltsirrtum, da nicht einmal die Abschlussfreiheit gewahrt werde.

441 *Larenz*, AT, § 19 III; *Bydlinski,* JZ 1975, 1 ff., 5; ähnlich MüKo/*Kramer* § 119 Rz. 96 m.w.N.; aus der Rechtsprechung BGHZ 109, 171, 177; 91, 324.

mangel schlichtweg seinem Verantwortungsbereich zugewiesen, sondern darauf abgestellt wird, ob er erkennbar und vermeidbar war. Anders als in den Fällen des Inhalts- oder Erklärungsirrtums kommt es also jetzt auf einen Sorgfaltsverstoß des Erklärenden an. Ist dieser gegeben und musste der Handelnde daher die objektive Wirkung seines Handelns bei ordnungsgemäßer Sorgfalt erkennen, liegt darin ein plausibler Grund für den Wegfall seiner erhöhten Schutzwürdigkeit; der Sorgfaltsverstoß kompensiert also die aufgrund des fehlenden rechtsgeschäftlichen Willens erhöhte Schutzbedürftigkeit. Für die Fälle fehlenden Erklärungsbewusstseins ist Selbstbestimmung daher auch unter dem Aspekt der Selbstverantwortung nicht mehr gegeben, wenn die Tatsache des rechtsgeschäftlichen Handelns auch bei ordnungsgemäßer Sorgfaltsanstrengung nicht erkennbar und vermeidbar ist.[442]

Hinter dem Recht der Willensmängel zeichnet sich damit immer mehr ein bewegliches System des Interessenausgleichs ab, mittels dessen der Wert der Selbstbestimmung des Handelnden gegen die Interessen des Erklärungsempfängers abgewogen wird.

(3) Der Eigenschaftsirrtum

Die bisher betrachteten Regelungen zum Ausgleich einer Beeinträchtigung der Selbstbestimmung hatten ausschließlich Willensmängel bezüglich der Existenz, des Inhalts oder der Bedeutung der Erklärung zum Gegenstand. Neben der Beschränkung der Verantwortlichkeit in diesen Fällen kennt das Gesetz jedoch in § 119 II BGB eine § 119 I BGB ausdrücklich gleichgestellte Regelung für Irrtümer über eine verkehrswesentliche Eigenschaft der Sache oder Person, auf die sich das Geschäft bezieht.

Dies ist insoweit bemerkenswert, als grundsätzlich Irrtümer außerhalb der Erklärung selbst dem Motivbereich zugerechnet werden und rechtsgeschäftlich keine Relevanz haben.[443] Obwohl auch in diesen Fällen durchaus ein Mangel des inneren Willens in Bezug auf das Geschäft gegeben ist, trifft das Gesetz die grundsätzliche Entscheidung, dass dem Einzelnen die Selbstverantwortung für seine

---

[442] Diese Lösung kann nunmehr auch durchaus parallel zu den Rechtsgedanken der Rechtsscheinshaftung begründet werden. Ein Zurücktreten der Interessen des Handelnden wegen des Vertrauens des Gegenübers auf den äußeren Tatbestand ist nur dann gerechtfertigt, wenn dieser den objektiven Tatbestand in zurechenbarer Weise gesetzt hat. Letzteres ist der Fall, wenn die Außenwirkung bei ordnungsgemäßer Sorgfalt hätte vermieden werden können. Die Interessenlage ist dabei mit der des fehlenden Erklärungsbewusstseins vergleichbar, weshalb eine abweichende Beurteilung der Verantwortlichkeit zwangsläufig zu Wertungswidersprüchen führen würde und keinesfalls erwünscht sein kann.

[443] Zur grundsätzlichen Unbeachtlichkeit des Motivirrtums *Flume,* Rechtsgeschäft, § 21 8; die Unbeachtlichkeit des Motivirrtums ergibt sich auch aus den Materialien, Mot. I, 203 (s. sogleich Fn. 448); vgl. im Übrigen den Überblick bei *S. Lorenz*, Schutz vor dem unerwünschten Vertrag, S. 279 ff. mit zahlreichen Nachweisen.

Motive zukommen soll.[444] In der Regelung des § 119 II BGB wurde daher mitunter ein Widerspruch zu diesem Grundsatz gesehen, was teilweise den Versuch nach sich zog, den Irrtum über verkehrswesentliche Eigenschaften im Sinne des § 119 II BGB als Inhaltsirrtum[445] oder Erklärungsirrtum[446] zu verstehen, um das Dogma der Irrelevanz des Motivirrtums vollumfänglich aufrechterhalten zu können. Die herrschende Meinung qualifiziert § 119 II BGB hingegen mit unterschiedlicher rechtstheoretischer Begründung als eigenständiges Anfechtungsrecht.[447]

Zur Beurteilung des hinter der Vorschrift stehenden gesetzgeberischen Willens und damit der hier interessierenden Frage kommt es auf letztere Einordnung nicht an. Der BGB-Gesetzgeber hat den Eigenschaftsirrtum nämlich gerade nicht deswegen aufgenommen, weil er ihn für einen Inhaltsirrtum hielt, sondern befürwortete die Regelung unabhängig davon aus sachlichen Gründen, wobei die Einordnung als Irrtum über den Inhalt der Erklärung ausdrücklich offengelassen wurde.[448] Das Motiv zur Aufnahme der Regelung des § 119 II BGB war davon unabhängig die bereits im römischen Recht vorhandene Überlegung, ein Festhalten des Erklärenden an dem Rechtsgeschäft sei diesem wegen der wesensverändernden Bedeutung seines Irrtums nicht eher zumutbar als im Falle eines Irrtums über den Gegenstand des Geschäfts, in Bezug auf den er durch § 119 I BGB geschützt ist.[449]

Die maßgebliche Besonderheit des Eigenschaftsirrtums gemäß § 119 II BGB liegt somit darin, dass sein Gegenstand für den Vertrag von wesentlicher Bedeutung ist. Aus diesem Umstand folgt zweierlei: Zum einen wäre der Erklärende durch eine Bindung an den Vertrag regelmäßig erheblich belastet, da eine für ihn vertragsentscheidende Vorstellung sich als falsch erweist. Selbst soweit dies angesichts der grundsätzlichen Verantwortlichkeit des Erklärenden für Fehlein-

---

[444] *Flume*, FS 100 Jahre DJT 1960, S. 135, 203.

[445] Nach den Ergebnissen *Brauers*, Der Eigenschaftsirrtum, S. 118 f., hat § 119 II BGB seine Existenzberechtigung nur als solcher und ist darüber hinaus weitestgehend einzuschränken.

[446] *Schmidt-Rimpler*, FS Lehmann 1965, S. 213 ff.; Soergel/*Hefermehl* § 119 Rz. 35.

[447] Zu den hierzu vertretenen unterschiedlichen Begründungen ausführlich MüKo/*Kramer* § 119 Rz. 102 ff.

[448] Protokolle zum AT, S. 238 f.: „Die Kommission nahm den Antrag zu 8 sachlich an.(...) Sollte aber hiernach der in Rede stehende Irrthum (Eigenschaftsirrtum, Anm. d. Verfassers) Beachtung finden, so empfehle es sich, dies im Gesetze zum Ausdruck zu bringen; denn wenn nach den gefassten Beschlüssen der Irrthum über den „Inhalt" der Willenserklärung als beachtlich bezeichnet werde, so sei die Auffassung nicht ausgeschlossen, dass hierunter der Irrthum über Eigenschaften, als bloßer Irrthum im Beweggrunde, nicht falle."

[449] Protokolle zum AT, S. 238: „(Die moderne Rechtsentwicklung) weise darauf hin, den Irrthum über Eigenschaften dann für beachtlich zu erklären, wenn diese nach den im Verkehre herrschenden Anschauungen als wesentlich anzusehen sind. Ein auf solchem Irrthume beruhendes Geschäft sei für den Irrenden nicht selten nachtheiliger als ein Geschäft, bei dem er sich über den Geschäftsgegenstand selbst geirrt habe."

schätzungen in Bezug auf das Geschäft für sich genommen noch nicht ausreichend wäre, kommt als weiterer Umstand hinzu, dass die Eigenschaft, hinsichtlich derer der Irrtum besteht, eben eine verkehrswesentliche und daher nach richtigem Verständnis[450] vertragswesentliche ist. Das Gegenüber ist damit nicht ohne jede Beziehung zu der Fehleinschätzung, sondern hat die Relevanz des betreffenden Umstandes anzuerkennen, da die Wertung dem Vertrag selbst entstammt.[451] Die Rechtfertigung für die Reduzierung des Bestandsinteresses des Erklärungsempfängers auf den Ersatz des Vertrauensschadens liegt gegenüber dem sonstigen Motivbereich neben der Schwere der Irrtumsfolgen für den Erklärenden darin, dass dem Anfechtungsgegner keine fremden Wertmaßstäbe auferlegt, sondern lediglich solche in dem Interessenausgleich berücksichtigt werden, die dem Vertrag selbst zu entnehmen sind.

Der Interessenausgleich kann somit nach der gesetzlichen Vorstellung im begründeten Ausnahmefall auch Fehleinschätzungen außerhalb der Erklärung selbst maßgeblich berücksichtigen. Erforderlich ist jedoch, dass in der Abwägung der beiderseitigen Interessen konkrete und hinreichende Gründe für ein Abweichen vom Normalfall der Unbeachtlichkeit eines Irrtums im Beweggrund vorliegen.

(4) Zwischenergebnis: Unverantwortete Fehlvorstellung oder fehlende Vorstellung[452] vom Klauselinhalt als relevante Beeinträchtigung des rechtsgeschäftlichen Willens

Das vorstehend Gesagte kann wie folgt zusammengefasst werden:

Aufgrund der Abkehr des Bürgerlichen Gesetzbuches vom strengen Willensdogma, die vor allem in der objektiv-normativen Auslegung der Erklärung nach §§ 133, 157 BGB zum Ausdruck kommt, ist der Erklärende für die Folgen seiner Erklärung grundsätzlich voll verantwortlich, insbesondere auch, sofern ihm aus dem Rechtsgeschäft unvorhergesehene Nachteile erwachsen.

Da das Gesetz infolgedessen davon ausgeht, dass denjenigen, der eine rechtsgeschäftlich erhebliche Erklärung abgibt, die Obliegenheit trifft, deren Folgen für sich abzuschätzen, sind die Lösungsmöglichkeiten wegen einer ihm unterlaufenen Fehleinschätzung auf Irrtümer bei der Wahl seiner Erklärungsmittel oder hinsichtlich der Beurteilung der objektiven Bedeutung seiner Erklärung beschränkt. Unterläuft ihm hierbei ein Fehler, wird seine Verantwortlichkeit durch die Möglichkeit der Irrtumsanfechtung auf die Pflicht zum Ersatz des Vertrau-

---

[450] *Flume,* FS 100 Jahre DJT 1960, S. 135, 205; *ders.,* Eigenschaftsirrtum und Kauf, S. 87; zustimmend *Kegel,* AcP 150, 356, 362;

[451] *Flume,* FS DJT 100 Jahre 1960, S. 135, 204 ff., zieht daher Parallelen zum römisch-rechtlichen error in substantia.

[452] Beides soll im Folgenden unter den Oberbegriff der „Fehleinschätzung" zusammengefasst werden.

ensinteresses reduziert. Dasselbe gilt für die Fälle des fehlenden Erklärungsbewusstseins, wenn der Handelnde die Bedeutung seines Handelns hätte erkennen und vermeiden können. Die verbleibende Verantwortlichkeit in Form der Pflicht zum Ersatz des Vertrauensschadens rechtfertigt sich dann aus der sogenannten Erklärungsfahrlässigkeit. Ein ausreichendes Maß an Verantwortlichkeit zur Rechtfertigung auch nur der Vertrauenshaftung ist nicht mehr gegeben, wenn der Erklärende sich des rechtsgeschäftlichen Handelns nicht bewusst war und den objektiven Tatbestand desselben auch bei ordnungsgemäßer Sorgfalt nicht hätte erkennen und vermeiden können.

Eine echte Ausnahme von dem Grundsatz der Verantwortlichkeit für die hinsichtlich Inhalt und Bedeutung irrtumsfrei abgegebene Erklärung bildet § 119 II BGB. Letztere rechtfertigt sich daraus, dass die wesentlichen Folgen der Fehleinschätzung nach der auch von dem anderen Teil anzuerkennenden vertraglichen Wertung zu einer besonderen Schutzbedürftigkeit des Erklärenden führen und daher ein abweichendes Ergebnis des Interessenausgleichs fordern.

Maßgeblich für die Beurteilung, ob eine Fehleinschätzung oder das Fehlen jeglicher Vorstellung bezüglich des Geschäfts als relevante Beeinträchtigung der Selbstbestimmung des Handelnden verstanden werden kann, ist nach alldem die Frage der Verantwortlichkeit. Die Bestimmung des Ausmaßes der dem Einzelnen abzuverlangenden Verantwortlichkeit erfolgt in einer ausgleichenden Abwägung der beiderseitigen Interessen.

Auch die Verwendung von Allgemeinen Geschäftsbedingungen führt, wie bereits vorstehend in der Auseinandersetzung mit ihren tatsächlichen Problemen festgestellt wurde, in verstärktem Maße zu Fehleinschätzungen auf Seiten des Kunden, da sie häufig nicht oder nicht ausreichend wahrgenommen oder in Bedeutung oder Umfang falsch verstanden oder unterschätzt werden. Zwar wurde in diesem Zusammenhang bereits darauf hingewiesen, dass diese faktischen Probleme für sich genommen noch keine Rechtsfolge auslösen können, sondern hierfür zunächst eines normativen Bezugs bedürfen. Insbesondere kam es auf eine Begründung der Wertung an, warum sich die Fehleinschätzung gerade zu Lasten des Verwenders der Allgemeinen Geschäftsbedingungen auswirken soll. Hierfür ist jedoch nunmehr mit der Selbstbestimmung des Kunden ein möglicher rechtlicher Bezugspunkt und mit dem System der Interessenabwägung zwischen Bestands- oder Vertrauensinteresse des Verwenders (sowie unter Umständen auch des Rechtsverkehrs) und dem Lösungsinteresse des Kunden hinsichtlich eines Geschäfts, welches in Teilen nicht oder nur durch schwachen inneren Willen getragen wird, das nötige Handwerkszeug gefunden. Bevor jedoch die Verwendung von Allgemeinen Geschäftsbedingungen unter diese Grundsätze subsumiert wird, ist es zunächst erforderlich, noch einen zweiten möglicherweise entscheidenden Aspekt der Beeinträchtigung der Selbstbestimmung näher zu beleuchten.

bb) Willensmängel aus dem Bereich des Erklärungsempfängers oder Dritter: Die Fremdbestimmung

Neben durch den Erklärenden oder ohne rechtsgeschäftliches Bewusstsein Handelnden erfolgenden Fehleinschätzung, zu der Umstände außerhalb dessen Vorstellung grundsätzlich nichts beitragen müssen, kennt das Bürgerliche Gesetzbuch gleichermaßen Willensmängel, deren Ursachen dem Bereich des Erklärungsempfängers oder eines Dritten entstammen, der in die Willensbildung des Erklärenden eingreift. Es handelt sich dabei um Fälle, in denen sich die Vorstellung und der innere Wille des Erklärenden zwar kongruent in dem Rechtsgeschäft wiederfinden, jedoch bereits als solche fehlerhaft sind, da sie auf einer Einflussnahme von außen beruhen, so dass anstelle des vom Gesetz als Geltungsgrundlage des Geschäfts vorgesehenen selbstbestimmten Willens Fremdbestimmung gegeben ist.[453] Gesetzlich geregelt sind insbesondere die Fälle der Täuschung und rechtswidrigen Drohung in § 123 I BGB.

(1) Die rechtswidrige Drohung, § 123 I 1. Alt. BGB

Wird die Erklärung unter dem rechts- oder sittenwidrigen Druck des Erklärungsempfängers oder eines Dritten abgegeben, ist das Gesetz vor ein grundsätzlich anderes Problem gestellt als im Fall der Fehleinschätzung durch den Erklärenden. Angesichts der durch ihn rechtswidrig verursachten Zwangslage des Bedrohten kann der Schutz der Interessen des Erklärungsempfängers weitestgehend zurückgestellt werden. Die entsprechende Regelung im Recht der Willensmängel findet sich vor allem im Drohungstatbestand des § 123 BGB. Schon in den Materialien zu dieser Regelung findet sich die Überlegung, die Rechtsordnung könne „nicht gestatten, dass die freie Selbstbestimmung auf rechtsgeschäftlichem Gebiete in widerrechtlicher Weise beeinträchtigt“ werde.[454] Konsequent wird schon dort die „Freiheit der Willensentscheidung“ explizit als „Voraussetzung der Gültigkeit der Willenserklärung“ bezeichnet.[455] Dieselbe Abkehr von der strengen Aufrechterhaltung des Willensdogmas, die zuvor als wesentliche Voraussetzung des heutigen Verständnisses der Verantwortung des Erklärenden für die Erklärung gesehen wurde, erlaubt dem Gesetz jetzt, trotz Vorhandenseins eines rechtsgeschäftlichen Willens die dingliche Anfechtbarkeit zuzulassen, wo noch das vom Willensdogma beherrschte gemeine Recht lediglich dem Bedrohten ein Recht auf Beseitigung der Erklärungsfolgen gab.[456] Das

---

[453] Konsequent wird richtigerweise und in Übereinstimmung mit den Materialien (Mot. I, 204) allgemein die ratio des § 123 BGB in einem Schutz der Selbstbestimmung gesehen (statt aller MüKo/*Kramer* § 123 Rz. 1, 42; näher auch sogleich).

[454] Mot. I, 204.

[455] Mot. I, 206.

[456] Es galt insoweit der Satz „tamen coactus volui“. Das Bürgerliche Gesetzbuch hat indes in § 123 I BGB eine andere Regelung getroffen und damit die Abkehr von der Willenstheorie sogar noch in konsequenterer Weise als im Irrtumsrecht vollzogen. Die Motive schließen sich „der Sa-

dingliche Eingreifen in den Bestand der Willenserklärung in Fällen der Fremdbestimmung durch äußeren Druck ist dem Bürgerlichen Gesetzbuch daher nicht fremd, sondern gerade eines seiner Charakteristika.

(a) Absoluter Schutz des Erklärenden gegenüber der rechtswidrigen Drohung

Hauptaugenmerk der gesetzlichen Regelung des Anfechtungsrechts bei rechtswidriger Drohung ist der absolute Schutz des Erklärenden.[457] Für die unter rechtswidriger Drohung abgegebene Erklärung ist er nicht verantwortlich.[458] Der Schutz der Interessen des Erklärungsempfängers muss daher zurücktreten; ein § 122 I BGB entsprechender Anspruch auf Ersatz des Vertrauensschadens ist im Gesetz nicht vorgesehen. Bei der Drohung durch den Erklärungsempfänger selbst entfällt das Problem der Berücksichtigung seiner Interessen schon deswegen, da er aufgrund seines dolosen Verhaltens nicht schutzwürdig ist. Darin erschöpft sich die Wertung des Gesetzes allerdings nicht. Auch in dem Fall, dass die rechtswidrige Drohung nicht von dem Erklärungsempfänger, sondern von einem Dritten ausgeht, finden die Interessen des Erklärungsempfängers keine Berücksichtigung. Anders als im Fall der Täuschung, wo § 123 II BGB die Zurechenbarkeit in Form der Kenntnis oder Erkennbarkeit für den Erklärungsempfänger fordert, stellt das Gesetz die Drohung durch den Dritten der Drohung durch den Erklärungsempfänger gleich und gewährt dem Bedrohten ein Anfechtungsrecht ohne Schadensersatzpflicht, und zwar unabhängig davon, ob der Erklärungsempfänger die Zwangslage kannte oder auch nur erkennen konnte. Der Grund hierfür liegt darin, dass der Gesetzgeber die Drohung auch im Vergleich zu der Täuschung als besonders gefährlich beurteilte.[459]

---

che nach" solchen Auffassungen an, die „in Übereinstimmung mit der früheren gemeinrechtlichen Doktrin (...) die freie, d.h. nicht rechtswidrig beeinflusste Willensentscheidung" als „Tatbestandsmoment des Rechtsgeschäfts" sehen (Mot. I, 204). Letztere Einordnung ist, worauf bereits hingewiesen wurde, zwar nicht im Sinne einer unbedingten Voraussetzung der rechtsgeschäftlichen Wirkungen der Willenserklärung zu verstehen. Jedoch erlaubt die durch die Drohung herbeigeführte Unfreiheit des Willens die Lockerung der Bindung an die Erklärung in Form ihrer Anfechtbarkeit: „Ein in dieser Hinsicht mangelhaftes Rechtsgeschäft wird dergestalt als unverbindlich behandelt, dass es in dem Willen des Verletzten steht, ob er die Richtigkeit geltend machen will oder nicht." (Mot. I, 204).

[457] *S. Lorenz*, Schutz vor dem unerwünschten Vertrag, S. 348, spricht von einem „absoluten Schutz der Freiheit der Willensentschließung".

[458] *M. Wolf*, Rechtsgeschäftliche Entscheidungsfreiheit, S. 79 f.

[459] In den Protokollen zum AT, S. 250, ist festgehalten: „Gegen Zwang sei an sich ein allgemeinerer Schutz erforderlich, als gegen Betrug (= heute: arglistige Täuschung, Anm. d. Verfassers). In aufgeregten Zeiten mache sich leicht ein Einzelner zum Wortführer einer ganzen Interessengruppe und erwirke zu ihren Gunsten widerrechtliche Vortheile durch Zwang (...). Der Gezwungene würde dann in eine äußerst missliche Lage gebracht werden, wenn er gegenüber jedem Einzelnen, dem durch den Zwang ein Vortheil zu Theil geworden sei, dessen Kenntnis bzw. Kennenmüssen zu beweisen genöthigt wäre. Angesichts dieser rechtspolitischen Erwägungen müßten die Rücksichten auf den Schutz des guten Glaubens des Erklärungsempfängers zurücktreten."

Letzterer Umstand bedeutet indes nicht, dass bei der Schaffung des Drohungstatbestandes die Interessen des Erklärungsempfängers von vornherein keine Rolle gespielt hätten. Im Gegenteil sind sie in den Motiven ausdrücklich erwähnt. Auch für den Fall der dem Erklärungsempfänger unbekannten Drohung durch Dritte trifft das Gesetz jedoch die Wertung, dass aufgrund deren Gefährlichkeit das Bedürfnis nach dem Schutz des Bedrohten das Vertrauensinteresse des Erklärungsempfängers überwiegt.[460] Ein gewisses Zugeständnis zugunsten des Erklärungsempfängers stellt immerhin die Anfechtungsfrist des § 124 BGB dar.[461] Grundsätzlich erfordert somit auch die Beurteilung der Auswirkungen einer Zwangslage die Berücksichtigung der Belange des Erklärungsempfängers, insbesondere seines guten Glaubens an die ordnungsgemäße Willensbildung und sein Interesse am Bestand der Erklärung, was sich für den besonders gefährlichen Fall der Drohung lediglich im Ergebnis nicht auswirken kann.

(b) Finale rechtswidrige Verursachung einer Zwangslage als wesentlicher Gedanke des Drohungstatbestandes

Aus der die Interessen des Erklärungsempfängers fast vollständig zurückstellenden Rechtsfolge des § 123 BGB in § 142 I BGB wird erkennbar, dass es sich bei der Regelung um die Normierung eines Extremfalls handelt. Die Voraussetzungen der Norm sind dementsprechend streng. Zum einen geht die Norm aus § 124 II BGB erkennbar von einer Zwangslage des Bedrohten aus. Wenn auch die objektive Schwere des angedrohten Übels aufgrund der auf die Wirkung auf den Bedrohten abstellenden ratio der Vorschrift unerheblich ist[462], so ist doch erforderlich, dass sich dieser zumindest subjektiv in einer Zwangslage befindet.[463] Es genügt daher keineswegs jede Unannehmlichkeit.

Wesentlich ist weiter das Erfordernis der Rechtswidrigkeit. Diesem ist zu entnehmen, dass auch die Ausübung von erheblichem Druck auf den Erklärenden sogar durch den Drohenden selbst noch keine hinreichende Voraussetzung für dessen Berechtigung ist, die von ihm aufgrund dessen abgegebene Willenserklärung anzufechten, und damit den Bestand der Willenserklärung dem Grunde nach nicht hindert.[464] Dieses Tatbestandsmerkmal der Rechtswidrigkeit wird

---

[460] Soeben Fn. 459.

[461] Dem Anfechtungsberechtigten sollte es verwehrt sein, „die Rechtlage auf dessen Kosten auszubeuten" (Mot. I, 209).

[462] Mot. I, 208; Schwierigkeiten können sich im Falle der Drohung mit einer Lappalie aber insbesondere hinsichtlich des Beweises der Kausalität ergeben (MüKo/*Kramer* § 123 Rz. 46). In Extremfällen kommt wohl auch der völlige Ausschluss der Kausalität wegen mangelnder Adäquanz in Frage.

[463] Darauf weist zutreffend *Flume*, Rechtsgeschäft, § 28 1 hin.

[464] Diese Einschränkung steht auch nicht im Widerspruch zu der vorstehend erwähnten Rechtsprechung des Bundesverfassungsgerichts. Zum einen geht letztere von einem Verfügen über grundrechtlich relevante Positionen aus, wie sie in den Fällen des § 123 BGB nicht per se gegeben sein muss. Zudem schließen die, obwohl unklar gefassten, Voraussetzungen der „typisierbaren

heute meist eher eng verstanden, so dass legitime Interessen auch im Wege der Drohung durchgesetzt werden dürfen, sofern sie mit dem angedrohten Übel in sachlichem Zusammenhang stehen und dieses nicht an sich als verwerfliches Mittel anzusehen ist.[465] Ursprünglich ging es dem Gesetzgeber ausweislich der Motive zunächst nur darum, die abgenötigte Erklärung gültig sein zu lassen, soweit auf die Ausübung des Zwangs ein Recht besteht, wobei als Beispiel der Fall des Selbsthilferechts genannt wird.[466]

Schließlich regelt § 123 I BGB schon nach seinem Wortlaut nur Fälle, in denen die Zwangslage durch eine Drohung als finale Handlung hervorgerufen wird. Nach zutreffender allgemeiner Ansicht[467] ist daher die Ausbeutung einer bestehenden Zwangslage zumindest nach § 123 I BGB in unmittelbarer Anwendung nicht tatbestandsmäßig.[468]

(c) Fazit

Zunächst kann daher festgestellt werden, dass sich die Regelung wiederum ähnlich wie diejenigen des § 119 BGB als das Ergebnis einer abwägenden Ausgleichung der beiderseitigen Interessen unter Würdigung der Gesamtumstände darstellt, wobei nach der gesetzlichen Wertung in dem Fall der rechtswidrigen Drohung für eine Wahrung der Interessen des Drohenden auch in reduziertem Maße kein Raum ist und dem Bedrohten kaum ein Rest an Selbstverantwortung abverlangt wird.[469] Das Gesetz geht dabei sogar so weit, ein Lösungsrecht des Bedrohten anders als noch im gemeinen Recht unabhängig von der objektiven Schwere des angedrohten Übels sowie unabhängig davon zu gewähren, ob der Erklärungsempfänger selbst oder ein Dritter droht. Er muss der rechtswidrigen Drohung nicht widerstehen, sondern kann das Rechtsgeschäft eingehen, ohne aufgrund seiner Selbstverantwortung an es gebunden zu sein. Wegen der einschneidenden Wirkung in Bezug auf die Interessen des Erklärungsempfängers ist im Gegenzug jedoch das Anfechtungsrecht von dem zumindest subjektiven Bestehen einer Zwangslage, der Finalität der Herbeiführung der Zwangslage durch den Drohenden sowie dem Erfordernis der Rechtswidrigkeit abhängig.

Fallgestaltung" und der „strukturellen Unterlegenheit" wohl zumindest im Ergebnis solche Drucksituationen aus, die dem Einflussnehmenden nicht zurechenbar sind.

465 Statt aller MüKo/*Kramer* § 123 Rz. 47 ff.

466 Mot. I, 208.

467 Statt aller *Flume*, Rechtsgeschäft, § 28 1; MüKo/*Kramer* § 123 Rz. 45 m.w.N.

468 Zu den Vorschlägen, den Schutz in analoger Anwendung der Vorschrift auf die Ausbeutung von Zwangslagen zu erstrecken, sogleich 2. Kapitel: III. 3. f) bb) (2) (a).

469 Allerdings zeigt die Vorschrift des § 124 I BGB, dass der Bedrohte diesen Ausgleich nur bis zum Ende der Drohungssituation genießt. Danach hält es das Gesetz immerhin für möglich, ihm eine Frist zur Ausübung des Anfechtungsrechts zu setzen, womit zumindest auch die Interessen des Drohenden geschützt sind.

(2) Die arglistige Täuschung, § 123 I 2. Alt. BGB

Für die Täuschung durch den Erklärungsempfänger gilt im Wesentlichen das bereits für die Drohung Gesagte. Ebenfalls handelt es sich um eine gezielte, zweckgerichtete Einflussnahme des Erklärungsempfängers auf den Inhalt der Erklärung, so dass dessen doloses Verhalten das völlige Zurücktreten seines Bestandsinteresses rechtfertigt.[470] Für die Täuschung durch Dritte allerdings gilt Besonderes: Da das Gesetz die Täuschung gegenüber der Drohung als weniger gefährlich wertet, sieht es die Möglichkeit, die Interessen des Erklärungsempfängers im Falle der Täuschung durch Dritte durch das Zurechnungserfordernis in § 123 II BGB stärker zu berücksichtigen und die Anfechtungsmöglichkeit zu versagen, wenn der Erklärungsempfänger die Täuschung weder kannte noch kennen musste.[471]

Der Getäuschte wird daher für die Fälle der Zurechenbarkeit der Täuschung stärker geschützt als derjenige, der ohne das bewusste Zutun, die Kenntnis oder das Kennenmüssen des Erklärungsempfängers einem Irrtum auferlegen ist, als er nicht den Ausgleich des Bestandsinteresses des Erklärungsempfängers durch Ersatz des Vertrauensschadens schuldet. Zudem entfallen sämtliche von der Irrtumsanfechtung her bekannten Einschränkungen der Anfechtbarkeit wie die Irrelevanz von Fehleinschätzungen im Motivbereich oder das Erfordernis der hypothetisch-normativen Wesentlichkeit der Fehleinschätzung. Der Grund hierfür ist darin zu sehen, dass ein doloses Verhalten, welches durch den Erklärungsempfänger verursacht oder ihm zurechenbar ist, den Interessenausgleich in Abweichung vom Normalfall des schlichten Irrtums zu dessen Lasten entscheidet. Die noch zum Irrtum differenziert vorgenommene Ausgleichung weicht einem verpflichtungsfreien Lösungsrecht des Getäuschten ohne einschränkende weitere Voraussetzungen.

(3) Zwischenergebnis

Die Grenze der relevanten Beeinträchtigung der Selbstbestimmung des Erklärenden und damit die Bestimmung des Maßes seiner Selbstverantwortung lässt sich also sowohl für die seinem Bereich entstammenden Willensmängel als auch für die Fälle der seinem Gegenüber zuzurechnenden Verursachung des Willensmangels als ein unter umfassender Abwägung der beiderseitigen Interessen zu bestimmender Ausgleich verstehen.[472] Zu den in diese Abwägung einzustel-

---

[470] So auch *S. Lorenz*, Schutz vor dem unerwünschten Vertrag, S. 314 f.

[471] Siehe zunächst oben Fn. 459; für den Fall der Täuschung referieren die Protokolle: „Eine gleiche Gefahr bestehe bei der arglistigen Täuschung nicht, da die Letztere ihrer Natur nach sich regelmäßig nicht zugunsten unbestimmter Mehrheiten geltend mache. Der dem gutgläubigen Erklärungsempfänger in diesem Falle zu gewährende Schutz könne aber nur in der Versagung der Anfechtung gefunden werden" (Protokolle zum AT, S. 250).

[472] Unzutreffend ist daher die Annahme *Fastrichs*, Richterliche Inhaltskontrolle, S. 86, es komme „nach der Rechtsgeschäfts- und Vertragslehre des BGB auf die Möglichkeit zur Selbstbestimmung und Selbstvorsorge grundsätzlich nicht an".

lenden Parametern zählen insbesondere die Nähe beider Seiten zu der Ursache des Willensmangels[473], das Maß des Vertrauens des Erklärungsempfängers auf das ordnungsgemäße Zustandekommen der Willensbildung und -äußerung beim Erklärenden und die Bedeutung der Folgen des Willensmangels für das Geschäft. Im Rahmen der Grenzen der Selbstverantwortung des Erklärenden wird seine Erklärung als selbstbestimmt angesehen. Hinter den gesetzlichen Regelungen kann ein bewegliches System des Interessenausgleichs festgestellt werden, in dem grundsätzlich der Beitrag jeder Seite zum Willensmangel dem Verlust an Schutz ihrer Interessen entspricht. Je mehr eine Seite in vorwerfbarer Weise einen Fehler des Geschäfts verursacht, desto mehr verschiebt sich der Interessenausgleich zugunsten der anderen Seite. Das Gleiche gilt für Mängel der Willensbildung, die dem Verantwortungsbereich des Erklärenden aufgrund gesetzgeberischer Entscheidung zugewiesen sind. In Extremfällen kann der Schutz einer Seite vollständig entfallen. Diesbezüglich stehen sich als Gegenpole etwa die schlichte Fehlvorstellung des Erklärenden im Motivbereich und die arglistige Täuschung durch den Erklärungsempfänger gegenüber, wobei das Recht der Willensmängel jeweils einer Partei seinen Schutz versagt. Gleichzeitig kann jedoch, wie das Anfechtungsrecht bei einer dem Erklärungsempfänger nicht erkennbaren Drohung durch einen Dritten zeigt, in besonderen Fällen allein die Beeinträchtigung der Selbstbestimmung des Erklärenden als Voraussetzung genügen.

---

473 Dies betont für den „fremdverschuldeten Rechtsfolgemotivirrtum“ *Singer*, Selbstbestimmung, S. 234; ähnlich *S. Lorenz*, Schutz vor dem unerwünschten Vertrag, S. 38 f.

f) Konkret: Die Beeinträchtigung der Selbstbestimmung des Kunden durch die Verwendung Allgemeiner Geschäftsbedingungen

Nachdem die thematische Zugehörigkeit der tatsächlichen Probleme der Verwendung Allgemeiner Geschäftsbedingungen zum Recht der Willensmängel aufgezeigt und hinter demselben ein Grundsystem des Interessenausgleichs unter Abwägung widerstreitender Interessen erkannt ist, besteht die verbleibende und entscheidende Frage nunmehr darin, ob erstere Problematik unter letzteres System in einer Weise subsumiert werden kann, die die in den §§ 307 ff. BGB befindlichen Regelungen als sachgerechte Reaktion des Gesetzgebers auf eine Störung der Selbstbestimmung des Kunden verstehen lässt. Vereinfacht ausgedrückt lautet die Fragestellung, ob und gegebenenfalls in welchen Fällen in der Verwendung Allgemeiner Geschäftsbedingungen eine rechtsgeschäftlich relevante Beeinträchtigung der Selbstbestimmung des Kunden gesehen werden kann, die im Wege der Inhaltskontrolle ausgleichbar ist. An dieser Stelle soll nochmals ausdrücklich darauf hingewiesen werden, dass die Aufgabe nach Schaffung der AGB-Regeln durch den Gesetzgeber nicht mehr in der Begründung eines Analogieschlusses zum Recht der Willensmängel besteht, sondern lediglich zu untersuchen ist, ob sich die bereits bestehende gesetzliche Regelung als Lösung eines Problems des Willensmangels in Übereinstimmung mit den im Gesetz vorhandenen Wertungen vernünftig erklären lässt. Die etwa noch die *M. Wolf*'sche Untersuchung[474] treffende volle Begründungslast[475] ist somit auf eine Rechtfertigungslast abgemildert. Insbesondere muss nicht dargelegt werden, ob im Gesetz eine Regelungslücke vorhanden ist[476] oder ob auf andere Weise ein sinnvollerer Ausgleich der Interessengefährdung des Kunden erreicht werden könnte.

Daraus kann die These formuliert werden, dass bei vernünftigem Verständnis die AGB-Regeln die thematisch im Bereich der Willensmängel zu verortende tatsächliche Problematik der AGB-Verwendung auch rechtlich als Problem der Willensmängel behandeln wollen. Somit besteht die Rechtfertigungslast konkret in Bezug auf die unterstellte gesetzliche Wertung, dass im Falle der AGB-Verwendung das Nachgeben des Kunden gegenüber dem Druck des Verwenders, die unterlassene Vorstellung des Kunden über deren Inhalt oder Bedeutung oder auch die Fehlvorstellung über deren rechtliche Bedeutung nicht voll zu Lasten des Kunden gehen sollen, wie dies nach allgemeinen Regeln der Fall wäre. Dies soll im Folgenden für beide sachlichen Problemkomplexe näher untersucht werden.

---

474 Rechtsgeschäftliche Entscheidungsfreiheit, S. 1 ff.

475 Insbesondere *Hönn,* Vertragsparität, S. 29, wendet gegen den *Wolf*'schen Ansatz ein, ihm fehle es an einer Entsprechung im positiven Recht.

476 Zur planwidrigen Regelungslücke als Voraussetzung eines Analogieschlusses Larenz/Canaris, Methodenlehre, 202 ff.

aa) Das Fehleinschätzungselement

Die Gefahr, dass der Kunde infolge der Verwendung Allgemeiner Geschäftsbedingungen gegenüber dem Individualvertrag häufiger Fehleinschätzungen unterliegen oder sich über den Vertragsinhalt keine konkreten Gedanken machen wird, ist in dieser Untersuchung bereits mehrfach thematisiert worden. Für den Gesetzgeber des AGB-Gesetzes war sie bereits tragende Motivation im tatsächlichen Bereich, die in der Gesetzesbegründung ausdrücklich Erwähnung findet.[477] Es wurde bereits festgestellt, dass diese Fehlvorstellungen des Kunden ihrer Thematik nach zwar im Recht der Willensmängel zu verorten, nach den dort einschlägigen Tatbeständen jedoch in der Regel nicht relevant sind, da sie zumeist entweder eine Fehlvorstellung im Motivbereich, konkret einen error in iuris, oder aber eine gänzlich unterlassene Vorstellung im Bewusstsein des rechtsgeschäftlichen Handelns darstellen, und im Übrigen eine vorsätzliche Täuschung durch den Verwender regelmäßig nicht vorliegen wird. Obwohl dem Gesetz durchaus der Umkehrschluss entnommen werden kann, dass nach dem Recht der Willensmängel letztere Arten der Fehlvorstellung oder fehlenden Vorstellung im Regelfall unbeachtlich sein sollen, stellt sich dennoch die Frage, ob die besondere Situation der AGB-Verwendung in Ausnahme von diesem Grundsatz eine abweichende Beurteilung durch das Gesetz rechtfertigt.[478]

In der aufgezeigten Interessenabwägung müssten also besondere Umstände zugunsten des Kunden und zu Lasten des Verwenders einzustellen sein, welche gerade aus der spezifischen Situation der AGB-Verwendung resultieren. Solche sind durchaus vorhanden.

(1) Die objektiv erhöhte Gefahr für den Kunden

Maßgeblich ist zunächst die objektiv erhöhte Gefahr von Fehleinschätzungen des Kunden. Zwar ist, wie durchweg zutreffend angenommen wird[479] und hier nicht im Einzelnen nochmals aufgezeigt werden soll, die Verwendung Allgemeiner Geschäftsbedingungen im Grundsatz legitimes Mittel des Geschäftsverkehrs und gehört damit grundsätzlich zu denjenigen Widrigkeiten, die der Kunde in Kauf nehmen muss.

---

[477] BT-Drucks. 7/3919, S. 13.

[478] Ob dem Bürgerlichen Gesetzbuch ein Vorsatzdogma dergestalt innewohnt, dass Konsequenzen einer nichtvorsätzlichen vorvertraglichen Irreführung stets einem erhöhten Begründungsaufwand im Wege der Gesetzesderogation ausgesetzt wären (so *Grigoleit*, Vorvertragliche Informationshaftung, S. 39 ff.), kann hier dahinstehen. *Grigoleit*, dessen Untersuchung die Haftung für fahrlässige vorvertragliche Falschinformation zum Gegenstand hat, geht nämlich davon aus, zur Erzielung seiner Ergebnisse „Rechtsfortbildung extra legem" betreiben zu müssen (aaO., S. 46), während hier, worauf bereits hingewiesen wurde (soeben 2. Kapitel: III. 3. f)), lediglich eine vernünftige Erklärung für eine vorgefundene gesetzliche Anordnung zu finden ist und insoweit deren Widerspruchsfreiheit und Einfügung in das gesetzliche System genügt.

[479] Vgl. hier nur die Begründung zum Entwurf des AGB-Gesetzes BT-Drucks. 7/3919, S. 9.

Gleichwohl ist nicht bestreitbar, dass der Kunde gegenüber dem gesetzlichen Regelfall des ausgehandelten Vertrages häufig ein weit höheres Maß an Selbstdisziplin und Sorgfalt aufbringen muss, um die oftmals umfangreichen oder komplizierten Klauselwerke zu verstehen oder auch nur die rechtliche und wirtschaftliche Wirkung einer Klausel zu beurteilen, an deren Formulierung er nicht beteiligt war und deren Absicht er daher erst erforschen muss.[480] Gegenüber dem Normalfall würde ihm daher bei voller Einstandspflicht ein deutliches Mehr an Selbstverantwortung abverlangt.

Durch die Regeln der Einbeziehungskontrolle ist dieses Problem nur abgemildert. Es wurde bereits gezeigt, dass sich letztere als Typisierung von Auslegungsregeln darstellen und damit letztlich Voraussetzungen und Inhalt einer gültigen Einbeziehungserklärung regeln.[481] Hat der Kunde die zumutbare Möglichkeit der Kenntnisnahme und stimmt der Einbeziehung der Allgemeinen Geschäftsbedingungen zu, darf der Verwender hiernach grundsätzlich davon ausgehen, dass der Kunde die Allgemeinen Geschäftsbedingungen wahrgenommen, verstanden und in ihren Konsequenzen abgewogen hat oder anderenfalls zumindest bereit ist, das Risiko seiner ungeprüften Zustimmung in gewissem Rahmen zu tragen.[482] Diese Anforderungen an den Einbeziehungswillen des Kunden können jedoch die erhöhte Fehleinschätzungsgefahr nicht vollends kompensieren. Insoweit besteht insbesondere ein Unterschied zwischen der generellen Zumutbarkeit der Möglichkeit der Kenntnisnahme und der Zumutbarkeit für den Kunden, die vollen Konsequenzen einer Fehleinschätzung zu tragen, deren Gefahr durch das Verhalten des Verwenders erhöht ist. Die zumutbare Möglichkeit der Kenntnisnahme und der Schutz vor überraschenden Klauseln erlauben daher zwar jedenfalls, den Kunden an seiner Einbeziehungserklärung auch hinsichtlich „angemessener" Nachteile grundsätzlich festzuhalten, verbieten aber nicht von vornherein eine Begrenzung der Erklärungsfolgen, sofern dem Kunden unangemessene Nachteile aus seiner Erklärung erwachsen würden. Zudem ist das erhöhte Risiko der Fehleinschätzung selbst dadurch noch nicht zwangsläufig ausgeschlossen, dass der Kunde die Allgemeinen Geschäftsbedingungen tatsächlich liest.

Das Verhältnis der Einbeziehungs- zur Inhaltskontrolle ähnelt daher dem der Auslegungsregeln zum Recht der Willensmängel. Auch wenn der Kunde objektiv die Voraussetzungen eines Einbeziehungswillens erfüllt und insbesondere der Verwender davon ausgehen darf, dass der Kunde die Allgemeinen Geschäftsbedingungen zur Kenntnis nehmen konnte, kann der hinter diesem objektiven Erklärungsgehalt stehende Wille des Kunden dennoch durch die erhöhte

---

480 Ähnlich *Fastrich*, Richterliche Inhaltskontrolle, S. 84, der dies allerdings für alle Fälle der AGB-Verwendung anzunehmen scheint.

481 1. Kapitel: IV. 1.

482 Siehe im Einzelnen oben 1. Kapitel: IV.

Gefahr der Fehleinschätzung geschwächt sein, so dass sich erneut die Frage stellt, wer das hieraus erwachsende Risiko zu tragen hat.

(2) Die Zurechnung an den Verwender: Gefahrerhöhendes Verwenderverhalten als maßgebliche Ursache der objektiven Fehleinschätzungsgefahr

In diesem Zusammenhang ist entscheidend, dass es gerade der Verwender ist, der die beim Kunden potentiell zu einem Mangel im Willen oder Motiv führende Situation der AGB-Verwendung schafft. Es besteht deshalb eine besondere Nähe des Verwenders zur Fehlvorstellung oder fehlenden Vorstellung, wie sie bereits vorstehend als relevantes Element der Interessenabwägung erkannt wurde und geeignet ist, dessen Schutzbedürftigkeit zu reduzieren.[483] Auch schafft der Verwender die für den Kunden gefährliche Situation nicht etwa ohne eigenes Interesse oder gezwungenermaßen, sondern führt sie aus freiem Entschluss zum eigenen Vorteil willentlich herbei, wobei er im günstigsten Fall nur von einer Fehleinschätzung des Kunden profitiert und im ungünstigsten Fall sogar auf sie spekuliert. Auch soweit darin nicht, wie bei der Täuschung, ein im geschäftlichen Bereich grundsätzlich illegitimes Verhalten zu sehen ist, hat die Verwendung umfangreicher Allgemeiner Geschäftsbedingungen mit letzterer doch gemeinsam, dass die Fehleinschätzung zumindest auch auf ein Verhalten des Verwenders zurückgeht. Dieser Umstand rechtfertigt es, einen infolgedessen entstehenden Willensmangel in der Interessenausgleichung stärker zu Lasten des Verwenders zu verorten.

(3) §§ 307 ff. BGB als Regelung der Verteilung erhöhter Fehleinschätzungsgefahr durch abwägende Interessenausgleichung

Die Verursachungsbeiträge des Verwenders sowie die gegenüber dem Normalfall erhöhten Sorgfaltsanforderungen an den Kunden rechtfertigen vor dem Hintergrund des Gesagten in der Gesamtbetrachtung ein abweichendes Ergebnis des Interessenausgleichs. Dieses wird insbesondere der Tatsache gerecht, dass anderenfalls dem Kunden mit einer unbedingten Einstandspflicht auch mit Rücksicht auf das Verhalten des Verwenders ein wesentlich höheres Maß an Selbstverantwortung auferlegt würde, als es ihm vom Gesetz im Normalfall abverlangt wird. Diese Wertung gilt um so mehr, je größer die durch die Verwendung der Allgemeinen Geschäftsbedingungen verursachte Fehleinschätzungsgefahr ist und je weiter der Verwender in dem von ihm aufgestellten Regelwerk vom dispositiven Recht abweicht und damit die Folgen der unterlassenen Auseinandersetzung mit den Allgemeinen Geschäftsbedingungen für den Kunden schwerwiegender werden. Insbesondere in Auseinandersetzung mit dem Eigenschaftsirrtum nach § 119 II BGB wurde erkannt, dass die Folgen der Fehleinschätzung ein relevantes Kriterium in der Interessenabwägung darstellen können. Hieraus ergeben

---

[483] Im Extremfall der Täuschung, also der vorsätzlichen Herbeiführung des Irrtums durch den Verwender, wurde sogar ein gänzliches Entfallen der Schutzbedürftigkeit festgestellt. (s.o. 2. Kapitel: III. 3. e) bb) (2)).

sich auch bereits erste Anhaltspunkte für die Erklärung der Inhaltskontrolle als geeignetes Instrument der Reaktion.

Das zumutbare Maß an Selbstverantwortung als Ergebnis des Interessenausgleichs zu bestimmen ist letztlich Aufgabe des Gesetzes. Der Gesetzgeber hat insoweit einen gestalterischen Spielraum.[484] Im Zuge dessen Ausfüllung ist es plausibel, dem Kunden angesichts einer durch die Verwendung von Allgemeinen Geschäftsbedingungen erhöhten Fehleinschätzungsgefahr eine geringere Einstandspflicht für die Konsequenzen seiner Erklärung zuzumuten, und in Begrenzung seiner Selbstverantwortung die Realisierung einer durch den Verwender verursachten Fehleinschätzungsgefahr anzunehmen und für rechtsgeschäftlich relevant zu erklären.[485] Mit dieser Maßgabe trifft die Aussage zu, der Kunde sei angesichts der Gefahren der AGB-Verwendung in seiner Selbstverantwortung überfordert.[486] Dies bedeutet nicht zwangsläufig, dass dem Kunden der Nachweis der tatsächlichen relevanten Fehleinschätzung auferlegt werden muss. Vielmehr ist auch hier in der Einbeziehungskontrolle vergleichbarer Weise eine Typisierung möglich, so dass aufgrund der Verwendung Allgemeiner Geschäftsbedingungen die Erhöhung der Fehleinschätzungsgefahr sowie deren Realisierung zugunsten des Kunden vermutet werden.[487]

bb) Das Druckelement

Wesentlich komplexer sind demgegenüber die Überlegungen, welche bezüglich des möglichen Einflusses einer Drucksituation des Kunden im Zusammenhang mit der Verwendung Allgemeiner Geschäftsbedingungen auf dessen Selbstbestimmung und Selbstverantwortung anzustellen sind.

Die Formulierung, der Kunde „unterwerfe“ sich den Geschäftsbedingungen des Verwenders, ist inzwischen zu einem Gemeinplatz geworden.[488] Der Einzelne

---

[484] Ähnlich auch BVerfGE 81, 242, 255: Der Gesetzgeber habe einen besonders weiten Beurteilungs- und Gestaltungsraum für die Frage, wann Ungleichgewichtslagen so schwer wiegen, dass die Vertragsfreiheit durch zwingendes Recht begrenzt werden müsse, und BVerfG 89, 214, 234: Die Verfassung lasse dem einfachen Recht einen „weiten Spielraum“.

[485] *Wackerbarth,* AcP 200, 45, 79 sieht in der „Gefahr, dass Klauseln bei der Abschlussentscheidung nicht berücksichtigt werden, (...) das vertragstheoretische Element der Rechtfertigung der Inhaltskontrolle“. Zur Überforderung der Selbstverantwortung gegenüber Allgemeinen Geschäftsbedingungen auch *Fastrich*, Richterliche Inhaltskontrolle, S. 88, Fn. 41, der allerdings irrig annimmt, nach der Rechtsgeschäftslehre des Bürgerlichen Gesetzbuches komme es auf die Möglichkeit zur Selbstbestimmung und Selbstvorsorge nicht an (aaO., S. 86), und selbst im Ergebnis einen anderen Weg geht (s.o. 2. Kapitel: III. 2. b) aa) (2)).

[486] *Lindacher,* BB 1972, 296, 297; *Nicklisch,* BB 1974, 941, 943; ähnlich *Fastrich*, Richterliche Inhaltskontrolle, S. 87.

[487] Dazu im Einzelnen unten 2. Kapitel: III. 3. f) cc).

[488] Statt vieler BGHZ 41, 151, 154; *Kötz,* 50. DJT, A 33; *Schmidt-Salzer*, NJW 1971, 173; auch die Gesetzesbegründung, BT-Drucks. 7/3919, S. 9, verwendet diesen Terminus.

wird sogar mitunter in seiner Teilnahme am Rechtsleben als faktisch weitgehend fremdbestimmt angesehen.[489] Etwa formuliert *Hönn* in scharfer Weise: „Der technische Fortschritt und die weitere Herausbildung einer Industriegesellschaft verstricken das Individuum zunehmend in tatsächliche und rechtliche Abhängigkeiten von weitgehend anonymen Machthabern und setzen es Risiken aus, die häufig für den einzelnen nicht mehr überschaubar sind."[490] Vor dem Hintergrund dieser Vorstellung konsequent wird von ihren Verfechtern dem Kunden pauschal gegenüber dem Verwender Allgemeiner Geschäftsbedingungen kaum ein verbleibender Spielraum zugedacht.[491] *Hönn* spricht insoweit von „einseitiger faktischer Gestaltungsfreiheit" des Verwenders.[492] Auch *L. Raiser* führt zur Begründung seiner neuen Missbrauchsthese an, der „Freiheitsraum" des Einzelnen sei „klein geworden", es bestehe „eine unentrinnbare Abhängigkeit des Einzelnen von wirtschaftlichen und gesellschaftlichen Mächten" und der „einzelne Rechtsgenosse" sei „unter den heutigen Lebensbedingungen vielfach faktisch nicht frei".[493]

Diese Annahmen sind für sich genommen freilich noch zu wenig konkret, um in der Untersuchung des Zusammenhanges zwischen der Verwendung Allgemeiner Geschäftsbedingungen und der Selbstbestimmung des Kunden weiterzuhelfen. In diesem Zusammenhang kann zwar wiederholend festgestellt werden, dass sich der Kunde häufig, und nicht selten auch zu Recht, dem Verwender gegenüber nicht in der Lage sieht, den Vertrag ohne Einbeziehung der von letzterem gestellten Allgemeinen Geschäftsbedingungen zu schließen. Selbst soweit der Ansicht *Hönns* damit trotz ihrer klar erkennbaren ideologischen Tendenz ein richtiger Kern innewohnt, muss dies jedoch keineswegs bedeuten, dass die damit bezeichneten Abhängigkeiten stets rechtlich relevant sind und die angesprochenen Risiken über das von dem Einzelnen zu tragende allgemeine Lebensrisiko hinausgehen.

Wie gesehen, lässt sich, abgesehen von Ausnahmesituationen, die Drucksituation des Kunden zunächst regelmäßig nicht unter den im Recht der Willensmän-

---

[489] Ähnlich wie hier stellt *M. Wolf*, Rechtsgeschäftliche Entscheidungsfreiheit, S. 1 fest: „Die Vorstellung der selbstherrlich ihre eigenen Lebensverhältnisse überschauenden und gestaltenden Einzelpersönlichkeit ist weitgehend dem Bild des von gesellschaftlichen Einflüssen und wirtschaftlichen Kräften abhängigen Massenmenschen gewichen, der sich bei seinen Entscheidungen weniger von den eigenen Überlegungen als vielmehr von gesellschaftlichen Einflüssen leiten lässt (...).", wobei er zugleich eine Rückbesinnung auf das Prinzip der Selbstverantwortung fordert (aaO., S. 3).

[490] *Hönn*, Vertragparität, S. 6.

[491] Besonders drastisch BGHZ 41, 151, 154 unter genereller Verleugnung einer privatautonomen Entscheidung gegenüber Allgemeinen Geschäftsbedingungen; dagegen *M. Wolf*, Rechtsgeschäftliche Entscheidungsfreiheit, S. 231.

[492] AaO., S. 149.

[493] JZ 1958, 1, 3 f.

gel maßgeblichen Tatbestand des § 123 I BGB subsumieren.[494] Es ist daher zu klären, ob und gegebenenfalls unter welchen Voraussetzungen sich die Inhaltskontrollregeln der §§ 307 ff. BGB unter Zugrundelegung der Wertungen des Rechts der Willensmängel widerspruchsfrei als Reaktion auf rechtsgeschäftlich relevante Fremdbestimmung erklären lassen.

(1) Verfassungskonforme Extension des Rechts der Willensmängel?

Jede zivilrechtsdogmatische Auseinandersetzung mit den im Bürgerlichen Gesetzbuch vorgesehenen Wertungsgrenzen der §§ 123, 138 BGB würde sich vor dem Hintergrund der Feststellung erübrigen, dass das Recht auf höherrangiger Ebene die weitergehende Berücksichtigung äußerer Willensbeeinflussung durch Drucksituationen fordert.

Der näheren Beachtung bedarf in diesem Zusammenhang die Rechtsprechung des Bundesverfassungsgerichts in der Handelsvertreter- und der Bürgschaftsentscheidung.[495] Zwar stellt das Bundesverfassungsgericht in seinen in zivilrechtsdogmatischer Hinsicht eher notdürftig begründeten Entscheidungen nicht ausdrücklich auf § 123 I BGB ab, weist aber zumindest darauf hin, die verfassungsrechtlichen Grundentscheidungen entfalteten sich „durch das Medium der Vorschriften, die das jeweilige Rechtsgebiet unmittelbar beherrschen“,[496] wobei exemplarisch die §§ 138 und 242 BGB genannt sind. Sachlich soll nach der Rechtsprechung des Bundesverfassungsgerichts vor dem Hintergrund der durch das Grundgesetz gewährleisteten Allgemeinen Handlungsfreiheit über den originären Bereich der Drohung hinaus auch in anderen Konstellationen, in denen ein Eingriff in die Willensbildung des Erklärenden erfolgt, unter bestimmten Voraussetzungen eine Lockerung der Bindung an die Erklärung geboten sein. Erreiche die äußere Beeinflussung des Erklärenden einen Grad, der die Erklärung fremdbestimmt sein lasse, sei die Rechtsordnung zum Eingreifen nicht nur legitimiert, sondern unter Geltung des Grundgesetzes[497] in gewissem Umfang sogar verpflichtet.[498] Insbesondere findet sich die weitgefasste Formulierung: „Hat einer der Vertragsteile ein so starkes Übergewicht, dass er vertragliche Regelungen faktisch einseitig setzen kann, bewirkt dies für den anderen Vertragsteil Fremdbestimmung.“[499] Darin ist bereits die Aufstellung eines generalklauselartigen Billigkeitsvorbehalts jeder vertraglichen Vereinbarung erblickt worden.[500]

---

[494] Dazu oben 2. Kapitel: III. 3. d) bb).

[495] BVerfGE 81, 242 ff. und 89, 214 ff.

[496] BVerfGE 89, 214, 229.

[497] Ausdrücklich genannt sind Art. 2 I und 12 GG.

[498] BVerfGE 81, 242, 255.

[499] BVerfGE 81, 242, 255.

[500] *Adomeit*, NJW 1994, 2467; ähnlich *Wiedemann*, JZ 1994, 411, 413: jedes Rechtsgeschäft sei

Die angesichts dieser weiten Formulierung zu befürchtende Tragweite kommt jedoch der Rechtsprechung des Bundesverfassungsgerichts nicht zu.[501] Im Gegenteil stellt das Bundesverfassungsgericht ausdrücklich fest: „Das geltende Vertragsrecht genügt diesen Anforderungen".[502] Aus den Gründen beider Entscheidungen ergibt sich der Ausnahmecharakter der vom Bundesverfassungsgericht geforderten Konsequenzen. Eine Einschränkung kann auch der Argumentation in den Gründen der Handelsvertreterentscheidung entnommen werden: „Wenn bei einer solchen Sachlage über grundrechtlich relevante Positionen verfügt wird, müssen staatliche Regelungen ausgleichend eingreifen."[503] Letztlich wird dort die Konsequenz des Eingreifens des Staates nicht generell, sondern nur für den Fall der Gefährdung grundrechtlich geschützter Positionen, in dem entschiedenen Fall der Berufsfreiheit des beschwerdeführenden Handelsvertreters, gefordert.

In der Bürgschaftsentscheidung findet sich diese Einschränkung zwar zumindest nicht mehr ausdrücklich, jedoch will das Bundesverfassungsgericht seine Entscheidung auf Fälle bezogen wissen, in denen eine typischerweise auftretende strukturelle Unterlegenheit dazu führe, dass der Inhalt des Vertrages „ungewöhnlich stark belaste".[504] Welche strenge Voraussetzung in diesem noch gemäßigt klingenden Erfordernis zu sehen ist, wird aus der Entscheidung selbst klar. Während nämlich die Beschwerdeführerin zu 1) aufgrund der Tatsache Erfolg hatte, dass sie, „ohne an dem Kredit ein eigenes wirtschaftliches Interesse zu haben", für einen Geschäftskredit ihres Ehemannes Verbindlichkeiten eingegangen war, dass sie „im Haftungsfall voraussichtlich bis an ihr Lebensende nicht in der Lage sein würde, sich aus eigener Kraft aus der übernommenen Schuld zu befreien"[505], wurde die Beschwerde der Beschwerdeführerin zu 2) mit der Begründung abgewiesen, es handele sich hier „nicht um die Übernahme eines hohen oder schwer abschätzbaren Unternehmerrisikos", sondern um „einen Konsumentenkredit, dessen Höhe nicht ungewöhnlich war".[506] Im Interesse einer klareren Begrifflichkeit könnte anstelle einer „ungewöhnlichen Belastung" daher eher von einer „unerträglichen Härte" gesprochen werden. Interessant ist im Hinblick auf die hinter dem Recht der Willensmängel erkannten Rechtsge-

---

auf seine „Schieflage" zu überprüfen.

[501] Darauf weist zutreffend *Rittner*, NJW 1994, 3330 f. in seiner Erwiderung auf *Adomeit*, NJW 1994, 2467 ff. hin, in der er diesen zur Lektüre der Rechtsprechung ermahnt.

[502] BVerfGE 89, 214, 232.

[503] BVerfGE 81, 242, 255; als weitere Voraussetzungen werden jedoch die Typisierbarkeit der Fallgestaltung und die strukturelle Unterlegenheit des Erklärenden aufgestellt.

[504] BVerfGE 89, 214.

[505] BVerfGE 89, 214, 230 f.

[506] BVerfGE 89, 214, 235.

danken, dass auch das Bundesverfassungsgericht dabei ausdrücklich eine Ausgleichung der beiderseitigen Interessen durch Abwägung[507] vorsieht.

Aus alldem wird klar, dass auch der Rechtsprechung des Bundesverfassungsgerichts nicht das Gebot einer generellen Ausdehnung des Schutzes der Selbstbestimmung auf allgemeine Zwangslagen oder gar eine generelle Angemessenheitsprüfung bei unterschiedlicher Verhandlungsstärke entnommen werden kann.[508] Relevanz werden die vom Bundesverfassungsgericht aufgestellten Grundsätze wohl eher im Bereich der Inhaltskontrolle zur Abfederung besonderer Härten im Einzelfall aufgrund der §§ 138, 242 BGB entfalten, die im Übrigen in den Entscheidungen, anders als § 123 BGB, ausdrücklich genannt sind.[509] Obwohl rechtstechnisch auch ein Anfechtungsrecht des Gezwungenen in Betracht käme, wäre dies gleichwohl eben auf Fälle zu beschränken, die der Intensität nach dem Gesagten entsprechen. Insbesondere verlangt die Rechtsprechung des Bundesverfassungsgerichts deswegen noch nicht die Durchbrechung des in § 123 BGB vorgefundenen Grundsatzes, dass eine relevante Drucksituation dem Bedrohten von außen in rechtswidriger Weise aufgezwungen werden muss.[510]

(2) Der Rahmen für den Interessenausgleich

Die Untersuchung kann sich daher darauf konzentrieren, inwieweit eine Drucksituation des Kunden mit Rücksicht auf die hinter dem Recht der Willensmängel stehenden Rechtsgedanken geeignet ist, die Inhaltskontrollregeln der §§ 307 ff. BGB als Reaktion auf ein Problem des rechtsgeschäftlichen Willens zu beurteilen. Diesbezüglich ist insbesondere auch versucht worden, in Auseinandersetzung mit dem Drohungstatbestand des § 123 I BGB weitergehende Rechtsgedanken hinsichtlich des Schutzes der Selbstbestimmung zu formulieren.

Grundsätzlich wurde bereits darauf hingewiesen, dass der Weg zu einem entsprechenden Verständnis des Gesetzes frei ist, dass dem Gesetzgeber in dieser

---

[507] Dem Gesetzgeber stelle sich ein Problem praktischer Konkordanz der Privatautonomie beider Teile, BVerfGE 89, 214, 232.

[508] Zu den in diesem Zusammenhang mitunter aufgetretenen Missverständnissen bereits oben 2. Kapitel: III. 2. b) bb) (1) (c).

[509] So sinngemäß auch *Rittner,* NJW 1994, 3330; *Singer,* JZ 1995, 1133, 1138; *Honsell,* NJW 1994, 565, 566, stellt zur Bürgschaftsentscheidung ausdrücklich fest, das Erfordernis einer dem § 9 AGBG (heute § 307 BGB) entsprechenden Angemessenheitskontrolle könne dem Urteil nicht entnommen werden.

[510] Dies führt im weiteren Denken zu der Frage, ob und gegebenenfalls unter welchen Voraussetzungen außerhalb des Tatbestandes des § 123 I BGB ein Anknüpfen an Drucksituationen, die zwar von Seiten des Erklärungsempfängers verursacht, aber von geringerer Intensität sind, und wie sie bei der Verwendung Allgemeiner Geschäftsbedingungen eine Rolle spielen können, überhaupt ohne Widerspruch zu dessen Wertungen zulässig ist. An dieser Stelle soll diese Frage jedoch nicht abstrakt, sondern im konkreten Zusammenhang mit der Beurteilung der Verwendung Allgemeiner Geschäftsbedingungen vor dem Hintergrund der Selbstbestimmung des Kunden erörtert werden (dazu sogleich 2. Kapitel: III. 3. f) bb).

Hinsicht ein Beurteilungs- und Gestaltungsspielraum zukommt. Die Regelungen der §§ 307 ff. BGB können daher von vorhandenen abweichen oder diese ergänzen.[511] Es ist deswegen an sich unschädlich, dass etwa das Gesetz außerhalb der Korrektur von Extremfällen über die Generalklauseln der §§ 138, 242 BGB in § 123 I BGB nur solche Drucksituationen regelt, die den Erklärenden als von außen final und in rechtswidriger Weise erzeugte Zwangslage treffen. Letzterer Umstand stünde zwar wohl dem Verständnis *Kramers*[512] entgegen, aus § 123 I BGB eine Analogie für den Fall der schlichten Ausnutzung von Zwangslagen zu begründen. Eine weiter reichende Regelung des Gesetzes selbst hindert es indes nicht. Insbesondere können § 123 I BGB nicht in vergleichbarer Weise wie § 119 BGB abschließende Wertungen über die Auswirkung von Drucksituationen entnommen werden. Geregelt ist dort nur die Drohung als besonders gefährliche Willensbeeinflussung. Zudem ist Gegenstand der § 307 ff. BGB nicht die Nichtigkeit oder Anfechtbarkeit, also insgesamt eintretende Mangelhaftigkeit des rechtsgeschäftlichen Willens, sondern lediglich die Begrenzung seiner nachteiligen Folgen für den Erklärenden im Wege der Inhaltskontrolle. Anhaltspunkte für einen abschließenden Charakter des § 123 I BGB in dieser Richtung finden sich auch in den Motiven nicht.[513] Daher ist es theoretisch denkbar, eine Drucksituation des Kunden auch unterhalb der Schwelle der Drohung als relevante Willensbeeinflussung genügen zu lassen, sofern in Bezug auf das Erfordernis der rechtswidrigen finalen Verursachung ein die Wertungen des Gesetzes wahrender Mindeststandard eingehalten wird.

Dem Verständnis der AGB-Regeln sind daher durch vorhandene Regelungen nur insoweit Grenzen gesetzt, als sie ein Verstoß gegen an anderer Stelle getroffene Wertungen das Gesetz als Ganzes nicht mehr vernünftig verstehen ließe.[514] Dadurch ist dem Interessenausgleich ein Rahmen vorgegeben.

(a) Das Erfordernis der Zwangslage

An das Erfordernis der Zwangslage stellt schon der Tatbestand des § 123 I BGB keine zu großen Anforderungen, da es insbesondere nicht auf die objektive Schwere des angedrohten Übels ankommt.[515] Das maßgebliche Element in der Entscheidung des Interessenausgleichs zu Lasten des Erklärungsempfängers liegt in der finalen und rechtswidrigen Verursachung der Willensbeeinträchti-

---

[511] Insoweit sind also die Bedenken *Hönns*, Vertragparität, S. 29, nach denen für die Relevanz fehlender Selbstbestimmung eine entsprechende rechtliche Positivierung im Gesetz notwendig sei, die § 123 BGB nicht entnommen werden könne, in Bezug auf diese Untersuchung nicht einschlägig.

[512] MüKo/*Kramer* § 123 Rz. 45.

[513] Diesen ausdrücklich verneinend auch *S. Lorenz*, Schutz vor dem unerwünschten Vertrag, S. 359.

[514] Hierzu oben 2. Kapitel: II. 1.

[515] Vgl. oben 2. Kapitel: III. 3. e) bb) (1) (b).

gung, wobei das Kriterium der Zwangslage hauptsächlich dazu dient, die Folgenlosigkeit von Lappalien zu gewährleisten.[516]

Schon daraus wird ersichtlich, dass durch die Annahme der rechtsgeschäftlichen Relevanz einer Drucksituation des AGB-Kunden nicht zwangsläufig Wertungswidersprüche zu § 123 I BGB entstehen, soweit die Tatbestandsvoraussetzung der Zwangslage betroffen ist. Dies gilt um so mehr, als die §§ 307 ff. BGB als Rechtsfolge nicht die Unwirksamkeit der Willenserklärung, sondern lediglich die Begrenzung ihrer Rechtsfolgen vorsehen und damit in der Wirkung hinter §§ 123, 142 BGB zurückbleiben. Die Unbeachtlichkeit völlig geringfügiger Drucksituationen wird im Übrigen auch bei der Begründung der AGB-Kontrolle im Grundsatz angebracht sein.

Hinsichtlich des Erfordernisses einer Zwangslage in § 123 I BGB besteht somit keine Gefahr von Wertungswidersprüchen.

(b) Das Erfordernis der finalen Verursachung durch Tun oder pflichtwidriges Unterlassen

Nach dem Gesagten ist daher in erster Linie interessant, inwieweit der Verwender für die Drucksituation des Kunden verantwortlich sein, beziehungsweise diese verursacht haben muss, damit sie sich in dem vorzunehmenden Interessenausgleich zu seinen Lasten auswirken kann. *M. Wolf*[517] leitet aus § 123 I BGB ein allgemeines Gebot ab, es müsse dem Erklärenden möglich sein, seine Willensbildung frei von dem Einfluss sachfremder Interessen zu vollziehen.[518] *Kramer* will aus der ratio des § 123 I BGB heraus die bloße Ausnutzung einer Zwangslage in entsprechender Anwendung der Vorschrift sogar zu einem Anfechtungsrecht führen lassen, ohne sich allerdings mit dem Problem der Berücksichtigung der Interessen des Erklärungsempfängers auseinander zu setzen.[519]

Ohne das Ergebnis einer Analyse dieser Ansätze vorwegnehmen zu wollen, kann bereits eine Berührung zu der vorstehend erfolgten Erkenntnis festgestellt werden, dass das Recht der Willensmängel in seiner maßgeblichen Vorschrift des § 123 I BGB nur solche Drucksituationen für relevant hält, die von dem Erklärungsempfänger final verursacht sind. Dieser Umstand allein steht einem abweichenden Verständnis der AGB-Regeln zur Inhaltskontrolle zwar noch nicht entgegen. Die ratio eines Gesetzes muss sich keinesfalls darauf beschränken, an

---

[516] Vgl. nochmals oben 2. Kapitel: III. 3. e) bb) (1) (b).

[517] *M. Wolf*, Rechtsgeschäftliche Entscheidungsfreiheit, S. 115 ff.

[518] Ähnlich *Hönn*, Vertragsparität, S. 96; zu beiden näher nachfolgend 2. Kapitel: III. 3. f) bb) (1).

[519] MüKo/*Kramer* § 123 Rz. 45; jedoch irrt *Kramer*, wenn er sich zur Begründung seiner Ansicht auf *Deubner*, JuS 1971, 71 ff. bezieht. In dem dort kommentierten Urteil des Bundesarbeitsgerichts (NJW 1970, 775) hatte der Arbeitgeber dem Arbeitnehmer mit einer Kündigung gedroht, auf deren Ausspruch er durchaus Einfluss hat: „(Die Beklagte) schuf also bewusst für den Kläger eine Zwangslage,..." (aaO., S. 72).

anderer Stelle bereits vorhandene Wertungen sklavisch nachzuformen, sondern kann diese erweitern, ergänzen oder verändern. Die Grenze für ein vernünftiges Verständnis des Regelungszwecks liegt aber dort, wo sich dieser mit an anderer Stelle vorhandenen Wertungen nicht mehr vereinbaren ließe und durch den entstehenden Widerspruch ein ganzheitliches Verständnis unmöglich wäre.

Ein solcher Wertungswiderspruch würde etwa entstehen, soweit die in § 123 I BGB vorgesehene Rechtsfolge oder ein ihr gleichkommendes Lösungsrecht des Kunden an anderer Stelle an wesentlich geringere Voraussetzungen geknüpft würde. Dies ist allerdings für die Inhaltskontrolle gerade nicht der Fall, da hier nicht ein Lösungsrecht von der Erklärung im Ganzen, sondern lediglich eine Begrenzung ihrer Folgen geregelt ist, die die Interessen des Erklärungsempfängers, der den Vorteil des Vertragsschlusses an sich behält, weit weniger belasten als das Anfechtungsrecht des § 123 I BGB. Wegen der geringeren Reichweite der Lockerung der Bindung an die Erklärung und der damit einhergehenden verminderten Beeinträchtigung der Interessen des Erklärungsempfängers kann daher die Inhaltskontrolle gegenüber der Anfechtung wegen rechtswidriger Drohung grundsätzlich an geringere Voraussetzungen geknüpft werden, ohne dass ein Wertungswiderspruch zu befürchten wäre. § 123 BGB ist insoweit wertungsmäßig nicht abschließend.[520]

Als eine weitere maßgebliche Grundwertung des Rechts der Willensmängel wurde jedoch erkannt, dass das Gesetz die Verteilung der Risiken und Belastungen im Wege einer ausgleichenden Abwägung der beiderseitigen Interessen vollzieht. Eine gesetzliche Regelung kann sich daher nur soweit in das Recht der Willensmängel stimmig einfügen lassen, wie das dadurch erfolgende Zurücktreten der Verwenderinteressen sachlich zu rechtfertigen ist. Die eigentliche Schwierigkeit der rechtlichen Beurteilung der Drucksituation liegt daher in der Abgrenzung zu den allgemeinen Belastungen des Lebens, die Risiko des Kunden sind und dem Verwender nicht angelastet werden können. Damit wäre es jedenfalls unvereinbar, solchen Drucksituationen eine generelle rechtsgeschäftliche Bedeutung zukommen zu lassen, die ausschließlich aus der persönlichen Situation des Kunden resultieren.[521]

Eine besondere Fragestellung ergibt sich in diesem Zusammenhang aus § 123 II BGB. Bei der Drohung fordert das Gesetz nicht die finale Verursachung gerade durch den Erklärungsempfänger, sondern lässt die durch einen Dritten genügen, woraus gefolgert werden könnte, dass es auf die Zurechenbarkeit an

---

[520] Für eine solche Sichtweise finden sich auch in den Motiven, Mot. I, 204 ff., keine Anhaltspunkte.

[521] Die Bedenken *Coester-Waltjens*, AcP 190, 1, 22, hinsichtlich der Schwierigkeiten „festzustellen, wie weit die Selbstbestimmung des Einzelnen durch Fremdbestimmung -z.B. Werbung, Einfluss des Freundeskreises etc.- überlagert sind“, wirken sich daher nach der hier vertretenen Ansicht nicht aus.

den Erklärungsempfänger nicht ankommen soll. Die Regelung des § 123 II BGB darf indes nicht dazu verleiten, generell jeden Verursachungsbeitrag einer Drucksituation von dritter Seite für relevant zu erachten. Motiv des Gesetzgebers für die Aufnahme der Regelung des § 123 II BGB war die besondere Gefährlichkeit der Drohung, die er insbesondere darin begründet sah, dass Dritte im Interesse des Erklärungsempfängers Druck auf dessen Kunden ausüben, ohne dass diesen die Kenntnis oder das Kennenmüssen nachgewiesen werden kann.[522] Diese besondere Gefährlichkeit ist bei einer lediglich zufälligen Verursachung der Angewiesenheitssituation des Kunden von dritter Seite nicht in vergleichbarer Weise gegeben. Im Übrigen hat der Gesetzgeber mit der Beschränkung des § 123 II BGB auf Fälle der Drohung unter Ausnahme insbesondere der Täuschung Anhaltspunkte für einen abschließenden Charakter der Regelung geschaffen. Eine von dritter Seite verursachte Zwangslage kann daher jedenfalls nur dann rechtliche Auswirkungen für den Willen des Kunden haben, wenn die Verursachung durch den Dritten ebenfalls zweckgerichtet auf den Vertragsschluss mit dem Verwender hin erfolgt.

Als Mindestmaß eines verbleibenden Restes des Gedankens der finalen Verursachung muss daher im Regelfall immerhin verlangt werden, dass die Drucksituation des Kunden dem Verwender zumindest in dem Sinne zurechenbar ist, dass er sie durch sein Verhalten zu beeinflussen vermag. Darüber hinaus zielt die Vorschrift des § 123 BGB nur darauf, den Erklärenden vor einer finalen Beeinflussung durch den Erklärungsempfänger oder Dritten zu schützen, und verpflichtet diese nicht, durch positives Tun eine für den Erklärenden anderweitig bestehende Zwangslage zu beseitigen. So ist im Rahmen des § 123 BGB die Drohung mit einem Unterlassen nur dann relevant, wenn den Drohenden eine Pflicht zum Handeln trifft.[523] Ein darüber hinausgehendes Handlungsgebot würde das Lebensrisiko des Erklärenden vollständig dem Erklärungsempfänger aufbürden und ihn im Ergebnis verpflichten, die Situation seines Gegenüber nicht nur zu erforschen, sondern erforderlichenfalls auch zu verbessern. Dies entspräche nicht einer sachgerechten Risikoverteilung im Sinne eines angemessenen Ausgleichs der Interessen.

Nach alldem können nur solche Drucksituationen zu berücksichtigen sein, die der Erklärungsempfänger in zurechenbarer Weise durch sein Tun oder pflichtwidriges Unterlassen verursacht hat.

---

[522] Dazu bereits oben 2. Kapitel: III. 3. e) bb) (1) (a), dort insbesondere Fn. 459 mit entsprechendem Zitat aus den Protokollen zum AT, S. 250.

[523] Statt aller *Flume*, Rechtsgeschäft, § 28 1.; *Ennecerus-Nipperdey*, AT 2, S. 1061; MüKo/*Kramer* § 123 Rz. 45.

(c) Das Erfordernis der Rechtswidrigkeit

Ein ähnlicher Gedanke ergibt sich darüber hinaus auch unter dem Gesichtspunkt des Rechtswidrigkeitserfordernisses in § 123 BGB. Über die Verursachung der Drucksituation durch Androhung des Übels hinaus fordert die Grundvorschrift des § 123 BGB zusätzlich, dass die Drohung eine rechtswidrige zu sein hat. Zunächst wollte der BGB-Gesetzgeber ausweislich der Motive damit solche Zwangslagen von der Wirkung zu Lasten des Drohenden ausnehmen, zu deren Schaffung dieser berechtigt ist.[524] Heute ist das Verständnis von der Rechtswidrigkeit meist enger gefasst, so dass es für die Rechtmäßigkeit genügt, dass Mittel und Zweck an sich legitim sind und in einer nicht zu missbilligenden Relation zueinander stehen.[525]

Auf die Entscheidung dieser Frage kommt es hier nicht an. Jedenfalls würde es nämlich zu weit gehen, aus dem Tatbestandsmerkmal der Rechtswidrigkeit in § 123 I BGB zu folgern, dass ein Schutz des Erklärenden nicht auch unterhalb dieser Schwelle erfolgen kann.[526] Wie gesehen, kann das Bürgerliche Gesetzbuch in den §§ 307 ff. wegen der dort vorgesehenen milderen Rechtsfolge durchaus in den Voraussetzungen hinter denen des § 123 BGB zurückbleiben, soweit dies ohne Wertungswidersprüche möglich ist.

Die Tatsache der Rechtmäßigkeit des Verhaltens des Erklärungsempfängers ist jedoch in dem Interessenausgleich zu berücksichtigen, wobei die Interessen des Erklärenden um so weiter zurücktreten müssen, je stärker das dem Erklärungsempfänger anderenorts von der Rechtsordnung zugewiesene Recht ist. Nach dieser Maßgabe kann insbesondere die aus den Motiven zum 1. Entwurf des Bürgerlichen Gesetzbuches zu ersehende Wertung des Gesetzgebers für den Drohungstatbestand insoweit aufrechterhalten werden, als es einen Widerspruch darstellen würde, wenn die Rechtsordnung ein Verhalten des Verwenders als unzulässige Willensbeeinflussung ansieht, dessen Rechtmäßigkeit ihm an anderer Stelle positiv zugewiesen ist. Dies wird im Folgenden zu berücksichtigen sein.

(d) Fazit

Mit den vorstehenden Feststellungen ist somit zunächst der Rahmen des Verständnisses der §§ 307 ff. BGB als gesetzliche Ausgleichung der Interessen des Kunden mit denen des Verwenders mit Blick auf die Relevanz einer Beeinträchtigung der Selbstbestimmung des Kunden abgesteckt.

---

[524] Mot. I, 207. Als Beispiel ist dort auf das Recht zur Selbsthilfe Bezug genommen.

[525] Statt aller MüKo/*Kramer* § 123 Rz. 47 ff. m.w.N.

[526] Insbesondere gilt dies für die Aussage *Hönns,* Vertragparität, S. 100, im Falle der Rechtmäßigkeit der Drohung sei die Selbstbestimmung des Bedrohten als „normativ nicht tangiert" anzusehen.

Entscheidend kommt es nunmehr darauf an, ob sich in Ausfüllung dieses Rahmens die gesetzliche Regelung unter sachgerechter Ausgleichung der beiderseitigen Interessen als relevante Beeinträchtigung der Selbstbestimmung des Kunden verstehen lässt. Dabei ist, wie bereits anhand der Wertungen des Rechts der Willensmängel festgestellt wurde, das Gesamtbild der beiderseitigen Verantwortlichkeit ausschlaggebend, so dass insbesondere hinsichtlich der Schwere des Verursachungsbeitrags des Verwenders sowie der Missbilligung seines Verhaltens in Bezug auf die verbleibende Ausstrahlungswirkung des Rechtswidrigkeitsmerkmals ein bewegliches System angenommen werden kann, in das auch der betreffende Klauselinhalt einzustellen ist.[527]

(3) Der *M. Wolf*'sche Ansatz[528]

In diesem Zusammenhang verdient zunächst der Ansatz *M. Wolfs* Erwähnung, der den Drohungstatbestand des § 123 I BGB im Wege eines Analogieschlusses zur Bewältigung der Problematik fruchtbar zu machen versucht. Diese Anknüpfung dient dabei zum einen dazu, das Kriterium der Selbstbestimmung als wesentlich für die Regelung der Bindungswirkung der Willenserklärung zu begreifen, wie dies vorstehend insoweit übereinstimmend dargestellt wurde. Zum anderen versucht *M. Wolf*, dem Drohungstatbestand auch die Voraussetzungen einer maßgeblichen Beeinträchtigung der Selbstbestimmung durch die Verwendung von Allgemeinen Geschäftsbedingungen zu entnehmen.[529]

Neben der Verwendung eines unzulässigen Druckmittels und dem Anstreben eines per se rechtswidrigen Zweckes, welche bei der Verwendung von Allgemeinen Geschäftsbedingungen keine Parallele fänden, sei eine rechtswidrige Drohung auch im Fall der rechtswidrigen Zweck-Mittel-Relation gegeben; diesem Fall sei die Verwendung unangemessener Klauseln in Allgemeinen Geschäftsbedingungen vergleichbar, wobei der entscheidende Gesichtspunkt in der für unzulässig gehaltenen Verkoppelung des Nachteils einer sachfremden Klausel mit dem Vorteil des Vertragsschlusses liege.[530] Wie im Drohungstatbestand die verwerfliche Zweck-Mittel-Relation missbilligt sei, sei es ebenso dem Verwender nicht gestattet, den Wert des Vertragsschlusses für den Kunden von der Akzeptanz einer mit diesem nicht in sachlichem Zusammenhang stehenden Klausel abhängig zu machen, wenn für den Kunden die Vertragsleistung erheb-

---

[527] Dazu noch näher unten 3. Kapitel: II. 3. a) bb).

[528] Rechtsgeschäftliche Entscheidungsfreiheit, S. 1 ff.

[529] Vgl. zunächst die Zusammenfassung dieses Ausgangspunktes bei *M. Wolf*, Rechtsgeschäftliche Entscheidungsfreiheit, S. 180.

[530] *M. Wolf*, Rechtsgeschäftliche Entscheidungsfreiheit, S. 126, 154, zusammenfassend S. 180; er möchte daher zwischen sachfremden und sachgerechten Interessen des Verwenders trennen, zu seiner Unterscheidung aaO., S. 167 ff.; kritisch gegenüber der Praktikabilität dieser Unterscheidung *Singer*, Selbstbestimmung, S. 19.

liche Bedeutung hat.[531] Letztere will *M. Wolf* insbesondere im Hinblick auf ein soziales Teilhabe- oder Versorgungsinteresse des Kunden annehmen.[532] Der Kunde sei wegen der Verkoppelung der sachfremden Klausel mit dem Vertragsschluss nicht mehr in der Lage, eine sachgerechte Abwägung der Vor- und Nachteile des Vertragsschlusses vorzunehmen, die *M. Wolf* als Voraussetzung der rechtsgeschäftlichen Entscheidungsfreiheit und damit der Selbstbestimmung des Kunden ansieht.[533] Die unter dem Einfluss der Verkoppelung sachfremder Nachteile abgegebene Erklärung des Kunden sei daher, wo dem Kunden der Verzicht auf die Vertragsleistung nicht zumutbar ist, nicht selbstbestimmt, da sich seine Freiheit darauf beschränke, die Anerkennung der unangemessenen Bedingungen statt dem nachteiligeren Verzicht auf die Vertragsleistung zu wählen.[534] Die Rechtsordnung könne nicht verlangen, dass der Einzelne auf höherwertige Interessen verzichte, nur weil sie mit anderen Interessen in einen sachfremden Zusammenhang gestellt seien.[535] Die entsprechende Vereinbarung sei daher unwirksam.[536] Ähnliches formuliert *Hönn*[537], wenn er vor dem Hintergrund seines Postulats materieller Vertragsparität für den Erklärenden als Ausfluss seiner „materiellen Selbstbestimmung" einen „adäquaten Spielraum für eigenverantwortliche Entscheidungen" fordert, der „die Durchsetzbarkeit wichtiger Ziele unter zumutbaren Opfern gewährleistet". Immerhin räumt *M. Wolf* ein, als Ausfluss seiner Eigenverantwortung dürfe es dem Kunden nicht unter zumutbarer Anstrengung möglich sein, die Vertragsleistung anderweitig zu erlangen.[538]

Diese Betrachtungsweise ist zwar technisch zutreffend, soweit sie § 123 I BGB die Erheblichkeit einer rechtswidrigen Zweck-Mittel-Relation als Rechtsgedanken entnimmt. Allerdings übersieht sie bereits einen wesentlichen grundlegen-

---

[531] *M. Wolf*, Rechtsgeschäftliche Entscheidungsfreiheit, S. 125 ff., 180.

[532] Rechtsgeschäftliche Entscheidungsfreiheit, S. 168, 233 f.; dieses beschränkt *M. Wolf* ausdrücklich nicht auf Mittel der Existenzsicherung, sondern bezieht es auf alle Güter, die „Maßstab und Voraussetzung für die volle Anerkennung durch die Gesellschaft insgesamt oder einzelner ihrer Gruppen" sei; als Beispiel hierfür nennt er die Mode (aaO., S. 235).

[533] AaO., S. 58: „Er (der Kunde, Anm. d. Verfassers) muss vielmehr die Möglichkeit haben, die einzelnen Vertragsbedingungen nach den Maßstäben eines gerechten Interessenausgleichs zu gestalten, wie Gesetzgeber oder Richter tätig werden würden"; ausführlich aaO., S. 115 ff. und S. 154.

[534] *M. Wolf*, Rechtsgeschäftliche Entscheidungsfreiheit, S. 154, der den etwas weltfernen Lösungsvorschlag macht, die Parteien sollten sich zunächst „zum Leistungsaustausch ohne Rücksicht auf die Nebenbedingungen vertraglich verpflichten und erst danach (...) Nebenbedingungen aushandeln".

[535] *M. Wolf*, Rechtsgeschäftliche Entscheidungsfreiheit, S. 139.

[536] *M. Wolf*, Rechtsgeschäftliche Entscheidungsfreiheit, S. 154.

[537] Vertragsparität, S. 96.

[538] *M. Wolf*, Rechtsgeschäftliche Entscheidungsfreiheit, S. 186 ff.; ähnlich *Hönn*, Vertragsparität, S. 96.

den Unterschied beider Problemstellungen. Während der Vorwurf bei der rechtswidrigen Drohung darin liegt, dass der Drohende ein aktives Tun zur Herbeiführung eines sachfremden Übels für den Bedrohten ankündigt, was stets unproblematisch als rechtswidrig zu qualifizieren ist, liegt die „angedrohte" nachteilige Folge im Fall der AGB-Verwendung in einem Unterlassen des Vertragsschlusses. Letzteres könnte jedoch nur unter der Voraussetzung als relevant angesehen werden, dass den Verwender eine entsprechende Pflicht zum Handeln trifft.[539]

Zum Vertragsschluss ist der AGB-Verwender jedoch außerhalb der seltenen Fälle des Kontrahierungszwanges[540] nicht verpflichtet. Insbesondere kann ihm nicht abverlangt werden, dem Kunden die Möglichkeit des Vertragsschlusses überhaupt zu verschaffen, und zwar grundsätzlich auch dann nicht, wenn der Verzicht auf den Vertragsschluss mit bedeutenden Einbußen verbunden wäre.[541] Der methodische Mangel des *M. Wolf*'schen Ansatzes liegt somit darin, dass er einen Vorwurf an den Verwender bei genauer Betrachtung nicht begründen kann und damit ein wesentliches Element der Vergleichbarkeit mit dem Drohungstatbestand vermissen lässt. Insbesondere kann dem Verwender die Ankündigung des Unterlassens des Vertragsschlusses regelmäßig nicht angelastet werden, und zwar selbst dann nicht, wenn der Kunde nicht ohne beträchtlichen Aufwand auf eine andere Leistung ausweichen kann.[542] Die Annahme, der Kunde verliere infolge der AGB-Verwendung die Möglichkeit, den Vertrag ohne ihm nachteilige Klauseln zu schließen, ist unzutreffend. Vielmehr stand ihm diese Alternative nie zur Verfügung, wenn der Verwender nur bereit war, den Vertrag auf der Grundlage seiner Bedingungen zu schließen, noch konnte er sie beanspruchen.[543] Insbesondere vermag *M. Wolf* ebensowenig wie *Hönn,* der ähnliches behauptet[544], zu begründen, warum der Selbstbestimmung neben dem Aspekt der *autonomía* auch ein Aspekt der *autarkía* innewohnen soll, so dass sie den Erklärenden nicht nur von der Herrschaft fehlerhaft gebildeten Willens freizuhalten, sondern ihm einen materiellen Anspruch zu geben vermag, der sich zudem zumindest im Ergebnis zu Lasten des Erklärungsempfängers auswirken würde.[545] Vereinfacht ausgedrückt schuldet der Verwender dem Kunden nicht

---

[539] *Flume*, Rechtsgeschäft, § 28 1; *Ennecerus-Nipperdey*, AT 2, S. 1061; MüKo/*Kramer* § 123 Rz. 45; im Übrigen oben 2. Kapitel: III. 3. f) bb) (2) (b).

[540] Diese hat immerhin teilweise *Hönn,* Vertragsparität, S. 261 im Auge.

[541] Dies übersieht *M. Wolf,* Rechtsgeschäftliche Entscheidungsfreiheit, S. 58.

[542] So aber *M. Wolf,* Rechtsgeschäftliche Entscheidungsfreiheit, S. 126 f.; ähnlich wie *M. Wolf* unter Bezugnahme auf diesen *Hönn,* Vertragsparität, S. 89, 95 f.

[543] Dies insbesondere auch nicht auf der Grundlage der von *M. Wolf,* aaO., S. 168 für erheblich gehaltenen Interessen der sozialen Versorgung. Vgl. zu deren grundsätzlicher Unerheblichkeit für das Vertragsverhältnis der Parteien bereits oben 2. Kapitel: III. 1. b) cc).

[544] Vgl. den Nachweis oben Fn. 537.

[545] Dass eine solche Rechtfertigung insbesondere nicht der Parallele zur kollektiven Willensbildung entnommen werden kann, wurde bereits aufgezeigt, s.o. 2. Kapitel: III. 2. b) bb) (1) (b).

die Möglichkeit der Erlangung der Vertragsleistung ohne unzumutbare Einbußen. Ein derartiges „Recht auf den Vertragsschluss“ ist nicht Inhalt der Selbstbestimmung des Kunden, so verstanden ist die „materielle Selbstbestimmung“[546] nicht existent.[547]

Zurückgebracht auf den Boden der vorstehend festgestellten dogmatischen Grundwertungen des Rechts der Willensmängel ist der entscheidende Gesichtspunkt, dass der Verwender die Situation des Kunden nicht verursacht hat oder sie ihm sonst zurechenbar ist. Auch aus dem Erfordernis der Rechtswidrigkeit der Drohung folgte bei genauer Betrachtung daher gerade das Gegenteil der *M. Wolf*'schen Annahme: Das Gesetz bringt zum Ausdruck, dass bei Verwendung rechtmäßiger Mittel ein auf die Geltendmachung sachlich zusammenhängender, berechtigter Interessen zielender Druck auf das Gegenüber rechtsgeschäftlich unerheblich bleibt. Da es dem Verwender infolge seiner Vertragsfreiheit zusteht, den Vertragsschluss zu unterlassen, um nicht zu anderen als den von ihm gewollten Bedingungen abschließen zu müssen, kann ein daraus für den Kunden erwachsender Druck nicht rechtsgeschäftlich relevant sein. In dem gefundenen System der Interessenabwägung überwiegt das Interesse des Verwenders, von einer ungewollten vertraglichen Bindung verschont zu bleiben. Die von *M. Wolf* gewählte Parallele der Verkoppelung sachfremder Klauseln mit der Entscheidung über den Vertragsschluss zur rechtswidrigen Drohung ist daher außerhalb der Fälle des Kontrahierungszwangs nicht stichhaltig.

(4) Der maßgebliche Druck auf den Kunden

Die Problematik des *M. Wolf*'schen Ansatzes lässt es angebracht erscheinen, nochmals verdeutlichend der Frage Aufmerksamkeit zu widmen, worin genau der maßgebliche Druck auf den Kunden zu sehen ist und welche Folgerungen sich hieraus für die Einordnung als relevante Beeinträchtigung der Selbstbestimmung ergeben.

Bei genauer Betrachtung resultiert die Drucksituation eben gerade nicht in erster Linie aus der Androhung des Verwenders, den Vertragsschluss zu unterlassen, sondern liegt in dem Verlangen oder sogar der Angewiesenheit des Kunden, den Vertrag zu schließen, um die Vertragsleistung zu erhalten.[548] Die Abhängigkeit des Kunden von dem Vertragsschluss kann dazu führen, dass die Alternative, angesichts unangemessener Bedingungen des Verwenders den Vertragsschluss abzulehnen, seinen Interessen in solcher Weise widerspricht, dass er die An-

---

[546] *Hönn,* Vertragsparität, S. 95 f.; ähnlich *Singer,* Selbstbestimmung, S. 44 (materiale Selbstbestimmung).

[547] Überspitzt, aber in dem hier geschilderten Sinne zutreffend ist daher die Kritik *Roschers,* Vertragsfreiheit, S. 34, in dem Ansatz *M. Wolfs* verdränge letztendlich die Frage nach der (inhaltlichen) Gerechtigkeit diejenige nach der Selbstbestimmung.

[548] Insoweit noch übereinstimmend auch *M. Wolf,* Rechtsgeschäftliche Entscheidungsfreiheit, S. 125.

nahme der inhaltlich unangemessenen Bedingungen des Verwenders dem Verzicht auf den Vertragsschluss vorzieht. Im Extremfall kann der Verwender daher die Bedingungen bestimmen, ohne dass dem Kunden eine echte Wahlmöglichkeit bleibt. Andererseits fällt es dem Kunden leicht, auf den Vertragsschluss mit dem Verwender zu verzichten, wenn er sich ohne weitere Anstrengung die Vertragsleistung zum gleichen Preis bei einem anderen Anbieter verschaffen oder ohne ernstzunehmende Einbuße auf die Vertragsleistung insgesamt verzichten kann. Abzustellen ist daher nicht auf die Weigerung des Verwenders, zu anderen Bedingungen abzuschließen, sondern auf das Fehlen von Ausweichmöglichkeiten für den Kunden.

Damit ist jedoch gerade noch nicht gesagt, dass die Situation des Kunden im Ausgleich mit den Interessen des Verwenders ohne Wertungswidersprüche zum Recht der Willensmängel als rechtlich erhebliche Beeinträchtigung dessen Selbstbestimmung verstanden werden kann. Der den Kunden des AGB-Verwenders treffende Druck kann nämlich vielschichtige Gründe haben. Der Kunde kann etwa aus sozialem Teilhabeinteresse[549] subjektiv auf die Vertragsleistung angewiesen oder aus Gründen der persönlichen Mobilität nicht in der Lage sein, auf einen anderen Anbieter auszuweichen. Auch in Fällen, in denen der Kunde keine Möglichkeit des Ausweichens sieht, wertet das Gesetz seine Erklärung im Grundsatz[550] als rechtsgeschäftlich vollwertig, wenn seine Abhängigkeit in Umständen gründet, die ausschließlich seinem Bereich entstammen, und fordert als Mindestvoraussetzung einer Auswirkung regelmäßig die Zurechenbarkeit an den Verwender sowie ein Mindestmaß an Missbilligung des Verwenderverhaltens.[551] Der Hungernde kann einen gültigen Vertrag über den Kauf von Brot mit dem einzigen für ihn erreichbaren Bäcker abschließen, ebenso der Kranke über die Behandlung bei dem einzigen ihm bekannten Arzt und der Reisende über die Beherbergung in dem einzigen Hotel der Gegend, obwohl er in der jeweiligen Situation kaum vernünftigerweise einen Verzicht auf die Leistung erwägen würde. Zu der Situation der AGB-Verwendung müssen also zusätzliche Elemente hinzutreten, die es erlauben, diese vom Gesetz in der Regel zu Lasten des Kunden behandelten Umstände auch gegen die Interessen des Verwenders wirken zu lassen und von einer relevanten Beeinträchtigung der Entscheidungsfreiheit zu sprechen.[552]

---

[549] *M. Wolf*, Rechtsgeschäftliche Entscheidungsfreiheit, S. 165 f., 232 ff.

[550] Ausnahmen in Extremsituationen sind zwar insbesondere vor dem Hintergrund der bundesverfassungsgerichtlichen Rechtsprechung geboten, ändern jedoch nicht den Grundsatz und können insbesondere die Inhaltskontrolle von Allgemeinen Geschäftsbedingungen nicht erklären (dazu oben 2. Kapitel: III. 3. e) bb) (1).

[551] Oben 2. Kapitel: III. 3. f) bb) (2) (b) und 2. Kapitel: III. 3. f) bb) (2) (c).

[552] Dies verkennt *Fastrich*, Richterliche Inhaltskontrolle, S. 73, wenn er meint, das Abstellen auf die Entscheidungsfreiheit führe dazu, dass der Vertragspartner mit Risiken belastet würde, die ausschließlich aus der Sphäre des Erklärenden resultieren, und eine derartige Begründung der Inhaltskontrolle daher ablehnt.

(5) Die Ausfüllung des Interessenausgleichs: §§ 307 ff. BGB als abwägende Ausgleichung relevanter Fremdbestimmung

(a) Zurechenbarkeit der Drucksituation an den Verwender

Letztgenannte besondere Umstände kommen dann in Betracht, wenn der Verwender die Situation des Kunden (mit-)verursacht hat oder sie ihm in sonstiger Weise zurechenbar ist. Obgleich der Verwender regelmäßig durchaus mit dem Unterlassen des Vertragsschlusses selbst für den Fall „drohen" darf, dass seine Bedingungen nicht akzeptiert werden, und dabei im Grundsatz auch auf die persönlichen Verhältnisse des Kunden keine Rücksicht nehmen muss, kann nichtsdestotrotz ein weiterer dem Verwender zuzurechnender Druck auf den Kunden in Richtung des Vertragsschlusses im Hinblick auf dessen Selbstbestimmung bedenklich sein und das dem Kunden aufgrund seines allgemeinen Lebensrisikos Zugemutete übersteigen. Dies kann insbesondere dann der Fall sein, wenn der Verwender die Möglichkeit des Ausweichens durch sein Verhalten im eigenen Interesse unzumutbar erschwert oder die Erschwernis zumindest sonst in solcher Weise in Verwirklichung seiner Interessen eingetreten ist, dass es innerhalb der Interessenausgleichung sachgerecht ist, ihm deren Folgen zuzurechnen.[553]

(b) Die Ausweich- und Vermeidungsobliegenheit des Kunden

Aufgrund des regelmäßig unterhalb der Drohung liegenden Unwertgehalts des Verursachungsbeitrags des Verwenders kann schließlich der AGB-Kunde nicht in vergleichbarer Weise wie der Bedrohte absoluten Schutz seiner Interessen genießen. Vielmehr sind die beiderseitigen Interessen dem System des Rechts der Willensmängel entsprechend abwägend auszugleichen und entsprechende Obliegenheiten der Beteiligten aufzustellen.

Zur erforderlichen Wahrung der Interessen des Verwenders muss den Kunden im Rahmen seiner Selbstverantwortung dabei zumindest regelmäßig die Obliegenheit treffen, im Rahmen des Zumutbaren der Drucksituation auszuweichen, um die unangemessene Benachteiligung durch die Regelung zu verhindern.[554] Relevante Fremdbestimmung setzt demnach unbeschadet weiterer Kriterien jedenfalls voraus, dass dem Kunden nicht zugemutet werden soll, von einer vorhandenen Ausweichmöglichkeit Gebrauch zu machen oder auf den Vertrags-

---

[553] Insbesondere genügt die zufällige Verursachung der Angewiesenheitssituation von dritter Seite nicht, vgl. dazu oben 2. Kapitel: III. 3. e) bb) (1) (b).

[554] Insoweit übereinstimmend *M. Wolf*, Rechtsgeschäftliche Entscheidungsfreiheit, S. 81 f.: „Die Verantwortung des Einzelnen ist jedoch auch gegenüber sachfremden Zwangseinflüssen nicht ohne weiteres beseitigt. Gibt er Zwangseinflüssen nach, denen er an sich widerstehen müsste, so muß er für das Fehlverhalten einstehen." Ausführlich auch aaO., S. 186 ff.; *Lindacher*, BB 1972, 296, 299.

schluss zu verzichten.[555] Die Vermeidungsobliegenheiten des Kunden können sich dabei nicht nur auf die Drucksituation selbst, sondern auch auf die nachteiligen Folgen der betreffenden Klausel erstrecken. Die unbillige Belastung des Kunden entfällt deswegen auch dann, wenn es ihm zumutbar ist, Maßnahmen zu treffen, die unbillige Folgen der Klausel vermeiden lassen. Daraus folgt, dass es dem Kunden im Zuge des Interessenausgleichs zuzumuten sein kann, die Folge der Unangemessenheit durch eigenes Verhalten, etwa die Vorsorge betreffend bestimmter in der Klausel enthaltener Risiken, zu verhindern. Die entscheidende Frage besteht dann in der Bemessung des Zumutbaren im Einzelfall.

Grundsätzlich bietet es sich hierfür an, die bereits im Recht der Willensmängel zugrunde liegende Interessenausgleichung nach Schutzwürdigkeitsgesichtspunkten auf die Beurteilung des Zumutbaren zu übertragen. Je stärker der Verwender daher an der Abhängigkeit des Kunden mitgewirkt oder ihm die Möglichkeit des Ausweichens im eigenen Interesse abgeschnitten hat, desto weniger kann dem Kunden an entsprechenden Abwehrobliegenheiten im Interesse des Verwenders abverlangt werden.

(c) Das Problem der Marktmacht

In der Auseinandersetzung mit dem Merkmal der Rechtswidrigkeit im Drohungstatbestand wurde weiter erkannt, dass das inkriminierte Verhalten dem Verwender nicht positiv zustehen darf, damit ein Zurücktreten seiner Interessen zu rechtfertigen ist. Dies wird regelmäßig dann zu Problemen führen, wenn die Angewiesenheit des Kunden auf den Vertragsschluss mit dem Verwender auf einem besonders erfolgreichen Marktverhalten des Verwenders beruht, infolgedessen diesem eine Vorrangstellung auf dem Markt zukommt, welche das Ausweichen des Kunden erschwert oder verhindert. Es versteht sich zwar von selbst, dass der Verwender keinen Anspruch auf den konkreten Vertragsschluss mit dem Kunden zu bestimmten Bedingungen hat und insoweit ein Widerspruch durch den Eingriff in diese Bedingungen nicht zu befürchten ist. Dennoch ist das Bemühen des Verwenders um eine möglichst vorteilhafte Marktstellung von der Rechtsordnung nicht missbilligt, sondern Motivation des Wettbewerbs und damit gerade erwünscht und erlaubt.

Dabei wäre es sinnwidrig, behaupten zu wollen, der Verwender dürfe seine erlangte Marktstellung nicht zur Durchsetzung eines Vertragsschlusses mit dem Kunden unter ihm günstigen Bedingungen benutzen, ist es doch gerade letztere, die die Marktstellung überhaupt interessant macht. Dennoch ist zu beachten, dass die Rechtsordnung dem Marktteilnehmer die Erlangung und Nutzung von Vorteilen aus einer besonders günstigen Marktstellung nicht bedingungs- und grenzenlos belässt, sondern dort regulierend eingreift, wo sie in eine Beschrän-

---

[555] *Lindacher*, BB 1972, 296, 299.

kung oder Gefährdung des Wettbewerbs mündet.[556] Beispiele hierfür sind etwa die Abs. 2, 3 und 4 des § 26 GWB, welche Grenzen der Marktmacht für marktbeherrschende Unternehmen und Unternehmen mit überlegener Marktmacht statuieren. Besonders interessant ist dabei die Regelung des § 26 III GWB, die es marktbeherrschenden Unternehmen verbietet, ihre Marktstellung dazu zu benutzen, sich Vorteilsbedingungen gewähren zu lassen.[557]

Auch aus den Befugnissen der Kartellbehörde in § 22 GWB sind derartige Einschränkungen der Erlangung und Nutzung von Marktmacht ersichtlich. Unbeschadet der Tatsache, dass diese Vorschriften nicht unmittelbar regelnde Wirkung im Verhältnis des Verwenders zum Kunden entfalten[558], ist ihnen dennoch die Wertung zu entnehmen, dass die Möglichkeit der Erlangung und Nutzung von Marktmacht nicht absolut, sondern nur relativ zugewiesen und daher das Anknüpfen an die Marktstellung des Verwenders zur Begründung einer relevanten Fremdbestimmung des Kunden nicht von vornherein ausgeschlossen ist. Mit der zivilrechtlichen Dogmatik relevanter Störungen der Selbstbestimmung ist das Bindeglied zwischen den wettbewerbsrechtlichen Regelungen und dem Rechtsverhältnis der Parteien gefunden. Zu weit würde es aus denselben Gründen freilich gehen, jede vorteilhafte Marktstellung genügen zu lassen. Die Regelungen des Wettbewerbsrechts erlauben insoweit eine verlässliche Orientierung und Abgrenzung.[559]

(d) Beispiele sonstiger Fälle relevanter Drucksituationen

Die Fälle relevanter Drucksituationen sind jedoch auch außerhalb der Kategorie der Marktmacht nicht selten. In geringerer Intensität kommt die Schaffung einer Drucksituation auf psychologischer Ebene in Betracht, wenn etwa der Verwender die Bedingungen zu einem Zeitpunkt vor Vertragsschluss einführt, in dem der Kunde bereits einigen Aufwand in den Erwerbsvorgang investiert hat, den er im Falle des Ausweichens wiederholen müsste. Beispielsweise kann der Inhaber eines Warenhauses in der Innenstadt seine Allgemeinen Geschäftsbedingungen unmittelbar vor der Kasse anbringen und dabei darauf spekulieren, dass der

---

[556] Vgl. statt aller Immenga/Mestmäcker/*Markert* § 26 Rz. 52: Die Rechtsordnung erlege Unternehmen, die als Anbieter oder Nachfrager über eine besondere Machtstellung verfügten, Einschränkungen auf, um die von solchen Machtstellungen ausgehenden Beeinträchtigungen wettbewerblicher Betätigungsmöglichkeiten anderer Unternehmen in einer für die Funktionsfähigkeit dieser Ordnung erforderlichen Weise zu begrenzen.

[557] Auf zivilrechtlicher Ebene kann der Verstoß zur Nichtigkeit der Vereinbarung nach § 134 BGB führen, vgl. Immenga/Mestmäcker/*Markert* § 26 Rz. 341.

[558] Dazu insbesondere oben 2. Kapitel: III. 1. b) aa).

[559] Eine solche soll im Rahmen dieser Untersuchung nicht im Detail vollzogen werden. Hier genügt es zunächst, Sinn und Zweck der Inhaltskontrollregeln aufzudecken, um die Maßgabe der Besonderheiten des Handelsverkehrs erkennen zu können. Im Verbraucherbereich ist eine weitergehende Differenzierung ohnehin durch die typisierende Betrachtung der §§ 308, 309 BGB verhindert (dazu sogleich).

Kunde etwa nach längerem Aussuchen und Anstehen in der Vorweihnachtszeit nur sehr ungern auf den Vertragsschluss verzichten und in einem anderen Warenhaus die Prozedur wiederholen wird. Entscheidend für die rechtliche Beurteilung dieses Vorgehens ist hierbei freilich, welches Maß an Aufwand in der Willensbildung und damit Selbstverantwortung dem betreffenden Kundenkreis abverlangt werden soll.

Genannt sei hier ferner das Beispiel eines Haftungsausschlusses für eine Theatergarderobe. Der Besucher einer Vorstellung ist zunächst auf die Benutzung insoweit angewiesen, als er seine Garderobe nicht mit in den Vorstellungsraum nehmen möchte. Dies ist allerdings ein Umstand, der von dem Verwender nicht zurechenbar verursacht, sondern für sich genommen eine faktische Gegebenheit ist. Der Theaterbetreiber wäre im Übrigen auch nicht verpflichtet, überhaupt eine Garderobe zur Verfügung zu stellen, weshalb ihm ein Unterlassensvorwurf nicht gemacht werden kann. Die Tatsache, dass der Kunde bei Verzicht auf die Garderobe den Mantel mit in die Vorstellung nehmen muss, ist also eine schlichte Unannehmlichkeit aus dem Bereich des Kunden, die für den Verwender keine nachteiligen Folgen haben kann. Völlig anders beurteilt sich die Situation, wenn der Theaterbetreiber/Verwender seinem Besucher untersagt, den Mantel mit in den Vorstellungsraum zu nehmen, um diesen zur Benutzung der Garderobe zu veranlassen. In diesem Fall resultiert die Angewiesenheit des Besuchers aus einem Verhalten des Verwenders, welches dieser zu unterlassen die Möglichkeit hat.[560]

(6) Fazit

Nach alldem kann die Problematik des Druckelements nunmehr konkret verortet werden. Es geht um die Frage, in welchem Maße der Kunde im Rahmen seiner Selbstverantwortung in Anbetracht des Verhaltens des AGB-Verwenders auf vorhandene Alternativmöglichkeiten oder den Verzicht auf den mit dem Geschäft angestrebten Erfolg verwiesen werden soll. In diesem Rahmen kann der Kunde, stimmt er dem Vertrag unter den Bedingungen des Verwenders dennoch zu, an seiner Erklärung festgehalten werden, da sie nach der gesetzlichen Bewertung selbstbestimmt ist. Dabei ist schon deutlich geworden, dass die Verwendung von Allgemeinen Geschäftsbedingungen an sich unter dem Aspekt der Drucksituation nicht ohne weiteres bedenklich ist, da ein maßgeblicher Druck nicht aus dem Bestehen des Verwenders auf die Einbeziehung seiner Bedingungen, sondern nur aus der Bedeutung des angestrebten geschäftlichen Erfolges für den Kunden vor dem Hintergrund des Verwenderverhaltens resultieren kann. In der Abwägung zu berücksichtigen sind dabei insbesondere das Interesse des Kunden am Erfolg des Geschäfts, das Vorhandensein alternativer Möglichkeiten zu dessen Erreichung unter Einbeziehung des dafür zu betreibenden Mehrauf-

[560] Die Möglichkeit, dass der Betreiber aufgrund feuerpolizeilicher Vorschriften zur Untersagung verpflichtet ist, soll hier der Einfachheit halber außer Betracht bleiben.

wands und die Frage, inwieweit das Verhalten des Verwenders nach Treu und Glauben eine Zurechnung der Angewiesenheit des Kunden zu dem Bereich des Verwenders erlaubt. Schließlich kann es dem Kunden zuzumuten sein, hinsichtlich der nachteiligen Folgen einer Klausel Vorsorge zu treffen, so dass ein auf ihre Durchsetzung hin ausgeübter Druck von Seiten des Verwenders nicht zu missbilligen ist.

Für den gesetzlichen Grundfall des Verbraucherkunden kann die Bestimmung der Grenzen der Zumutbarkeit hier letztendlich offen bleiben, da das Gesetz eine differenzierende Behandlung schon ausweislich der Klauselverbote ohne Wertungsmöglichkeit nicht gestattet. Dies muss jedoch nicht bedeuten, dass die hier gewonnenen Erkenntnisse zur Erklärung der ratio der Inhaltskontrolle in diesem Bereich nicht zu gebrauchen sind. Vielmehr ist bereits von der Einbeziehungskontrolle her die Technik des Gesetzes bekannt, zusätzlichen Schutz durch die typisierende Behandlung von Problemsituationen zu gewähren. Ob dies auch hier zutrifft, soll sogleich unter Zusammenführung mit dem Problem der Fehleinschätzung überprüft werden.

cc) Zwischenergebnis: §§ 307 ff. BGB als typisierende Regelungen relevant beeinträchtigter Selbstbestimmung

Eine maßgebliche Beeinträchtigung der Selbstbestimmung und damit des rechtsgeschäftlichen Willens des Kunden kann somit bei der Verwendung von Allgemeinen Geschäftsbedingungen in zweierlei Weise auftreten. Zum einen kann der Kunde einer durch die Verwendung der Allgemeinen Geschäftsbedingungen gesteigerten Fehleinschätzungsgefahr unterliegen. Zum anderen mag der Verwender seine Bedingungen gerade aufgrund einer Zwangslage des Kunden durchsetzen können, die er selbst geschaffen hat oder die zumindest auch in seinem Interesse entstanden ist. Misst man die AGB-Regeln an den Wertungen des Rechts der Willensmängel, so können sie daher als Reaktion auf eine Schwäche der rechtsgeschäftlichen Vereinbarung verstanden werden. Letztere erlaubt es, die Wirkung des Parteiwillens ausnahmsweise durch die als inhaltlicher Gerechtigkeitsmaßstab subsidiär vorhandenen Wertungen des dispositiven Rechts zu ersetzen, soweit die vertragliche Vereinbarung zu objektiv grob unangemessenen Bedingungen führt.[561]

---

[561] Zu dem Verhältnis von Inhaltsgerechtigkeit und rechtsgeschäftlicher Vereinbarung oben 2. Kapitel: III. 1. a) ee) (2) und 2. Kapitel: III. 2. b) aa) (2) (b) (bb); das Kriterium der beeinträchtigten Selbstbestimmung stellt daher nicht, wie etwa *Coester-Waltjen*, AcP 190, 1, 22, meint, nur eine Paraphrase der Fragestellung dar, sondern ermöglicht die Herstellung des Bezugs zu im Gesetz an anderer Stelle vorhandenen Instituten und ihren Grundwertungen, welche ihrerseits das Instrument der Inhaltskontrolle vernünftig verstehen und in seinen Voraussetzungen konkretisieren lassen.

Die Zuträglichkeit dieser Ergebnisse für die Erklärung des Kontrollgrundes der §§ 307 ff. BGB scheint zwar zunächst darunter zu leiden, dass für das Verhältnis Unternehmer/Verbraucher jedenfalls in § 309 BGB starre Regelungen vorhanden sind, die die Rechtfolge der Unwirksamkeit unabhängig von der konkreten Situation des Vertragsschlusses aussprechen. In der Tat darf keinesfalls außer Acht gelassen werden, dass die vorgenannten Gefahren für die Selbstbestimmung des Kunden nicht in jedem Fall der AGB-Verwendung bestehen müssen. In diesem Zusammenhang soll einmal mehr das Beispiel der auf einem deutlich angebrachten Schild über der Ladentheke angeschriebenen klar verständlichen Klausel mit eindeutiger Rechtswirkung bemüht werden, auf die der Verwender zudem ausdrücklich hinweist. Beachtet der Kunde die Klausel dennoch nicht, kann in einem solchen Fall hinsichtlich der mangelhaften Vorstellung des Kunden von dem Inhalt der Klausel schwerlich zu Lasten des Verwenders angenommen werden, er habe zu dem Unterlassen des Kunden beigetragen oder es begünstigt. Ebensowenig muss eine Situation wirtschaftlichen oder sonstigen Drucks vorliegen, wenn etwa in unmittelbarer Nachbarschaft ein weiterer Laden befindlich ist, der zu günstigeren Bedingungen verkauft.

Nichtsdestotrotz wird das gebildete Beispiel sein Dasein in erster Linie als Denkübung fristen müssen und in der Realität selten eine Entsprechung finden. In der Regel ist der Verbraucher-Kunde den zuvor beschriebenen und durch den Verwender zumindest objektiv begünstigten Gefahren ausgesetzt, da die Klauselwerke unübersichtlich sind und, wenngleich auch dies nicht zwangläufig der Fall sein muss, häufig zur Ausübung von Druck verwendet werden, wozu sie aufgrund ihrer Vorformuliertheit geeignet sind.[562] Diese Tatsachen erlauben dem Gesetz prinzipiell, in bereits von der Einbeziehungskontrolle her bekannter Weise[563] die Problemlösung typisierend zu regeln und dem Kunden so den Nachweis der Gefährdung seiner Willensbildung durch den Verwender zu ersparen.[564] Auch ist die Entscheidung über das Maß der dem Einzelnen aufzuerlegenden Selbstverantwortung im Wesentlichen rechtspolitischer Natur. Das Gesetz kann selbst Grenzen dessen festlegen, was einem Teilnehmer am Rechtsverkehr an

---

562 *Lindacher*, BB 1972, 296, spricht von einer „Tendenz zur Machtverstärkung".

563 Oben 1. Kapitel: IV. 1. b).

564 Zu dem typisierenden Charakter der AGB-Regeln nochmals *Medicus*, FS Münchener Juristische Gesellschaft 1996, S. 9, 19; für die Inhaltskontrolle *Lieb*, AcP 178, 196, 200 f.; *Drexl*, Wirtschaftliche Selbstbestimmung, S. 490 f., hält zwar die unwiderlegliche Vermutung der Beeinträchtigung der wirtschaftlichen Selbstbestimmung durch die Verwendung Allgemeiner Geschäftsbedingungen für zu weitgehend (worin ein gewisser Widerspruch zu seiner Aussage auf S. 333 gesehen werden kann, vgl. oben Fn. 371), spricht jedoch von einer „unwiderleglichen Vermutung, dass Verbraucher sich bei einzelvertraglichem Aushandeln auf eine Klausel mit entsprechendem Inhalt nicht eingelassen hätten"; dies gilt freilich vor allem für den Fehleinschätzungsaspekt; andere Beispiele für Typisierungen des Gesetzes zum Schutz der Entscheidungsfreiheit nennt *S. Lorenz*, Schutz vor dem unerwünschten Vertrag, S. 88 ff.

Sorgfalt abverlangt werden soll. Für den Verbraucher sind diese auch an anderer Stelle sehr niedrig angesiedelt.[565]

Die §§ 307 ff. BGB lassen sich daher für ihren originären Anwendungsbereich, also das Verhältnis Unternehmer/Verwender zu Verbraucher/Kunden, in vernünftiger Weise als Regeln begreifen, die die Selbstverantwortung des Kunden unter Berücksichtigung der typischen Gefahren der AGB-Verwendung in der Weise beschränken, dass er nur für solche Klauseln einzustehen hat, welche die Grenze der Unangemessenheit vor dem Hintergrund der in §§ 308 und 309 BGB vorgegebenen Wertungen nicht überschreiten, ohne dabei die Beeinträchtigung seines rechtsgeschäftlichen Willens im Einzelfall nachweisen zu müssen.[566] Dem liegt die Annahme zugrunde, dass der Verbraucherkunde angesichts der Verwendung Allgemeiner Geschäftsbedingungen zu freier und selbstverantwortlicher Gestaltung typischerweise nicht oder nicht mit zumutbarer Anstrengung in der Lage ist.[567]

Für den Handelsverkehr ist die gefundene ratio der Reaktion auf eine Beeinträchtigung der Selbstbestimmung grundsätzlich ebenso tauglich. Allerdings kann das Maß dessen, was dem Kunden an selbstverantwortlicher Vermeidungsanstrengung zugemutet werden soll, von dem des gesetzlichen Grundfalles des Verbraucher-Kunden abweichen. Für den Handelsverkehr ist insbesondere die Typisierung der Beeinträchtigung in den Klauselverboten vom Gesetz nicht vorgegeben.[568] Ob sie als vernünftig verstandener Wille des Gesetzes über § 310 I BGB gleichermaßen angenommen werden kann, hängt vor allem davon ab, welche Vorstellungen von der Selbstverantwortung des Kaufmannes besonders bezüglich seiner Willensbildung und -äußerung im Recht vorhanden sind. Letztere sind der Maßstab, anhand dessen die durch § 310 I BGB gesetzlich angeordnete Differenzierung zum Grundfall des Verbraucher-Kunden durch die Berücksichtigung der Besonderheiten des Handelsverkehrs zu vollziehen ist.[569]

---

[565] So etwa durch die Widerrufsrechte bei Fernabsatz- (§§ 312d I, 355 BGB) und Haustürgeschäften (§§ 312, 355 BGB), Verbraucherdarlehensverträgen (§§ 491, 495 I, 355 BGB) etc.

[566] Zu diesem Aspekt der Typisierung auch *Fastrich*, Richterliche Inhaltskontrolle, S. 91 (allerdings vor anderem Hintergrund); rechtstechnisch entspricht dies einer unwiderleglichen Vermutung.

[567] Besonders deutlich *Kötz,* 50. DJT, A 33, A 36 f.; ähnlich, aber wohl für alle Adressatenkreise *Bunte,* ZIP 1984, 1313, 1318, der dies jedoch mit dem zu weitgehenden Argument untermauert, an der Rechtgültigkeit einer vorformulierten Klausel bestünde „überhaupt kein schützenswertes Interesse" des Verwenders.

[568] Hierzu bereits oben 1. Kapitel: III. 1. b) aa).

[569] Hierzu oben 1. Kapitel: III. 1. b) dd); zu den Besonderheiten sogleich 3. Kapitel: I.

4. Zwischenergebnis: Der Grund für die Inhaltskontrolle Allgemeiner Geschäftsbedingungen

Die Ergebnisse der Untersuchung der ratio legis der Inhaltskontrolle von Allgemeinen Geschäftsbedingungen lassen sich wie folgt zusammenfassen:

- Die Vereinbarung von Allgemeinen Geschäftsbedingungen ist Rechtsgeschäft und hat als solches ihren Geltungsgrund in dem Willen der Parteien. Letzterer genießt außerhalb des Bereichs der Generalklauseln der §§ 138, 242 BGB und des zwingenden Rechts grundsätzlich Vorrang vor inhaltlichen Richtigkeitsvorgaben oder Gerechtigkeitsvorstellungen der Gemeinschaft.[570]

- Die Inhaltskontrolle lässt sich daher mit sozialen oder gemeinschaftsorientierten Ansätzen nicht erklären. Die Parteien schulden außerhalb des vorstehend bezeichneten Bereichs im Rahmen der Aufstellung ihrer Partikularordnungen der Rechtsordnung grundsätzlich nicht die Nachformung bestimmter Gerechtigkeitsvorstellungen und insbesondere auch nicht die Rechtfertigung für eine Abweichung von Wertungen des dispositiven Rechts.[571] Das Ergebnis der vertraglichen Vereinbarung muss daher grundsätzlich auch nicht inhaltlichen Richtigkeitsvorgaben genügen, wenn und soweit es von einem gültigen rechtsgeschäftlichen Willen der Parteien getragen ist.[572] Will die Rechtsordnung letzteren Anspruch außerhalb des Bereiches der Gesetzes- oder Sittenwidrigkeit dennoch erheben, muss sie sich des zwingenden Rechts bedienen.

- Ebensowenig ist es im Grundsatz Aufgabe des Verwenders, zur sozialen Grundversorgung des Verbrauchers beizutragen, insbesondere ihm die Möglichkeit der Erlangung der Vertragsleistung unter zumutbarem Aufwand zu bieten. Wenngleich aus letzterem Grund Härteregelungen in Extremfällen zulässig und sinnvoll sein mögen, kann die in breitem Umfang durchgeführte Inhaltskontrolle Allgemeiner Geschäftsbedingungen daraus nicht erklärt werden.[573]

- Die Inhaltskontrolle von Allgemeinen Geschäftsbedingungen lässt sich daher im System des Bürgerlichen Gesetzbuches nur als vernünftige Regelung begreifen, wenn und soweit sie in Übereinstimmung mit dessen Wertungen als Reaktion auf eine relevante Störung des Willens des Kunden erklärt werden kann.[574] Sie löst damit ein spezifisches Problem des Rechtsgeschäfts.

- Das Eingreifen in den Vertrag durch die gesetzliche Anordnung der Inhaltskontrolle in §§ 307 ff. BGB ist für die Fälle gerechtfertigt, in denen Allgemeine

---

570 Vgl. insb. oben 2. Kapitel: III. 1. a) ee) (2) und 2. Kapitel: III. 2. b) aa) (2) (b) (bb).

571 2. Kapitel: III. 1. a) ee) (2).

572 2. Kapitel: III. 2. b) aa) (1) (d).

573 2. Kapitel: III. 1. b) cc).

574 2. Kapitel: III. 3.

Geschäftsbedingungen eine erhöhte Gefahr von Fehleinschätzung für den Kunden begründen[575] oder als Mittel zur Ausübung oder Ausnutzung von Druck auf den Kunden verwendet werden.[576] Zumindest für den Verbraucherbereich ist eine Typisierung dieser Ergebnisse zulässig, die auch die starr inhaltsbezogene Regelung der §§ 308, 309 BGB erklären kann.[577]

---

[575] 2. Kapitel: III. 3. f) aa) (3).

[576] 2. Kapitel: III. 3. f) bb) (6).

[577] 2. Kapitel: III. 3. f) cc).

3. Kapitel: Folgerungen für die Inhaltskontrolle im kaufmännischen Verkehr

Mit der Bestimmung des Kontrollgrundes ist der Maßstab gefunden, anhand dessen die in § 310 I BGB vorgegebene Differenzierung nach den Besonderheiten und Bedürfnissen des kaufmännischen Verkehrs erfolgen kann.

I. Die Besonderheiten und Bedürfnisse des kaufmännischen Verkehrs

Die entscheidende Frage ist daher, welche Besonderheiten das Recht hinsichtlich der für die Inhaltskontrolle maßgeblichen Gesichtspunkte im kaufmännischen Verkehr kennt. Entscheidend ist, wie gesehen wurde, vor allem das Maß der den Parteien zugemuteten Selbstverantwortung hinsichtlich der Vermeidung von Fehleinschätzungen und des Standhaltens oder Ausweichens angesichts gegebener Drucksituationen, insbesondere der ihnen typischerweise abverlangten Sorgfaltsobliegenheiten im Rechtsverkehr und, damit einhergehend, auch der Stellenwert des Vertrauensschutzes des Erklärungsempfängers. In Literatur und Rechtsprechung wiederholen sich diesbezüglich häufig die allgemeineren Aussagen, Kaufleute verfügten über „größere Geschäftserfahrung"[1] und zeichneten sich durch „geringere Schutzbedürftigkeit"[2] aus. Allgemein anerkannt scheint ferner das „Bedürfnis nach Schnelligkeit und Leichtigkeit des Handelsverkehrs" zu sein.[3] Mitunter finden sich auch konkretere Feststellungen dahingehend, die Kaufleuten aufzuerlegende Selbstverantwortung sei höher[4], der Handelsverkehr verlange nach mehr Selbstbehauptung der einzelnen Vertragspartner,[5] der Grundsatz der Privatautonomie und die Möglichkeiten zur Selbstbestimmung seien im kaufmännischen Verkehr stärker ausgeprägt[6] oder es herrsche dort stärkerer Vertrauens- und Verkehrsschutz.[7] Diese Annahmen sollen zunächst im Zuge der Betrachtung der rechtlichen Besonderheiten des Handelsverkehrs auf ihre Richtigkeit überprüft sowie gegebenenfalls für die Zwecke dieser Untersuchung weiter konkretisiert werden.

---

[1] *Pauly,* BB 1976, 534, 535; ähnlich *M. Wolf,* ZIP 1987, 341, 344 („Geschäftsgewandtheit").

[2] So die Gesetzesbegründung zum AGB-Gesetz BT-Drucks. 7/3919, S. 43; *Junge,* 50. DJT, H 81; *Lutz,* AGB-Kontrolle im Handelsverkehr, S. 3; *Munz,* Allgemeine Geschäftsbedingungen, S. 161; *Eberstein,* Die zweckmäßige Ausgestaltung von Allgemeinen Geschäftsbedingungen, S. 39; *Ohlendorf-von Hertel,* Allgemeine Geschäftsbedingungen, S. 86 f.; ähnlich *M. Wolf,* ZIP 1987, 341, 344 („weniger schutzbedürftig"); *Wolf*/Horn/Lindacher § 9 Rz. 122 (generell für Unternehmer).

[3] *Treber,* AcP 199, 525, 542; ähnlich *Canaris,* Handelsrecht, § 1 II 2 b.

[4] *Fastrich,* Richterliche Inhaltskontrolle, S. 87, 244; *Berger,* NJW 2001, 2152; *Hintzen,* WuW 1990, 248; *Pauly,* BB 1976, 534, 535.

[5] *Alisch,* JZ 1982, 706, 709.

[6] *Canaris,* Handelsrecht, § 1 II 2 b; *Pauly,* BB 1976, 534, 535.

[7] *Canaris,* Handelsrecht, § 1 II 2 b; *Treber,* AcP 199, 525, 541 f.; *Singer,* Selbstbestimmung, S. 114; *Lutz,* AGB-Kontrolle im Handelsverkehr, S. 6.

Weiter können auch solche tatsächlichen Besonderheiten ausschlaggebend sein, die das Recht billigt oder zumindest stillschweigend voraussetzt, und die in Zusammenhang mit der Situation des Kaufmannes bei Vertragsschluss bzw. seinen Möglichkeiten stehen, auf vertragliche Bedingungen seines Gegenübers zu reagieren.[8]

1. Die rechtlichen Besonderheiten

In Betracht kommen insoweit zunächst die rechtlichen Besonderheiten des kaufmännischen Verkehrs hinsichtlich der vorgenannten Kriterien, welche sich aus den Sonderregeln für Kaufleute ergeben. Letztere Vorschriften bilden das Handelsrecht, welches vor allem, jedoch nicht allein im Handelsgesetzbuch angesiedelt ist.[9] Die Untersuchung will dabei im Hinblick auf die in Frage kommenden Normen nicht den Anspruch auf Vollständigkeit erheben. Regelungen mit Bezug zu der hier erörterten Problematik finden sich vielerorts im Gesetz. An dieser Stelle soll vielmehr eine charakteristische Auswahl signifikanter Vorschriften getroffen werden, die es erlaubt, aus den gefundenen Rechtsgedanken allgemeine Schlüsse zu ziehen.

a) Auslegungsregeln und Erklärungsfiktionen

Zu den in dieser Hinsicht relevanten Vorschriften gehören sicherlich solche, die entweder an das Verhalten des Kaufmannes rechtsgeschäftliche Folgen knüpfen, ohne dass die nach allgemeinen Regeln hierfür erforderlichen Voraussetzungen gegeben sind, oder auch einer von dem Kaufmann abgegebenen Erklärung in Ermangelung einer ausdrücklichen Einschränkung kraft Auslegung gegenüber den allgemeinen Regeln weitergehende Wirkungen beimessen. In beiden Fällen ist das Verhältnis von Willen und rechtgeschäftlicher Bindung für den Kaufmann besonders geregelt, woraus sich Besonderheiten hinsichtlich seiner Selbstverantwortung ergeben, die ihrer Natur und Herkunft nach näher zu beleuchten sind.

---

[8] Dabei wurde bereits gezeigt, dass der Kaufmann als eigener Adressatentypus der AGB-Regeln auch unter der Ägide des Unternehmerbegriffs seine selbständige Daseinsberechtigung nicht verloren hat (oben 1. Kapitel: III. 1. b) bb)). Maßgeblich sind daher insbesondere die Sonderregeln für Kaufleute. Sofern gefordert wird, letztere auch auf den nichtkaufmännischen Unternehmer zu erstrecken, sind die für Kaufleute gefundenen Ergebnisse entsprechend übertragbar; gleichwohl ist letzterer Personenkreis ausdrücklich nicht Gegenstand dieser Untersuchung. Umgekehrt ist jedoch der Kaufmann auch stets Unternehmer und unterliegt als solcher in weiteren Regelungen der Unterscheidung zum Verbraucher. Soweit sich daraus Besonderheiten ergeben, sind diese zu berücksichtigen.

[9] Zum Begriff des Handelsrechts *K. Schmidt,* Handelsrecht, § 1 I 1 b; *Canaris,* Handelsrecht, § 1 I.

aa) § 362 HGB: Unwiderlegliche Vermutung der Annahme

Ein Beispiel für eine derartige Regelung findet sich in § 362 HGB. Nach dieser Vorschrift wird das Schweigen eines Kaufmannes auf einen Antrag unter bestimmten Voraussetzungen als Annahme behandelt, nämlich wenn entweder der Gewerbebetrieb auf die Besorgung von Geschäften gerichtet ist und der Kaufmann in Geschäftsverbindung mit dem Antragenden steht oder der Kaufmann sich dem Antragenden gegenüber zur Besorgung solcher Geschäfte erboten hat. Damit tritt für den Kaufmann gegenüber den allgemeinen Regeln, wo zumindest die zugangslose Annahmeerklärung nach § 151 BGB unter Einschluss der subjektiven Voraussetzung des Erklärungsbewusstseins erforderlich wäre, eine Erleichterung der rechtsgeschäftlichen Bindung ein.

Der hinter der Regelung stehende Gedanke ist auf allgemeiner Ebene der Schutz des Handels- und Berufsverkehrs und konkret der Schutz des Vertrauens des Antragenden.[10] Letzterer kann sich auf die Besorgung des Geschäftes verlassen, wenn nicht der Kaufmann unverzüglich Gegenteiliges erklärt.[11] Ungewöhnlich ist dabei gerade wegen des engen Bezugs des Geschäfts zum Gewerbebetrieb des Kaufmannes nicht so sehr, dass der Antragende angesichts seines Schweigens von dessen Bereitschaft ausgehen mag, die Erledigung des Geschäfts zu übernehmen[12], sondern dass diese objektiv in Erscheinung tretende Bedeutung des Verhaltens des Kaufmannes ihn auch bei fehlendem Erklärungsbewusstsein bindet.[13]

Wenn auch unter der Annahme einer erhöhten Geschäftsbereitschaft des Kaufmannes[14] ihm die Besorgung des Geschäftes in der Regel gelegen kommen wird und ihm die Regelung in Anbetracht der Tatsache, dass nicht die Annahme jedes einzelnen Angebots erklärt werden muss, gerade in Geschäftsbetrieben größeren Umfanges möglicherweise erheblichen Zeitaufwand erspart und daher durchaus auch für ihn vorteilhaft sein kann, lässt sich nicht leugnen, dass die Verantwor-

---

[10] *Canaris*, Vertrauenshaftung, S. 200; Baumbach/*Hopt* § 362 Rz. 3; insbesondere sollte durch die Regelung das in diesen Fällen dem Handelsbrauch entsprechende Verständnis des Schweigens als Annahme geschützt werden (Denkschrift HGB, S. 95); *K. Schmidt*, Handelsrecht, § 19 II 2 c und III 1 c will allein auf die Verkehrssicherheit abstellen, meint damit aber lediglich, dass die rechtsdogmatische Begründung in der Rechtsgeschäftslehre und nicht, wie *Canaris* vertritt, in der Rechtsscheinshaftung zu finden ist. Auch er stellt aber letztlich auf den Schutz des Antragenden ab.

[11] Konsequent wird die Folge des § 362 HGB bei Bösgläubigkeit des Antragenden abgelehnt (statt aller Baumbach/*Hopt* § 362 Rz. 5; *Canaris*, Vertrauenshaftung, S. 201.

[12] In der Tat ging der Gesetzgeber davon aus, ein solches Verständnis entspreche dem Handelsbrauch (s.o. Fn. 10).

[13] *Canaris*, Vertrauenshaftung, S. 197, der die Vorschrift daher der Rechtsscheinshaftung zuordnet; ihm folgend *Singer*, Selbstbestimmung, S. 114, 119.

[14] *Müller-Graff*, Rechtliche Auswirkungen einer laufenden Geschäftsverbindung im amerikanischen und deutschen Recht, S. 199; *K. Schmidt*, Handelsrecht, § 19 II 2 c.

tung des Kaufmannes für den objektiven Erklärungsgehalt seines Verhaltens zugleich wesentlich erhöht und er im Ergebnis[15] in erheblichem Umfang mit zusätzlichen rechtsgeschäftlichen Obliegenheiten belastet ist: Will oder kann er die Besorgung des Geschäfts etwa wegen einer Auslastung seiner Kapazität nicht durchführen, muss er den Antrag unverzüglich ablehnen. Anderenfalls ist er sogar dann zur Erfüllung verpflichtet, wenn er sich der rechtsgeschäftlichen Bedeutung seines Verhaltens nicht bewusst war.[16] Der Schutz des Vertrauens des Antragenden genießt insoweit Vorrang vor dem Interesse des Kaufmannes, nicht ohne seinen Willen gebunden zu sein.[17]

Bereits diese Erkenntnis kann, soweit sie zu verallgemeinern ist, für die in der ratio der Inhaltskontrolle maßgebliche Interessenabwägung und Bestimmung der Grenzen der Selbstverantwortung des Kaufmannes eine bedeutende Rolle spielen. Insbesondere scheint sie bereits den eingangs angeführten Satz zu bestätigen, im kaufmännischen Verkehr bestehe eine Stärkung des Vertrauensgedankens sowie eine geringere Schutzbedürftigkeit des Kaufmannes. Zugleich fällt jedoch bereits auf, dass letztere jedenfalls nicht allgemein vermindert zu sein scheint. Nur gegenüber dem Vertrauen des Antragenden genießt der Kaufmann nach der Regelung des § 362 HGB geringeren Schutz, und gerade nicht etwa auch der antragende Kaufmann in seinem Vertrauen. Neben der verminderten Schutzwürdigkeit des schweigenden Kaufmanns bringt das Gesetz daher die erhöhte Schutzwürdigkeit des Vertrauens gegenüber dem typischen Verhalten eines Kaufmanns zum Ausdruck.[18] Bevor hieraus konkrete Schlüsse für die Ausgestaltung der Inhaltskontrolle gezogen werden können, sind jedoch die gewonnenen ersten Erkenntnisse in der Auseinandersetzung mit anderen Vorschriften abzusichern und zu ergänzen.

bb) § 377 HGB: Unwiderlegliche Vermutung der Genehmigung

Eine ähnliche Verantwortung wie in § 362 HGB trifft den Käufer aufgrund der Regelung in § 377 HGB, die eine Obliegenheit unverzüglicher Mängelrüge statuiert, anderenfalls die Ware als genehmigt gilt. § 377 HGB dient dabei jedoch nach herrschender Meinung weniger dem Schutz des Vertrauens des Verkäufers

---

[15] Ob die Regelung des § 362 HGB bereits mit einer Obliegenheitsverletzung begründet werden kann, ist hingegen umstritten (dafür *Reimer Schmidt*, Die Obliegenheiten, S. 122 ff.; dagegen *Canaris*, Vertrauenshaftung, S. 198, der mit Recht anmerkt, die apriorische Annahme einer derartigen Obliegenheit sei eine petitio principii). Für diese Untersuchung ist die Frage im Folgenden ohne Bedeutung und kann dahinstehen.

[16] Sinn und Zweck der Regelung verbieten dabei insbesondere auch das Recht zur Anfechtung wegen des Irrtums über die Bedeutung des Schweigens bzw. des fehlenden Erklärungsbewusstseins, vgl. statt aller Baumbach/*Hopt* § 362 Rz. 6.

[17] Ähnliche Regelungen finden sich in den §§ 75 h und 91 a HGB für die Genehmigungsfiktion hinsichtlich des vollmachtlosen Tätigwerdens des Handlungsgehilfen und des Handelsvertreters.

[18] Letzteren Aspekt betont *Singer*, Selbstbestimmung, S. 119.

auf den objektiven Erklärungsgehalt des Verhaltens des Käufers als vielmehr der schnellen Klärung und Fixierung der Rechtslage.[19] Dafür spricht in der Tat, dass im Umkehrschluss aus § 377 IV HGB außerhalb der dort geregelten Einschränkung für den Fall des arglistigen Verschweigens des Mangels kein Raum für die Berücksichtigung einer Bösgläubigkeit des Verkäufers verbleibt. Es ist daher etwa unerheblich, ob der Verkäufer weiß oder wissen musste, dass der Käufer die Ware nicht genehmigen will. Darin unterscheidet sich die Regelung insbesondere von § 362 HGB, wo das Vertrauen des Antragenden im Falle der Bösgläubigkeit nicht schutzwürdig ist[20] und er insbesondere in Kenntnis der Unfähigkeit des Kaufmannes, die Geschäftsbesorgung zu übernehmen, sein Schweigen nicht als Annahme verstehen dürfte.

Mit dieser Argumentation ist die Regelung mitunter als „sachgerechte Risikoverteilung auch im Interesse des Käufers" zugunsten der „Schnelligkeit und Einfachheit im Handelsverkehr" angesehen und damit ihr spezifisch verkäuferschützender Charakter verneint worden.[21] Zutreffend wird jedoch in der höchstrichterlichen Rechtsprechung unter Zustimmung aus der Literatur darauf hingewiesen, dass unbeschadet des mit der Regelung bezweckten Verkehrsschutzes diese „in erster Linie den Belangen des Verkäufers (dient), der in die Lage versetzt werden soll, entsprechende Feststellungen und Dispositionen -vor allem zur Schadensabwendung- zu treffen, und davor bewahrt werden soll, sich noch längere Zeit nach der Ablieferung Ansprüchen wegen etwaiger, mit zunehmenden Zeitablauf nur unsicher feststellbaren Mängel ausgesetzt zu sehen."[22] Insoweit wird dem Verkäufer zumindest im Ergebnis erlaubt, auf die bestehende Situation zu vertrauen. Ferner darf nicht außer Acht gelassen werden, dass der wenngleich in gewissem Maße abstrakt auch dem Käufer zugute kommende Gewinn für die Einfachheit und Schnelligkeit des Verkehrs nur dadurch zu erreichen ist, dass der Käufer an anderer Stelle zugunsten des Verkäufers stärker belastet wird, indem ihn zusätzliche Obliegenheiten treffen.[23]

Obwohl die Norm aufgrund ihres primär verkehrsschützenden Charakters nicht in gleicher Weise wie § 362 HGB Schlüsse auf die Verteilung der rechtsge-

---

[19] Statt aller *K. Schmidt,* Handelsrecht, § 29 III 1 c; Heymann/*Emmerich* § 377 Rz. 3; im Fall des § 362 HGB tritt der Vertrauensschutzaspekt gegenüber § 377 HGB stärker in den Vordergrund, da dort angenommen wird, dass nach der Verkehrssitte das Schweigen auf den Antrag als Annahme aufgefasst wird (Denkschrift HGB, S. 95).

[20] Gesichert ist dies für Fälle positiver Kenntnis, vgl. Baumbach/*Hopt* § 363 Rz. 5; MüKoHGB/*Welter* § 362 Rz. 38. Es ist zwar strittig, ob bloßes Kennenmüssen des Ablehnungsgrundes ausreicht (so *Heymann*/Horn § 362 Rz. 13). Dies ergibt sich bei richtigem Verständnis der Norm jedoch aus deren ratio legis (dazu vorstehend 3. Kapitel: I. 1. a) aa)).

[21] Etwa Baumbach/*Hopt* § 377 Rz. 1.

[22] So BGHZ 101, 49, 53; ähnlich BGHZ 91, 293, 300; zustimmend *K. Schmidt,* Handelsrecht, § 29 III 1 c; vgl. auch *Schwark,* JZ 1990, 374, 375.

[23] *Canaris,* Handelsrecht, § 1 II 2 b, spricht von einem „Zusammenwirken".

schäftlichen Erklärungsrisiken im Verhältnis der Vertragsparteien zulässt, bestehen zumindest insoweit Berührungspunkte zur Rechtsgeschäftslehre, als dem Schweigen des Käufers durch das Gesetz rechtsgeschäftliche Bedeutung, nämlich die der Genehmigung der Ware, zugemessen wird, ohne dass das Fehlen eines entsprechenden Bewusstseins des Käufers bezüglich der rechtsgeschäftlichen Relevanz seines Verhaltens entgegenstünde. Umgekehrt wird dem Verkäufer zumindest im Ergebnis erlaubt, auf das Einverständnis des Käufers mit der Ware zu vertrauen, soweit dieser unter Einhaltung der gesetzlich statuierten Obliegenheiten deren Vertragsmäßigkeit prüfen konnte.

In der Gegenüberstellung mit dem Verbraucherkunden, für den die in Art. 5 II der Richtlinie 1999/44/EG[24] vorgesehene Möglichkeit der Aufnahme einer zweimonatigen Mängelrügefrist im Rahmen des Gesetzes zur Modernisierung des Schuldrechts nicht wahrgenommen wurde, wird augenscheinlich, dass dort Einfachheit und Sicherheit kaum weniger wünschenswert wären. Die entsprechende Anstrengung und Verantwortung wird dem Käufer dort jedoch nicht abverlangt. Immerhin kann daher anhand der Regelung des § 377 HGB festgestellt werden, dass das Gesetz im kaufmännischen Verkehr vergleichsweise weniger Bedenken hat, den am Rechtsverkehr teilnehmenden Kaufmann mit sachgerechten Obliegenheiten zu belasten. *K. Schmidt* spricht in diesem Zusammenhang von einem „Verzicht auf einzelne Schutzgedanken des allgemeinen Privatrechts".[25] Damit sind die in der Auseinandersetzung mit § 362 HGB wiedergefundenen Gedanken zumindest insoweit bestätigt, als das Gesetz auch in § 377 HGB von einer geringeren Schutzbedürftigkeit des Kaufmannes davor ausgeht, durch sein Verhalten ohne sein Bewusstsein für ihn rechtlich nachteilige Folgen auszulösen. Darin liegt wiederum eine Erhöhung seiner Selbstverantwortung durch die Auferlegung von Verhaltensobliegenheiten, deren Nichterfüllung einer rechtsgeschäftlichen Wirkung zumindest kraft Fiktion gleichgesetzt wird.

Deutlich wird damit einmal mehr, dass das Gesetz es in bestimmten Fällen für tunlich hält, den Kaufmann Fährnissen auszusetzen, vor denen der Nichtkaufmann geschützt werden soll. Darin liegt keinesfalls die Absicht der Benachteiligung des Kaufmannes, sondern vielmehr das Bestreben, dem Kaufmann als verlässlichen Handelspartner eine starke Stellung im Geschäftsverkehr zu verschaffen und letzteren möglichst einfach, klar und schnell auszugestalten.[26]

---

[24] ABl. Nr. L 171 S. 12.

[25] Handelsrecht, § 1 IV 2 b; zustimmend *Berger*, NJW 2001, 2152.

[26] Insoweit ist das Argument der in oben Fn. 21 belegten Ansicht zutreffend, § 377 HGB komme zumindest mittelbar auch den Interessen des Käufers zugute.

cc) § 349 HGB: Auslegung der Bürgenerklärung

Der Gedanke, dem Kaufmann könne regelmäßig eine strenge rechtsgeschäftliche Verantwortung eher zugemutet werden als dem Nichtkaufmann, findet sich im Gesetz auch hinsichtlich der Reichweite seiner Verpflichtung. Beispiel hierfür ist die Vorschrift des § 349 HGB, welche in Abweichung zu § 771 BGB die selbstschuldnerische Haftung des kaufmännischen Bürgen als Regel statuiert. Somit hat der kaufmännische Bürge, sofern er keine abweichende Abrede trifft, nicht das Recht, die Befriedigung des Gläubigers zu verweigern, solange dieser nicht eine Zwangsvollstreckung gegen den Hauptschuldner erfolglos versucht hat (Einrede der Vorausklage)[27].

Die Beschränkung des Anwendungsbereichs auf den kaufmännischen Bürgen, welche den vorstehenden Gedanken trägt, ist dabei jüngeren Datums als die Regelung im Übrigen. Historisch ist der Hintergrund der Vorschrift die Erleichterung der Liquiditätsbeschaffung durch den Gläubiger.[28] Noch unter Geltung des Allgemeinen Deutschen Handelsgesetzbuches stellte daher die entsprechende Norm des Art. 281 II ausschließlich auf die Kaufmannseigenschaft des Gläubigers ab. Erst das neu geschaffene Handelsgesetzbuch begrenzte die Anwendung auf beiderseitige Handelsgeschäfte und verlieh damit dem hier wiedergegebenen Gedanken Ausdruck.[29] Ausweislich der Denkschrift zum Entwurfe eines Handelsgesetzbuches darf nämlich „ein Bürge, der nicht selbst dem Handelsstande angehört, (...) nicht der ihm nach § 771 des Bürgerlichen Gesetzbuches zustehenden Rechtswohltat dadurch verlustig gehen, daß er sich einem Kaufmann oder für einen Kaufmann verbürgt hat."[30] Diese strenge Verantwortlichkeit soll nur den Kaufmann treffen.[31] Infolgedessen wird die Regelung heute zutreffend als Ausdruck der strikten Bindung des Kaufmanns an sein Wort angesehen.[32] Das Gesetz erlegt dem Kaufmann daher insoweit höhere Selbstverantwortung auf, als dieser, sofern er nicht selbstschuldnerisch haften will, die Vereinbarung der Einrede der Vorausklage betreiben muss. Umgekehrt darf der Gläubiger, dem der Kaufmann das Einstehen als Bürge verspricht, die Erklärung als vorbehaltlos verstehen. Das Risiko einer unterbliebenen Klärung der Frage geht daher zu Lasten des Bürgen.[33]

---

[27] Definition bei MüKoHGB/*Schmidt* § 349 Rz. 1.

[28] MüKoHGB/*Schmidt* § 349 Rz. 2.

[29] MüKoHGB/*Schmidt* § 349 Rz. 2.

[30] Denkschrift HGB, S. 94

[31] MüKoHGB/*Schmidt* § 349 Rz. 2

[32] Heymann/*Horn* Vor § 343 Rz. 3.

[33] Entsprechendes gilt gemäß § 349 S. 2 HGB für die Haftung als Bürge aus einem Kreditauftrag.

dd) Zwischenergebnis

Im Handelsgesetzbuch sind somit an verschiedenen Stellen Regelungen auszumachen, die das Verhalten des Kaufmannes früher oder weitergehend mit rechtsgeschäftlichen Folgen versehen, als dies nach allgemeinen Regeln der Fall wäre. Insbesondere hindert in besonderen Konstellationen nicht einmal das Fehlen eines Erklärungsbewusstseins, welches ansonsten zumindest zu einem Anfechtungsrecht führt, die volle rechtsgeschäftliche Verantwortlichkeit des Kaufmannes zugunsten des Schutzes des Vertrauens seines Gegenübers. Insoweit ist festzustellen, dass der durch die einschlägigen Regeln vollzogene Interessenausgleich wesentlich stärker eine Selbstverantwortung des Kaufmannes berücksichtigt und ein Interesse des Kaufmanns, nicht subjektiv ungewollt gebunden zu sein, gegenüber dem Vertrauen seines Gegenübers und den Bedürfnissen des Verkehrs nur sehr eingeschränkt schützt.

b) Lockerung der inhaltlichen Grenzen rechtlicher Bindung

Eine ähnliche Wertung scheint hinter solchen Regelungen zu stehen, die in allgemeinen Regeln zum Schutz einer Partei aufgestellte inhaltliche Grenzen der Möglichkeit oder Reichweite einer Vereinbarung für den kaufmännischen Bereich aufheben oder weitern. Im Unterschied zu den vorgenannten Fällen einer Erklärungsfiktion und Auslegungsregel, die zur Annahme eines auch unter Nichtkaufleuten möglichen Geschäfts führt, wird hier dem Kaufmann ein Bereich eröffnet, der dem Nichtkaufmann zu seinem Schutz inhaltlich versperrt ist. Beispiele hierfür finden sich insbesondere in den Regelungen der §§ 348 HGB und 38 I, 29 II ZPO, welche nachfolgend näher betrachtet werden sollen.

aa) § 348 HGB: Keine Billigkeitskontrolle von Vertragsstrafen nach § 343 BGB

§ 348 HGB ordnet an, dass die Regelung des § 343 BGB auf Vereinbarungen einer Vertragsstrafe zwischen Kaufleuten keine Anwendung findet. Letztere Norm wiederum eröffnet für den nichtkaufmännischen Verkehr die Herabsetzungsmöglichkeit einer unverhältnismäßig hohen Vertragsstrafe auf den angemessenen Betrag durch Urteil auf Antrag des Schuldners.

Um die Bedeutung des § 348 HGB angemessen würdigen zu können, muss zunächst ein Blick auf die ratio des § 343 BGB geworfen werden, deren Ausnahme er anordnet. Die in § 343 BGB statuierte Billigkeitskontrolle soll den Schuldner der Vertragsstrafe insbesondere deswegen vor einer Verpflichtung in unangemessener Höhe schützen, weil der Charakter der Vertragsstrafe die Gefahr mit sich bringt, die Wahrscheinlichkeit des Verfalls sowie dessen Folgen zu unterschätzen.[34] Der Versprechende mag insbesondere in dem Vertrauen, zu der ver-

---

[34] MüKoHGB/*Gottwald* § 343 Rz. 1.

tragsgemäßen Leistung im Stande zu sein, die Möglichkeit einer Verwirkung der Vertragsstrafe nicht ernst nehmen und daher ihrer Höhe nicht die erforderliche Aufmerksamkeit schenken.[35] Angesichts dieses Fehleinschätzungsrisikos wird der Wille des Versprechenden zu dessen Schutz durch die Billigkeitskontrolle in seiner Reichweite begrenzt.

Für den kaufmännischen Verkehr hat der Gesetzgeber diese Regelung nicht gelten lassen, sondern die in § 348 HGB vorgefundene Ausnahme angeordnet. Hintergrund ist der Gedanke, dem Kaufmann könne eher als dem Nichtkaufmann das volle Einstehen für das abgegebene Strafversprechen zugemutet werden. In der Denkschrift zum Entwurfe eines Handelsgesetzbuches[36] findet sich insoweit die Aussage: „Es darf im Allgemeinen angenommen werden, daß ein selbständiger Kaufmann, der sich zu einer Leistung unter Vereinbarung eines Strafgedinges verpflichtet, die Tragweite seines Versprechens richtig würdigt.“ Der Kaufmann soll hinsichtlich der Folgen seiner Erklärung nicht vor der die ratio des § 343 BGB tragenden Gefahr von Fehleinschätzungen geschützt werden.[37] Letztere werden vielmehr unter Erhöhung seiner Selbstverantwortung[38] seinem Risikobereich zugewiesen. Umgekehrt darf ihn der Gläubiger der Vertragsstrafe auch hinsichtlich des Umfanges seiner Verpflichtung beim Wort nehmen und auf den vollumfänglichen Bestand der Erklärung vertrauen.[39]

Diese der Regelung des § 348 HGB zugrunde liegende Wertung legt die Übertragung auf die hinter der Inhaltskontrolle gefundene Abwägung des Vertrauens und Bestandsinteresses des Verwenders mit der Zumutbarkeit des Einstehens für Folgen einer Fehleinschätzung in besonderer Weise nahe. Wie bei der Inhaltskontrolle geht es nämlich auch im Rahmen des Anpassungsrechts nach § 343 BGB um die Frage der Reichweite der Bindung des Versprechenden. In beiden Fällen soll der Schuldner nicht von jeder Bindung befreit werden, sondern es soll ihn eine Bindung im Rahmen des Angemessenen treffen können. Dem steht auch keineswegs entgegen, dass bei der Inhaltskontrolle nach §§ 307 ff. BGB gerade keine geltungserhaltende Reduktion einzelner Regelungen erfolgt. Es handelt sich dabei lediglich um eine rechtstechnische Besonderheit, die ihren Grund nicht zuletzt in dem Bedürfnis hat, die Gerichte nicht mit der Bestimmung angemessener Bedingungen zu belasten, welche sich insbesondere ange-

---

[35] Dazu trägt insbesondere bei, dass das Versprechen der Vertragsstrafe keiner besonderen Form bedarf, die eine Warnfunktion erfüllen könnte (vgl. MüKoHGB/*Gottwald* § 343 Rz. 1). Der Gesetzgeber hätte freilich auch letztere Möglichkeit zum Schutze des Schuldners anordnen können, hat sich jedoch für die weiter reichende Regelung der Billigkeitskontrolle entschieden.

[36] Dort S. 94.

[37] Freilich bleibt ihm der allgemeine Schutz insbesondere nach § 138 (I und II) BGB.

[38] § 348 HGB als Verschärfung der Selbstverantwortung sieht auch *Fastrich*, Richterliche Inhaltskontrolle, S. 244.

[39] Heymann/*Horn* Vor § 343 Rz. 3 spricht von einer „strikten Bindung des Kaufmanns an sein Wort“.

sichts der möglichen Komplexität der Klauselwerke wesentlich schwieriger gestalten kann als etwa die Festlegung eines angemessenen Betrages der Vertragsstrafe. Dass die hier aufgezeigte Parallele dennoch vorhanden ist, zeigt vor allem die Tatsache, dass von mehreren in den Allgemeinen Geschäftsbedingungen enthaltenen Klauseln die angemessenen wirksam bleiben und ihren Geltungsgrund in der Einbeziehungsvereinbarung haben können.

§ 348 HGB bringt also den Gedanken, dass dem versprechenden Kaufmann eine erhöhte Bindung unter verschärfter Selbstverantwortung zugunsten des Schutzes des Vertrauens des Erklärungsempfängers auferlegt ist, nochmals speziell auch für den Fall des Schutzes durch eine Begrenzung der Reichweite des Versprechens zum Ausdruck, wie sie auch für die Inhaltskontrolle charakteristisch ist. Diesen Gedanken bei der Bestimmung des Umfanges der Inhaltskontrolle zu ignorieren, würde mit Sicherheit zu unbilligen Wertungswidersprüchen führen.

bb) §§ 38 I, 29 II ZPO: Möglichkeit vorprozessualer Gerichtsstandsvereinbarungen

Eine ähnliche Ausnahme von einer aus Gründen des Schutzes des Erklärenden getroffenen gesetzlichen Begrenzung der Regelungsmacht, allerdings diesmal auf prozessualem Gebiet, findet sich in §§ 38 I und 29 II ZPO, die für den kaufmännischen Bereich eine Ausnahme von dem Grundsatz des Prorogationsverbotes enthalten.

Die allgemeinen Regelungen der §§ 12 ff. ZPO erstrecken den im Zivilprozessrecht geltenden Grundsatz der Parteiherrschaft nicht auf den Gerichtsstand, der deswegen grundsätzlich gesetzlich zwingend angeordnet ist. Motiv dieser durch die Gerichtsstandsnovelle vom 1.4.1974[40] unter Abstandnahme von der vormals gegebenen freien Vereinbarungsmöglichkeit geschaffenen Rechtslage war in tatsächlicher Hinsicht das Umsichgreifen einseitig benachteiligender Gerichtsstandsvereinbarungen, die im Interesse gewerblicher Anbieter gegenüber deren Kunden, die zumeist Endverbraucher waren, durchgesetzt wurden.[41]

Der Gesetzgeber sah darin eine Gefahr in zweierlei Hinsicht. Zum einen bleibe „die Bedeutung von Erfüllungsorts- oder Gerichtsstandsvereinbarungen (...) rechtsunkundigen Laien (...) häufig verborgen, zumal sie an künftige Rechtsstreitigkeiten gar nicht zu denken“ pflegten.[42] Sie wüssten „im übrigen auch nicht, welche Folgen im Streitfall eine Gerichtsstandsvereinbarung haben wird“.[43] Eine entscheidende Rolle spielte dabei der Umstand, dass „die typischen Massengeschäfte, die heute fast jedermann abschließt, (...) dabei meist unter Zugrundelegung typisierter Formularverträge (Allgemeiner Geschäftsbedingungen) abgeschlossen (werden), die naturgemäß nicht zwischen den Parteien ausgehandelt werden und deren einzelne Klauseln der wirtschaftlich meist schwache und geschäftlich ungewandte Abnehmer gar nicht erfasst.“[44] Daher werde „die Vertragsfreiheit insoweit in der Praxis von den wirtschaftlich stärkeren Vertragpartnern weitgehend zu Lasten sozial schwacher und geschäftlich unkundiger Personen ausgenützt.“[45]

---

[40] BGBl. I, S. 735; vor Schaffung des AGB-Gesetzes.

[41] BT-Drucks. 7/268, S.1.

[42] BT-Drucks. 7/268, S.1; insbesondere sah der Gesetzgeber auch keine Möglichkeit, die Problematik durch die Anordnung der Schriftform zu lösen, da „geschäftsungewandte Personen erfahrungsgemäß dazu neigen, bei Vertragsschluss alle Erklärungen zu unterschreiben, die ihnen vorgelegt werden.“ (dort S. 5).

[43] BT-Drucks. 7/268, S. 5

[44] BT-Drucks. 7/268, S. 1.

[45] BT-Drucks. 7/268, S. 5; vgl. aus der Literatur *Jauernig*, Zivilprozessrecht, § 11 II (der das Regelungskonzept des Missbrauchsschutzes durch Abschaffung der Freiheit selbst als „entweder ideenlos oder Ausdruck einer autoritären Sozialpolitik“ beschreibt); *Zeiss*, Zivilprozessrecht, § 15 I sah durch die alte Regelung, welche eine Parteivereinbarung über den Gerichtsstand auch vor-

Insoweit entspricht die Argumentation des Gesetzgebers zumindest im Wesentlichen derjenigen, die für die Regelung des Rechts der Allgemeinen Geschäftsbedingungen ausschlaggebend war. Dies gilt zum einen bereits, soweit hier wie dort mit der Befürchtung eines Missbrauchs oder des Ausnutzens der Vertragsfreiheit aufgrund der wirtschaftlichen und sozialen Schwäche, mangelnden Rechtskenntnis und geschäftlichen Ungewandtheit des Kunden argumentiert wird. Zum anderen ist hier wie dort das entscheidende sachliche Kriterium die Gefahr, der Kunde werde die Klausel häufig nicht wahrnehmen oder in ihrer Bedeutung verkennen. Es wurde bereits gesehen, dass die Problematik insoweit rechtsdogmatisch im Bereich der Willensmängel zu verorten ist, und insbesondere die erhöhte Gefahr fehlenden Bewusstseins des Kunden hinsichtlich Existenz oder Bedeutung der Klausel sowie das auch unter dem Gesichtspunkt der wirtschaftlichen Unterlegenheit mögliche Entstehen einer willensbeeinträchtigenden Drucksituation die Begrenzung der Erklärungsfolgen rechtfertigen.[46]

Zum anderen spielt in der Entscheidung des Gesetzgebers für das Verbot auch der individualvertraglichen Gerichtsstandsvereinbarung die Befürchtung eine entscheidende Rolle, es werde den Kunden überfordern, den prozessualen Erfordernissen vor einem weit entfernten Gericht entsprechen zu müssen.[47] Die zu schützenden Personen begriffen nämlich häufig ihre prozessuale Situation nicht: „Sie begnügen sich in der Regel damit, dem Gericht ihre Argumente schriftlich darzulegen im Vertrauen darauf, dieses Vorbringen müsse berücksichtigt werden. Daß dies im Falle ihrer Säumnis nicht möglich ist, ist wirtschaftlich schwachen und geschäftlich ungewandten Personen oft nicht begreiflich zu machen“; eine unverhältnismäßig hohe Zahl am vereinbarten Gerichtsstand geführter vermögensrechtlicher Streitigkeiten ende daher mit Versäumnisurteil.[48] Neben der Gefahr, dass der Kunde die entsprechende Klausel nicht zur Kenntnis nimmt oder ihre Bedeutung nicht kennt, hielt der Gesetzgeber auch deren Folgen hinsichtlich der sich aus ihr ergebenden prozessualen Situation dem juristisch unerfahrenen Bürger nicht für zumutbar.

Nichtsdestotrotz ist bemerkenswert, dass Kaufleute von der zwingenden Anordnung des Gerichtsstandes durch die §§ 38 I, 29 II ZPO vollständig ausgenommen wurden.[49] Zum einen mag diesbezüglich zwar eine Rolle spielen, dass die

---

prozessual erlaubte, eine einseitige Begünstigung des wirtschaftlich stärkeren und rechtskundigen Vertragspartners. Die Regelung brachte die Gefahr des Missbrauchs mit sich (Baumbach/*Hartmann* Übers. § 38 Rz. 2; vgl. zu der zeitgenössischen Kritik an der alten Rechtslage auch *Löwe,* ZRP 1970, 97), welche durch die zwingende Ausgestaltung der Gerichtsstandsregeln ausgeräumt werden sollte.

[46] Die vorstehend Fn. 44 wiedergegebenen Bedenken von *Jauernig* sind daher zumindest soweit unberechtigt, wie er die Regelung als „Ausdruck einer autoritären Sozialpolitik“ ansieht.

[47] BT-Drucks. 7/268, S. 4.

[48] BT-Drucks. 7/268, S. 4.

[49] Die Regelung des § 38 I ZPO stellt letzteren auch vorprozessual ausdrücklich nach wie vor zur

Gefährlichkeit der sich aus der Klausel ergebenden prozessualen Situation für Kaufleute nicht in gleicher Weise zu berücksichtigen ist, da ihnen regelmäßig zugemutet werden kann, mit den Grundregeln der gerichtlichen Auseinandersetzung vertraut zu sein oder zumindest den stets erfolgenden entsprechenden richterlichen Hinweis auf die Notwendigkeit des Erscheinens oder der Bestellung eines anwaltlichen Vertreters zu beachten. Dennoch würde es zu kurz greifen, die Ausnahme lediglich mit letzterem Gesichtspunkt zu erklären. Auch für Kaufleute kann es nämlich bedeutende Erschwernisse zur Folge haben, wenn sie die im Rahmen des Betriebs eines Handelsgewerbes eher häufiger als im privaten Bereich vorkommenden Streitigkeiten an verschiedenen und weit entfernten Orten austragen müssen. Gerade für den Einzelkaufmann kann der damit verbundene Zeitaufwand erhebliche negative Auswirkungen auf den Geschäftsbetrieb haben. Die Folgen einer entsprechenden Nachlässigkeit bei der Vereinbarung sind also auch im kaufmännischen Bereich nicht zu unterschätzen.

Als entscheidendes Kriterium der Zulassung der Prorogation im kaufmännischen Bereich verbleibt somit wiederum die Erwartung erhöhter Sorgfalt und Sachkunde an den Kaufmann im Rahmen seiner Willensbildung. Der Gesetzgeber war diesbezüglich explizit der Auffassung: „Dieser Personenkreis bedarf nicht des Schutzes vor unbedachten Vereinbarungen über den Erfüllungsort.“[50] Dabei wird insbesondere deutlich, dass sich der Verzicht auf Schutz zumindest auch auf eine Fehleinschätzung der Folgen der Erklärung beziehen soll. Der Kaufmann soll seine geschäftlichen Bedürfnisse und Möglichkeiten selbst einschätzen und für das Bewusstsein über die Tragweite seiner Erklärungen Sorge tragen.[51] Die daraus zwangsläufig zugleich erwachsenden Gefahren und Risiken werden ihm im Rahmen seiner Selbstverantwortung zugemutet. Wiederum ist die Vorschrift daher Ausdruck des Verzichts des Handelsrechts auf einzelne Schutzgedanken.[52]

In der Ausnahme der Kaufleute von dem Verbot der Gerichtsstandsvereinbarungen einen Widerspruch zu der in § 310 I BGB geregelten Einbeziehung der Kaufleute in den Schutz der AGB-Kontrolle zu sehen, würde indes auch unter dem Aspekt, dass die häufige Verwendung von Formularverträgen nach Ansicht des Gesetzgebers zu der Gefährlichkeit von Gerichtsstandsvereinbarungen führte, zu weit gehen. Dass der Gesetzgeber Kaufleute in der Regel für fähig hält, eine entsprechende Klausel wahrzunehmen und die Folgen einer Gerichtsstandsvereinbarung sowohl einzuschätzen als auch zu meistern, lässt nicht den

---

Disposition der Parteien. § 29 II ZPO ergänzt die Regelung, indem er klarstellt, dass sich die Vereinbarung eines Erfüllungsortes auf den Gerichtsstand auswirken kann.

[50] BT-Drucks. 7/268, S. 6; dieser Gedanke wurde sogleich auch auf die unmittelbare Gerichtsstandsvereinbarung erstreckt (aaO.).

[51] Insoweit besteht eine Parallele zu den vorstehend 3. Kapitel: I. 1. b) aa) erkannten Gedanken des Gesetzes.

[52] *K. Schmidt*, Handelsrecht, § 1 IV 2 b.

Schluss zu, dass Kaufleute generell hinsichtlich der mit der Verwendung von Formularverträgen einhergehenden Gefahren nicht geschützt werden sollen.[53]

Gleichwohl kann die Wertung der §§ 38 I, 29 II ZPO im Rahmen der Ausfüllung der Anordnung des § 310 I BGB insoweit nicht unberücksichtigt bleiben, als das Gesetz grundsätzlich von dem Kaufmann eher als von dem Nichtkaufmann erwartet, eine Klausel wahrzunehmen, richtig einzuschätzen und mit deren Folgen zu leben.[54] Wenn somit auch die Einbeziehung des kaufmännischen Verkehrs in die AGB-Kontrolle nicht per se mit der ratio dieser Regeln unvereinbar ist, ist dennoch der vom Gesetzgeber zum Ausdruck gebrachte Gedanke zu berücksichtigen, dass Kaufleute nicht in gleicher Weise wie Nichtkaufleute des Schutzes vor den Folgen unbedachter Vereinbarungen bedürfen.[55] Diesen Gedanken innerhalb der AGB-Regeln gänzlich zu vernachlässigen und die Gefahr von Fehleinschätzungen ebenso zu berücksichtigen wie im nichtkaufmännischen Verkehr, würde jedenfalls die Grenze eines diesbezüglichen Wertungsspielraumes überschreiten und einem vernünftigen Verständnis der gesetzlichen Konzeption im Wege stehen.

c) § 350 HGB: Erleichterungen der rechtsgeschäftlichen Form

Neben besonderen Auslegungsregeln und Erklärungsfiktionen sowie Erweiterungen der rechtsgeschäftlichen Bindungsmöglichkeiten kennt das Handelsrecht die Erleichterung der rechtsgeschäftlichen Bindung durch den in § 350 HGB angeordneten Verzicht auf im allgemeinen Zivilrecht vorgesehene Formerfordernisse.[56] Infolge dieser Regelung kann der Kaufmann in Abweichung von § 766 S. 1 BGB eine Bürgschaft[57] und in Abweichung von §§ 780 und 781 S. 1 BGB ein Schuldversprechen oder ein Schuldanerkenntnis formlos abgeben.[58] Diese Erleichterung hat ihren Grund in erster Linie darin, dass der Ge-

---

[53] Eine andere Frage ist es, inwieweit die der Gerichtsstandsnovelle zugrunde liegenden Gedanken Auswirkungen auf die Beurteilung der Zulässigkeit einer Gerichtsstandsvereinbarung in Allgemeinen Geschäftsbedingungen gegenüber Kaufleuten haben; vgl. hierzu LG Karlsruhe BB 1995, 2444, welches diese Frage unter fragwürdiger Berufung auf den Grundsatz „lex posterior derogat legi priori" ablehnend entscheidet.

[54] Dazu sogleich 3. Kapitel: I. 1. f) und3. Kapitel: II. 1.

[55] Als allgemeines Merkmal des Handelsrechts sieht diesen Gedanken auch *Canaris,* Handelsrecht, § 2 II 1 b.

[56] Die Norm wird daher von *K. Schmidt,* Handelsrecht, § 18 III 2 mit der Einordnung unter die „Regeln von praktischer Bedeutung" im Gegensatz zu „Bedeutungslosen Regeln im HGB" (dort § 18 III 1) gewürdigt.

[57] Welche aufgrund der Regelung des § 349 BGB zudem in Ermangelung einer abweichenden Erklärung als selbstschuldnerische ausgelegt wird (siehe oben 3. Kapitel: I. 1. a) cc)).

[58] *Canaris,* Handelsrecht, § 1 II 2 b, spricht insoweit von einer „Erweiterung des Spielraums der Privatautonomie".

setzgeber die Erschwerung des rechtsgeschäftlichen Verkehrs als mit den Bedürfnissen des Handelsverkehrs nicht vereinbar ansah.[59]

Zugleich zeigt sich jedoch hinter dem primären Regelungsziel der Vereinfachung des Handelsverkehrs ein zusätzlicher und für diese Untersuchung weit interessanterer Gedanke. Die Anordnung der schriftlichen Form, welche durch § 350 HGB für den kaufmännischen Verkehr aufgehoben wird, hat ihren Grund zumindest teilweise[60] in der besonderen Gefährlichkeit des jeweiligen Geschäfts, aufgrund derer dem Schuldner Bedeutung und Natur seiner Verpflichtung durch das Erfordernis schriftlicher Fixierung warnend ins Bewusstsein gerufen werden sollen.

Diese Warnfunktion und den damit erreichten Schutz hält das Gesetz im Handelsverkehr zugunsten der Vereinfachung des Vertragsschlusses für entbehrlich.[61] Auch wenn und soweit der Grund für die Anordnung in § 350 HGB in den Bedürfnissen des Handelsverkehrs liegt, hat der Gesetzgeber mit ihr dennoch zugleich die Erwartung zum Ausdruck gebracht, dort werde es auch ohne die Warnfunktion der Schriftform regelmäßig nicht zu unerwünschten Ergebnissen kommen. Das Gesetz geht wiederum davon aus, der Kaufmann werde den Umfang seiner Bindung prüfen, auch ohne durch eine bestimmte Form dazu angehalten zu werden.

Jedenfalls wird im Ergebnis dem Kaufmann das Einstehen für die abgegebene Erklärung abverlangt, auch wenn er damit den mit ihr verbundenen Gefahren im Vergleich zum Nichtkaufmann schutzlos ausgeliefert ist. Die Regelung des § 350 HGB ist deswegen Ausdruck einer strikten Bindung an das Kaufmannswort auch ohne Einhaltung einer bestimmten Form,[62] sogar wenn letzterer im nichtkaufmännischen Bereich eine Warnfunktion zukommt. In der Konsequenz kann sich das Gegenüber des Kaufmannes auf die Gültigkeit schon des formlosen Versprechens verlassen. Das Vertrauen in das Kaufmannswort ist gestärkt, die Selbstverantwortung des Kaufmannes erhöht.

---

[59] Denkschrift HGB, S. 94.

[60] Die Warnfunktion der Formanordnung in §§ 780, 781 S. 1 BGB ist zwar umstritten (dafür etwa Heymann/*Horn* § 350 Rz. 3; dagegen etwa BGH NJW 1993, 584 mit zahlreichen Nachweisen für beide Seiten). Jedenfalls kommt jedoch nach ganz allgemeiner Meinung der Vorschrift des § 766 BGB diese Funktion zu, so dass feststeht, dass das Gesetz zugunsten der Anordnung der Formlosigkeit eine Warnfunktion jedenfalls für verzichtbar hält. Der Streit um die Einordnung der §§ 780, 781 S. 1 BGB kann daher hier dahinstehen.

[61] So *K. Schmidt,* Handelsrecht, § 18 III 2 c.

[62] Heymann/*Horn* Vor § 343 Rz. 3.

d) Erweiterung des Gutglaubensschutzes

aa) § 15 HGB: Schutz des guten Glaubens an die Richtigkeit des Handelsregisters

Besondere Betonung findet der Aspekt der Verantwortlichkeit des Kaufmannes zugunsten des Vertrauensschutzes seines Gegenübers auch in den Publizitätsvorschriften des § 15 HGB.[63]

§ 15 HGB statuiert den öffentlichen Glauben des Handelsregisters. Die in den Absätzen 1-4 enthaltenen Regelungen sind dabei grundverschieden. Interessant sind hier die Absätze 1, 2 Satz 1 und 3, die eine Rechtsscheinshaftung[64] des Kaufmannes begründen, indem sie in bestimmtem Umfang zu seinen Lasten das Vertrauen seines Gegenübers auf die Richtigkeit des Handelsregisters schützen.[65]

Der Gutglaubensschutz erfolgt konkret, indem die bezeichneten Inhalte des Handelsregisters in dem gesetzlich festgelegten Umfang dem Kaufmann zugerechnet werden. Infolgedessen obliegt es ihm, für die Richtigkeit der Eintragungen Sorge zu tragen. Die darin zu erblickende Erhöhung der Verantwortung des Kaufmanns für einen zurechenbaren Rechtsschein wurde bereits mehrfach an anderer Stelle festgestellt und ist nunmehr hinlänglich bekannt, so dass die Vorschrift des § 15 HGB für diese Untersuchung nichts grundlegend Neues bringen kann. Immerhin festigt sie die gewonnenen Erkenntnisse des besonderen Stellenwertes des Verkehrs- und Vertrauensschutzes[66] und der Grundentscheidung des Gesetzes, zugunsten des letzteren dem Kaufmann erhöhte Prüfungs- und Vermeidungsobliegenheiten aufzuerlegen.

---

[63] Die Regelung des § 5 HGB stellt insofern eine Besonderheit dar, als dass sie unabhängig von einem schutzwürdigen Vertrauen sogar bei positiver Kenntnis des Gegenübers des Eingetragenen die Kaufmannseigenschaft statuiert (es handelt sich insoweit um eine Regelung abstrakten Verkehrsschutzes, vgl. *Canaris*, Vertrauenshaftung, S. 1). Zum anderen geht es erst um die Frage, ob eine Person überhaupt die Pflichten eines Kaufmannes treffen sollen, und nicht schon um die Verteilung von Nachteilen und Risiken durch Aufstellung von Pflichten im kaufmännischen Verkehr. Für die Zwecke der vorliegenden Untersuchung ist die Vorschrift daher ungeeignet.

[64] *Canaris*, Vertrauenshaftung, S. 151.

[65] § 15 II 2 HGB regelt der Sache nach lediglich eine Schonfrist zugunsten Dritter, indem er für die Zeit von 15 Tagen den Rechtsschein des Handelsregisters gegenüber gutgläubigen Dritten ausschließt.

[66] Diese Funktion der Publizitätsvorschriften nennt etwa *Treber*, AcP 199, 525, 541.

bb) § 366 HGB: Erweiterung der Möglichkeit redlichen Erwerbs vom Nichtberechtigten

Wiederum bestätigt wird die Steigerung des Vertrauensschutzes durch die Vorschrift des § 366 HGB. Dieser schützt in Ergänzung des § 932 BGB den guten Glauben des Kaufmannes an die bloße Verfügungsberechtigung des Veräußernden. Im Gegensatz zum Grundmodell des Bürgerlichen Gesetzbuches muss der Kaufmann, um Gutglaubensschutz zu genießen, somit nicht zwangsläufig davon ausgehen dürfen, dass der Veräußerer Eigentümer der Ware ist. Hierin liegt ebenfalls eine Stärkung des Vertrauensschutzes[67], die allerdings insoweit von den bisher behandelten Konstellationen verschieden ist, als der Vertrauensschutz nicht zu Lasten desjenigen geht, der auf den Vertrauenstatbestand Einfluss hat. Belastet ist vielmehr der dritte Eigentümer, gegenüber dem der Erwerb wirksam ist. Die Vorschrift eignet sich daher weniger zur Gewinnung spezifischer Erkenntnisse über die Beziehung der Selbstverantwortung des Erklärenden zu dem Vertrauen des Erklärungsempfängers als vielmehr zur abermaligen abstrakten Bestätigung des Stellenwertes des Vertrauensschutzes im kaufmännischen Verkehr.

e) Ausnahme von sonstigen Schutzvorschriften

Erhellender für die vorliegende Untersuchung und speziell die Beurteilung der Zurechnung von Beeinträchtigungen des rechtsgeschäftlichen Willens im Verhältnis des Erklärenden zum Erklärungsempfänger ist die Tatsache, dass Kaufleute als Unternehmer von zahlreichen Regelungen ausgenommen sind, die den Kunden vor einer auf unbedachter oder in missbilligter Weise beeinflusster Entschließung beruhenden Bindung schützen wollen. Hierzu zählen vor allem die Vorschriften über Widerrufs- und/oder Rückgaberechte bei Fernabsatzverträgen (§ 312b ff. BGB), Haustür- (§ 312 f. BGB) sowie verschiedenen Finanz- und Versicherungsgeschäften (insbesondere §§ 488 ff., 499 ff. BGB).

Dass Kaufleute als Unternehmer von dem Schutz dieser Regelungen ausgenommen sind, wird heute zumeist unter Verweis auf deren verbraucherschützenden Charakter als selbstverständlich hingenommen.[68] Auch wird, insbesondere soweit die Schaffung entsprechender Vorschriften ohnehin durch EG-

---

[67] *Canaris,* Handelsrecht, § 1 II 2 b.

[68] Sehr undeutlich etwa BGH NJW 1991, 2759, zur Begründung der ansonsten klaren ablehnenden Beantwortung der von der Revision aufgeworfenen Frage, ob eine Überraschungssituation des Gewerbetreibenden in besonderen Fällen entsprechend den Regeln des damaligen Haustürwiderrufsgesetzes zu einem Widerrufsrecht führe: „Maßgebender Ausnahmegrund ist (...) nicht allein die mit der selbständigen Erwerbstätigkeit typischerweise verbundene geschäftliche Erfahrung; vielmehr kommt es zusätzlich auf die Zweckrichtung des Handelns des Kunden, nämlich auf den Zusammenhang des Vertragsschlusses mit der Erwerbstätigkeit an. Das entspricht dem Verbraucherschutzzweck der Regelung des HWiG und der für das Verbraucherrecht kennzeichnenden Differenzierung zwischen geschäftlichem und privatem Bereich."

Richtlinien zwingend vorgegeben ist, deren dogmatischer Begründung gerade von Seiten des Gesetzgebers immer weniger Beachtung geschenkt.[69] Soweit die genannten Gesetze jedoch nicht nur als bloßer Vollzug europarechtlicher Vorgaben verstanden werden und insbesondere der Versuch unternommen wird, sie ohne übermäßige ideologische Anstrengung im System des Bürgerlichen Gesetzbuches auch rechtstheoretisch auf eine tragfähige Grundlage zu stellen, sind wesentliche Parallelen zu den vorstehend hinter den Regelungen des Rechts der Allgemeinen Geschäftsbedingungen erkannten Gedanken festzustellen, die dem Ausschluss der Kaufleute als Unternehmer neue Bedeutung zukommen lassen.

Ein geeignetes Beispiel findet sich etwa in den Regeln über den Widerruf von Haustürgeschäften, die seit dem Inkrafttreten des Gesetzes zur Modernisierung des Schuldrechts in §§ 312 f. BGB angesiedelt sind. Wie im Falle der Verwendung von Allgemeinen Geschäftsbedingungen missbilligt der Gesetzgeber den sogenannten „Direktvertrieb“ nicht an sich[70], sondern sieht darin lediglich spezifische Gefahren für den Kunden. In der Begründung zum Haustürwiderrufsgesetz findet sich zur Erläuterung der Absicht des Gesetzes insbesondere das Argument, der Kunde werde dadurch, dass ein unseriöser Gewerbetreibender die Haustürsituation „in missbräuchlicher Weise zur Überrumpelung oder anderweitigen unlauteren Beeinflussung“ ausnutze, „in seiner rechtsgeschäftlichen Entscheidungsfreiheit überfordert“.[71] Der Kunde habe nicht nur das „Überraschungsmoment“[72] gegen sich, sondern sei „erfahrungsgemäß wenig geschäftsgewandt“[73], weshalb er es angesichts der Tatsache, dass ihm „die für Ladengeschäfte typische Umkehrmöglichkeit und Überlegungszeit fehlt“ und „der Verhandlungspartner für die Verhandlungsführung bei Geschäften dieser Art meist psychologisch besonders geschult ist“, „häufig nicht fertig (bringe), ihn abzuweisen“[74].

Letztere Argumente erinnern stark an die hier zugrunde gelegte rechtliche Einordnung der AGB-Problematik. Erkennbar sind insbesondere sowohl ein dem

---

[69] So erschöpft sich etwa die rechtsdogmatische Begründung zu dem Entwurf des Fernabsatzgesetzes (BT-Drucks. 14/2658, S. 15) weitgehend in der pauschalen, oberflächlichen und undifferenzierten Feststellung, Hauptziel des Gesetzes sei der Schutz des Verbrauchers vor „irreführenden und aggressiven Verkaufsmethoden im Fernabsatz“, sowie die „Sicherung des Rechts auf Wahlfreiheit des Verbrauchers“, welches offenbar als Leistungsrecht gegen den Unternehmer gesehen wird. Ergänzend weist die Begründung auf das Ziel der Harmonisierung des Rechts der Mitgliedstaaten hin (aaO., S. 15).

[70] In der Begründung zum Gesetzesentwurf des Hautürwiderrufsgesetzes (BT-Drucks. 10/2876, S. 6) wird dieser sogar explizit als „kundenfreundlich“ und „nicht weniger seriös als andere Handelsformen“ bezeichnet.

[71] BT-Drucks. 10/2876, S. 1.

[72] BT-Drucks. 10/2876, S. 2.

[73] BT-Drucks. 10/2876, S. 6.

[74] BT-Drucks. 10/2876, S. 6.

aufgezeigten Druckelement ähnelnder Aspekt in der zutreffenden Befürchtung, der Kunde werde insbesondere durch einen psychologisch geschulten Vertreter überrumpelt und sich nicht im Stande sehen, ihn abzuweisen, als auch die erhöhte Gefahr von Fehleinschätzungen in der berechtigten Annahme, der Kunde sei weniger geschäftsgewandt und habe nicht die übliche Überlegungszeit, um die Folgen des Geschäftes abzuschätzen.[75] Auch erkennt der Entwurf durchaus die Nähe dieser Gesichtspunkte zum Recht der Willensmängel[76] und sogar im Grundsatz den hinter diesem stehenden Gedanken der abwägenden Interessenausgleichung[77]. Insoweit bestehen Parallelen zum Recht der Allgemeinen Geschäftsbedingungen, die eine wechselseitige Berücksichtigung der Grundgedanken zur Vermeidung von Wertungswidersprüchen notwendig machen.

Um so interessanter ist es angesichts dieser Parallelen, dass Kaufleute als Unternehmer von den Vorschriften über Haustürgeschäfte generell ausgenommen sind. Dies ist zum einen zwar sicherlich auch dadurch zu begründen, dass für einen Unternehmer, der über ein Ladenlokal verfügt, der Antrag auf Abschluss eines Geschäfts kaum je überraschend sein wird. Darin erschöpft sich jedoch die Erklärung für die Ausnahme nicht. Vielmehr geht bereits die Begründung zu dem Gesetzesentwurf davon aus, dass, wer zum Zwecke seiner selbständigen Erwerbstätigkeit Geschäfte schließt, auch hinsichtlich der im Gesetz vorausgesetzten Überrumpelungssituationen ausreichende Erfahrung gesammelt habe und deswegen nicht schutzbedürftig ist.[78] Konsequent und richtigerweise hat daher auch der Bundesgerichtshof die entsprechende Anwendung der Regeln auf den Fall abgelehnt, dass ein Unternehmer in seinem Gewerbebetrieb durch den Antrag eines außerhalb dessen Bereichs liegenden, also betriebsfremden Geschäfts überrascht wird.[79] Nach richtiger Ansicht ist der ausschlaggebende Gesichtspunkt daher nicht etwa, dass der Unternehmer im Rahmen seines Gewerbebetriebes nicht in ähnliche Gefahren geraten kann wie ein Verbraucher. Vielmehr wird von ersterem erwartet, dass er aufgrund seiner normativ vorausgesetzten Geschäftserfahrung diesen Herausforderungen gewachsen ist. Übertragen auf die vom Gesetzgeber angedachte Interessenabwägung bedeutet dies, dass eine

---

[75] Beide Aspekte spielen in der Haustürsituation freilich praktisch untrennbar ineinander.

[76] Zur Begründung des Regelungsbedarfs weist der Entwurf (BT-Drucks. 10/2876, dort S. 7) darauf hin, die Problematik sei von den allgemeinen Regeln des Zivilrechts nicht umfasst, da nicht jedes unseriöse Verhalten eines Verkäufers einen Anfechtungsgrund darstelle. Neben den §§ 119 und 123 BGB ist als einzige weitere Norm aus den allgemeinen Regelungen § 134 BGB genannt. Weiteres Indiz für das Bewusstsein des Gesetzgebers für die thematische Nähe zum Recht der Willensmängel ist die ausdrückliche Anlehnung des Wortlautes des § 1 HWiG an § 123 I BGB (BT-Drucks. 10/2876, S. 11).

[77] In BT-Drucks. 10/2876, S. 8 findet eine Abwägung der „schutzwürdigen Interessen des Kunden" mit der „wirtschaftlichen Handlungsfreiheit des Vertragspartners des Kunden" statt, in der letztendlich das „situationsbedingte Übergewicht" des Vertragspartners den Ausschlag gibt.

[78] BT-Drucks. 10/2876, S. 14.

[79] S.o. Fn. 68 (in der Begründung leider sehr undeutlich).

Einschränkung der wirtschaftlichen Betätigungsfreiheit des Vertragspartners zum Schutz des Kunden nicht gerechtfertigt wäre.

Während in der Begründung des Entwurfes des Fernabsatzgesetzes weitgehend jede rechtsdogmatische Stellungnahme fehlt[80], lassen sich ähnliche Gedanken des Gesetzgebers, wenngleich bereits in verkürzter Form, etwa noch der Begründung des Entwurfes zum Verbraucherkreditgesetz entnehmen. Der Verbraucher laufe angesichts des erheblich zunehmenden Kreditvolumens und der sich ständig erweiternden Typenpalette mit zum Teil neuen Kreditformen Gefahr, „die damit verbundenen Belastungen und Risiken nicht mehr ausreichend beurteilen zu können".[81] Auch hier sieht also der Gesetzgeber die erhöhte Gefahr von Fehleinschätzungen. Zur Ausnahme der selbständigen Gewerbetreibenden, die freilich bereits durch die Richtlinie vorgezeichnet war[82], merkt der Entwurf immerhin an, diese sei deswegen sachgerecht, weil die betroffenen Personen nicht dieses besonderen Schutzes bedürften, „da sie durch Ausbildung und Berufserfahrung in der Lage" seien, „die Tragweite ihrer Vertragsschließung zu übersehen."[83] Darüber hinaus findet sich das Argument, eine vergleichbare Regelung gegenüber diesem Personenkreis würde „den Geschäftsverkehr in unvertretbarer Weise belasten".[84]

Somit lässt sich festhalten, dass verschiedene zugunsten des Verbrauchers aufgestellte Vorschriften, deren Schutzgedanken aus vergleichbaren Problemsituationen begründet werden, wie sie bei der Verwendung Allgemeiner Geschäftsbedingungen gegeben sind, in voller Absicht selbständige Gewerbetreibende und damit auch Kaufleute von ihrem Anwendungsbereich ausnehmen. Begründet wird dies mit der Annahme, Kaufleute seien im Hinblick auf die ausschlaggebende Problematik weniger schutzbedürftig, wobei erkennbar wird, dass dieser Beurteilung eine Abwägung mit den Interessen der anderen Vertragspartei und des Verkehrs zugrunde liegt. Dem Gewerbetreibenden wird zugemutet, dass er den Herausforderungen der geregelten Situationen ohne besonderen gesetzlichen Schutz gewachsen ist. Wenngleich dies mit einer regelmäßig größeren Geschäftserfahrung begründet wird, ist auch dem ausnahmsweise nicht geschäftserfahrenen Unternehmer der Schutz versagt, ohne dass er etwa die Gelegenheit hätte, eine dem Verbraucher vergleichbare individuelle Schutzbedürftigkeit im Einzelfall nachzuweisen. Dies entspricht der Regelungstechnik auch der handelsrechtlichen Normen, bestimmte Eigenschaften ihres Adressatenkreises nor-

---

[80] Hierzu bereits oben Fn. 69.

[81] BT-Drucks. 11/5462, S. 11.

[82] Richtlinie zur Angleichung der Rechts- und Verwaltungsvorschriften der Mitgliedsstaaten über den Verbraucherkredit (Amtsblatt der Europäischen Gemeinschaften Nr. L 42/48-53 vom 12. Februar 1987, dort Artikel 1 Nr. 2 lit. a).

[83] BT-Drucks. 11/5462, S. 17.

[84] BT-Drucks. 11/5462, S. 11.

mativ vorauszusetzen. Ausschlaggebend ist demnach nicht die tatsächlich vorhandene Geschäftserfahrung, sondern die Erwartung der Rechtsordnung, der Normadressat werde über diese verfügen. Ob letztere zutrifft, fällt in seinen Risikobereich.

f) Fazit: Rechtsgedanken des kaufmännischen Verkehrs

Nachdem nunmehr die wesentlichen charakteristischen Vorschriften des Unternehmerverkehrs im Allgemeinen sowie vor allem des kaufmännischen Verkehrs im Besonderen in Augenschein genommen wurden, lässt sich als übergreifender Rechtsgedanke sämtlicher in die Betrachtung einbezogener Vorschriften ein stark ausgeprägter Vorrang des Vertrauens- und Verkehrschutzes gegenüber dem Interesse des Kaufmannes feststellen, einen Mangel in seiner Vorstellung, seinem Willen oder hinsichtlich des an objektiven Maßstäben gemessenen Gerechtigkeitsgehalts der Vereinbarung einzuwenden.

Wie in der Auseinandersetzung mit der ratio der verbraucherschützenden Vorschriften gesehen wurde, folgt diese Wertung zum Teil schon aus der Tatsache, dass der Kaufmann als Unternehmer gewerblich tätig ist und ihm daher ein gewisser Grad an Geschäftsgewandtheit und Aufmerksamkeit normativ abverlangt wird, wozu es insbesondere regelmäßig gehört, die Tragweite geschäftlicher Vereinbarungen in all ihren Konsequenzen zu erfassen und Nachteile und Risiken zutreffend zu beurteilen.[85] Darüber hinaus sieht das Gesetz jedoch für den Kaufmann auch im Vergleich zu dem schlichten Unternehmer eine besondere Verantwortung vor, die in den handelsrechtlichen Vorschriften zum Ausdruck kommt. Nochmals gesteigerte Betonung finden zunächst sowohl der Verkehrsals auch der Vertrauensschutz. Insbesondere wurde gesehen, dass auch durch das Ziel des Verkehrsschutzes motivierte Regelungen stets in der Weise gestaltet sind, dass dem Gegenüber des Kaufmannes zumindest im Ergebnis erlaubt wird, auf das Verhalten des Kaufmannes zu vertrauen. Die Verlässlichkeit wird dabei nicht durch Regulierung, sondern durch Verantwortlichkeit geschaffen. Die Herstellung von Verkehrssicherheit etwa durch enge Begrenzung der rechtlichen Handlungsmöglichkeiten ist dem Handelsrecht fremd. Insofern ist es zutreffend, Schnelligkeit und Flexibilität des Handelsverkehrs in einem Atemzug zu nennen und auch die besondere Ausprägung der Privatautonomie im kaufmännischen Verkehr hervorzuheben.[86]

Hinsichtlich des Vertrauensschutzes wurde bereits in der Auseinandersetzung mit der Einbeziehungskontrolle und nochmals in der Betrachtung der Parallelen der Problematik der AGB-Verwendung zu den im Bürgerlichen Gesetzbuch geregelten Willensmängeln festgestellt, dass durch den mittels der objektiv-

---

[85] Oben 3. Kapitel: I. 1. e).

[86] Vgl. dazu die Nachweise oben 3. Kapitel: I.

normativen Auslegung dem Vertrauensschutz des Erklärungsempfängers gegenüber der Verwirklichung des tatsächlichen (inneren) Willens des Erklärenden eingeräumten Vorrang zugleich die Selbstverantwortung des Erklärenden in den Vordergrund tritt. Im Handelsrecht finden sich verschiedene Regelungen, die entweder den Erklärenden in Bezug auf den Inhalt seiner Erklärung noch stärker in die Pflicht nehmen oder sogar eine Erklärung fingieren, wo das Verhalten des Kaufmannes dazu Anlass bietet, ohne dass die nach allgemeinen Regeln erforderlichen Voraussetzungen einer bindenden Willenserklärung gegeben sind. Infolgedessen ist auch die Selbstverantwortung des Kaufmannes erhöht. Die Abwägung des Vertrauens auf den Bestand der Erklärung mit dem Interesse des Kaufmannes, nicht ohne seinen Willen oder aufgrund fehlender oder falscher Vorstellungen gebunden zu sein, wird regelmäßig zugunsten des Gegenübers des Kaufmannes entschieden. Letzteres gilt sogar dann, wenn dem Kaufmann ein entsprechendes Erklärungsbewusstsein fehlt. Insbesondere muss es, wie das Beispiel des § 348 HGB zeigt, für den Schutz des Vertrauens in den Bestand der Erklärung nicht schädlich sein, dass der Inhalt der Vereinbarung einen unangemessenen Nachteil für den Kaufmann bedeutet. Der Erklärungsempfänger darf sich darauf verlassen, dass der Kaufmann weiß, was er tut. Der geschützte Bereich des Vertrauens schließt dabei gerade nicht die Annahme ein, sein Gegenüber werde ihn nicht benachteiligen. Vielmehr obliegt es jeder Seite, die Zustimmungswürdigkeit einer Regelung zu prüfen und die entsprechenden Konsequenzen zu ziehen. Wird die Zustimmung erteilt, so gilt sie im Grundsatz, wobei insbesondere der Einwand der inhaltlichen Unangemessenheit oder mangelnden Willensbildung weitreichend abgeschnitten ist. Der Kaufmann ist daher nicht nur weit eher als der Nichtkaufmann auch ohne rechtsgeschäftlichen Willen gebunden, sondern der Inhalt der von ihm getroffenen Vereinbarung unterliegt auch noch weniger den Grenzen objektiver Angemessenheit.

Letzterer Aspekt rechtfertigt zunächst die Feststellung eines im Vergleich zum Nichtkaufmann nochmals höheren Stellenwertes der Selbstbestimmung gegenüber objektiven Gerechtigkeitskriterien in Bezug auf die Gültigkeit der Erklärung des Kaufmannes. Insofern ist die Annahme einer strikten Bindung des Kaufmannes an sein Wort ebenso zutreffend wie die des Verzichts auf einzelne Schutzgedanken des Privatrechts im kaufmännischen Verkehr. Dies darf freilich keinesfalls in der Weise pauschalisiert werden, dass generell von einer geringeren Schutzbedürftigkeit des Kaufmannes ausgegangen würde. Wie gesehen, gilt die Reduzierung des Schutzes nur zugunsten des Vertrauens des Gegenübers[87], weshalb sich zugleich in Bezug auf letzteres der kaufmännische Verkehr gerade durch einen stark erhöhten Schutz auszeichnet. Ebenso trifft es zu, dass das Gesetz dem Kaufmann zur Erreichung der Verlässlichkeit seines Wortes weit größere Selbstverantwortung auferlegt, und zwar sowohl hinsichtlich der Voraus-

---

[87] Wenngleich dies auch im Interesse des Verkehrs geboten sein kann, s.o. 3. Kapitel: I. 1. a) bb).

setzungen des Eintretens einer Bindung, als auch in Bezug auf deren Reichweite.

Dass diese Wertungen als allgemeine Rechtsgedanken vorhanden sind und insbesondere über den unmittelbaren Anwendungsbereich der untersuchten Normen hinaus Bedeutung haben, ist auch aus der Entwicklung und Behandlung verschiedener besonderer Rechtsinstitute im kaufmännischen Bereich ersichtlich. Genannt seien hier zunächst die von der Rechtsprechung entwickelten Grundsätze über das Schweigen auf ein kaufmännische Bestätigungsschreiben[88], deren Aufstellung vor allem durch das hinter §§ 362, 377 HGB erkannte Phänomen ermöglicht wurde, dass der Vertrauensschutz des Gegenübers des Kaufmannes sogar dessen Erklärungsbewusstsein verzichtbar machen kann. Die infolge des Schweigens des Kaufmannes eintretende Fiktion des Einverständnisses mit dem Inhalt des Bestätigungsschreibens wird deswegen etwa gerade nicht durch den Einwand gehindert, der Kaufmann sei sich der Bedeutung seines Schweigens nicht bewusst gewesen.[89]

Für die vorliegend behandelte rechtliche Problematik der Verwendung Allgemeiner Geschäftsbedingungen, die, wie gesehen, eine besondere Nähe zu den Wertungen des Rechts der Willensmängel aufweist, ist darüber hinaus von besonderer Bedeutung, dass nach ganz herrschender Meinung auch eine Anfechtbarkeit des kaufmännischen Bestätigungsschreibens für den Fall des inhaltlichen Missverständnisses ausgeschlossen ist.[90] Damit soll verhindert werden, dass der eben durch die Fiktion gewährte Vertrauensschutz auf diesem Wege wieder ausgehöhlt wird. Damit nicht genug, soll nach starken Stimmen aus der Literatur, welche inzwischen auch in der Rechtsprechung[91] Gehör gefunden haben, den dahinter stehenden Wertungen des mit qualifizierten Sorgfaltspflichten des Kaufmannes einhergehenden besonders gesteigerten Vertrauens- und Verkehrsschutzes bei Handelsgeschäften Rechung getragen werden, indem im kaufmännischen Bereich auch jeder sonstige aufgrund unsorgfältigen Lesens oder anderweitigen zurechenbaren Missverständnisses oder Unterlassens auftretende Irrtum als unbeachtlich behandelt wird.[92] Diese Ansicht verdient mit Blick auf die hinter den handelsrechtlichen Normen erkannten Rechtsgedanken volle Zustimmung. Auf ihre Bedeutung für die Anwendung der Inhaltskontrollregeln der

[88] Vgl. nur RGZ 95, 48, 50; BGHZ 7, 187, 189 f.; näher *K. Schmidt*, Handelsrecht, § 19 III m.w.N.

[89] Statt aller hierzu MüKo/*Kramer* § 119 Rz. 65 ff. mit zahlreichen Nachweisen.

[90] Statt aller MüKo/*Kramer* § 119 Rz. 65 ff.; *Flume*, Rechtsgeschäft, § 21 9 c.

[91] LG Tübingen JZ 1997, 312, 313.

[92] So *Flume*, Rechtsgeschäft, § 21 9 c insbesondere für den Fall der Annahme eines Angebotes infolge unsorgfältigen Lesens; MüKo/*Kramer* § 119 Rz. 70.

§§ 307 ff. BGB auf den kaufmännischen Bereich nach Maßgabe des § 310 I BGB wird noch zurückzukommen sein.[93]

Einstweilen soll die Entwicklung der Grundsätze des kaufmännischen Bestätigungsschreibens und deren Rückwirkungen auf das allgemeine Zivilrecht als exemplarischer Nachweis[94] dafür gelten, dass die hinter den handelsrechtlichen Normen gefundenen Gedanken im Recht vorhanden, gewollt und beachtet sind. Jede Rechtsanwendung und -entwicklung im kaufmännischen Bereich hat ihnen gerecht zu werden, anderenfalls sie sich den Vorwurf des vermeidbaren Wertungswiderspruchs gefallen lassen muss.

2. Die faktischen Besonderheiten

Neben den genannten Besonderheiten in rechtlicher Hinsicht, hinter denen durchgängige und verallgemeinerungsfähige Rechtsgedanken erkannt worden sind, weist der kaufmännische Verkehr auch in tatsächlicher Hinsicht besondere Bedürfnisse und Möglichkeiten auf. Freilich ist diesbezüglich eine thematische Überschneidung zu den rechtlichen Besonderheiten nicht zu vermeiden und sogar erwünscht, liegt es doch in dem Willen der handelsrechtlichen Normen, den typischen Bedürfnissen des Handelsverkehrs gerecht zu werden.

Nichtsdestotrotz sind umgekehrt nicht alle Aspekte des kaufmännischen Betriebes, die Berührung zu der hier erörterten Problematik aufweisen, einer gesetzlichen Regelung zugänglich. Es soll daher in der für eine rein juristische Untersuchung[95] gebotenen Kürze auch auf solche Aspekte eingegangen werden, die die tatsächliche Situation des mit Allgemeinen Geschäftsbedingungen konfrontierten Kaufmannes im Vergleich zu dem gesetzlichen Grundfall des Verbrauchers maßgeblich verändern.

a) Die Geschäftserfahrung und Geschäftsgewandtheit des Kaufmanns

In besonderer Weise scheinen die Postulate der größeren Geschäftserfahrung oder Geschäftsgewandtheit in den erwähnten Überschneidungsbereich zu fallen. In der Auseinandersetzung mit den rechtlichen Besonderheiten wurde bereits gesehen, dass letztere häufig den Ausschlag einer gesetzlichen Ausnahme des Kaufmannes von anderenorts vorgesehenen Schutzmechanismen begründen

---

[93] Unten 3. Kapitel: II. 1. a).

[94] Ein weiterer Fall der Relevanz des Schweigens findet sich in der Rechtsprechung insbesondere für Anträge bei bis zur Abschlussreife ausgehandelten Verträgen (BGH BB 1965, 1968, 1073); auch wird für bestimmte enge Fallgruppen die Ausdehnung des § 362 HGB über dessen unmittelbaren Anwendungsbereich der Geschäftsbesorgungsverträge hinaus befürwortet (vgl. *K. Schmidt*, Handelsrecht, § 19 II 1 b).

[95] Insbesondere soll vorliegend auf eine wirtschaftswissenschaftliche Analyse explizit verzichtet werden. Eine solche liefert *Kliege*, Wirtschaftswissenschaftliche Analyse, S. 1 ff.

konnten. Bei genauem Hinsehen kommt es jedoch gerade nicht darauf an, ob der betreffende Kaufmann tatsächlich aufgrund größerer Erfahrung durch eine bestimmte Problemsituation weniger beeinträchtigt ist als der Verbraucher oder der nichtkaufmännische Unternehmer. Insbesondere lassen die entsprechenden Regelungen durchgängig keine Ausnahmen für beruflich besonders unerfahrene Kaufleute zu. Das Gesetz regelt daher nicht den ohnehin meist unproblematischen Fall, dass die betreffende Partei über die nötige Geschäftserfahrung verfügt, sondern trifft vielmehr eine Aussage über die Verteilung des Risikos, dass die vom Gesetz typisierend vorausgesetzte Geschäftserfahrung im Einzelfall fehlt und es infolgedessen in Bezug auf das Geschäft zu Versäumnissen kommt.

Die Betrachtung ist also keine empirische, sondern eine normative. Zugunsten des Verkehrs- und Vertrauensschutzes billigt und stützt das Gesetz die Erwartung des Handelsverkehrs, geschäftliche Erfahrung werde bei dessen Teilnehmern in ausreichendem Maße vorhanden sein. Insofern kommt der Gedanke zum Ausdruck, dass derjenige, der sich die Vorteile des kaufmännischen Verkehrs zunutze machen will, dies nur um den Preis des damit zusammenhängenden Risikos tun kann, um wiederum anderen Verkehrsteilnehmern ihrerseits Vorteile zu ermöglichen.[96] Selbst wenn die Mehrzahl der Kaufleute zwischenzeitlich den im Handelsrecht statuierten Anforderungen nicht mehr genügen sollte, würde dies dem legitimen rechtspolitischen Ziel, in diesem Bereich einen besonderen Grad an Verantwortung und Vertrauensschutz zu etablieren, keinen Abbruch tun. Die diesbezüglichen Besonderheiten wurden im Einzelnen bereits vorstehend anhand ausgewählter Normen erörtert. Durch eine empirische Betrachtung sind zusätzliche Erkenntnisse aus den genannten Gründen nicht zu gewinnen.

Immerhin kann bezüglich der Geschäftstätigkeit festgestellt werden, dass sie den Beruf des Kaufmanns darstellt und die damit einhergehenden Anstrengungen ihm daher regelmäßig abverlangt werden können. Dies gilt insbesondere für die Erforschung und Wahrnehmung von Alternativangeboten auf dem Markt, die der Kaufmann in verstärkter Weise zu betreiben hat.[97]

---

[96] Besonders deutlich kommt dieser Gedanke in den Grundsätzen zum Scheinkaufmann zum Tragen, wo allein die Teilnahme am kaufmännischen Verkehr die Rechtfertigung für die Belastung mit den entsprechenden Risiken bietet; dazu *K. Schmidt*, Handelsrecht, § 10 VIII.

[97] Dazu *M. Wolf*, Rechtsgeschäftliche Entscheidungsfreiheit, S. 250 f., 265; *Lindacher*, BB 1972, 296, 299.

b) Der Umgang des Kaufmanns mit nachteiligen Vertragsbedingungen

Interessanter sind in tatsächlicher Hinsicht die zusätzlichen Möglichkeiten einer Reaktion auf die Verwendung Allgemeiner Geschäftsbedingungen, die dem Kaufmann im Vergleich zum Verbraucher als gesetzlichem Regeladressaten zur Verfügung stehen.[98]

aa) Das Primat des wirtschaftlichen Interesses

Diese sind im Wesentlichen durch die mit dem Vertragsschluss verfolgten Interessen bestimmt, weshalb zunächst die diesbezüglich bestehenden Besonderheiten des Handelsverkehrs insbesondere gegenüber dem gesetzlichen Grundfall des Verhältnisses Verbraucher-Unternehmer beleuchtet werden sollen.

Bezüglich der jeweils mit der Teilnahme am Rechtsverkehr verfolgten Interessen bestehen wesentliche Unterschiede.[99] Der Verbraucher versucht mittels der per definitionem für private Zwecke getätigten Geschäfte mit dem Unternehmer primär seine persönlichen und sozialen Bedürfnisse zu befriedigen.[100] Letztere können etwa die Verwirklichung eines Teilhabeinteresses an bestimmten sozial oder individuell wertgeschätzten Gütern zum Gegenstand haben, auf soziale Sicherung gerichtet oder von einer Vielzahl weiterer Motive aus dem persönlichen Bereich geprägt sein.[101] Die hiermit verbundenen wirtschaftlichen Aspekte seines Strebens erschöpfen sich deswegen zumeist in dem Abschätzen seiner finanziellen Möglichkeiten und der effizienten Verwendung der vorhandenen Mittel unter dem Gesichtspunkt der Optimierung der Erfüllung seiner Bedürfnisse. Daraus folgt zugleich, dass die Leistung wie auch die Sicherung der Leistung aus der Sicht des Verbrauchers nicht ausschließlich als finanzielle Posten gewertet werden können. Das Interesse des Verbrauchers an der Leistung ist wirtschaftlich daher nur eingeschränkt kompensierbar.

Für den Kaufmann stellt sich dies grundlegend anders dar. Er verfolgt mit dem Betrieb seines Handelsgewerbes primär wirtschaftliche Interessen.[102] Ungeachtet konkret verfolgter Strategien und sich daraus ergebender Teilziele liegt die vor-

---

[98] *Wolf*/Horn/Lindacher § 9 Rz. 375 weist diesbezüglich allgemein auf eine gesteigerte „Fähigkeit zur Nachteilsvermeidung“ hin, die den Unternehmer weniger schutzbedürftig sein lasse.

[99] So auch *M. Wolf*, Rechtsgeschäftliche Entscheidungsfreiheit, S. 158.

[100] *M. Wolf*, Rechtsgeschäftliche Entscheidungsfreiheit, S. 165 f.

[101] *M. Wolf*, Rechtsgeschäftliche Entscheidungsfreiheit, S. 165 f., 232 ff; ihm folgend *Karatzenis*, § 9 AGBG im Handelsverkehr, S. 14; *Lindacher*, BB 1972, 296, 299; *Reich*, 50. DJT, H 88, spricht von „Selbstverwirklichung durch Konsum“.

[102] *M. Wolf*, Rechtsgeschäftliche Entscheidungsfreiheit, S. 158; *Reh*, Einbeziehung und Inhaltskontrolle, S. 221, spricht von einer „wirtschaftlichen Betrachtungsweise“ im kaufmännischen Verkehr.

rangig maßgebliche Motivation des Kaufmannes, wie übrigens auch des nichtkaufmännischen Unternehmers, als Gewerbetreibendem in der Absicht, seinen Betrieb zu führen und zu erhalten, um Gewinn zu erzielen.[103] Vornehmlich unter dem Aspekt der Gewinnerzielung wird er daher auch darüber entscheiden, ob und gegebenenfalls unter welchen Bedingungen er gewillt ist, ein Geschäft abzuschließen.[104] Daraus folgt, dass ein Nachteil aus dem Vertrag in der Regel wirtschaftlicher Natur ist und in einem Geldbetrag ausgedrückt werden kann.[105] Dies kann als Primat des wirtschaftlichen Interesses bezeichnet werden.

bb) Die Kalkulation von Nachteilen und Risiken

Ob und nach welcher Maßgabe das Geschäft die Bedürfnisse des Kaufmannes befriedigen kann, bestimmt er im Wege der Kalkulation, in die sämtliche Kosten zuzüglich eines angemessenen Unternehmerlohnes und zuzüglich der angestrebten Gewinnspanne eingestellt werden und deren Ergebnis ein wettbewerbsfähiger Preis zu sein hat.

Damit stellt sich die Frage, in welchem Umfang dem Kaufmann nachteilige Geschäftsbedingungen als Kostenfaktor ausgedrückt und somit in der Kalkulation aufgefangen werden können. An anderer Stelle ist bereits nachgewiesen worden, dass die Verwendung günstiger Allgemeiner Geschäftsbedingungen zu einem kalkulierbaren Vorteil für den Verwender führen kann, der diesem eine Preissenkung erlaubt.[106] Dagegen wird die vor allem für den Verbraucherkunden zutreffende Kritik angebracht, dass dadurch jedenfalls eine Unangemessenheit der betreffenden Klauseln nicht gehindert werde, da die tatsächliche Gewährung eines Preisvorteils für den Kunden betriebswirtschaftlich nicht nachprüfbar sei.[107]

Ein etwas vernachlässigtes Dasein führt jedoch demgegenüber der Umstand, dass auch auf Seiten des kaufmännischen AGB-Kunden die Möglichkeit bestehen kann, eine ihm nachteilige Klausel zum Gegenstand seiner Kalkulation zu

---

[103] *M. Wolf*, Rechtsgeschäftliche Entscheidungsfreiheit, S. 243 ff.; *Reich*, 50. DJT, H 88; ähnlich *Karatzenis*, § 9 AGBG im Handelsverkehr, S. 15; *Lindacher*, BB 1972, 296, 299.

[104] Auch der Kaufmann kann in seinem Handeln von allerlei verschiedenen Motivationen bestimmt sein. Im Rahmen einer rechtlichen Untersuchung können hiervon jedoch nur diejenigen berücksichtigt werden, die von der Rechtsordnung, wenn nicht geregelt, so doch gebilligt oder wenigstens als typische Interessen eines ordentlichen Kaufmannes bei Betrieb seines Handelsgewerbes vorausgesetzt werden.

[105] *M. Wolf*, Rechtsgeschäftliche Entscheidungsfreiheit, S. 158.

[106] *Trinkner*, BB 1973, 1501, 1502; mit betriebswirtschaftlichem Nachweis *Kliege*, Wirtschaftswissenschaftliche Analyse, S. 51 ff.; RGZ 20, 115, 117; 99, 107, 111.

[107] H.M., etwa Staudinger/*Coester* § 9 AGBG Rz. 94; MüKo/*Basedow* § 307 Rz. 40; ähnlich *Karatzenis*, § 9 AGBG im Handelsverkehr, S. 24.

machen.[108] Ein Nachteil, der sich in einem Geldbetrag ausdrücken lässt, unterliegt der Verrechnung mit anderen Vor- und Nachteilen aus dem Vertrag, nicht zuletzt dem Preis der Ware.[109] Dies setzt freilich voraus, dass sich der durch die Klausel erfahrene Nachteil oder das mit ihr zusammenhängende Risiko vernünftig in einen geldwerten Posten umsetzen, also als Kosten erfassen lässt. Dass letzteres nicht immer der Fall ist, zeigt schon das Beispiel einer Klausel, die den Ersatz für Körperschäden des Kaufmannes ausschließen soll. Hier ist eine Erfassung in der Kalkulation allenfalls in Form der zu erwartenden Arzt- und Heilungskosten möglich, was dem Interesse des Kaufmannes, durch seinen Geschäftspartner nicht körperlich geschädigt zu werden, kaum gerecht wird. Ebenso dürfte es größte Schwierigkeiten bereiten, Klauseln zu kalkulieren, die im Falle eines Vertragsschlusses größeren Umfanges, etwa der Anschaffung zentraler Güter des Anlagevermögens, das Risiko eines völligen Ausfalls des Vertragsinteresses zur Folge haben.[110] Wenn beispielsweise der Einzelkaufmann einen neuen LKW zur Auslieferung seiner Ware kauft, kann er in seine Vorstellung eines angemessenen Kaufpreises kaum die Möglichkeit einbeziehen, dass der LKW infolge eines nicht erkennbaren Mangels eine Woche nach Gefahrenübergang verunfallt und völlig zerstört wird, ohne dass dem Kaufmann Gewährleistungsrechte zustehen. Ein solches Risiko sprengt regelmäßig den Rahmen der Möglichkeiten bei der Preisbildung.[111]

Nichtsdestotrotz kann eine breite Palette verschiedener Nachteile und Risiken durchaus in Kosten umgesetzt und kalkulatorisch erfasst werden. Schließt der Verkäufer eines Zentners Kartoffeln etwa die Gewährleistung für Mängel aus, so kann auf der Basis von Erfahrungssätzen ein prozentualer Ausfall kalkuliert werden, so dass lediglich die von dem Kunden anzusetzenden Gesamtkosten pro Kartoffel steigen und er entweder seinen Wiederverkaufspreis erhöhen oder seine Gewinnerwartung senken muss.[112] Die Auswirkungen der Klausel lassen sich daher wirtschaftlich nur insoweit von dem Fall unterscheiden, dass der Verkäufer unter Übernahme von Gewährleistung einen höheren Preis verlangt hätte, als

---

[108] Darauf weist immerhin bereits *L. Raiser,* Allgemeine Geschäftsbedingungen, S. 286, hin; vgl. auch MüKo/*Basedow* § 307 Rz. 71 a.E.; *Wolf*/Horn/Lindacher § 9 Rz. 123; *Reh,* Einbeziehung und Inhaltskontrolle, S. 220.

[109] *M. Wolf,* Rechtsgeschäftliche Entscheidungsfreiheit, S. 243; auf den engen Zusammenhang zwischen Risikokalkulation und Preiskalkulation weist auch *Fischer,* BB 1957, 481, hin.

[110] Ähnlich *M. Wolf,* Rechtsgeschäftliche Entscheidungsfreiheit, S. 248 f., der dies bei Beeinträchtigung des Interesses am Erhalt des Unternehmens annehmen will.

[111] So im Ergebnis auch *M. Wolf,* Rechtsgeschäftliche Entscheidungsfreiheit, S. 248 f.; ähnlich schon zuvor *L. Raiser,* Allgemeine Geschäftsbedingungen, S. 286; in diesem und vergleichbaren Fällen kann jedoch, worauf schon *L. Raiser* hinweist, die Versicherbarkeit des Risikos die Belastung des Kaufmannes durch die Klausel mindern, siehe sogleich 3. Kapitel: I. 2. b) cc).

[112] Ähnlich *Reh,* Einbeziehung und Inhaltskontrolle, S. 220, der allerdings die Problematik übersieht, die sich aus der vorstehend beschriebenen zentralen Bedeutung des Wirtschaftsguts ergeben kann.

dem Käufer das Risiko eines über den Erfahrungswert hinausgehenden Anteils mangelhafter Ware verbleibt. Zugleich kommt ihm jedoch die Chance einer besonders guten Lieferung zugute, so dass letztlich die Belastung hinnehmbar sein wird. Dies gilt um so mehr, je häufiger Geschäfte gleicher Art abgeschlossen werden, da sich so besonders günstige und besonders ungünstige Fälle ausgleichen und ein verlässlich kalkulierbares Gesamtniveau erreicht wird.

Soweit jedenfalls die Natur des Risikos oder Nachteils eine Berücksichtigung in der Kalkulation erlaubt, ist durch die hieraus entstehenden höheren Kosten der Kaufmann nicht mehr belastet als durch einen höheren Preis. Derartige Nachteile hat er typischerweise hinzunehmen und entweder auf einen billigeren Anbieter auszuweichen oder die höheren Kosten zur Grundlage seiner Kalkulation zu machen. In diesen Fällen bietet die Kalkulation somit eine zusätzliche Möglichkeit, im Rahmen der entsprechenden Obliegenheit den durch die Klausel zu befürchtenden Nachteilen auszuweichen. *M. Wolf* verneint aus diesem Grund die Beeinträchtigung der Entscheidungsfreiheit bei reinen Gewinninteressen von vornherein.[113]

Voraussetzung der Kalkulation ist freilich, dass der Kaufmann die Klausel wahrgenommen hat. Unterläuft dem Kaufmann hingegen eine Fehleinschätzung, infolge derer er die Klausel nicht oder nicht richtig erkennt, ist die Kalkulation ipso facto unmöglich und kann keinen Ausweg bieten.

cc) Die Versicherbarkeit von Risiken

Die Maßgabe des Primats des wirtschaftlichen Interesses erschöpft sich in der vorstehend behandelten Möglichkeit der Kalkulation von Risiken und Nachteilen nicht. Zusätzlich besteht hinsichtlich bestimmter Risiken die Möglichkeit des Abschlusses einer Versicherung, die durch die Verwirklichung des Risikos entstehende Vermögenseinbußen ganz oder teilweise kompensieren kann.[114] Insbesondere soll hier nochmals das Beispiel des durch den Einzelkaufmann angeschafften Lieferwagens bemüht werden, der, unter Ausschluss der Gewährleistung gekauft, eine Woche nach Gefahrenübergang bei einem infolge eines Mangels auftretenden Unfall völlig zerstört wird. Während dieses Risiko im Wege der Kalkulation nicht beherrschbar war, kann es dadurch zumindest abgemildert werden, dass für das Fahrzeug eine entsprechende Versicherung abgeschlossen wird. Die hieraus entstehenden Kosten sind wiederum kalkulier-

---

[113] Rechtsgeschäftliche Entscheidungsfreiheit, S. 243. Interessant ist in diesem Zusammenhang, dass auch § 310 III BGB den Preis von der Inhaltskontrolle ausnimmt.

[114] *Kliege,* Wirtschaftswissenschaftliche Analyse, S.40 f. Zurückhaltend *Karatzenis,* § 9 AGBG im Handelsverkehr, S. 27; *Wolf*/Horn/Lindacher § 9 Rz. 123; ähnlich MüKo/*Basedow* § 307 Rz. 41 ff., 71, der allerdings wohl zusätzlich darauf abstellen möchte, welche Seite den Versicherungsschutz zu günstigeren Bedingungen übernehmen kann (m.w.N.).

bar und für den Kaufmann nicht stärker belastend als ein höherer Anschaffungspreis.

Der Versicherbarkeit sind dabei allerdings vergleichbare Grenzen gesetzt wie der Kalkulierbarkeit. Insbesondere ist schon dem Grunde nach nicht jedes Risiko versicherbar;[115] erst recht bestehen in der Regel Lücken hinsichtlich des Umfangs des zu befürchtenden Nachteils. So wird etwa in dem Ausgangsbeispiel der unmittelbar an dem Lieferfahrzeug entstehende Schaden von der Versicherung ersetzt werden, nicht jedoch der infolge des Nutzungsausfalls während der Dauer der Wiederbeschaffung entgangene Gewinn. Hinsichtlich der Möglichkeiten des Kaufmanns, einer Beeinträchtigung seines wirtschaftlichen Interesses durch den Abschluss einer Versicherung über das betreffende Risiko auszuweichen, muss also sehr genau nach Art und Unfang des Risikos differenziert werden. Welche Probleme und Möglichkeiten dies in Bezug auf die Beurteilung entsprechender Klauseln mit sich bringt, wird sogleich zu erörtern sein. Zunächst kann jedenfalls festgehalten werden, dass dem Kaufmann als gewerblich Tätigem infolge des Primats des wirtschaftlichen Interesses auch durch die Möglichkeit des Abschlusses einer Versicherung die Abmilderung der vertraglichen Risikoverteilung in bestimmtem Umfang möglich ist, die den aus der Klausel zu befürchtenden Nachteil im Idealfall auf den Betrag des Versicherungsbeitrags reduziert und daher als solchen vermeidbar macht.

dd) Die Abwälzung von Nachteilen auf nachfolgende Handelsstufen

In der Diskussion der Folgen benachteiligender Klauseln ist schließlich immer wieder darauf abgestellt worden, dass für den gewerblichen Händler die Möglichkeit gegeben sei, eine ihm nachteilige Vertragsgestaltung dadurch zu kompensieren, dass er die Nachteile auf die nachfolgende Handelsstufe „weiterwälze“, indem er seine eigenen Vertragsbedingungen entsprechend gestalte.[116] Diese Art der Kompensation ist von vornherein auf Umlaufvermögen in Branchen mit mehr als 2 Handelsstufen beschränkt und bezieht sich dort vor allem auf die Frage der Gewährleistung.

Dabei sollten die Möglichkeiten der Weiterwälzung nicht überschätzt werden. Der Kaufmann muss nicht unbedingt seinen Abnehmern gegenüber dieselben Gestaltungsmöglichkeiten haben, die der Verwender der Bedingungen ihm gegenüber nutzen konnte. Definitiv fehlen sie infolge der zwingenden Gewährleistungs- und Rückgriffsregeln der §§ 474 ff. BGB dem Hersteller von Waren, die bestimmungsgemäß an den Endverbraucher gelangen. Auch im Falle rein gewerblich zu verwendender Waren kann jedoch die Verhandlungs- bzw. Markt-

---

[115] Beispiele versicherbarer und nicht versicherbarer Risiken finden sich bei *Kliege*, Wirtschaftswissenschaftliche Analyse, S. 41.

[116] *Wolf*/Horn/Lindacher § 9 AGBG Rz. 123; MüKo/*Basedow* § 307 Rz. 71; *Karatzenis*, § 9 AGBG im Handelsverkehr, S. 25; *Lutz*, AGB-Kontrolle im Handelsverkehr, S. 5.

position des Kunden gegenüber seinen Abnehmern schwächer oder er aus sonstigen Gründen gehindert sein, eine entsprechende Klausel durchzusetzen. Insbesondere am Beispiel des Gewährleistungsausschlusses wird auch eine weitere Schwäche diese Arguments deutlich: Sobald nämlich der Kaufmann den Mangel der Ware erkennt, würde er bei einem Versuch des Weiterverkaufs unter Ausschluss der Gewährleistung arglistig handeln und gleichwohl volle Gewähr leisten müssen. Mit der Kenntnis des Mangels entfällt also die Weiterwälzungsmöglichkeit ohnehin. Insgesamt ist daher das Argument der Weiterwälzungsmöglichkeit im engeren Sinne mit Vorsicht zu genießen.[117] Eine Weiterwälzung im weiteren Sinne kann freilich durch eine entsprechende Erhöhung des Verkaufspreises zur Deckung der entstehenden Zusatzkosten erfolgen, soweit der Markt dies zulässt. Hierin liegt jedoch gegenüber den bezüglich der Kalkulierbarkeit getroffenen Aussagen keine Neuerung.[118]

c) Fazit: Faktische Besonderheiten des kaufmännischen Verkehrs

Insgesamt lässt sich mit Blick auf die bezüglich des Kontrollgrundes gewonnenen Erkenntnisse feststellen, dass besonders hinsichtlich der im Rahmen des Druckelements ausschlaggebenden Ausweichobliegenheiten dem Kaufmann durch seine primär wirtschaftlich motivierte Teilnahme am Rechtsverkehr zusätzliche Möglichkeiten geboten sind. Seine Alternativen liegen nicht wie für den Verbraucher von vornherein typischerweise nur darin, entweder den ihm aus der Klausel erwachsenden Nachteil hinzunehmen, auf einen anderen Anbieter auszuweichen oder auf die Vertragsleistung zu verzichten. Unter anderem kann er unter bestimmten Voraussetzungen einen Ausweg in der Kalkulation oder der Versicherung bestimmter Risiken finden. Infolgedessen wird die Gestaltung zu einem reinen Kostenfaktor und belastet den Kaufmann nicht mehr als ein entsprechend höherer Einkaufpreis. Dies ist vor allem insoweit bemerkenswert, als auch die Inhaltskontrolle Allgemeiner Geschäftsbedingungen in § 310 III BGB ausdrücklich die Frage des gerechten Verhältnisses der ausgetauschten Leistungen dem Willen der Parteien überlässt und insbesondere nicht nach einem iustum pretium fragt. Zudem wird von dem Kaufmann regelmäßig zu verlangen sein, den Markt zu bearbeiten und Alternativangebote wahrzunehmen.[119] Aufgrund der faktischen Besonderheiten des kaufmännischen Verkehrs als gewerblichem Verkehr, vor allem der Tatsache, dass in der Regel ausschließlich wirtschaftliche Interessen des Kaufmanns betroffen sind, spielen Allgemeine

---

[117] Zurückhaltend gegenüber der Beachtlichkeit der Weiterwälzungsmöglichkeit auch *Kliege*, Wirtschaftswissenschaftliche Analyse, S. 74, der in erster Linie auf innerbetriebliche Kostenrisiken abstellt.

[118] Dazu oben 3. Kapitel: I. 2. b) bb).

[119] *Lindacher*, BB 1972, 296, 299, der die „Marktanalyse“ zu den typischen Unternehmeraufgaben zählt; ähnlich *M. Wolf*, FS 50 Jahre BGH, S. 111, 121, für das „Ausforschen und Ausnutzen von Wahlmöglichkeiten“.

Geschäftsbedingungen daher regelmäßig eine wesentlich andere Rolle als gegenüber einem Verbraucher. Es wird nach Maßgabe dieser Unterschiede daher auch in der Inhaltskontrolle entsprechend zu differenzieren sein.

3. Zwischenergebnis

Nach alldem liegen vielfältige im Zusammenhang mit den Erkenntnissen dieser Untersuchung im 2. Kapitel relevante rechtliche und tatsächliche Charakteristika des kaufmännischen Verkehrs vor, die als Maßgabe für die Differenzierung bei der Durchführung der Inhaltskontrolle dienen können und müssen. Die rechtlichen Besonderheiten beziehen sich dabei überwiegend auf eine Erhöhung des dem Kaufmann abverlangten Maßes an Sorgfalt hinsichtlich der Vermeidung von Fehleinschätzungen, indem er regelmäßig an die objektive Bedeutung seines Verhaltens gebunden und dem entgegenstehender Schutz zurückgenommen wird. Die darin zum Ausdruck kommende Wertung der Zumutbarkeit eines größeren Maßes an Selbstverantwortung kann freilich auch im Hinblick auf die Relevanz einer Willensbeeinflussung durch Druck nicht außer Betracht bleiben. In Bezug auf letztere müssen sich schließlich die praktischen Besonderheiten auswirken, die dem Kaufmann zusätzliche Vermeidungsmöglichkeiten zur Verfügung stellen.

II. Folgen für die Ausgestaltung der Inhaltskontrolle im Handelsverkehr

Aus dem Vorstehenden ist bereits ersichtlich geworden, dass diejenigen Gedanken, welche nach zutreffendem Verständnis die ratio der Inhaltskontrolle Allgemeiner Geschäftsbedingungen bilden, vom Gesetz durchgängig für den kaufmännischen[120] Teilnehmer am Rechtsverkehr gegenüber dem Verbraucher abweichend beurteilt werden.

1. Die rechtsdogmatischen Folgerungen

Zunächst sollen deshalb im Rückgriff auf die in der Auseinandersetzung mit der ratio legis der Inhaltskontrolle gewonnenen Erkenntnisse die konkreten rechtsdogmatischen Konsequenzen der Besonderheiten des Handelsverkehrs für die Inhaltskontrolle Allgemeiner Geschäftsbedingungen festgehalten werden. Zweckdienlich ist hier wiederum die Aufteilung in die als Hintergrund der Inhaltskontrolle erkannten Elemente der Fehleinschätzungsgefahr und der Gefahr der Fremdbestimmung durch äußeren Druck.

a) Das Fehleinschätzungselement

Eine Fehleinschätzung des Kaufmanns hinsichtlich der Folgen seines Verhaltens oder des Inhalts oder der Tragweite des Geschäfts wird vom Gesetz regelmäßig nicht für relevant gehalten. Dies ist zunächst auf die normative Erwartung größerer Geschäftserfahrung zurückzuführen. Dem Kaufmann als Empfänger einer Erklärung wird regelmäßig abverlangt, mit Geschäften der betreffenden Art vertraut und ihren typischen Risiken gewachsen zu sein.[121] Über diese Anforderung der Geschäftserfahrung hinaus wurde eine allgemeine Erhöhung der rechtsgeschäftlichen Selbstverantwortung zugunsten des Schutzes des Vertrauens des Gegenübers auf die Gültigkeit der Erklärung und damit auch die ordnungsgemäße Willensbildung des Kaufmanns festgestellt.[122]

---

[120] Auf Bestrebungen, diese Besonderheiten teilweise auch auf den nichtkaufmännischen Unternehmer anzuwenden, ist bereits hingewiesen worden (s.o. 1. Kapitel I. Fn. 14). Dessen Behandlung im Recht der Allgemeinen Geschäftsbedingungen ist jedoch nicht Gegenstand dieser Untersuchung.

[121] *M. Wolf*, Rechtsgeschäftliche Entscheidungsfreiheit, S. 16, hält daher im kaufmännischen Verkehr allein eine wirtschaftliche, nicht aber intellektuelle Unterlegenheit für potentiell relevant, da dem Kaufmann erhöhte Aufmerksamkeit und bessere Kenntnis abverlangt werde; ebenso *Lindacher*, BB 1972, 296, 298.

[122] Es genügt also zur Begründung der Inhaltskontrolle im kaufmännischen Verkehr keineswegs, mit *Drexl*, Wirtschaftliche Selbstbestimmung, S. 408, festzustellen, Kaufleute seien „nicht weniger von ihren Vertragspartnern eingeführten AGB ausgesetzt“ und daher „ausgehend von einer situationsbezogenen Betrachtung (...) genauso schutzwürdig wie Verbraucher“.

Diese besondere Verteilung der Risiken der Fehleinschätzung lässt sich unmittelbar auf die gefundene ratio der Inhaltskontrolle übertragen. Wie gesehen, erklärt sich die Inhaltskontrolle als Reaktion auf eine beim Kunden befürchtete Schwäche des rechtsgeschäftlichen Willens aufgrund einer Fehleinschätzung, die in der Abwägung mit dem Bestandsinteresse des Verwenders insbesondere unter Berücksichtigung dessen Verursachungsbeitrags eine nach Grund und Umfang verminderte Bindung an die Vereinbarung rechtfertigt. Eben letztere Interessenabwägung wird jedoch für den Kaufmann als Erklärenden im Falle einer Fehlvorstellung bezüglich des Erklärungsinhalts oder sogar des fehlenden Bewusstseins der rechtsgeschäftlichen Relevanz seines Handelns an sich regelmäßig zu dessen Lasten entschieden und dem Vertrauensschutz des Gegenübers der Vorrang gegeben. Der Kaufmann wird vor den Folgen unbedachter Vereinbarungen im Grundsatz nicht geschützt. Vielmehr wird von ihm erwartet, deren Nachteile und Risiken zu erfassen und zutreffend einzuschätzen.[123] Aufgrund dessen wird sogar mit gutem Grund die Beschränkung der Anfechtungsmöglichkeit des Kaufmanns wegen solcher Irrtümer befürwortet, die infolge fahrlässigen Missverständnisses der Erklärung seines Gegenübers entstanden sind. Insbesondere entsprechend letzterer Überlegung und angesichts der Tatsache, dass in verhältnismäßig weiten Grenzen sogar das Erklärungsbewusstsein des Kaufmanns bei einem entsprechenden Vertrauen seines Gegenübers auf den Bestand der objektiv vorliegenden Erklärung als verzichtbar angesehen wird, ist zu folgern, dass auch der mit der Verwendung von Allgemeinen Geschäftsbedingungen häufig verbundenen Fehleinschätzungsgefahr im Hinblick auf die Rechtfertigung der Inhaltskontrolle allenfalls eine geringe Rolle zukommen kann, ohne dass gravierende Wertungswidersprüche mit den Grundgedanken des Handelsrechts entstehen.[124] Dem Kaufmann muss auch hier die Lektüre und Prüfung der Allgemeinen Geschäftsbedingungen seines Gegenübers regelmäßig zugemutet und er im Grundsatz für den Inhalt seiner Erklärung verantwortlich gehalten werden, wenn er die entsprechende Sorgfaltsanstrengung unterlassen hat.[125]

Es obliegt ihm damit, den Inhalt der Allgemeinen Geschäftsbedingungen vorab zu prüfen, ihre Tragweite und Bedeutung zu beurteilen und gegebenenfalls ihrer Einbeziehung zu widersprechen oder hinsichtlich einzelner Klauseln abweichende Regelungen anzustreben.[126] Gelingt ihm die anderweitige Regelung

---

[123] Letzteren Aspekt betont für den Bereich der Allgemeinen Geschäftsbedingungen *Eberstein*, Die zweckmäßige Ausgestaltung von Allgemeinen Geschäftsbedingungen, S. 36; ähnlich *Berger,* NJW 2001, 2152, 2153.

[124] Insoweit trifft die Aussage zu, die „geringere AGB-rechtliche Schutzbedürftigkeit" stelle eine „besondere Ausprägung (der) allgemein geringeren Schutzbedürftigkeit" dar, vgl. *Pfeiffer*, NJW 1999, 169, 170; ähnlich *Lutz,* AGB-Kontrolle im Handelsverkehr, S. 3 f.

[125] So im Ergebnis auch *Alisch,* JZ 1982, 706, 707; *M. Wolf,* Rechtsgeschäftliche Entscheidungsfreiheit, S. 16; *Lindacher,* BB 1972, 296, 298 weist darauf hin, dass die Verwendung Allgemeiner Geschäftsbedingungen für den Kaufmann, der um ihre Gefährlichkeit wissen muss, nicht verminderte, sondern gesteigerte Sorgfalt verlangt.

[126] Dies wird in der Praxis auch vollzogen. So sind etwa in den Einkaufsabteilungen großer Wa-

nicht, obwohl er die Nachteile und Risiken der Klausel erkennt, ist die Ursache hierfür jedenfalls nicht mehr in einer Fehleinschätzung zu suchen.

Hinzu kommt, dass der tatsächlichen Problematik insoweit bereits durch die Einbeziehungskontrolle in erheblichem Maße abgeholfen ist. Wie gesehen, werden Vertragsbedingungen nicht Bestandteil der Vereinbarung, wenn der Verwender nach Treu und Glauben die auf den Vertragsschluss gerichtete Erklärung des Kunden nicht als Einverständnis verstehen darf, was regelmäßig dann der Fall ist, wenn der Kunde sie nicht zumutbar wahrnehmen kann. Zudem ist auch der kaufmännische Kunde vor überraschenden Klauseln durch § 305c I BGB geschützt. Die Gefahren einer Fehlvorstellung oder unterlassenen Vorstellung vom Inhalt der Allgemeinen Geschäftsbedingungen sind hierdurch bereits vermindert.

Das Fehleinschätzungselement erweist sich daher in seiner Verwertbarkeit für die Inhaltskontrolle im kaufmännischen Verkehr als tendenziell schwach. Seine Bedeutung muss jedoch nicht vollständig ausgeschlossen werden. Eine ohne Wertungswidersprüche aufrechtzuerhaltende Daseinsberechtigung verbleibt in Fällen, wo die Folgen einer Fehleinschätzung, deren Gefahr durch die Verwendung der Allgemeinen Geschäftsbedingungen erhöht ist, für den Kaufmann auch unter Berücksichtigung seiner grundsätzlich erhöhten Selbstverantwortung und Verantwortlichkeit für Fehler der Willensbildung unzumutbar wären, wobei insbesondere die Bedeutung der Klausel für das Geschäft, die Bedeutung des Geschäfts für den Kaufmann und der Verursachungsbeitrag des Verwenders, also die näheren Umstände der AGB-Verwendung, eine Rolle spielen können.

Diese Berücksichtigung im Rahmen der Inhaltskontrolle steht auch nicht im Widerspruch zu der Tatsache, dass bereits die Einbeziehungskontrolle die zumutbare Wahrnehmungsmöglichkeit zum Erfordernis der Geltung der betreffenden Klausel macht. Diese Regelung ist gemäß der sich ergänzenden Funktion der Inhalts- und Einbeziehungskontrolle nicht abschließend.[127] Vielmehr kann auch ein rechtsgeschäftlich im Grundsatz tragfähiger Wille Schwächen aufweisen, die es erlauben, der Selbstverantwortung des Erklärenden und damit der inhaltlichen Reichweite der Erklärung Grenzen zu setzen.

Völlig unangebracht wäre es allerdings, auch im kaufmännischen Bereich von einem typischen Vorliegen einer relevanten Fehleinschätzungsgefahr bereits aufgrund der Verwendung Allgemeiner Geschäftsbedingungen auszugehen.[128]

---

renhauskonzerne, die mitunter als eigene Einkaufsgesellschaften ausgestaltet sind, bestimmte fachlich qualifizierte Personen zu einem wesentlichen Teil ihrer Arbeit mit der Prüfung der Geschäftsbedingungen potentieller Lieferanten befasst.

[127] Dazu oben 1. Kapitel: IV. 3. und 2. Kapitel: III. 3. f) aa).

[128] So aber, allerdings ohne Auseinandersetzung mit den entsprechenden handelsrechtlichen Regelungen, *Lieb*, AcP 178, 196, 202 (anders allerdings *ders.*, aaO., S. 200 für die wirtschaftliche Unterlegenheit).

Die für den Verbraucherbereich zulässige Annahme, dem Kunden könne die Lektüre und Beachtung der Allgemeinen Geschäftsbedingungen des Verwenders generell nicht oder nur eingeschränkt zugemutet werden, stünde in diametralem Gegensatz zu der Rolle des Kaufmanns im Handelsrecht und insbesondere der dort zum Ausdruck kommenden Erhöhung seiner rechtsgeschäftlichen Selbstverantwortung.[129]

b) Das Druckelement

Besonderheiten des kaufmännischen Verkehrs bestehen schließlich auch hinsichtlich des ebenfalls in der ratio der Inhaltskontrollregeln vorhandenen Elements des Schutzes vor einer Willensbeeinflussung durch Druck. Es wurde bereits festgestellt, dass eine solche unbeschadet weiterer Voraussetzungen nur als relevant erkannt werden kann, wenn dem Erklärenden ein Ausweichen nicht zumutbar ist.[130] Hier sind zwar die gesetzlichen Sonderregeln für Kaufleute in ihren unmittelbaren Regelungsgedanken weniger ergiebig als bezüglich des Aspektes der Fehleinschätzung.[131] Jedoch wurde bereits darauf hingewiesen, dass die dem Kaufmann abverlangte höhere Eigensorgfalt auch im Bereich der Vermeidung der Beeinflussung durch Druck, insbesondere hinsichtlich der Zumutbarkeit der Erforschung und Wahrnehmung von Ausweichmöglichkeiten, nicht unberücksichtigt bleiben darf, so dass sich diesbezüglich Unterschiede in den Anforderungen an die Vermeidbarkeit der Drucksituation und ihrer Folgen ergeben.[132] Obwohl das Druckelement daher zur Begründung der Inhaltskontrolle im Handelsverkehr grundsätzlich tauglich ist, müssen auch hier die Besonderheiten des Handelsverkehrs zu wesentlich anderen Maßgaben gegenüber dem gesetzlichen Grundfall des Verbraucherkunden führen. Konkret bedeutet dies zum einen, dass dem Kaufmann im Grundsatz die Erforschung des Marktes und die Erkundung von Ausweichmöglichkeiten zugemutet werden kann.[133] Diese Notwendigkeit ergibt sich im Übrigen bereits aus seinem Bedürfnis, wettbewerbsfähig zu bleiben und zu möglichst günstigen Preisen seinen Bedarf zu decken. Es besteht kein praktischer Grund, diesen Grundsatz nicht auch auf mit zumutbarem Aufwand erkennbare Bedingungen zu erstrecken.[134]

---

[129] Im Ergebnis insoweit ähnlich *Alisch,* JZ 1982, 706, 709, der darauf abstellt, dass der Handelsverkehr mehr Selbstbehauptung verlange und insbesondere die Annahme nicht zutreffe, der Kunde sei nicht in der Lage, seine Interessen selbständig zu wahren.

[130] Oben 2. Kapitel: III. 3. f) bb) (5).

[131] Immerhin ist in der Ausnahme von dem Überrumplungsschutz bei Haustürgeschäften ein Verzicht auf Schutz vor einem gewissen psychologischen Druck erkennbar.

[132] Nur vereinzelt scheint jede besondere Ausweichmöglichkeit des Kaufmanns verleugnet zu werden, vgl. etwa *Baudenbacher,* JA 1987, 217, 224.

[133] *Lindacher*, BB 1972, 296, 299; ähnlich *Reich*, 50. DJT, H 88, der in Bezug auf die Marktteilnahme anmerkte: „Die Rolle des Verbrauchers (...) ist reaktiv, die des Unternehmers ist aktiv".

[134] Ähnlich *Karatzenis*, § 9 AGBG im Handelsverkehr, S. 38, der dem Kaufmann zutreffend eine

Einen wesentlichen Unterschied begründen zudem die tatsächlichen Besonderheiten des Handelsverkehr, die vor allem auf dem Primat des wirtschaftlichen Interesses gründen und zusätzliche Möglichkeiten eröffnen, die Auswirkungen nachteiliger Klauseln und damit der Drucksituation zu vermeiden und der Durchsetzung der betreffenden Klausel damit die Missbilligung zu nehmen.[135] Gerade im Hinblick auf seine erhöhte Selbstverantwortung muss der Kaufmann von diesen ihm gegenüber dem Verbraucher zusätzlich zur Verfügung stehenden Vermeidungsmöglichkeiten hinsichtlich aus einer Klausel erwachsender Nachteile Gebrauch machen. Ein Nachteil, der den Kaufmann aufgrund der unterlassenen Wahrnehmung solcher Maßnahmen trifft, ist von der Rechtsordnung nicht zu missbilligen und kann insbesondere in der abwägenden Interessenausgleichung nicht dem Verwender angelastet werden.

Ebenso wie hinsichtlich des Fehleinschätzungselements verbietet sich damit eine Typisierung des Beeinträchtigung der Fremdbestimmung auf der Grundlage der Annahme typischer Willensbeeinflussung durch Druck.[136] Bereits für den Verbraucherkunden konnte diese Annahme nur ergänzend zu der Typisierung einer Fehleinschätzungsgefahr erfolgen, die, wie gesehen, im kaufmännischen Verkehr unzulässig ist. Bezüglich der Annahme einer typischerweise vorliegenden Drucksituation besteht das zusätzliche Problem, dass diese eben nicht aus der Verwendung der Allgemeinen Geschäftsbedingungen selbst folgt, sondern sich letztere lediglich als Mittel zum Zweck anbietet und daher häufig in Ausnutzung einer Drucksituation erfolgen wird. Werden zusätzlich die im Handelsverkehr gegebenen Ausweich- und Vermeidungsmöglichkeiten in Betracht gezogen, deren Ausschöpfung das Gesetz dem Kaufmann aufgrund seiner erhöhten Selbstverantwortung regelmäßig abverlangt, wird deutlich, dass das Vorliegen einer relevanten und vom Gesetz zu missbilligenden Drucksituation in diesem Bereich keinesfalls als typisch angenommen werden darf, sondern konkret zu begründen ist.

Obliegenheit zur Ausnutzung eines bestehenden Konditionenwettbewerbs auferlegt, diese allerdings ihre Grenze in der intellektuellen Überforderung des Kaufmannes finden lassen will, was im Hinblick auf die von der Rechtsordnung normativ vorausgesetzten Erwartungen an den Kaufmann nicht haltbar ist.

[135] Insoweit trifft es zu, wenn *Helm,* BB 1977, S. 1109, darauf hinweist, dass die strengen Unwirksamkeitsanordnungen der §§ 10, 11 AGBG (heute §§ 308, 309 BGB) auf den Schutz von Personen zielen, die „ihre Vertragsrisiken nicht global kalkulieren oder weitergeben können"; auch *Berger,* NJW 2001, 2152, 2153, stellt fest, der Kaufmann sei besser in der Lage, sich gegen die nachteiligen Wirkungen einer Klausel abzusichern; *Wolf*/Horn/Lindacher § 9 Rz. 375 spricht von einer gesteigerten „Fähigkeit zur Nachteilsvermeidung" des Unternehmers.

[136] Ähnlich *Lieb,* AcP 178, 196, 200, der das Problem allerdings auf die wirtschaftliche Unterlegenheit beschränkt.

c) Fazit: Auswirkungen auf das Verständnis der ratio legis des § 307 BGB im Handelsverkehr

Die vorstehend festgestellten dogmatischen Auswirkungen der Besonderheiten des Handelsverkehrs zeigen, dass die ratio legis der Inhaltskontrolle für den Fall des kaufmännischen Adressaten nicht deckungsgleich mit derjenigen ist, die hinter der gesetzlichen Regelung für den Verbraucheradressaten steht, wie sie auch in den Klauselverboten zum Ausdruck kommt.

Dies ist der Grund, weshalb selbst einige Verfechter weitgehender Ansätze zur Begründung der Inhaltskontrolle Allgemeiner Geschäftsbedingungen dem kaufmännischen oder Unternehmerverkehr wegen seiner Besonderheiten eine Sonderrolle zukommen lassen wollen. *M. Wolf* stellt fest, die Möglichkeit freier Entscheidung über Allgemeine Geschäftsbedingungen könne „insbesondere im Verhältnis zwischen Unternehmern" bestehen.[137] *Fastrich* sieht immerhin einen gewissen Widerspruch zwischen der generellen Zuweisung eines höheren Maßes an Selbstverantwortung an den Kaufmann und seiner Einbeziehung in die Inhaltskontrolle[138], hält diesen aber letztlich nicht für entscheidend, da in beiden Fällen nach seinem Modell die „Richtigkeitsgewähr" versage.[139] Sogar *L. Raiser* ist im Rahmen seiner reformierten Missbrauchsthese der Ansicht, „wirtschaftlichen Unternehmern" könne „im Allgemeinen auch die volle Verantwortung für die von ihnen eingegangenen Verträge zugemutet werden".[140] *Medicus,* der einem Eingriff in die Vertragsfreiheit der Parteien auch im Grundsatz zurückhaltender gegenübersteht, merkt an, die bei der Verwendung Allgemeiner Geschäftsbedingungen bestehende Ungleichgewichtslage treffe den Kaufmann weniger schwer.[141]

Obwohl sich die Inhaltskontrollregeln hier wie dort als typisierende Grenzen der Selbstverantwortung des Kunden begreifen lassen, vollzieht das Gesetz durch die generelle Typisierung im Verbraucherbereich eine unwiderlegliche Vermutung der Überforderung der Selbstverantwortung durch die Situation der AGB-Verwendung an sich, wie sie für den Handelsverkehr nicht in Frage kommt.[142] Ob angesichts dieser Unterschiede die Behauptung einer einheitlichen ratio legis[143] im Hinblick darauf, dass immerhin in allen Fällen der Schutz der Selbstbe-

---

[137] Rechtsgeschäftliche Entscheidungsfreiheit, S. 231; ähnlich FS 50 Jahre BGH, S. 111, 121 allerdings unter Anknüpfung an das Merkmal des Aushandelns.

[138] Auf diesen wies vor Erlass des AGB-Gesetzes bereits *Trinkner,* BB 1973, 1501, 1502, hin.

[139] Richterliche Inhaltskontrolle, S. 244.

[140] JZ 1958, 1, 7.

[141] *Medicus*, FS Münchener Juristische Gesellschaft 1996, S. 9, 19.

[142] Gegen die Annahme einer generellen Schutzbedürftigkeit von Kaufleuten gegenüber Allgemeinen Geschäftsbedingungen auch *Nicklisch,* BB 1974, 941, 946, der ebenfalls auf eine Beeinträchtigung der Selbstbestimmung abstellt (S. 942).

[143] Zu diesem Verständnis der herrschenden Literatur und Rechtsprechung oben 1. Kapitel: III. 2.

stimmung des Kunden beabsichtigt ist, noch Sinn macht, kann dahingestellt bleiben.

Jedenfalls liegt der richtig verstandenen Regelungsabsicht des Gesetzes für den Verbraucherkunden mit der generelle Typisierung der Schutzbedürftigkeit gegenüber Allgemeinen Geschäftsbedingungen ein wesentlicher zusätzlicher Gedanke zugrunde, dessen Fehlen im kaufmännischen Verkehr maßgeblich berücksichtigt werden muss. Keinesfalls kann daher auf der Grundlage der Behauptung eines einheitlichen Grundes für die Inhaltskontrolle ein wesentlicher Gleichlauf in beiden Bereichen gefordert oder die Berücksichtigung geringerer Schutzbedürftigkeit des kaufmännischen Kunden rein auf inhaltliche Aspekte der Unangemessenheit beschränkt[144] oder gar geleugnet[145] werden.

2. Die Grundsätze der Inhaltskontrolle im Handelsverkehr

Nachdem somit festgestellt ist, welche grundsätzlichen Auswirkungen die Besonderheiten im Handelsverkehr hinsichtlich der ratio der Inhaltskontrollregeln auf dogmatischer Ebene haben, können nun zunächst die für die stimmige Ausgestaltung der Inhaltskontrolle zu berücksichtigenden Grundsätze zusammengefasst werden. Entsprechend der Natur der Generalklausel hat deren letztendliche Ausfüllung im Wege einer den aufgezeigten Prinzipien entsprechenden Anwendung durch die Rechtsprechung und unter Diskussion deren Ergebnisse in der Wissenschaft zu erfolgen, wobei erforderlichenfalls die gefundenen Grundsätze weiter zu ergänzen oder zu modifizieren sind.[146]

a) Der Grundsatz der restriktiven Handhabung der Inhaltskontrolle

Angesichts der Zurückhaltung, die das Gesetz gegenüber denjenigen Gedanken, die der Inhaltskontrolle Allgemeiner Geschäftsbedingungen zugrunde liegen, im Handelsverkehr übt, ist in der Anwendung dieser Regeln unbedingt das Bewusstsein erforderlich, dass es sich bei ihr, besonders soweit die Zustimmung zu den Allgemeinen Geschäftsbedingungen auf einer Fehleinschätzung beruht, um eine rechtliche Ausnahmesituation handelt, während im Grundsatz der Kaufmann für den Erklärungsgehalt seines Handelns einzustehen hat und sich auf Fehleinschätzungen weitestgehend nicht berufen kann.

Auch kann das Maß der dem Kaufmann im Hinblick auf seine Erklärung zuzumutenden Nachteile gegenüber dem Verbraucher in Übereinstimmung mit der

---

[144] So die ganz herrschende Meinung, siehe oben 1. Kapitel: III. 2.

[145] Dies tut *Schmidt-Salzer*, NJW 1977, 129, 137.

[146] Insbesondere Staudinger/*Coester* § 9 AGBG Rz. 74, weist auf das Erfordernis langjähriger Kasuistik und wissenschaftlicher Diskussion und Systematisierung zur Ausfüllung der Generalklausel hin.

dahingehenden gesetzlichen Grundwertung weit höher ausfallen, wobei im Grundsatz das Vertrauen des Verwenders darauf zu schützen ist, der einer Zustimmung zur Einbeziehung seiner Allgemeinen Geschäftsbedingungen zugrunde liegende Wille sei in gültiger Weise gebildet worden.

Infolgedessen ist ein restriktiver Umgang insbesondere mit der Regelung des § 307 I BGB geboten.[147] Die unreflektierte Übertragung für den Verbraucheradressaten vorhandener Wertungen verbietet sich schon deswegen.[148] Die Richtigkeit einer Erklärung des Kaufmannes kann noch weit weniger als diejenige des Verbrauchers an inhaltsbezogenen Gerechtigkeitsmaßstäben gemessen werden. Vielmehr steht bei ihr die Verantwortung des Kaufmanns für den Erklärungsgehalt seines Verhaltens im Vordergrund, so dass an die ausnahmsweise Korrektur einer Regelung, der der Kaufmann zugestimmt hat, hohe Anforderungen zu stellen sind. In diesem Sinne ist es richtig, wenn für den kaufmännischen Verkehr gefordert wird, die Inhaltskontrolle auf „greifbare Missstände" zu beschränken.[149] Zur Bewältigung von Extremfällen steht dem Gesetz daneben § 138 I BGB zur Verfügung, der einen Eingriff in den Vertrag auch unabhängig von der Feststellung einer spezifischen rechtsgeschäftlichen Störung erlaubt.

b) Das Gebot des Verzichts auf eine generelle Typisierung der Überforderung der Selbstverantwortung

aa) Die Unstimmigkeit der generellen Typisierung

Insbesondere gilt dies für den Umfang, in dem für den kaufmännischen Kunden die unwiderlegliche Vermutung einer relevanten Beeinträchtigung der Selbstbestimmung durch die Verwendung von Allgemeinen Geschäftsbedingungen aufrechterhalten werden kann, welche es für den Verbraucherkunden erlaubt, eine Klausel allein wegen ihres benachteiligenden Inhalts für unwirksam zu erklären.[150] Eine solche Typisierung kann, soweit sie wie für den Verbraucheradressaten genereller Natur ist, für den kaufmännischen AGB-Kunden nicht vorgenommen werden. Dies gilt, wie bereits in der Auseinandersetzung mit den

---

[147] Trotz der im Ansatz begrüßenswerten Tendenz der Kommentierung *M. Wolfs* in Wolf/Horn/Lindacher § 9, die Besonderheiten des kaufmännischen Verkehrs auch in grundsätzlicher Weise zu berücksichtigen, ist es daher unzutreffend, wenn er zu dem Ergebnis kommt, das Erfordernis der Schnelligkeit und Flexibilität des Handelsverkehrs könne eine verstärkte Inhaltskontrolle verlangen (aaO. Rz. 124).

[148] Zu den diesbezüglich vertretenen Ansichten insbesondere oben 1. Kapitel: III. 2. a) aa) (1).

[149] So *Alisch*, JZ 1982, 706, 709; dabei sei auch das rechtspolitisch im Handelsverkehr verfolgte Ziel im Auge zu behalten, die Selbstverantwortung der Beteiligten zu stärken und keine Bevormundung auszuüben, die dem Handelsverkehr wesensfremd sei.

[150] Oben 2. Kapitel: III. 3. f) cc); zu der gleichwohl bestehenden Zulässigkeit einer Fallgruppenbildung sogleich 3. Kapitel: II. 4.

dogmatischen Folgerungen aus den Besonderheiten des Handelsverkehrs aufgezeigt wurde[151], sowohl hinsichtlich des Druck- als auch hinsichtlich des Fehleinschätzungselements und ebenso für ein etwaiges Zusammenwirken beider Aspekte. Jedenfalls haben nämlich die Folgen einer Fehleinschätzung regelmäßig unbeachtlich zu bleiben und können eine Typisierung, die gerade auf einer umgekehrten Annahme basiert, nicht stützen.[152] Die bezüglich der verbleibenden Gefahr der Ausübung von Druck unter Verwendung der Allgemeinen Geschäftsbedingungen einer typisierenden Aussage entgegenstehenden Gründe wurden bereits genannt.[153]

bb) Die Notwendigkeit der Feststellung der Überforderung der Selbstverantwortung

Aufgrund des Fehlens einer dogmatisch schlüssigen, allein an die Verwendung Allgemeiner Geschäftsbedingungen anknüpfenden generellen Typisierbarkeit der Beeinträchtigung der Selbstbestimmung und Überforderung der Selbstverantwortung des kaufmännischen AGB-Kunden ist letztere im Grundsatz konkret festzustellen, bevor die Frage des Klauselinhalts relevant werden kann. Anders als es das Gesetz in den Klauselverboten vollzieht und es aufgrund des darin liegenden Typisierungsgedankens auch in Anwendung der Generalklausel für den Verbraucher als Adressaten geboten ist, kann deswegen nicht von vornherein eine in Allgemeinen Geschäftsbedingungen vorgesehene Regelung auf die Übereinstimmung mit etwa im dispositiven Recht enthaltenen Gerechtigkeitsgedanken überprüft werden. Infolgedessen ist grundsätzlich eine weitere Ebene der Prüfung hinzuzufügen, in der die Feststellung einer relevanten Beeinträchtigung der Selbstbestimmung erfolgen muss.

cc) Verlust an Rechtssicherheit als Problem des Verzichts?

Einem solchen Verzicht auf eine generelle Typisierung unter alleiniger Anknüpfung an die Tatsache der Verwendung Allgemeiner Geschäftsbedingungen wird mitunter mehr oder weniger pauschal entgegengehalten, er führe zu einem Ver-

---

[151] Oben 3. Kapitel: II. 1.

[152] Ähnlich argumentiert *Alisch*, JZ 1982, 706, 709, wenn er meint, dass der wesentliche Schutzzweck der AGB-Regeln, dem Vertragsteil Schutz zu gewähren, der aus eigener Kraft nicht in der Lage sei, seine Interessen wahrzunehmen, für den Handelsverkehr nicht zutreffe; ferner im Ergebnis auch *Karatzenis*, § 9 AGBG im Handelsverkehr, S. 42: „Die Schutzbedürftigkeit des Vertragspartners des Verwenders darf im Handelsverkehr nicht ‚vermutet' werden"; es ist daher unzutreffend, wenn *Schmidt-Salzer*, NJW 1977, 129, 137, meint, eine über §§ 10, 11 AGBG (nunmehr §§ 308, 309 BGB) hinausgehende Differenzierung zwischen Kaufleuten und Nichtkaufleuten sei unzulässig, da „die Aussage des AGB-Gesetzes nicht darauf gerichtet (sei), dass Kaufleute weniger schutzbedürftig wären als Nichtkaufleute".

[153] Oben 3. Kapitel: II. 1. b).

lust eines unverzichtbaren Maßes an Rechtssicherheit und sei daher unzulässig.[154]

Dieser Einwand vermag aus verschiedenen Gründen nicht zu überzeugen. Zum einen stellt auch die Rechtssicherheit kein absolutes Prinzip dar, sondern ist im Zusammenhang mit anderen Richtigkeitsprinzipien des Gesetzes und daher insbesondere auch der Selbstbestimmung und Selbstverantwortung der Parteien zu sehen.[155] Wenn auch im Interesse der Rechtssicherheit in typischerweise zu Unrichtigkeit führenden Situationen eine pauschale Annahme der Unrichtigkeit durch Typisierung auch um den Preis zulässig ist, dass ihr Ergebnis im hingenommenen Widerspruch zu einzelnen (entgegen der typischen Situation „richtigen“) Fällen steht, kann dies keinesfalls gelten, wo eine solche Typizität nicht festzustellen ist. Es entspricht nicht einer sinnvollen Regelungstechnik des Gesetzes, eine sachlich nicht einmal regelmäßig richtige Beurteilung des Verhältnisses der Parteien nur deswegen zwingend vorzuschreiben, weil die Parteien sie dann von Anfang an kennen.

Zudem hat die bisherige Entwicklung insbesondere der Rechtsprechung[156] gezeigt, dass auch durch den Versuch der vereinheitlichenden Regulierung Rechtssicherheit auf dem Gebiet der Allgemeinen Geschäftsbedingungen nicht erzielbar ist.[157] Hier können verlässliche und klare Prinzipien Planbarkeit und Nachvollziehbarkeit schaffen, wo der abschließenden Aufzählung unzulässiger Klauseln ebenso Grenzen gesetzt sind wie einer generellen Billigkeitskontrolle des vertraglichen Ergebnisses anhand vager Begriffe wie denen des Missbrauchs der Vertragsfreiheit, der Vertragsparität oder des Ungleichgewichts der Parteien.[158] Die dadurch entstehende Undurchsichtigkeit wirkt sich letztlich auch zuungunsten derjenigen Personen aus, die eigentlich geschützt werden sollen.[159]

Schließlich bedeutet der Verzicht auf die generelle Typisierung nicht den Verzicht auf jede Art der generalisierenden Betrachtung, da in engeren Grenzen etwa die Bildung von Fallgruppen, in denen eine relevante Beeinträchtigungslage angenommen oder vermutet wird, möglich bleibt. Durch sie kann eine sachge-

---

[154] *Fikentscher*, FS Hefermehl 1971, S. 41, 49, gegenüber dem Ansatz *M. Wolfs*, Rechtsgeschäftliche Entscheidungsfreiheit (s.o. 2. Kapitel: III. 3. f) bb) (3)); zaghaft zustimmend *Drexl*, Wirtschaftliche Selbstbestimmung, S. 40; *Lutz*, AGB-Kontrolle im Handelsverkehr, S. 8.

[155] Insoweit zutreffend *Schmidt-Rimpler*, AcP 147, 130, 132 ff.

[156] Dazu oben 1. Kapitel: III. 2. a) bb) und 1. Kapitel: III. 2. b).

[157] So auch *Baudenbacher,* JA 1987, 217, 224.

[158] Auf die durch die unbestimmte Begrifflichkeit auch in Bezug auf die AGB-Regeln entstehende Rechtsunsicherheit weist ausdrücklich *Medicus*, FS Münchener Juristische Gesellschaft 1996, S. 9, 23, hin; den Zusammenhang zwischen nicht exakt zu definierender Begrifflichkeit und Verlust an Verkehrssicherheit stellt auch *Lindacher,* BB 1972, 296, 298, heraus.

[159] *Medicus*, FS Münchener Juristische Gesellschaft 1996, S. 9, 23, der insbesondere auf die Gefahr langwieriger Rechtsstreitigkeiten mit ungewissem Ausgang hinweist.

rechte Verteilung der Darlegungs- und Beweislast für das Vorliegen einer relevanten Beeinträchtigung der Selbstverantwortung erfolgen, die der Vorausseh-barkeit der richterlichen Entscheidung und damit der Erfolgsaussichten der Verteidigung gegen die Klausel zuträglich sind.[160] Durch die Bildung derartiger Beweisregeln kann Rechtssicherheit auch in materieller Hinsicht geschaffen werden, da für den Verwender ersichtlich ist, dass er mangels besonderer Umstände des Einzelfalls auf die Wirksamkeit einer unter den jeweiligen Umständen einbezogenen Klausel jedenfalls nicht vorbehaltlos vertrauen kann. Zudem bietet die Regelung des § 307 II BGB die Möglichkeit einer sachgerechten Beweislastverteilung für grob inhaltlich nachteilige Klauseln.[161]

Jedenfalls kann durch die grundsätzliche Herausnahme selbstverantwortlich vereinbarter Allgemeiner Geschäftsbedingungen aus der Angemessenheitsprüfung zumindest für den kaufmännischen Verkehr die Unsicherheit der inhaltlichen Beurteilung auf die rechtsgeschäftlich problematischen Fälle beschränkt werden, was wiederum dem Bedürfnis des Handelsverkehrs nach Verlässlichkeit gerecht wird, welches das Gesetz auch auf Kosten höherer Selbstverantwortung des Kaufmanns verwirklicht.[162]

3. Die Voraussetzungen der Klauselunwirksamkeit

a) Die unangemessene Benachteiligung gemäß § 307 I BGB

Nachdem sich damit im kaufmännischen Verkehr das alleinige Anknüpfen an den Inhalt der in den Allgemeinen Geschäftsbedingungen enthaltenen Regelung zur Beurteilung ihrer Wirksamkeit verbietet, ist ein geeigneter Weg zu finden, die erforderliche Berücksichtigung der relevanten Beeinträchtigung des Willens des Kunden durch den Verwender in die Inhaltskontrolle einfließen zu lassen.

aa) Die Bedeutung der Selbstverantwortung für die Angemessenheit der benachteiligenden Regelung

Dafür bietet sich das Merkmal der unangemessenen Benachteiligung in § 307 I BGB an. Es wurde bereits darauf hingewiesen, dass die Voraussetzungen einer unangemessenen Benachteiligung im Sinne des § 307 BGB nicht allein inhaltsbezogen verstanden werden müssen, sondern sogar das Gesetz selbst in § 310 III Nr. 3 BGB für den Verbraucherkunden ausdrücklich die Möglichkeit vorsieht, „die den Vertragsschluss begleitenden Umstände" bei der Frage der unangemes-

---

[160] Dazu sogleich 3. Kapitel: II. 4.

[161] Dazu näher unten 3. Kapitel: II. 4. a).

[162] Vgl. insbesondere oben 3. Kapitel: I. 1. f).

senen Benachteiligung zu berücksichtigen.[163] Es bedarf daher zu dem hier verfolgten Ziel der tatbestandlichen Verortung der erforderlichen Feststellung einer relevanten Willensbeeinträchtigung des Kunden in dem Merkmal der Unangemessenheit nicht etwa einer teleologischen Reduktion des § 307 BGB.[164] Vielmehr ist dieses bereits tatbestandlich so zu verstehen, dass die Benachteiligung des kaufmännischen Kunden durch eine in Allgemeinen Geschäftsbedingungen enthaltene Klausel nur dann unangemessen ist, wenn sie nicht auf einem ihm selbstverantwortlich zurechenbaren und frei von relevanten Beeinträchtigungen gebildeten Willen beruht.[165] Eine solche Zustimmung ist in ihren Wirkungen somit etwa dem tatbestandsausschließenden Einverständnis im Strafrecht vergleichbar.[166]

Die Annahme einer unangemessenen Benachteiligung setzt daher stets die Überschreitung der Grenzen der Selbstverantwortung voraus. Dies gilt im Übrigen ebenso für den Verbraucher-Kunden, wirkt sich dort wegen der generell-typisierenden Betrachtung jedoch nicht aus, da die Überschreitung der Grenzen der Selbstverantwortung dort bereits angesichts der Verwendung Allgemeiner Geschäftsbedingungen unwiderleglich vermutet wird.

bb) Relevante Beeinträchtigung der Selbstbestimmung und benachteiligender Klauselinhalt im beweglichen System der Interessenabwägung

Innerhalb der Unangemessenheitsprüfung können sich die die Selbstverantwortung überfordernden Umstände und der Inhalt der überprüften Klausel gegenseitig als Teile eines beweglichen Systems beeinflussen.

Wie gesehen, rechtfertigt die relevante Erhöhung der Fehleinschätzungsgefahr oder Ausübung von Druck durch den Verwender auf Seiten des Kunden die Einschränkung seiner Verantwortlichkeit für die auf ihr beruhende zustimmende Erklärung, die in Form der Begrenzung der inhaltlichen Reichweite seiner Erklärung vollzogen wird. *Bydlinski* ist die Erkenntnis zu verdanken, dass einer solchen Konstellation ein Zusammenhang zwischen dem Grad der Willensbeeinflussung und der Reichweite des rechtsgeschäftlichen Willens in der Weise besteht, dass es auf die inhaltliche Ausgewogenheit der Regelung um so weniger ankommt, „je unmittelbarer die Rechtsfolge vom Willen getragen ist und je besser die Willensbildung qualifiziert ist.“[167] Dies entspricht in der Tat dem Kon-

---

[163] 2. Kapitel: II. 2. b).

[164] Auch diese wäre aber ansonsten möglich.

[165] *Medicus*, FS Münchener Juristische Gesellschaft 1996, S. 9, 19, hat diesbezüglich bereits auf die Möglichkeit hingewiesen, „in dem Urteil über die Unangemessenheit der Benachteiligung“ zu berücksichtigen, „dass das konkret vorliegende Ungleichgewicht erheblich hinter dem typischerweise vorausgesetzten zurückbleibt“.

[166] Vgl. dazu Tröndle/*Fischer* vor § 32 Rz 3a.

[167] Privatautonomie, S. 174.

zept der abwägenden Interessenausgleichung, welches der ratio des § 307 I und II BGB zugrunde liegt, und lässt sich in die bereits nach dem heute herrschenden Verständnis erforderliche „umfassende Abwägung der beiderseitigen Interessen der Vertragspartner im Hinblick auf die fragliche Klausel“[168] methodisch mühelos eingliedern.

Freilich ist auch hier entsprechend den Erkenntnissen aus dem Recht der Willensmängel wiederum nicht auf den Grad der tatsächlichen, sondern der mit zumutbaren Anstrengungen möglichen Willensbildung abzustellen, um dem Prinzip der Selbstverantwortung des Erklärenden Rechnung zu tragen. Dennoch gilt, dass der Verwender sich in Allgemeinen Geschäftsbedingungen um so weiter von dem Leitbild des dispositiven Rechts und der Äquivalenz des Leistungsaustausches entfernen und auf eine ordnungsgemäße Willensbildung des Kunden vertrauen darf, je weniger er in zu beanstandender Weise auf die Willensbildung des Kunden Einfluss nimmt. Umgekehrt setzt die bindende Zustimmung des Kunden zu einer seine Interessen gravierend beeinträchtigenden Regelung in Allgemeinen Geschäftsbedingungen regelmäßig die Möglichkeit einer durch den Verwender zumindest weitgehend unbeeinflussten und in diesem Sinne freien Willensbildung des Kunden voraus.

Die erforderliche Intensität einer die Wirksamkeit der Klausel hindernden Willensbeeinträchtigung, konkret also der Grad der dem Verwender zurechenbaren Fehleinschätzungsgefahr oder Angewiesenheitslage des Kunden hängt also von dem Inhalt der beanstandeten Klauseln ab, zusammen mit welchem er in eine umfassende Abwägung der beiderseitigen Interessen einzustellen ist. Je weitergehende Folgen der Verwender an die Zustimmung des Kunden zu seinen Allgemeinen Geschäftsbedingungen knüpfen will, desto mehr muss er sich einer Einflussnahme auf dessen Willensbildung enthalten.

cc) Die Relevanz von Ausweichmöglichkeiten

Auswirkung auf die Frage der unangemessenen Benachteiligung haben gerade mit Blick auf die gesteigerten Vermeidungsobliegenheiten des Kaufmanns auch dessen zusätzliche Möglichkeiten, die aus einer Regelung zu erwartenden Nachteile und Risiken etwa durch Kalkulation oder Abschluss einer Versicherung aufzufangen und auszugleichen.[169]

Im Rahmen der Prüfung einer unangemessenen Benachteiligung sind daher grundsätzlich nur solche Nachteile und Risiken zugrunde zu legen, die der Kaufmann auch bei ordnungsgemäßer Sorgfaltsanstrengung zur Ausschöpfung

---

[168] Vgl. zur heute h.M. Staudinger/*Coester* § 9 AGBG Rz. 74 mit Verweis unter anderem auf BGH NJW 1982, 644; 1986, 846, 847; 1988, 55, 57 und 1988, 258, 259; ähnlich MüKo/*Basedow* § 307 Rz. 31 ff.; *Wolf*/Horn/Lindacher § 9 Rz. 113.

[169] Siehe dazu im Einzelnen oben 3. Kapitel: I. 2. b).

seiner Möglichkeiten nicht vermeiden konnte. Für alle sonstigen muss zusätzlich eine Einschränkung gemacht werden, wenn und soweit dem Verwender der Vorwurf der Verschleierung durch Erhöhung der Fehleinschätzungsgefahr gemacht werden kann. Kalkulieren oder versichern kann der Kaufmann nur solche Regelungen, die er mit ordnungsgemäßer Sorgfalt erkennen und zutreffend einschätzen kann. Dies muss sich allerdings mit der Frage der zutreffenden Wahrnehmung bei Vertragsschluss nicht decken. Entsprechende Maßnahmen können auch in dem Fall noch getroffen werden, dass der Kaufmann die betreffende Regelung erst nach Vertragsschluss entdeckt, etwa weil der Verwender ihn nachträglich auf die Regelung aufmerksam macht oder weil die Vertragsdurchführung die erneute Befassung mit dem Vertragsinhalt erforderlich macht.

Eine Sonderstellung nehmen dabei jedenfalls solche Nachteile und Risiken ein, die der Kaufmann bei Vertragsschluss kennt und die ihrer Natur nach einer kaufmännischen Kalkulation zugänglich sind.[170] Sie belasten ihn regelmäßig nicht mehr als ein höherer Preis, welchen die Inhaltskontrollregeln in § 307 III BGB von der Angemessenheitsprüfung explizit ausnehmen. Schließt der Kaufmann daher unter wirtschaftlichem Druck einen Vertrag zu ihm bekannten, ungünstigen Bedingungen, die er (etwa als Ausfallquote) kalkulieren kann, sind diese einer Inhaltskontrolle nicht zugänglich. Der betreffende Kunde ist auf den Schutz des Wettbewerbsrechts (§ 134 I BGB i.V.m. § 26 III GWB) oder des § 138 BGB zu verweisen, wo eine Leistungskontrolle zulässig ist.

b) Insbesondere: Die Bedeutung der Klauselverbote

Auch soweit sich die Aufstellung widerleglicher Vermutungen einer relevanten Beeinträchtigung der Selbstbestimmung des kaufmännischen AGB-Kunden zur Beweislastverteilung und die Bildung von Fallgruppen daher zur Ausfüllung der Generalklausel als sinnvoll erweisen, kann bereits festgestellt werden, dass dort keinesfalls eine breite Billigkeitskontrolle Allgemeiner Geschäftsbedingungen unter unbeschränkter und sogar unwiderleglicher Annahme der Überforderung der Selbstverantwortung des Kunden durch die Verwendung Allgemeiner Geschäftsbedingungen erfolgen darf.[171]

---

[170] Dazu oben 3. Kapitel: I. 2. b) bb).

[171] Die weitgefasste Äußerung *Roths* (JZ 2001, 475, 487): „Das AGB-Gesetz erstreckt seinen Schutzanspruch auch auf Kaufleute, da die schutzauslösende Situation die gleiche ist", ist daher nur mit Einschränkungen richtig, da zwar ein Überschneidungsbereich besteht, jedoch für Kaufleute über die Verwendung Allgemeiner Geschäftsbedingungen hinausgehende Umstände zu fordern sind; im Grundsatz zutreffend ist vielmehr die Auffassung *Paulys*, BB 1976, 534, 536, der ebenfalls aus den Rechtsgedanken des Handelsrechts ein grundsätzliches Differenzierungsgebot zwischen kaufmännischen und nichtkaufmännischen Kunden ableitet und eine Feststellung der Vergleichbarkeit der Situation als Voraussetzung der Inhaltskontrolle fordert.

Aus diesem Grund verbietet sich auch jede apriorische Debatte über eine Übertragbarkeit der Wertungen der Klauselverbote der §§ 308, 309 BGB.[172] Ob letztere Gerechtigkeitsgedanken zum Ausdruck bringen, die auch im Handelsverkehr gelten können, ist dort regelmäßig erst in zweiter Linie relevant. Da dies in der Diskussion über die Bedeutung der Klauselverbote weitgehend nicht berücksichtigt wird, ist diese insoweit bereits grundsätzlich fehlgeleitet.[173]

4. Die sachgerechte Verteilung der Darlegungs- und Beweislast

Bisher nur am Rande erwähnt, praktisch jedoch gerade wegen des Verzichts auf die vermeintliche Sicherheit der Klauselverbote von zentraler Bedeutung für die angestrebte Vorhersehbarkeit und Nachvollziehbarkeit der Inhaltskontrolle ist die Frage, wie sich im Falle der gerichtlichen Überprüfung der Wirksamkeit einer Klausel die Beweislast für die der Beurteilung einer unangemessenen Benachteiligung zugrunde liegenden Umstände verteilt.[174] Mit dem Abstellen auf die Einflussnahme des Verwenders auf die Möglichkeit des Kunden zur mangelfreien Willensbildung sowie das Vorliegen von Ausweichmöglichkeiten auf der Ebene der unangemessenen Benachteiligung wird die für den Verbraucherkunden zumeist lediglich auf der Ebene der inhaltlichen Wertung stattfindende Interessenabwägung[175] um Tatsachen ergänzt, die dargelegt und, soweit bestritten, bewiesen werden müssen.

a) § 307 I BGB: Beweislastumkehr infolge des Nachweises typischer Beeinträchtigungslagen

Im Grundsatz hat dabei nach allgemeinen Regeln jede Partei die ihr vorteilhaften Umstände darzulegen und zu beweisen.[176] Beruft sich der Kunde auf die Unwirksam-keit der Klausel, obliegt ihm regelmäßig der Nachweis deren tatsächlicher Voraussetzungen.[177] Die Nichtaufklärbarkeit geht zu seinen Lasten.

Letzterem Grundsatz entspricht die Ausgangsregel des § 307 I BGB, der in klassischer Form die Unwirksamkeit als Rechtsfolge des festzustellenden Tatbe-

---

[172] Oben 1. Kapitel: III. 2. a) aa) und 1. Kapitel: III. 2. a) bb).

[173] Zu den diesbezüglichen systematischen Bedenken schon oben 1. Kapitel: III. 2. b).

[174] Behandelt wird hier ausschließlich der Prozess zwischen Verwender und Kunden. Die gerichtliche Überprüfung nach § 1 UklaG wird von der Untersuchung ausgenommen.

[175] Staudinger/*Coester* § 9 AGBG Rz. 77, 162, weist für diesen Bereich zu Recht darauf hin, dass das Verständnis des § 307 II BGB als Beweislastregel wegen der fehlenden Erheblichkeit von Tatsachen unzutreffend ist (m.w.N.).

[176] Statt aller nur Baumbach/*Hartmann* Anhang § 286 Rz. 10 m.w.N. (insb. auf BGH NJW 1995, 50).

[177] Für die (seltenen) Fälle der Relevanz von Tatsachen nach herrschender Auffassung bereits jetzt Staudinger/*Coester* § 9 AGBG Rz. 77.

stands der unangemessenen Benachteiligung anordnet. Hier gilt daher grundsätzlich das eben Gesagte: Durch den Verzicht auf eine typisierende Annahme der relevanten Beeinträchtigung seiner Selbstbestimmung aufgrund der Verwendung Allgemeiner Geschäftsbedingungen hat der Kunde deren tatsächliche Voraussetzungen darzutun, insbesondere die hierfür erforderlichen Tatsachen vorzutragen und im Bestreitensfall zu beweisen. Dies muss jedoch, wie bereits gesehen, nicht den Verzicht auf jede Form der Typisierung oder Vermutung bedeuten.

aa) Beweislastumkehr infolge Vortrags und Beweises einer typischen Beeinträchtigungslage

Auch von dem kaufmännischen Kunden muss insbesondere nicht zwangsläufig verlangt werden, das kausale Entstehen eines relevanten Mangels in seinem Willen aufgrund des Verwenderverhaltens im Einzelfall vollumfänglich zu beweisen. Vielmehr können unter Reduktion der generellen Typisierung die Anforderungen an Vortrag und Beweis des Kunden als Zugeständnis an die Rechtssicherheit und Praktikabilität auf den Nachweis einer typischen Beeinträchtigungslage herabgesenkt werden, aufgrund derer das tatsächliche Vorliegen einer relevanten Beeinträchtigung seiner Selbstbestimmung entweder typisierend angenommen oder widerleglich vermutet wird. Erforderlich ist dabei wegen des Verzichts auf die generelle Typisierung zunächst, dass die Annahme des regelmäßigen Vorliegens einer relevanten Erhöhung der Fehleinschätzungsgefahr oder Drucksituation an konkrete, über die bloße Verwendung Allgemeiner Geschäftsbedingungen hinausgehende Voraussetzungen gebunden wird, die in Fallgruppen zusammengefasst werden können.[178] Ein solches Vorgehen entspricht im Übrigen der hergebrachten Herangehensweise der Rechtsprechung an die Ausfüllung im Zivilrecht vorhandener Generalklauseln[179] und gründet in der Ermächtigung der Gerichte durch die offene Formulierung des § 307 I BGB, die „Grenzlinie zwischen gebotenem Schutz und privater Freiheit und Selbstverantwortung" zu konkretisieren.[180] Die so verstandene Anwendung der Generalklausel wird den im Handelsverkehr geltenden Grundsätzen weit eher gerecht als die für den Verbraucherkunden durch das Gesetz vorgenommene Regelung.

Weist der Kunde eine entsprechende typische Beeinträchtigungslage nach, kann rechtlich in verschiedener Weise eine Anknüpfung erfolgen. Zum einen könnte bei Vorliegen der typischen Beeinträchtigungssituation auf materieller Ebene

---

[178] Zu möglichen Fallgruppen näher unten 3. Kapitel: II. 4. a) bb).

[179] Als prominentes Beispiel mag § 138 I BGB dienen. Eine sehr deutlich ausgeprägte Typisierung findet sich etwa auch in § 1 UWG, der durch die Rechtsprechung in konkrete Fallgruppen aufgeteilt ist, die im Interesse der Rechtssicherheit zur Orientierung und Systematisierung dienen, vgl. *Köhler*/Piper § 1 UWG Rz. 9

[180] Letztere Funktion der Generalklausel hebt Staudinger/*Coester* § 9 AGBG Rz. 8 hervor.

typisierend die Beeinträchtigung unwiderleglich vermutet werden. Zum anderen ist es denkbar, die Wirkung lediglich auf die Beweissituation beziehen, so dass dem Verwender der Einwand verbleibt, eine relevante Beeinträchtigung liege in Abweichung von dem typischen Fall nicht vor. Dies kann rechtstechnisch entweder in Form einer echten Beweislastumkehr oder durch die Aufstellung eines Erfahrungssatzes erfolgen, der einen Anscheinsbeweis begründet.

Von den Alternativen der starren materiellen Typisierung und der beweisrechtlichen Lösung ist im Hinblick auf den Grundsatz der restriktiven Handhabe der Inhaltskontrolle im kaufmännischen Bereich der letzteren der Vorzug zu geben. Diese gibt dem Verwender immerhin Gelegenheit, im Einzelfall etwa einzuwenden, dass die Möglichkeit ordnungsgemäßer Willensbildung des Kunden entgegen dem typischen Fall hinreichend gegeben war oder der Kunde hinsichtlich der Nachteile der Klausel die zumutbare Möglichkeit zum Ausweichen hatte, und beschneidet daher seine Interessen nicht mehr als notwendig. Umgekehrt wären jedoch die Interessen des Kunden nicht hinreichend gewahrt, wenn dem Vortrag der typischen Beeinträchtigung lediglich die Wirkung eines ersten Anscheins aufgrund eines Erfahrungssatzes zukäme, den der Verwender nicht zu widerlegen, sondern lediglich zu erschüttern bräuchte, um dem Kunden den vollen Beweis wieder aufzubürden. Schafft der Verwender eine Situation, die typischerweise zur relevanten Beeinträchtigung der Selbstbestimmung des Kunden führt, ist es in Ausgleichung der beiderseitigen Interessen gerechtfertigt, ihn die Beweislast für das Nichtvorliegen einer solchen Beeinträchtigung im konkreten Einzelfall tragen zu lassen. Für diese Lösung spricht auch, dass so ein Gleichlauf mit der Regelung des § 307 II BGB erreicht werden kann, der sich ebenfalls als Beweislastumkehr verstehen lässt.[181]

Der Kunde hat daher zunächst nur darzulegen, dass er einer Fehleinschätzung unterlegen oder sich in einer Drucksituation befunden habe, und die Voraussetzungen einer Fallgruppe vorzutragen und zu beweisen. Dem Verwender obliegt dann der Beweis, dass im Einzelfall der Kunde entgegen der typischen Gestaltung einer Fehlvorstellung nicht unterlag beziehungsweise relevantem Druck nicht ausgesetzt war oder ihm deren Vermeidung mit zumutbarem Aufwand möglich gewesen wäre.

bb) Vorschläge möglicher Fallgruppen

Es wurde bereits darauf hingewiesen, dass es nicht Sinn und Zweck einer wissenschaftlichen Untersuchung sein sollte, die zur Ausfüllung der Generalklausel erforderliche langjährige Kasuistik und Auseinandersetzung mit den Ergebnissen quasi auf dem Reißbrett vorwegzunehmen.[182] Die vorliegende Abhandlung

---

[181] Dazu sogleich 3. Kapitel: II. 4. a).

[182] Vorstehend 3. Kapitel: II. 2.

versteht ihre Aufgabe daher vielmehr in dem Aufzeigen der zu beachtenden Grundsätze und Vorgaben, anhand derer die Ausfüllung der Generalklausel erfolgen kann. Dennoch soll, soweit es diesem Ziel förderlich ist, eine Verdeutlichung und Exemplifizierung durch einige Vorschläge möglicher Fallgruppen erfolgen.

Für eine Inhaltskontrolle kommen nach den Ergebnissen der Untersuchung grundsätzlich alle Fallgestaltungen in Frage, in denen eine Überschreitung der Grenzen der Selbstverantwortung des Kunden typischerweise gegeben ist, da er regelmäßig in der Weise einer dem Verwender zurechenbaren, unzulässigen und nach den gewonnenen Erkenntnissen erheblichen Einwirkung durch Druck oder einer durch die Umstände des Vertragsschlusses verursachten Fehleinschätzungsgefahr ausgesetzt ist, dass die vorzunehmende Abwägung des Bestands- und Vertrauensinteresses des Verwenders mit dem Interesse des Kunden, nicht an seinen mangelhaften Willen gebunden zu sein, auch unter Berücksichtigung der aufgrund seiner Kaufmannseigenschaft erhöhten Selbstverantwortung des Kunden und insbesondere seinen Ausweichmöglichkeiten zu seinen Gunsten auszufallen hat. Dabei ist die Tragweite zu berücksichtigen, die seiner Erklärung angesichts der in der betreffenden Klausel enthaltenen Regelung abverlangt werden soll.

(1) Grobe Unverhältnismäßigkeit zwischen Prüfungsaufwand und beiderseitigem Interesse am Geschäft

Zu denken ist hierbei zunächst an Fälle, in denen der Verwender einen gemessen an der Bedeutung des Geschäfts unverhältnismäßig hohen Prüfungsaufwand verursacht, infolgedessen der Kunde die Lektüre oder Prüfung der Allgemeinen Geschäftsbedingungen zu unterlassen geneigt und daher einer erhöhten Fehleinschätzungsgefahr ausgesetzt ist.

Im Grundsatz gilt zwar auch in diesen Fällen, dass der Kunde, welcher der Einbeziehung der Allgemeinen Geschäftsbedingungen zustimmt, für den Inhalt seiner bezugnehmenden Erklärung verantwortlich ist und daher ein Unterlassen der Prüfung der Allgemeinen Geschäftsbedingungen zu seinen Lasten geht. Ist ihm die Prüfung zu umfangreich, hätte er demnach entweder der Einbeziehung zu widersprechen oder, insbesondere wenn der Verwender nicht zum Vertragsschluss ohne Einbeziehung seiner Geschäftsbedingungen bereit ist, auf die Vertragsleistung zu verzichten oder sie anderweitig zu beschaffen.

Insbesondere überzeugt es nicht, allein auf die Unverhältnismäßigkeit des Prüfungsaufwands für den Kunden abzustellen. Dies wäre mit dem für die Beurteilung des Fehleinschätzungsrisikos für relevant erkannten Erfordernis des abwägenden Interessenausgleichs nicht zu vereinbaren. Das Geschäft oder die Vereinbarung bestimmter, auch umfangreicher Bedingungen können nämlich für den Verwender durchaus eine für den Kunden erkennbare erhebliche Bedeutung haben

Eine solche kann das Vertrauensinteresse des Verwenders schutzwürdiger sein lassen und zugleich den Kunden nach Treu und Glauben zum sorgfältigen Umgang mit seiner Erklärung veranlassen. Unter Abwägung der beiderseitigen Interessen erschiene es dann unbillig, dem Kunden nicht abzuverlangen, die Bedingungen des Verwenders einer Prüfung zu unterziehen, ein Aushandeln zu versuchen oder ansonsten auf das Geschäft zu verzichten, selbst wenn sein eigenes Interesse an dem Geschäft verhältnismäßig gering ist. Damit ist zunächst ein wesentliches Bedenken zu dem rechtsökonomischen Argument der „prohibitiv hohen Transaktionskosten"[183] für den Kunden gefunden, welches die Berechtigung der Inhaltskontrolle allein an der Unverhältnismäßigkeit zwischen Prüfungsaufwand und Interesse des Kunden festmachen will. Bei einseitigen Interessenlagen, in denen das Interesse des Verwenders das des Kunden übersteigt und dies dem Kunden erkennbar ist, besteht auch mit Blick auf die vorvertraglichen Rücksichtnahmepflichten kein Anlass, dem Kunden nicht die Verantwortung für seine zustimmende Erklärung aufzuerlegen.

Dies ändert jedoch nichts daran, dass der Verwender einerseits mit einer unverhältnismäßig umfangreichen Gestaltung seiner Allgemeinen Geschäftsbedingungen ein regelmäßig vermeidbares Risiko für die Erklärung des Kunden setzt, und andererseits ein Verzicht des Kunden auf den Vertragsschluss oder ein Aushandeln der Vertragsbedingungen im Ganzen häufig auch nicht in seinem Interesse sein wird, da er ebenfalls den Vertragsschluss mit dem Kunden anstrebt. Gerade bei massenhaft abgeschlossenen Geschäften, von denen dem Einzelgeschäft oder der Vereinbarung bestimmter Bedingungen für beide Seiten untergeordnete Bedeutung zukommt, kann sich also eine Unverhältnismäßigkeit des Prüfungsaufwands nicht nur aus Sicht des Kunden, sondern nach Treu und Glauben auch aus der Sicht des Verwenders ergeben, wenn die verlangte Sorgfaltsanstrengung in keinem Verhältnis zu der beiderseitigen Bedeutung des Geschäfts steht.

Diese Fälle werden häufig schon bei der Einbeziehungskontrolle relevant werden und die Möglichkeit einer zumutbaren Kenntnisnahme ausschließen. Soweit dies nicht der Fall ist, kann jedenfalls eine solche Gestaltung der Umstände des Vertragsschlusses zu einer Überforderung der Selbstverantwortung des Kunden durch das Einstehen für die ungeprüft einbezogenen Allgemeinen Geschäftsbedingungen des Verwenders führen. Die hierfür zu fordernden Voraussetzungen dürfen freilich nicht zu weit gefasst sein, um nicht eine komplizierte Prüfung der beiderseitigen wirtschaftlichen Verhältnisse notwendig zu machen. Gemeint sind Geschäfte mit offensichtlich geringer Bedeutung dergestalt, dass diese selbst oder deren Bedingungen für den Durchschnittskunden ebenso wie für den Verwender nur ganz untergeordnete Bedeutung haben, die typischerweise eine gewisse Verminderung der geschäftlichen Sorgfalt rechtfertigt. Zu denken ist etwa an den Einkauf von Schreibmaterial für die Buchhaltung des Kunden.

---

[183] MüKo/*Basedow* § 307 Rz. 37; ähnlich *Kötz,* Jus 2003, 209 ff.

Soweit der Verwender regelmäßig gleichartige Geschäfte dieses Ranges betreibt und Allgemeine Geschäftsbedingungen zugrundelegen möchte, ist es ihm zuzumuten, diese in einer Weise zu verfassen und zu präsentieren, die die Kenntnisnahme mit einer der Bedeutung des Geschäfts angemessenen Anstrengung möglich machen. Damit ist zugleich ein Gewinn an Transparenz für den Rechtsverkehr verbunden.

(2) Einbeziehungsverlangen zur Unzeit

Bereits angesprochen wurde die Möglichkeit der Ausübung von Druck auf den Kunden durch die Wahl des Zeitpunktes des Einbeziehungsverlangens. Was zunächst für die allgemeine Erklärung im Verbraucherbereich als vergleichsweise harmloses Beispiel psychologischer Beeinflussung formuliert war, ist gerade im Handelsverkehr als handfeste geschäftliche Zwangslage denkbar, wenn etwa der Verwender bei einem Vertrag größeren Umfangs während einer längeren Verhandlungsphase seine Allgemeinen Geschäftsbedingungen zurückhält, um diese sodann, nachdem der Kunde bereits andere Angebote irreversibel hat verstreichen lassen, kurz vor Vertragsschluss zu präsentieren. Die Angewiesenheit des Kunden auf den Vertragsschluss mit dem Verwender hat in diesen Fällen ihre Ursache in dessen Verhalten, was ein Zurücktreten seines Bestandsinteresses an der zustimmenden Erklärung rechtfertigt. Wegen des mit Blick auf § 123 BGB zu wahrenden Restbestands des Rechtwidrigkeitsmerkmals ist jedoch zu fordern, dass dem Verwender die Situation des Kunden zumindest erkennbar und es ihm möglich ist, seine Allgemeinen Geschäftsbedingungen zu einem früheren Zeitpunkt zu präsentieren, in dem sich die Angewiesenheitslage noch vermeiden lässt.

Liegt demnach die Schaffung einer derartigen Drucksituation durch den Verwender vor, die typischerweise relevanten Einfluss auf die Entscheidung des Kunden haben wird, ist es plausibel, diesem die Beweislast dafür aufzuerlegen, dass wegen konkreter Umstände des Einzelfalls die Angewiesenheitslage oder die aus dem Klauseln erwachsenden Nachteile gleichwohl mit zumutbarem Aufwand vermeidbar waren. Der praktische Vorteil einer solchen Handhabe liegt auch darin, dass es im Interesse des Verwenders liegt, seine Bedingungen frühzeitig einzuführen, wodurch eine Festlegung des Kunden vermieden und diesem zugleich die Prüfung ermöglicht wird.

(3) Markt- oder wettbewerbsstörendes Verwenderverhalten

Bereits behandelt wurde die schwierige Problematik des Einflusses der Marktsituation auf die Zulässigkeit der Inhaltskontrolle Allgemeiner Geschäftsbedingungen, wobei erkannt wurde, dass insbesondere die marktbeherrschende Stellung des Verwenders ein rechtfertigender Grund für die Relevanz der Angewiesenheitslage des Kunden sein kann, obwohl dem Verwender das Anstreben einer möglichst vorteilhaften Marktposition im Grundsatz zusteht.[184] Auch in diesen Fällen rechtfertigt sich daher eine Beweislastumkehr innerhalb der Unangemessenheitsprüfung nach § 307 I BGB.

An dieser Stelle soll jedoch darüber hinaus der weiter gefasste Aspekt des markt- oder wettbewerbsstörenden Verhaltens des Verwenders als Möglichkeit der Ausbildung einer Fallgruppe für die Beweislastumkehr im Rahmen des § 307 I BGB angeregt werden. Beschränkt der Verwender unter Verstoß gegen Regeln des Wettbewerbs- oder Kartellrechts die Möglichkeiten des Kunden zu einer fehlerfreien Willensbildung, besteht die Möglichkeit, ihm die Folgen einer entsprechenden Schwäche im Willen des Kunden zuzurechnen. Dies gilt allein aufgrund seines von der Rechtsordnung nicht legitimierten Verursachungsbeitrages zu einer relevanten Fehleinschätzung oder Drucksituation des Kunden unbeschadet der Tatsache, dass die Regeln des Wettbewerbs und Kartellrechts nicht unmittelbar kundenschützend sind.[185] Durch die gegen Wertungen der Rechtsordnung verstoßende Willensbeeinflussung verschiebt sich die zur Bestimmung der Grenzen der Selbstverantwortung des Kunden erforderliche ausgleichende Interessenabwägung zu Lasten des Verwenders, so dass die Verortung im Zivilrecht auf sicheren Füßen steht.

Denkbar ist etwa der Fall der irreführenden Werbung nach § 3 UWG, die in dem Kunden das Vertrauen auf bestimmte Bedingungen des Vertrages weckt, infolgedessen er eine nochmalige Prüfung der Allgemeinen Geschäftsbedingungen unterlässt. Weiter wäre eine infolge der Bildung eines Kartells erlangte Monopolstellung des Verwenders ursächlich für die Angewiesenheit des Kunden, wenn dieser zu einer anderweitigen Beschaffung oder Substitution der Vertragsleistung nicht in der Lage ist.

b) Die Beweislastumkehr des § 307 II BGB

aa) Die Funktion des § 307 II BGB als die Beweislast umkehrende Regelung

Bereits nach der Regelung des § 307 I BGB würde sich die Frage stellen, inwieweit der Rückschluss von dem Inhalt der inkriminierten Klausel auf die Wahrscheinlichkeit einer unter Einflussnahme des Verwenders nicht ordnungsgemäß zustande gekommenen Willensbildung zulässig ist. Gegebenenfalls ließe sich zumindest der Erfahrungssatz aufstellen, dass Extremfälle der Benachteiligung regelmäßig nur unter relevanter Einflussnahme auf den Willen des Kunden zu erreichen sind, so dass prima facie die Umstände einer unangemessenen Benachteiligung angenommen werden könnten. Derartige Überlegungen können jedoch dahinstehen, da das Gesetz in § 307 II BGB bereits eine Regelung getroffen hat, die für diese Fälle nutzbar gemacht werden kann. „Im Zweifel" soll eine

[184] Siehe dazu oben 2. Kapitel: III. 3. f) bb) (5) (c).

[185] Siehe dazu oben 2. Kapitel: III. 1. b) aa).

unangemessene Benachteiligung anzunehmen sein, wenn eine Bestimmung in Allgemeinen Geschäftsbedingungen „mit wesentlichen Grundgedanken der gesetzlichen Regelung, von der abgewichen wird, nicht zu vereinbaren ist" (§ 307 II Nr. 1 BGB) oder „wesentliche Rechte und Pflichten, die sich aus der Natur des Vertrags ergeben, so einschränkt, dass die Erreichung des Vertragszwecks gefährdet ist" (§ 307 II Nr. 2 BGB).

Anders als in dem gesetzlichen Ausgangsfall des Verbraucheradressaten, wo sich die Frage der Unangemessenheit nach herrschender Meinung zumindest überwiegend als eine reine Wertungsfrage darstellt,[186] wird die Bedeutung der Zweifelsregelung des § 307 II BGB für die Verteilung der Beweislast bezüglich der im kaufmännischen Bereich erheblichen Tatsachen deutlich.[187] Da sich bei einem unter die Tatbestände des § 307 II Nr. 1 und 2 BGB fallenden Klauselinhalt die Unaufklärbarkeit im tatsächlichen Bereich zu Lasten des Verwenders auswirkt, obliegt es ihm, die Möglichkeit der von seiner Seite unbeeinträchtigten Willensbildung des Kunden vorzutragen und zu beweisen.[188]

Diese Verteilung der Beweislast ist durchaus sachgerecht. Zum einen genügt nach dem oben festgestellten beweglichen System der Interessenabwägung in Fällen grob benachteiligenden Klauselinhalts, wie sie durch die Nrn. 1 und 2 des § 307 II BGB beschrieben sind, bereits eine weniger schwerwiegende Einflussnahme des Verwenders auf die Möglichkeit der mangelfreien Willensbildung des Kunden, um den Interessenausgleich zu seinen Lasten zu entscheiden.[189] Zum anderen wird auch in tatsächlicher Hinsicht gerade im kaufmännischen Bereich eine derart unbillige Vereinbarung häufig nur durch eine entsprechende Einflussnahme zu erreichen sein. Unter diesem Gesichtspunkt handelt es sich bei den dort genannten Klauselinhalten um eine geeignete Anknüpfung zur Bildung von Fallgruppen typischer Unangemessenheit.[190]

---

[186] Dazu bereits oben 2. Kapitel: II. 2. b) cc); vgl. konkret zu § 307 II BGB nochmals Staudinger/*Coester* § 9 AGBG Rz. 162; im Grundsatz ebenso *Canaris,* FS Ulmer 2003, S. 1073, 1080, der jedoch in „seltenen Ausnahmefällen" bereits jetzt die Möglichkeit einer Auswirkung von streitigen Tatsachen sieht, für die § 307 II BGB eine echte Umkehr der Beweislast ermögliche; a.A. *Wolf*/Horn/Lindacher § 9 Rz. 53, der unwirksamkeitsbegründende und wirksamkeitsbegründende Tatsachen berücksichtigen möchte.

[187] Diese Rolle des § 307 II BGB wird auch durchgängig bejaht, soweit Tatsachen für erheblich gehalten werden, vgl. Staudinger/*Coester* § 9 AGBG Rz. 77; *Wolf*/Horn/Lindacher Rz. 58; *Canaris,* FS Ulmer 2003, S. 1073, 1080.

[188] *Canaris,* FS Ulmer 2003, S. 1073, 1080; *Wolf*/Horn/Lindacher § 9 Rz. 2, 58.

[189] So wird bei Verträgen, bei denen ein größerer Prüfungsaufwand regelmäßig aufgrund ihres Umfangs nicht zu erwarten ist, regelmäßig schon die Ausgestaltung als umfangreiches Klauselwerk ausreichen, um die aufgrund des grob benachteiligenden Inhalts bestehenden Folgen einer Fehleinschätzung unverhältnismäßig sein zu lassen (zur Abgrenzung zur Ungewöhnlichkeitskontrolle bei der Einbeziehung s.o. 1. Kapitel: IV. 3.).

[190] Die herrschende Meinung bejaht dies erst recht, da es nach ihr hauptsächlich auf den Klauselinhalt unabhängig von einer zusätzlichen Beeinträchtigungslage ankommt, vgl. MüKo/*Basedow* §

Dem Verwender bleibt es daher überlassen, die Vermutung der Voraussetzungen der Unangemessenheit im tatsächlichen Bereich zu widerlegen. Er kann zu diesem Zweck beispielsweise vortragen, der Kunde habe sich die Leistung anderweitig beschaffen können und sei auf die angegriffene Regelung in den Allgemeinen Geschäftsbedingungen explizit und rechtzeitig vor Vertragsschluss aufmerksam gemacht worden. Der Regelung des § 307 II BGB kommt somit für die Inhaltskontrolle im kaufmännischen Verkehr eine funktional erweiterte Bedeutung zu. Der Grundsatz, dass eine inhaltliche Benachteiligung aufgrund kaufmännischer Selbstverantwortung außerhalb der Fallgruppen des § 307 I BGB regelmäßig unbeachtlich ist, wird aus den genannten Überlegungen ergänzt um die Ausnahme der regelmäßigen Beachtlichkeit besonders weitgehender Benachteiligungen.

Durch die gegenüber dem Grundfall des Verbraucheradressaten geänderte Funktion des § 307 II BGB ist die Erfüllung seiner Voraussetzungen und damit die Frage, ob die Unangemessenheit einer Klausel nach § 307 I oder § 307 II BGB zu beurteilen ist, nicht länger überwiegend von methodischem, sondern von erheblichem praktischen Interesse, da sie die Beweissituation grundlegend zugunsten des Kunden und damit zu Lasten des Verwenders verändert. Dies ist bei der Anwendung des § 307 II BGB zu berücksichtigen, wobei insbesondere wiederum der Grundsatz der restriktiven Handhabung der Inhaltskontrolle zu beachten ist.

bb) Insbesondere: § 307 II Nr. 1 BGB

Bezüglich der Voraussetzung der Unvereinbarkeit mit wesentlichen Grundgedanken der gesetzlichen Regelung herrscht bereits im Verbraucherbereich richtigerweise das Verständnis vor, dass keinesfalls jegliche Abweichung von einer gesetzlichen Regelung genügt, sondern zum einen besondere Gerechtigkeitsgehalte betroffen sein müssen, und zum anderen die Unvereinbarkeit als sachlich nicht zu rechtfertigender Verstoß gegen diese Gedanken vorliegen muss.[191] Dies gilt im kaufmännischen Bereich, wo nach den vorstehend erarbeiteten Prinzipien materielle Gerechtigkeit verstärkt zur Disposition der Parteien steht und im Übrigen weitgehend durch wirtschaftliche, insbesondere kalkulatorische Gesichtspunkte überlagert wird, um so mehr. Vor dem Hintergrund der Prinzipien der Inhaltskontrolle Allgemeiner Geschäftsbedingungen im Handelsverkehr sind an die Erfüllung der Voraussetzungen des § 307 II BGB hohe Anforderungen zu stellen.

---

307 Rz. 54.

[191] Statt aller Staudinger/*Coester* § 9 AGBG, Rz. 183, 190; Ulmer/*Brandner*/Hensen § 9 Rz. 141; Canaris, FS Ulmer 2003, S. 1073, 1077.

Das Kriterium der Unvereinbarkeit mit wesentlichen Grundgedanken der gesetzlichen Regelung ist daher für den kaufmännischen Bereich jedenfalls wörtlich zu nehmen. Mit Blick auf die Funktion des § 307 II BGB muss die Benachteiligung die Annahme rechtfertigen, dass einerseits in dem beweglichen System der relevanten Beeinträchtigung bereits eine geringfügige Einwirkung des Verwenders auf den Willen des Kunden ausreicht, um diesem die angesichts der groben Benachteiligung erforderliche Tragfähigkeit zu nehmen, und andererseits regelmäßig eine derartige Regelung nicht ohne relevante Einflussnahme auf den Kunden zu erreichen sein wird. Nur in so gestalteten Fällen ist die harsche Folge der Beweislastumkehr sachlich gerechtfertigt, weil entgegen der grundsätzlichen Annahme im Handelsverkehr die inhaltliche Benachteiligung nicht als regelmäßig unbeachtlich, sondern als regelmäßig beachtlich angesehen werden kann. Einen brauchbaren Orientierungsmaßstab kann die Formel von der Recht- und Schutzlosstellung des Kunden[192] bieten, wenngleich mit Recht darauf hingewiesen worden ist, dass diese nicht im Sinne eines abschließenden Kriteriums verstanden werden muss.[193]

Zugleich hat auch im kaufmännischen Verkehr, ebenso wie für den Verbraucherkunden, zunächst eine generalisierende Betrachtung des Vertrags zu erfolgen, anhand derer die besondere Benachteiligung durch den Klauselinhalt nach den Kriterien der Nr. 1 festzustellen ist. Dabei ist insbesondere die Möglichkeit einer sachlichen Rechtfertigung in Betracht zu ziehen, die im kaufmännischen Bereich etwa auch darin liegen kann, dass Risiken oder Nachteile der genannten Art typischerweise geprüft und kalkuliert oder versichert werden. Im Grundsatz kann hierfür auf die bereits für den Verbraucherbereich erzielten Erkenntnisse zurückgegriffen werden, die hier keiner erneuten Behandlung bedürfen.[194]

Weist der Kunde einen den Anforderungen des § 307 II Nr. 1 BGB genügenden Inhalt nach, obliegt in der Folge dem Verwender der Beweis, dass der Kunde die Möglichkeit der ordnungsgemäßen Willensbildung entgegen der Vermutung im Einzelfall hatte, etwa auf das spezielle Risiko hingewiesen wurde und die Leistung anderweitig hätte erlangen können, oder dass dem Kunden Möglichkeiten zur Vermeidung des Nachteils oder Risikos offen standen.

cc) Insbesondere: § 307 II Nr. 2 BGB

In den Fällen des § 307 II Nr. 2 BGB gilt, soweit die Besonderheiten des kaufmännischen Verkehrs betroffen sind, im Wesentlichen das Gleiche wie für Nr. 1. Auch hier ist eine restriktive Handhabe angebracht, wobei die Aushöhlung des

---

[192] BGH NJW 1990, 761, 764; NJW 1979, 1686, 1688.

[193] Staudinger/*Coester* § 9 AGBG, Rz. 190 m.w.N.

[194] Siehe dazu statt aller Staudinger/*Coester* § 9 AGBG, Rz. 168 ff.

Vertragszwecks,[195] beziehungsweise die Enttäuschung der zentralen Leistungs- oder Schutzerwartungen des Kunden,[196] einen Grad erreichen muss, angesichts dessen das ordnungsgemäße Zustandekommen der vertraglichen Risiko- und Lastenverteilung die Ausnahme sein wird. Zu beachten sind gegebenenfalls wiederum die Möglichkeiten der Kalkulation und Versicherung.

Im Übrigen kann auch hier auf die für den Verbraucherkunden in Literatur und Rechtsprechung erarbeiteten Erkenntnisse zurückgegriffen werden.

---

[195] Ulmer/*Brandner*/Hensen § 9 AGBG Rz. 142.

[196] Staudinger/*Coester* § 9 AGBG, Rz. 207.

4. Kapitel: Zusammenfassung der wesentlichen Ergebnisse

Die Vorschriften über die Inhaltskontrolle Allgemeiner Geschäftsbedingungen in den §§ 307 ff. BGB lassen sich unter Geltung des Prinzips der Selbstbestimmung und Selbstverantwortung der Parteien vor dem Hintergrund des Rechts der Willenmängel, zu dem sie wesensmäßige Parallelen aufweisen, nicht anders verstehen als die Reaktion auf eine dem Verwender zurechenbare relevanten Beeinträchtigung der Selbstbestimmung des Kunden durch Fehleinschätzung oder Druck, deren Vorliegen und rechtsgeschäftliche Relevanz für den Grundfall des Verbraucherkunden typisierend angenommen werden und die Begrenzung der Reichweite der Zustimmung des Kunden zu den Allgemeinen Geschäftsbedingungen des Verwenders erlauben. Der Sache nach sind sie deswegen auf einen abwägenden Ausgleich der beiderseitigen Interessen, insbesondere des Bestandsinteresses des Verwenders mit dem Lösungsinteresses des Kunden, gerichtet, wobei es sich rechtlich um eine Zuordnung der Verantwortlichkeit für die vermutete Willensbeeinträchtigung handelt.

Für den kaufmännischen Kunden kann diese Erklärung des ratio legis zwar im Grundsatz gleichermaßen Geltung beanspruchen. Die für den Verbraucherkunden vollzogene generalisierende Typisierung, die sachlich eine unwiderlegliche Vermutung der Überforderung der Selbstverantwortung allein angesichts der Verwendung Allgemeiner Geschäftsbedingungen darstellt, würde jedoch in einem krassen Widerspruch zu den Grundwertungen des Handelsrechts stehen. Der Kaufmann hat nämlich aufgrund seiner zum Schutz des Bestandsinteresses seines Gegenübers und des Verkehrs erhöhten Selbstverantwortung im Grundsatz auch für ihm grob nachteilige Folgen seiner Erklärung einzustehen und ist stärkeren Abwehr- und Vermeidungsobliegenheiten sowohl bezüglich Fehlern seiner Willensbildung als auch hinsichtlich der Folgen nachteiliger Vertragsbedingungen ausgesetzt.

Das Merkmal der Unangemessenheit der Benachteiligung in § 307 I BGB darf daher für den kaufmännischen Kunden nicht rein inhaltlich verstanden werden, sondern hat sich an dem Vorliegen eines konkreten Mangels seines rechtsgeschäftlichen Willens zu orientieren. Klauselinhalt und rechtsgeschäftlicher Wille des Kunden sind Teile eines bewegliches Systems, dessen Aufgabe die Feststellung der Tragfähigkeit des Willens für den Inhalt der Regelung vor dem Hintergrund der Einflussnahme des Verwenders auf die Willensbildung ist. In der Beurteilung der nachteiligen Folgen einer Klausel sind gegebenenfalls auch zusätzliche Möglichkeiten des Kaufmannes zur Kompensation von Nachteilen zu berücksichtigen, deren Ausschöpfung aufgrund seiner erhöhten Vermeidungsobliegenheiten regelmäßig geboten ist.

Dem durch den Verzicht auf die generelle Typisierung der Willensbeeinträchtigung mitunter befürchteten Verlust an Rechtssicherheit kann durch die Bildung von Fallgruppen unter angemessener Verteilung der Beweislast zur Ausfüllung der Generalklausel wirksam begegnet werden. Auf diese Weise kann ein System geschaffen werden, welches sich gedanklich in Übereinstimmung mir den Wertungen der Zivilrechtsordnung anhand klarer Grundprinzipien vernünftig erfassen lässt und daher weit mehr als das bisherige Verständnis zu voraussehbaren und nachvollziehbaren Ergebnissen führen kann.

Peter Lang · Europäischer Verlag der Wissenschaften

Jörg Schultheiß

Allgemeine Geschäftsbedingungen im UN-Kaufrecht

Eine vergleichende Analyse des Einheitsrechts mit dem Recht Deutschlands, Österreichs, der Schweiz, Frankreichs und der USA

Frankfurt am Main, Berlin, Bern, Bruxelles, New York, Oxford, Wien, 2004.
XLV, 185 S.
Europäische Hochschulschriften: Reihe 2, Rechtswissenschaft. Bd. 3964
ISBN 3-631-52299-1 · br. € 42.50*

Das Buch beinhaltet die Thematik der AGB im UN-Kaufrecht. Hierbei wird im Einzelnen auf die Einbeziehungs-, Auslegungs- und Inhaltskontrolle eingegangen. Bei der Behandlung einer Vielzahl von Einzelproblemen werden die Besonderheiten des internationalen Geschäftsverkehrs und des UN-Kaufrechts berücksichtigt. Weitere Schwerpunkte werden auf die Thematik der „Battle of Forms" und die Verwendung von Rechtswahlklauseln gelegt. Darüber hinaus wird auch eine vergleichende Analyse der inhaltlichen Kontrollvorschriften bei der Verwendung von AGB nach deutschem, österreichischem, schweizerischem, französischem und US-amerikanischem Recht vorgenommen.

Aus dem Inhalt: Bedeutung von AGB im UN-Kaufrecht · Einbeziehungs- und Auslegungskontrolle · Inhaltskontrolle nach deutschem, österreichischem, französischem, schweizerischem und US-amerikanischem Recht · Rechtswahlklauseln · „Battle of Forms"

Kolibri 360 GmbH
Ferdinand-Jühlke-Straße 7
99095 Erfurt, Deutschland
produktsicherheit@kolibri360.de

Druck:
CPI Druckdienstleistungen GmbH
im Auftrag der
Kolibri 360 GmbH
Ferdinand-Jühlke-Str. 7
99095 Erfurt